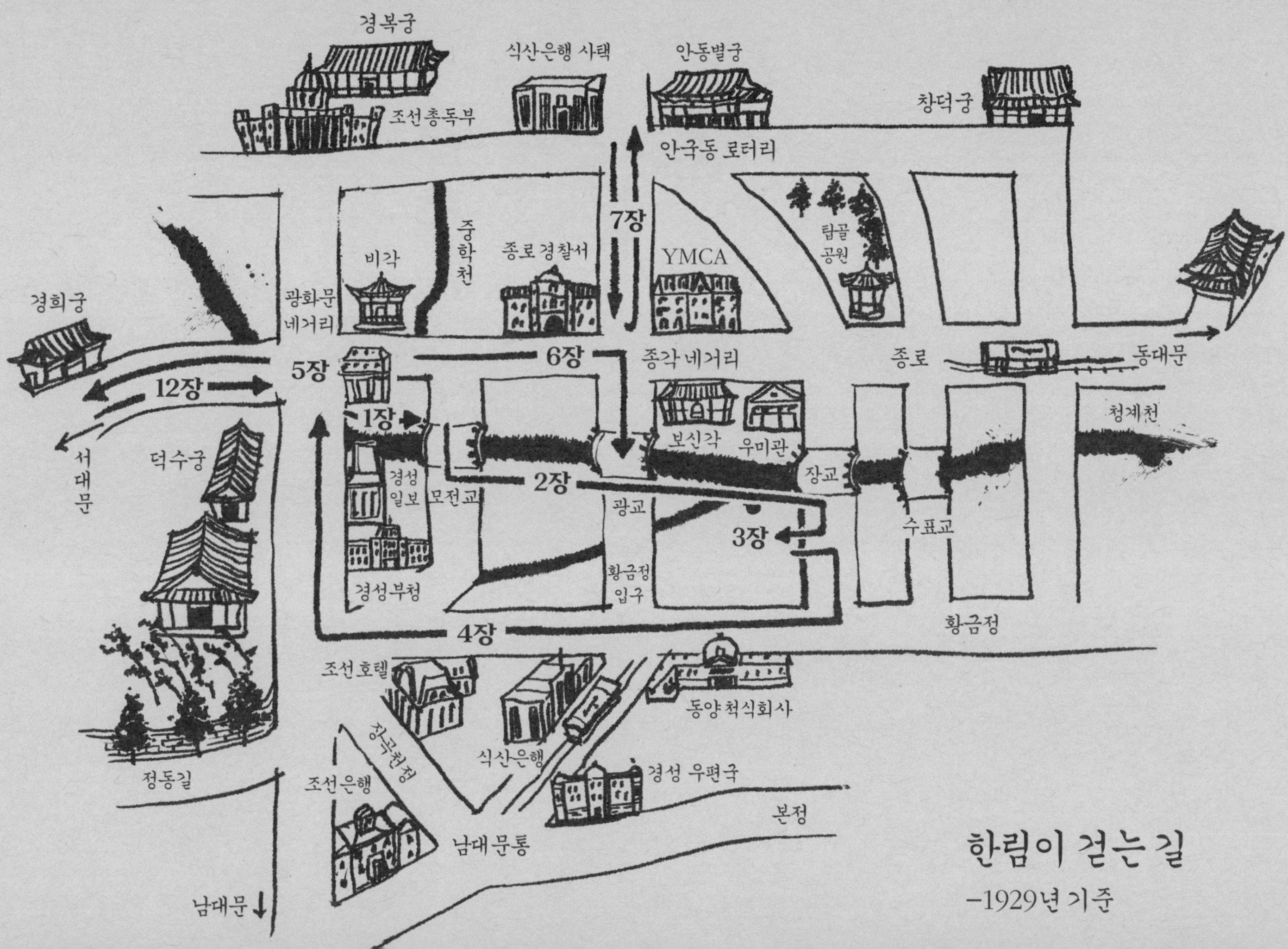

한림이 걷는 길
–1929년 기준

경성 모던 타임스

경성 모던 타임스

1920, 조선의 거리를 걷다

박윤석 지음

문학동네

일러두기

1. 본문의 인명과 지명은 국립국어원 외래어표기법에 준하였으나 일부 인명과 지명은 한자 독음으로 표기하였다.
2. 본문에 인용된 신문기사는 직접 인용을 원칙으로 하나 때에 따라 가독성을 높이기 위해 수정을 하였다.

프롤로그

과거는 외국처럼 낯설다

『경성 모던타임스』의 무대는 1920년대 서울이다. 여기 담긴 이야기는 '그때 그곳'에 있었던 사람과 그들이 겪은 사건에 관한 스케치다. 우리 역사를 책으로 치자면 바로 앞 장 이야기라고 불러도 좋을, 근대 중에서도 가장 가까운 근대사다. 만약 세기의 달력이 있다면 한 장을 막 넘기는 시점이 될 것이다.

한 시대의 사람과 사연이 있던 자리는 그들의 후손과 그들이 남긴 유산이 숨쉬는 곳이 되었다. 한때의 거주자는 사라지고 새 전입자가 들어온 이곳은 과거와 한 공간이면서 동시에 다른 곳이다. 한 곳에서 서로 다른 꿈을 꾸는 격이다.

과거는 외국처럼 낯설고 타인처럼 어색하다. 지금과 비슷한 듯하면서도 매우 다른 그때의 이곳 이야기는 어디까지나 기록에 의거하여 기술함을 원칙으로 했다. 당시의 신문, 잡지, 공문서, 지도 등 공적 기록, 일기와 회고 같은 사적 기록을 통해 사건과 인물의 행적을 구체적으로 들여다볼 수 있었다. 선행 연구자들의 관련 성과물들 또한 큰 도움이 되었다. 개인적 기록이면서 사회적 보고서라 할 문학 작품 역시 참고하였다. 하지만 기록의 손길이 닿지 못하는 몇몇 지점은 제반 정황을 종합 고려해 약간의 추리를 동원해 서술하였다.

사건과 마찬가지로 등장 인물 역시 대부분 실존했다. 다만, 이야기의 전개상 가상의 인물을 두어 명 설정하였다. 시종 이야기를 이끌어가는 '한림'은 실재하지 않는다. 그렇다고 100퍼센트 가상 인물은 아니다. 한림은 신문 기자를 비롯한 당시의 다양한 군상을 모자이크처럼 합성한 인물상이다. 서사를 효율적으로 전달하기 위한 방편을 고심하다가 실존 인물들 사이에 한림이라는 관찰자 혹은 화자를 등장시켰다. 숱한 사건과 인물과 사연이 시공을 넘나드는 글에서 구성의 혼란을 줄이고 가독성을 높이기 위한 취지였다. 하나코 같은 몇몇 주변 인물도 개연성 있게 가공하였다. 한림은 이야기의 진행자이자 관찰자 역할에서 크게 벗어나지 않고 사건의 흐름에 영향을 주지 않는 범위에서만 활동하도록 제한했음을 미리 밝혀둔다. 역사적 사실이라는 본질을 훼손할 수 있는 허구는 섞지 않는다는 의도에 따른 것이다.

활동 폭과 개입도를 최소화한 관찰자 한림의 역할을 보완하는 취지에서 몇몇 실존 인물이 빈번히 출연하는데, 이는 그 인물들의 역사적 의의 때문이라기보다 당시 사회상이나 속살을 비교적 잘 드러내서다. 문인 혹은 예술가가 많이 등장하는 것도 여타 군상들보다 효과적으로 시대상을 드러내기 때문임을 밝혀둔다.

근대는 무엇인가. 한국인은 누구인가. 지난 백 년 동안 어떤 상황을 맞이했고 어떻게 대응해왔는가. 서울이라는 공간이 시간 따라 겪어낸 바를 당대인들의 문헌을 통하여 간접 관찰한 결과가 이 책이다. 이런저런 기록을 맞추어가다보면 비교적 진상에 접근할 수 있으리라고, 지난 세월에 대해 나름 측량해본 중간보고서 격으로 책을 묶게 되었다. 스스로 겪은 짧은 세월조차 별로 말할 게 없는데 역사적 사실에 기댄 이 작업 자체가 어쩌면 하나의 개인적 판타지요 환상일 수도 있다. 그저 지난날의 오래된 일기장과 사진첩을 만화경 구경하듯 넘겨본 것에 불과하다. 거시적 혹은 미시적으로 역사를 분석한다고들 하나 여기서는 그저 영화 필름 돌아가듯 스치며 소묘했을 뿐이다. 혹 주마간산처럼 보일 수도 있으나 낯선 거리의 여행자처럼, 독특한 산보객처럼 시공간을 거닐며 채운 사생첩인 셈이다. 그게 무엇이건, 꿈속이건 꿈밖이건 거짓만 아니기를 바랄 뿐이다.

숨어 있는 사실을 더러 놓친 것도 있을 것이다. 이 부분은 선배 동학들의 조언을 받아가며 기회 닿는 대로 개선해나가겠다. 인내심을 갖고 긴 시간 작업해준 문학동네 편집부에 감사를 전한다.

2014, 갑오년 우수
서울에서 박윤석

차례

1부

1929년 12월 서울

1장

낙화유수

청계천에서

겨울의 개울이 낮게 흘렀다.

어둡게 내려앉는 한낮의 하늘 아래 한림韓林은 천변川邊길을 따라 걸었다.

축대 아래 개울에서 아낙 너댓이 빨래를 하고 있다. 흰 치마저고리 등줄기와 쪽진 머리 위로 아지랑이 같은 김이 피어오르는 듯하다. 한 발 폭 물길에 벌건 듯 퍼런 손을 담갔다 올리며 쪼그려 앉은 등뒤로 하천가 흙바닥에는 축대를 바람막이 삼아 장작불이 타고 그 위에 걸린 솥 가마에는 삶는 빨래가 김을 토해내고 있다.

청계천은 장마철 아니면 물이 온전히 차는 일이 드문 건천乾川이다. 범람 아니면 가뭄, 개천의 모습은 대개 둘 중 하나였다. 한 길 높이의 석축 벼랑에는 아이 키만한 가마니가 아직 풀지 못한 빨랫감을 가득 채우고 줄지어 서 있다. 궂은 기후로 집집마다 빨랫감이 오래 쌓여 광주리나 빨랫보 한두 개로는 태부족인 모양이다. 빨래터는 엊그제부터 살짝 개며 풀린 날씨로 활기를 띠고 있다.[1]

이상한 겨울이다.

12월 중순까지는 봄날 기온 같고 여름 장마 같은 날씨가 일주일이나 이어졌다. 그렇게 겨울이 소설, 대설도 모르고 지나가나 싶더니 동짓날이 되자 오후 늦게부터 돌연 기온이 떨어지며 눈이 오기 시작했다. 밤새 내린 눈은 급강하한 올해 최저 기온에 얼어붙어 성탄 전야의 경성을 은세계로 밝혔다. 눈길은 예수교도들의 분주한 발길에도 종일 녹지 않고 반짝였다. 백설의 철갑을 두른 남산 위의 소나무들이 내려다보는 경성공회당에서 크리스마스 날, 콜롬비아 레코드사가 일류 명창을 총출연시켜 송년 노래 한마당을 주최했다. 추위는 삼한사온처럼 짧게 끝나고 요 며칠 사이 또 기온이 올라갔다. 오늘 경성 기온은 최고 영상 6도로 예보되었다.

이상 난동暖冬은 13일을 전후해 전국에 큰 수해를 몰고 왔다. 평안북도 선천에는 사흘 내리 비가 내렸다. 산과 들에 무릎 빠지게 쌓였던 눈, 개천마다 팔뚝보다 두껍게 얼었던 얼음까지 다 녹아내렸다. 수로는 죄다 범람하고 육로는 모조리 잠겼다. 평양과 신의주를 잇는 이 전통의 교통 요충지는 마비됐다.

더 올라간 서북의 최변경 압록강 하구의 용천 지방은 올겨울 쉴 새없는 폭우로 오래전 선조 임금이 일본군을 피해 이곳을 찾았던 그 여름날 못지않게 고립무원해졌다. 말과 자동차 통행이 두절되고 우편물 배달도 중단되었다. 겨울의 물난리에 노인들은 난생처음 보는 변고라 수군거렸다.

"때아닌 비와 포근한 날씨로 초유의 엉뚱한 겨울이 나타나고 있다." 기사를 정리하던 한림은 그렇게 원고지 앞 장에 한 줄을 추가했다. 전국 각지에서 올라온 전보용지와 전화 내용을 담은 쪽지가 편집국 한편 사회부 테이블 위에 어지러이 있다. 전화벨은 끊임없이 울려댄다. 전보를 든 우편배달부가 잇달아 달려들어온다. 그들이 흘린 빗방울로 바닥은 축축해졌다. 널판 탁자에 쌓아올린 그 수북한 소식의 조각들을 보면서 한림은 '가뭄 끝의 쓴 비'라는 제호를 떠올렸다.

몇 개월 동안 계속된 가뭄에 새벽마다 물길어 나르던 함경남도 홍원군 주민들은 북청 사람들 서울 가서 물장수 하는 꼴이라며 푸념했지만 그것도 잠시, 때늦은 겨울 폭우에 어이없어했다. 삼 일 동안 쉬지 않고 퍼붓는 비에 도로는 흙바다가 되어 길을 찾을 수 없게 되었다. 예년보다 높은 기온 때문에 사람들은 보리농사에 해를 입지 않을까, 전염병이 돌지는 않을까 우려했다. 홍원군 앞바다를 위시한 동해안에서는 예년보다 명태가 많이 올라와 상인들이 가격 폭락을 걱정한다 했다. 바닷물이 따뜻해져 남해안에서는 대구가 종적을 감췄다고 했다. 농작물이 전멸하더니 이제 어장까지 망쳤다고 팔도 인심이 흉흉했다.

세월이 어찌된 셈인지 모르겠다, 와야 할 때는 안 오더니 이제 와서 오느냐, 방방곡곡 한탄이 쏟아졌다. 옛날 같으면 나라님이라도 한번 원망해 보련만, 이제 그럴 상대는 없다. 나라님이 사라진 지 공식적으로도 20년이 지났다. 경상북도 성주에서는 닷새 동안 그치지 않는 비에 연못이 넘치고 가옥이 잠겼다. 김천에서는 흙비가 내렸다. 봄철에 서북 대륙에서 몰려오는 황사야 익숙하지만 한겨울에 빗줄기를 타고 내려오는 흙먼지는 예삿일이 아니다. 옛적부터 '혈우血雨'라 일컬었을 만큼 기괴한 일이다. 사흘 밤낮을 한시도 쉬지 않는 빗줄기에 보리 이삭은 마구 패였다. 가뭄에 올 벼농사를 망쳤는데 보리까지 전멸이니 내년 보릿고개는 더 힘들게 됐다. 주요 항구마다 하역하지 못한 배로 만원이었다.

"지금 조선의 기압 배치는 자못 불안정한 상태에 있으며 기류는 침울 음산하다." 낙원동의 경성측후소는 그렇게 기상특보를 전했다. 신문 기사의 제목도 '처음 보는 이상기후—음우陰雨'였다. 오래 내리는 궂은비를 뜻하는 음우였다. 보름 전의 일이다.

겨울비 홍수에 전국은 음습하게 젖어들었다.

갑오년 기후 같다는 둥 온갖 음산한 풍설이 비바람과 함께 떠돌았다. 갑오년이라면 동학의 봉기로 내전이 일어나고 그 틈을 비집고 들어온 청나라와 일본 군대가 조선의 바다와 육지에서 대전을 벌였던 바로 그해다. 동학은 숱한 인명을 잃고 패했고, 청국 또한 치명적으로 패하여 추호도 흔들림이 없었던 조선에서의 주도적 지위를 처음으로 상실했다. 일본은 조선에 청국의 오랜 속박에서 벗어난 독립국임을 강제하며 정치제도와 생활방식을 현대식으로 개혁하도록 강요했다.

그후 15년간의 아수라 세월을 거쳐서 조선은 일본에 병합되었고 다시 20년이 더 흘러 오늘에 이르렀다. 갑오년 같은 아수라장이, 그러한 천지개벽이 앞으로 더 남았단 말인가.

올봄과 올여름은 혹독한 가뭄이었다. 가뭄 끝에 단비는 끝내 오지 않았다. 여름에 짧게 한바탕 홍수가 지나갔을 뿐이다. 그렇게 한 해 내내 말라 시든 산천에 겨울의 폭우가 세밑을 쓸고 간다. 굿이라도 한바탕 벌여야 할 판이다. 허나 그럴 제주祭主가 없다.

조선 왕조였다면 벌써 왕이 나서서 기청제祈晴祭를 지냈을 일이다. 입추를 지나도 장마가 계속된다면 흉년이 예상되는 심각한 상황이다. 날이 갤 수 있게 기청제를 올리던 제단은 이제 사라지고 없다. 도성 안팎의 여러 제단 중에서도 임금의 새벽 기도 발길이 잦았던 남단南壇 역시 왕과 함께 자취를 감추었다. 남대문 밖 남산 자락으로 흘러내리는 낮은 구릉의 남단에 위치했던 남단은 조선주둔군사령부의 영내로 편입되어 유폐되더니 군용도로가 나면서 기청제처럼 소멸했다.

경성의 비 피해는 그리 크지 않았다. 그래도 이상기후임은 분명했다. 올해 12월은 비 온 날이 갠 날보다 많았다. 사진 기자가 어디서 개나리가 움트는 사진을 찍어왔다. "음침한 장안에 개나리의 때 아닌 봄빛." 사진은 그런 설명과 함께 신문 한 구석을 채웠다.

초봄 같은 축축한 대기 속에 한림은 서린동 천변길을 걸어내려갔다.

개천의 수량은 겨울치고는 많은 편이다. 시린 손들이 서둘러 빨래를 헹구어낸다. 얼음이 얼지 않아 다행이다. 동짓달 맨발 벗고 물길을 때 짚신 삼아주던 시아버지 생각난다더니, 그런 속담이 아니어도 동짓달은 겨울이다. 온종일 영상을 웃도는 이런 날씨가 오래가지는 않을 것이다. 동지를 지나면서 해는 조금씩 길어지지만 매서운 추위는 이제부터다. 음기陰氣가 극성하다는 동지와 가장 춥다는 소한 사이, 오늘은 동짓달 그믐날이다.

해마다 이맘때면 청어를 가득 실은 고깃배가 경강을 오른다. 양화진에서 뚝섬에 이르는 한강 일대 나루마다 배가 닿은 뒤 얼마 지나지 않아 장안의 온 생선장수가 동네를 누비며 청어 사라고 소리친다. 하지만 올해는 사정이 다르다. 한류寒流가 흐르지 않는 기후 탓에 통 청어가 오지 않아 청어잡이가 파산할 지경이라고 한다. 그 와중에 눈비 흩날리는 폭풍우로 청어잡이배 수십 척이 조난되기도 했다. 10년 전만 해도 그해 서울에 처음 당도한 청어가 종묘 신위神位에 진상됐을 때이나 왕조가 사라진 지금은 사정이 다르다. 사실상 해가 바뀌는 시점인 동지에 지방 관원들이 저마다 임금께 축문을 올리던 관습도 사라졌다. 가뜩이나 추운 이맘때면 예물을 가득 싣고 북행길에 올라 중국 땅에 당도하던 동지사冬至使의 하례 행렬도 끊어진 지 35년이 지났다.[2]

"11월 동지일에 만물이 미생微生하니 일양一陽이 초동初動이라." 겨우살이 준비에 바쁜 어머니는 이맘때 밤이면 천장 새끼줄에 매달린 메주 아래에서 호롱불에 의지해 반짇고리 뒤적이며 〈사친가思親歌〉의 한 대목을 부르곤 했다. "해 짧아 덧없고 밤 길어 지루하다." 아버지는 그 곁에서 메주 뜨는 냄새 속에 눈감고 새끼 꼬며 〈농가월령가農家月令歌〉를 흥얼대곤 했다. 추위와 어둠은 깊고 길지만 광명과 생명은 여기서 움튼다는, 동지의 뜻을 담은 음률이 깊이 모를 어둠과 아득한 빛 사이에서 겨울 소의 침마냥 가늘고 길게 이어졌다. 시절에 곁들여 자연사와 인간사를 노래하는 이들 가사歌辭는 특별한 교양이 없어도 어느 정도 문자를 이해하면 한 소절씩은 흥얼댈 수 있는 보통 사람의 풍류였다.

1920년대가 마지막을 고하는 지금, 가사나 시조를 읊는 사람은 짚신과 상투만큼이나 보기 드물다. 가사의 빈자리에 노래가사가 들어서고 있다. 풍류 좀 안다는 양반네들조차 요즘에는 가요를 흥얼거린다. 신분 계급상 양반은 왕조와 함께 사라졌다. 나라도 임금도, 양반도 상민도, 주인도 노비도 사라진 주인 없는 산하에서 다들 이 양반아 저 양반아 하고 서로를 불러댄다. 〈군밤타령〉 〈한오백년〉 같은 민요가 저잣거리에서 아직 사라지지는 않았지만 유행을 좀 안다 하고 새것에 민감한 사람들은 옛것이라면 하품하고 외면한다. 꼭 그래서만은 아니지만 시조를 부흥시켜야 한다는 논의가 지식인 문인 일각에서 일고 있다. 기울어가는 고려 말 신흥사대부들이 창안해냈고 새로 선 조선에서 가장 대중적인 풍류로 두루 퍼졌던 가사와 시조는 이제 끝자락이다. 또 한번 전환이 찾아온 것인가. 조선의 망국과 더불어 새로 나타난 신식 노래, 가사나 시조와는 비교되지 않게 현란하며 대중적인 가요에 지체 고하 남녀노소 할 것 없이 빠져들고 있다. 유행가라 했다. 올해 최고의 인기 가요는 단연 동명의 영화 주제가인 〈낙화유수落花流水〉였다.

강남달이 밝아서 임이 놀던 곳
구름 속에 그의 얼굴 가리워졌네
물망초 핀 언덕에 외로이 서서
물에 뜬 이 한밤을 홀로 새울까

멀고 먼 임의 나라 차마 그리워
적막한 가람가에 물새가 우네
오늘밤도 쓸쓸히 달은 지노니
사랑의 그늘 속에 재워나주오

강남에 달이 지면 외로운 신세
부평의 잎사귀에 벌레가 우네
차라리 이 몸이 잠들리로다
임이 절로 오시어서 깨울 때까지

가사는 세련되고 가락은 신선하며 창법은 우아하다. 신여성의 모던한 음조를 타고 흐르는 〈낙화유수〉는 1920년대의 끝자락 조선인의 가슴에 아련한 물결을 일으켰다. 생소한 정조가 곡과 가사를 감쌌다. 그 바탕에는 서양음악의 어법이 깔려 있었다. 일찍이 서양음악을 접한 일본 사람들이 고심 끝에 화성이라고 번역한 그 원리, 바로 하모니였다. 듣도 보도 못한 서양의 원리가 일본을 거쳐 조선에 다방면으로 상륙하고 있었다.

노래 속 목소리의 주인공은 정동의 중앙보육학교에서 음악공부를 한 이정숙이라 했다. 홍난파의 지도를 받은 이정숙은 〈반달〉 〈설날〉 〈오빠생각〉 같은 동요를 잘 부른다는데 가요는 처음이라 한다. 홍난파는 올봄 두번째 동경 유학에서 돌아와 가을 학기부터 이 학교에 교편을 잡고 있다. 기미년 만세가 일어나던 봄, 일본 유일의 관립음악학교인 동경음악학교 예과를 막 마친 스물한 살의 홍난파가 본과로 진학하지 못하고 혼돈의 고국에 되돌아온 지도 10년이 지났다. 바이올린을 전당잡힌 돈으로 독립만세 전단을 만들어 배포하다가 쫓기는 신세가 되어 귀국했다는 풍문이 있었는데, 본인도 학교도 이에 대해 분명하게 밝히지는 않았다. 다만 만세 통에 일신상의 사정으로 뛰쳐나오지 않았더라면 관립학교라는 간판의 비호 속에서 탄탄대로를 걸었을 것이라는 그의 짧은 회고가 있을 뿐이다.[3] 서울로 돌아온 퇴학생 난파 홍영후는 유일한 한글신문인 관영 매일신보사에 취직한다. 그리고 해를 넘기자마자 퇴직하고 동경으로 건너가 모교에 복학을 신청하나 거절당한다. 1920년 봄, 매일신보는 홍난파를 이렇게 소개했다.

금년 1월까지 본사의 사원으로 있던 홍영후군은 본디 서양음악을 공부하여 4~5년 전부터 그 이름이 매우 혁혁하던 바, 작년 봄에 무엇의 타격을 받아가지고 고국에 돌아와서 일시 본사에 입사한 후 매우 민활한 활동을 하던 바, 금년 1월 하순에 다시 음악을 공부하려고 동경에 건너가서 열렬한 마음으로.(하략)[4]

정동의 러시아공사관 아래 외인주택가에 살면서 집 앞 이화학당 오르간 소리를 듣고 자란 홍난파는 병합 후 관립 조선정악전습소 서양악부에서 성악과와 기악과를 연달아 마치고 조선정악전습소의 교사로 안팎에서 후진을 양성했다.

홍난파는 대한제국의 왕실 사무를 관장하는 궁내부에서 번역과 전화 담당을 하게 된 아버지를 따라 그가 돌이 되던 해인 1899년 상경했다. 조선인 최초로 정식으로 바이올린을 배웠으나 아버지의 뜻에 따라 세브란스의학전문학교에 입학했다. 아버지의 기대에 부응해 최초의 양의학교인 제중원의학교를 제1회 졸업하고 대한제국 의사 면허 제6호를 받은 형을 뒤따랐다. 그러다 한 해를 못 넘기고 1918년 봄, 아버지 몰래 형에게 학비를 받아 도망치듯 일본 유학을 떠났다. 그전까지 어떤 조선인도 입학하지 못했던 동경음악학교에 그와 함께 입학한 조선인 여학생이 있었다. 한 살 위인 윤심덕이었다. 조선총독부의 관비유학생 시험에 합격한 장학생으로 보통학교 교사를 지낸 재원이었다.

예과를 마치고 본과로 당당히 진학하는 윤심덕을 뒤로하고 홍난파가 현해탄을 건넜을 때는 병합이 된 지도 10년이 흘러가고 있었다. 5백 년의 구체제가 무너지고 쉴새없이 신체제가 유입돼 구석구석 들어서는 10년이었다. 쫓기듯 귀국한 홍난파는 심기일전해 음악은 물론 문학 등 다방면으로 활동하다 동경고등음악학원으로 다시 떠난다. 두번째 유학을 성공적으로 마치고 돌아왔을 때는 조선에 신체제가 완전히 정착되어 있었다. 이제 병합은 20주년을 앞뒀고 홍난파는 서른을 넘어섰다.

지난달 11월 8일, 중앙보육학교의 제3회 음악연주회가 장곡천정의 경성공회당에서 성대하게 개최되었다. 조선호텔과 경성부청과 덕수궁을 휘둘러보는 조선 최고의 이 공연장에서 기악과 성악의 다채로운 레퍼토리가 금요일 밤을 수놓았다. 이곳에서 이팔청춘 여학생들이 동요 아홉 곡을 제창했다. 모두 홍난파 작품이었다. "그 속에서 놀던 때가 그립습니다"로 끝나는 〈고향의 봄〉도 있었다.

동요는 어린이뿐 아니라 어른도 애창했다. 학교에서는 일본 창가만 교육하고 불렀으므로 조선인이 창작한 동요는 교실이 아닌 학교 밖에서 두루 불렸다.[5] 1924년 방정환의 아동잡지 『어린이』에 실린 조선 동요 〈반달〉이 삽시간에 전국으로 퍼지자 윤극영이 후속작으로 발표한 〈설날〉도 인기였다. 아이들은 양력 설날에는 학교에서 배운 일본 노래를 부르고 음력 설날에는 "까치까치 설날은 어저께고요, 우리우리 설날은 오늘이래요"를 학교 밖에서 불렀다.

윤극영은 홍난파보다 3년 뒤에 동경음악학교에 입학했다. 경성법학전문학교를 중퇴하고 택한 음악가의 길이었다. 바이올린은 양깽

깽이, 성악가는 양광대, 음악공부는 패가망신의 지름길로 여겼기에 부모들은 자식에게 법학과 의학을 택할 것을 강권했다. 조선시대의 통념이라면 중인 신분에 그칠 뿐일 전공이었지만 과거시험이 없어지고 조선총독부 관리되기도 힘든 요즘 같은 때에 서구시민사회의 세례를 통과한 그 두 직종은 그나마 조선인에게 허용된 최고급 신분이었다.

홍난파는 반달이 남산 위로 낮게 떠오르는 늦가을 초저녁에 진행된 공회당의 연주회에서 바이올린 삼중주에 이어 독주를 열연했다. 동경신교향악단의 제1바이올리니스트를 역임한, 명실공히 조선 최초의 바이올리니스트 겸 작곡가였다. 세계적인 연주자 크라이슬러와 짐발리스트, 하이페츠가 경성에서 차례로 독주회를 가지고 2년 뒤 첫 바이올린 독주회를 연 그였다. 홍난파는 문학에도 재능이 많았다. 일본에서 퇴학당해 돌아온 기미년 가을, 매일신보에 중편소설 60회를 연재한 이래 열 편 이상의 중단편소설을 발표했고 귀국 초기 탐독한 해외 명작소설 2백여 권 중에서 몇 권을 번역 출간하기도 했다. 일본어를 중역하여 국내에 처음 선보인 번역서는, 투르게네프의 『첫사랑』, 시엔키에비치의 『쿠오바디스』, 빅토르 위고의 『레미제라블』로 이어졌다. 그렇게 음악가와 문학가를 5년 가까이 병행하던 그는 친구 변영로의 매질에 한길만 매진하게 되었다. 영시로 등단해 예이츠의 시사상을 논하고 진주 관아의 기생 '논개'에 대한 시를 발표해 천재 소리 듣던 이 동갑내기가 한 우물만 파라고 충고하자 홍난파는 한창 작업중이던 창작집 원고뭉치를 불사르고 그날로 문학의 꿈을 접었다. 음악가 홍난파로 거듭나는 날이었다.

홍난파의 가곡 〈봉선화鳳仙花〉는 이날 무대에 오르지 않았다. 〈봉선화〉가 금지곡이어서 선곡되지 못했다고 생각하는 관객도 있었는데 그건 아닌 듯했다. 이번 중앙보육학교 공연에서 홍난파의 노래는 동요로만 구성되어 있었다. 가곡, 그것도 최초의 예술 가곡으로 자리매김한 〈봉선화〉는 무대에 오를 때도 안 오를 때도 있었다.

무성영화 〈낙화유수〉가 단성사에서 상영된 것이 재작년, 1927년이었다. 이화학당을 거쳐 일본 유학을 다녀온 복혜숙이 유부남 화가와 비련에 빠지는 진주 기생 역을 맡았다. 그 줄거리는 각본을 쓴 김영환의 가족사라고 했다. 가족을 부양하기 위해 이팔청춘 처녀가 기생이 되는 이야기는 드물지 않았다. 조혼으로 맺어진 부인을 둔 유부남과의 연애담은 더욱 흔했다. 변사로 유명했던 김영환은 이 영화의 주제가도 작사 작곡했다. 스크린에 활동사진이 도는 가운데 무대 주위에 포진한 변사와 악단 사이에서 노래를 부른 이정숙은 영화를 감독한 이구영의 여동생이었다.[6]

〈낙화유수〉가 개봉한 그해 가을, 열 편 가까운 영화가 상영중이거나 개봉을 앞두고 있었다. 또 그 정도의 영화제작사가 활동중이었다. 바야흐로 영화의 시대가 열리고 있었다.

지금 현상 같아서는 조선영화제작계는 그 제작을 뜻하는 사람의 수효가 적으나 크나 제작소의 수효로 보아 끔찍이 번창해졌다. 영화가 나타나는 수효로 보아도 지난 10월과 이번 11월이 영화 시즌이라 그런지, 정말 끝끝내 조선영화제작계가 번창해질 조짐인지는 모르겠으나 하여간 지금 정도로 보아서는 오히려 지나치게 번창하여가는 모양이다. 영화가 제작되어 나타난 것이 두 달 동안 금강키네마의 〈낙화유수〉, 계림영화협회의 〈먼동이 틀 때〉가 개봉되었다. 11월에 들어서는 조선키네마의 〈뿔 빠진 황소〉가 막 조선극장에서 개봉돼 상영중이며, 곧 나운규프로덕션의 〈잘 있거라〉가 단성사에서 개봉될 모양이다.

뒤이어 고려영화제작소가 제작중인 〈혈마血魔〉가 개봉 예정이고 그다음에 조선영화제작소의 〈운명〉이 개봉될 모양이라 한다. 대구에서 만경관을 중심으로 프로덕션이 하나 일어나서 아직 제목도 발표되지 않았으나 영화를 제작중이라 하며 평양에서 이경손, 정기탁, 김동평씨 등이 평양키네마라는 것을 세워 뒤마 원작의 〈춘희〉를 제작중이라 한다. 개성에서 청년들이 모여가지고 영화제작을 시작하여 거의 촬영을 끝마치게 되었다 한다. 그 외에도 영화제작에 뜻을 두는 사람들이 그 수효를 헤아릴 수 없을 정도다.[7]

〈낙화유수〉의 콤비 이구영과 김영환은 그해 단성사의 촬영부를 확대 개편해 영화사 금강키네마를 설립한 터였다. 유일한 조선인 경영 극장인 단성사는 영화 상영에 만족하지 않고 자체 촬영부를 두어 이미 3년째 영화제작을 해왔다. 경쟁사인 조선극장에서 영화제작사를 설립해 조선영화를 본격적으로 만들어내자 그에 자극받아 벌인 일이었다.

조선극장의 일본인 사장 하야가와 마스타로가 각색 연출하고 일본 기사가 촬영한 〈춘향전〉은 조선 관객에게 큰 인기를 끌었다. 이몽룡 역의 미남 변사, 성춘향 역의 미녀 기생을 보러 쇄도한 사람들은 살아 움직이는 『춘향전』에 즐거워했다. 충격을 받은 단성사 경영주 박승필은 뉴스 촬영차 입국한 외국인에게 카메라를 사들여 급히 제작 진용을 갖추고 다음해 〈장화홍련전〉을 내놓았다. 1924년이었다. '순수한 조선 사람만의 힘으로'의 기치 아래 김영환이 각본을 박정현이 감독을 맡은, 조선인 스태프와 조선인 자본이 만들어낸 첫 본격영화였다.[8]

1926년에는 나운규가 각본, 감독, 주연을 맡은 〈아리랑〉으로 일본인 경영의 영화제작사 조선키네마프로덕션이 대성공을 했다. 그 몇 달 전 조선키네마프로덕션의 창립기념작 〈농중조〉에도 나운규는 출연했었다.

본정의 일본인 거상巨商 요도 도라조가 명치정에 세운 조선키네마프로덕션에서 나운규는 다음해까지 세 편의 영화를 더 제작했다. 일본의 자본과 촬영기법을 완비한 조선키네마프로덕션에서는 나운규에게 각본, 각색, 감독, 주연, 편집에 이르는 제작 전반의 권한을 부여했다. 나운규는 일본인 경영의 울타리 안에서 민족적 감성에 호소해 흥행에 성공함으로써 일본 자본주의 기대에 보답했다. 그렇게 조선키네마프로덕션과 호흡을 맞춰온 나운규는 이후 자기 이름을 단 프로덕션을 차려서 독립했다. 그 첫 작품이 〈잘 있거라〉였다.

고별 통보를 받고 배신감을 느낀 조선키네마프로덕션이 일부러 〈잘 있거라〉 개봉에 살짝 앞서 〈뿔 빠진 황소〉 개봉일을 잡았다는 말도 있었다.[9] 조선키네마의 작품 중 유일하게 나운규가 참가하지 않은 〈뿔 빠진 황소〉는 흥행에 패배하며 조선키네마의 마지막 작품이 되었다. 그래도 조선키네마프로덕션은 1920년대 후반기 점멸한 이십여 개 영화사 중 가장 많은 작품을 생산한 것으로 기록되었다. 총 여섯 편이었다.

〈잘 있거라〉로 출범한 나운규프로덕션은 이후 네 편의 영화를 더 제작했으나 올해 사무실 겸 합숙소의 간판을 내리고 해산했다. 작품 편수도 조선키네마 다음으로 많았고 작품평도 좋았으나 흥행 성적은 그에 따르지 못했다. 올해 1월 개봉된 나도향 원작의 〈벙어리 삼룡이〉가 흥행에 참패하자 나운규는 힘을 잃었다. 이미 통속적인 신파극에 익숙해진 관객들에게 이른바 예술영화는 외면당했다. 평단에서는 영화사상 첫번째로 성공을 거둔 작품이라고 찬사를 보냈다. "특히 마지막 화재 장면은 조선영화 최초로 실감나는 것이었다"는 신문평도 있었으나 대중의 취향은 별개의 문제였다.

지금 나운규는 재기를 도모중이라 하나 대중의 취향보다 더 무서운 장벽이 새로이 나타나고 있다. 유성영화의 출현이다. 대사 없이 상황만 엮으면 충분했던 무성영화와 달리 유성영화는 잘 짜인 대사가 필수였다. 더구나 그 대사는 문학적 깊이까지 요구했다. 변사의 해설에 기대는 무성영화와는 차원이 달랐다. 그것이 1927년과 1929년의 간극이었다.

나운규는 정해진 각본도 없이 짧은 시간 안에 즉흥적으로 영화를 찍는 것으로 유명했다. 대본을 기반으로 촬영하는 것이 아니라 스토리가 떠오르면 바로 촬영하는 식이었다. 장소도 미리 정하는 법 없이 이 장면 저 장면 찍어두었다가 나중에 편집하면서 비로소 스토리를 연결지었다. 삼 일 만에 촬영을 마친 적도 있다 했다.

그래도 관객들은 열광했다. 활동사진이야 벌써 20년 넘게 구경해왔지만 조선인이 만든 영화를 보는 맛은 미국과 유럽, 일본의 세련된 영상을 통해 한껏 높아진 눈에도 색달랐다. 나운규는 조선 사람이 조선 옷을 입고 활동사진에 나온다는 것만으로도 입장료를 비싸게 받고 표를 매진시킬 수 있었다고 했다.

조선영화는 그만큼 희귀하고 신기한 것이었다. 〈아리랑〉이 선보이던 무렵 조선영화의 점유율은 5퍼센트에도 못 미쳤고 30퍼센트 남짓이 일본산, 60퍼센트 이상이 서양산이었다. 서양영화는 거의 미국영화였다.

미국에서 영화 사업은 제4의 산업으로 불리고 있었다. 워너브라더스에서 영화녹음에 성공해 유성영화시대의 개막을 예고하던 1926년, 할리우드의 영화 총제작비는 2억 달러에 달했다. 편당 평균 제작비가 백만 달러를 넘어서고 있었다. 그해 〈아리랑〉에 일본 자본이 아낌없이 투자한 금액이 3천 원이었다. 서울의 보통 기와집 한 채 가격이었다.

미국영화가 조선을 지배했다. 조선의 낮은 일본이 통치하였으나 밤에도 그런 것만은 아니었다. 미국 내 2만 곳에 이르는 영화관에 뿌려지는 할리우드 영화가 태평양을 배로 건너와 일본을 거쳐 조선에까지 수출되었다. 조미수호통상조약이 체결된 이래 최대의 교역 규모라 할 만했는데 농산품이나 공산품보다 문화 상품의 수입이 많았다. 1926년과 1927년 사이 1년간 열 곳 가량의 영화배급사를 통해 수입된 외국영화필름이 245개였다. 단성사, 조선극장, 우미관 세 극장은 연간 필름 수입대금으로 6만 원 넘게 지불했는데, 한국영화 스무 편을 찍을 수 있는 돈이었다.

할리우드의 시대였다. 나운규는 〈아리랑〉이 4~5년 앞서 나온 미국영화들의 모방이었음을 고백한 바 있다. 1922년 대작 〈로빈 후드〉와 같은 미국 활극영화에서 배우 더글러스 페어뱅크스가 보여준 캐릭터를 모델 삼아 흉내를 내보았다는 것이었다.

부산의 복병산 언덕 40계단 층층대를 나운규는 걸어 올랐다. 이경손이 영화인으로 막 입문했고 나운규는 아직 무명이던 1924년 늦가을이었다. 부산항이 내려다보이는 동산 숲속에 이층 양옥 한 채가 있었다. 앞뒤로 넓은 마당까지 갖춘 그 언덕 위의 빨간 집은 옛 러시아영사관이었다. 러일전쟁이 일어난 지 20년이 지났다. 조선이 청국과 일본의 등쌀을 피해 러시아의 힘을 빌리고자 조러수호통상조약을 체결한 이래 러일전쟁까지 20년간 러시아영사관은 여기서 일본영사관이 위치한 저 아래쪽을 지켜봤다.

옛 러시아영사관 대문에는 조선키네마주식회사 간판이 걸려 있었다. 일본인이 경영하는 영화사의 사옥이자 촬영소였다. 2년 뒤 경성에서 나운규와 손잡고 〈아리랑〉을 출품하는 조선키네마프로덕션과는 별개의 영화사였다. 부산은 서울에 맞먹는 영화의 도시였다. 무대 공연과 영화 상영을 겸하는 굴지의 극장 세 개가 있었고 영화 상설관 세 개도 있었다. 여기에 미국과 유럽과 일본에서 만든 영화가 요코하마로부터 배에 실려와 쏟아졌다. 1924년, 일본인 조선인 합쳐 부산 인구가 8만 명이었는데 연간 영화관 입장객을 총인구수로 나눠보니 1인당 연 평균 영화 관람 횟수가 4회였다.

한 해 전 독립군 연루 혐의로 청진형무소에서 만 2년을 복역하고 출소해 고향 회령 집에 머물던 나운규는 부모가 연이어 작고하자 아무도 그의 꿈을 막지 못한다고 생각했다. 그러다 연말에 드물게도 이 지방을 찾은 연극단을 따라 간도와 경성을 순회하다 연극단 멤버인 동갑내기 배우 안종화의 소개로 부산을 찾았다.

감옥에 가느라 마치지 못한 서울 중동학교의 학생복 위에 검은 망토를 걸친 스물두 살의 나운규가 도리우찌鳥打 모자를 눌러쓰고 조선키네마주식회사의 대문을 들어선 그날 저녁, 마루에서 책을 보던 이경손은 나운규와 처음 대면했다. 안짱다리 같은 나운규는 보무도 당당히 앞만 보고 걸어 들어와 이경손과 마주앉았다. 나운규를 본 이경손은 몸집과 얼굴 그리고 눈 모두가 사자와 같은 인상이라 생각했다. 앵두알처럼 작은 입을 열어 들뜬 듯이 식식대며 배우되는 것이 일생 소원이라고 말했다.

당시 이경손은 일본인 사장 겸 감독을 도와 조선키네마주식회사의 창립 작품을 최종 검토중이었다. 이경손이 나운규의 입사원서를 받아 사장에게 제출했다.

"쌍통이 저래 가지고야 어디…… 그놈 인상 나쁜데……"

"우리 회사에 꼭 필요할 것 같은데요, 우리 배우들이 죄다 니마이二枚, 남자 주연 지망자뿐이라 그 밖에는 달리 쓸데가 없습니다. 악역 할 사람 하나쯤은 필요하지 않을까요."

"하긴…… 악역이라, 삼마이三枚!"

그렇게 나운규는 조선키네마주식회사에 배우연구생으로 채용되었다.[10]

나운규는 조선키네마주식회사에 입사한 직후 친구에게 이런 편지를 보냈다.

"배우가 되려는 희망자는 상당히 많지만 쉽게 입사가 되는 게 아니란다. 나도 일본대학생, 조선은행원 등과의 삼 대 일의 경쟁을 뚫고 합격했다. (…) 내 알 바 아니지만 경영주는 영리를 위주로 하는 일본인들이라 한다. (…) 나는 오랫동안 헤매던 미로에서 해탈하였다. 환경이라는 서리에 시들었던 내 이상의 싹이 한 잎 두 잎 피게 될 봄이 점점 가까워 오는 것 같다."[11]

두만강변 회령에서 태어나 백두산에서 흘러내리는 급류와 강변 버들밭을 보며 자라 간도에서 중학을 다녔다. 그러다가 기미년 만세 이후 만주와 러시아를 떠돌고 러시아 멘셰비키 백군白軍에 용병으로 들어가 활동했다. 이것이 1919년 말까지 나운규의 이력서였다.

이경손이 조선키네마주식회사에 흘러든 것은 나운규보다 두어 달 전이었다. 무대예술연구회를 조직해 전국 순회공연을 하던 중 부산에 머물던 이경손은 흥행에 실패하자 단원들을 이끌고 막 출범한 조선키네마를 찾아갔다. 톨스토이의 『부활』, 빅토르 위고의 『레 미제라블』을 번안한 〈아 무정〉을 공연하던 그의 단원들은 졸지에 영화에 투입됐다. 이경손은 조선키네마 조감독으로 발탁됐다. 일본식 통속 치정극인 조선키네마의 창립기념작 〈해의 비곡〉은 "인륜도덕을 저해하는 추악 망측한 퇴폐작"이라고 지탄받고 참패했다. 두 달 뒤 개봉한 제2호 작품에서도 조감독을 맡은 이경손은 나운규를 엑스트라로 출연시켰다. 가마꾼 역할이었다. 이경손은 다음해 조선키네마를 떠나 〈심청전〉으로 감독에 데뷔하면서 나운규를 심봉사 역에 발탁해 데뷔시켰다. 나운규 시대의 시작이었다.

상업과 문학과 신학을 넘나든 이경손은, 자신과 다르게 외향적이고 충동적이며 비학구적인 나운규를 처음부터 우정으로 지켜보며 지원했다. 영화로 넘어오기 이전에 연극은 물론 동요와 시조, 소설도 발표하며 다방면에서 조숙한 예술가다운 다재다능함을 보였지만 이경손은 손대는 것마다 실패했다. 그는 무엇이든 앞서가면서 실패를 거듭했다. 퇴폐적인 통속물로 흥행에 치중하던 풍토에서 이광수 원작의 〈개척자〉를 통해 문예 작품을 최초로 영화화한 것도 그였다. 하지만 이경손의 작가정신은 대중에게 외면당했다.

만 5년간 조선영화의 신천지에서 고군분투해온 이경손은 조선에서 아직 예술영화는 시기상조라는 점을 몸소 보여주고 평양키네마냐 평양시네마냐 묻는 사람들을 뒤로한 채 평양을 떠났다. 이경손은 올해 자신의 이름을 붙여 프로덕션 하나를 더 만들어 〈숙영낭자전〉을 선보였으나 흥행의 운은 끝까지 그를 따르지 않아 결국 해가 가기 전에 문을 닫았다. 그는 이제 영화판을 떠난다고 한다. 사라지는 것이 이경손만은 아니었다. 바람이 한번 불자 불꽃튀는 듯 앞다투어 나타나 활동사진 돌아가듯 1929년까지 명멸한 스물한 개 영화사 중 열세 개 영화사는 첫 작품이 곧 마지막 작품이었다.

계림영화협회의 세번째 작품 〈먼동이 틀 때〉가 단성사에 걸린 1927년 10월 26일 저녁은 심훈에게 잊지 못할 시간이었다. 그해 봄 일본 교토로 건너가 일본활동사진주식회사 촬영소에서 무라다 미노루 감독의 지도하에 6개월간 영화수업을 받고 돌아와 메가폰을 잡은 회심의 데뷔작이었다. 감독은 물론이고 각본도 직접 쓰고 각색도 직접 했다. 하룻밤 사이 작업해 동 틀 무렵 완성했다는 말도 있다. 전년도 후반기에 영화소설이라는 장르를 처음으로 신문 연재해 영화제작에 남다른 관심을 드러낸 그였다. 제작에 앞서 반쪽이나마 주연배우도 해봤다. 계림영화협회를 만든 이경손이 창립 작품으로 동업자 조중환의 번안소설을 원작으로 한 〈장한몽〉을 감독할 때 후반부에 이수일 대역으로 출연했다. 그 당시 이경손 감독의 민요 노트를 보고 나운규가 영감을 얻어 〈아리랑〉을 만들게 되었다는 말도 있었다.[12] 나운규 못지않게 격정적인 심훈은 그 〈아리랑〉을 보고 감동하여 영화제작을 결심했다고 한다.

만 스물여섯 살 생일이 두 달 즈음 지난 심훈에게는 일생의 활로를 영화에 건 시점이었다. 기미년 3월에 만세 시위에 참가해 운 나쁘게 경성제일고등보통학교에서 퇴학당한 후 실의와 방황 그리고 숱한 궁리와 좌절로 점철된 심훈의 청춘이었다. 소원하던 동경행은 집안의 반대로 일찌감치 무산되고 프랑스로 가볼까 했지만 이 역시 집안 반대에 부닥쳤다. 임금보다 무서운 게 가장이었고 총독보다 무서운 게 가부장이었다. 겨우 중국에서 2년간 떠돌다가 돌아와 연극판을 맴돌고 신문사에 들어가 1년 있다 사내 분규로 퇴직한 것이 1925년 5월이었다.

그렇게 오랜 모색 끝에 시작한 그의 첫 영화가 개봉했으나 다음날 신문에는 기사나 평론이 눈에 띄지 않았다. 이틀째 공연을 가진 최승희 이야기만 지면에 가득했다. 이틀 전 영화 시사회 때 단성사에 모였던 기자들은 어디서 무얼 하는지 몰랐다. 다들 최승희만 따라다니는 것인가.

심훈의 감독 데뷔작이 단성사에서 첫 입장객을 기다리는 그 시각, 장곡천정 공회당은 최승희의 데뷔작을 보러온 사람들로 만원을 이루었다. "꽃 같은 맵시 나비같이 노는 최승희양의 무용 일곱시부터"라는 신문 선전을 보고 제시간에 도착한 관객들은 자리를 못 잡고 서 있거나 되돌아갔다. 3~4년 전 윤심덕의 귀국 데뷔 공연이나 홍난파의 독주 데뷔 공연 때와는 또다른 열기였다.

최승희는 떠날 때의 그 최승희가 아니었다. 1926년 3월 25일 경성역 대합실에서 세계적인 현대무용가 이시이 바쿠 일행과 합류해 부산행 열차에 올랐던 숙명여자고등보통학교 졸업생 최승희는 1년 반 만에 금의환향했다. 떠나기 며칠 전 이곳 공회당 무대 뒤 분장실로 이시이 바쿠를 찾아가 문하생으로 받아달라 할 때 그를 감쌌던 흰 저고리와 검은 치마는 이제 양장 투피스로 바뀌었고, 논길처럼 반듯한 가르마 뒤로 묶은 댕기머리는 서구식 숏커트로 변신했다.

지난해 봄의 최승희와 똑같은 모습을 한 여학생들이 무대 앞 객석에 흥분한 표정으로 모여 있었다. 4년간 장학생이었던 학생이 기생처럼 춤이나 추면 안 된다고 만류하던 숙명여고보 교사들도 이정숙 교장을 모시고 학생들을 인솔해 나왔다.

최승희에게는 일본인 스승이 제자로 받아주는 것보다 부모와 주변 사람들 반대를 이겨내기가 더 어려웠던 지난봄이었다. 무용은 술자리에서 추는 것이 아니라 극장에서 하는 예술이라고, 일본인 매니저가 아버지를 간곡히 설득한 뒤에야 최승희는 부모의 울타리를 벗어날 수 있었다.[13] 지난 시절 왕가의 간택만큼이나 넘기 힘든 문턱이었다.

공연은 대성황이었다. 최승희의 개인 공연이 아니라 스승 이시이 바쿠와 그의 여동생이 메인 공연을 하는 합동 무대였다. 그중 한 순서에서 최승희는 개인 독무를 선보이는 기회를 가졌다. 그 참관기가 신문에 이렇게 실렸다.

> 좀 게을러서 늦게 갔더니 사람이 어찌도 많은지 문밖에 서서 외눈으로 가까스로 보는데 그것도 토막토막 잘라 보는 수밖에 없었다. 하도 굶주리던 판에다 하도 고생스럽게 보아서 그런지 소문으로 듣던 바 이상으로 사람으로 하여금 취하게 하였다.[14]

참관자가 직접 언급하지 않았지만, 허벅지까지 하체를 노출하는 광경은 지금껏 조선의 그 어떤 공개석상에서도 볼 수 없었다. 상체도 예외는 아니었다. 팔은 어깨를 지나 쇄골 일부까지 드러냈고 목 아래로는 가슴 둔덕 기슭에까지 바짝 하강하여 비로소 의상의 라인이 멈춘다. 겨드랑이쯤은 예사로 드러났다. 그 맨살과 천 조각 아래 살이 살아 움직인다. 온갖 자태로 쉬지 않고 동작을 바꾸어가며 파도치듯 출렁이며 요동친다. 운동복만 입어도 반나체의 율동미와 곡선미 운운하는 세상에 무용수의 차림은 반나체 그 이상이다. 미국 영화에서도 이런 노출은 보기 힘들다. 더구나 이 모든 살의 향연은 정지된 사진도 아니고 깜박 스치는 활동사진도 아니다. 실물 그 자체였다. 생활의 문예, 삶의 문학을 한창 논한 신흥문예집단원들이 보면 머쓱해질 대목이었다. 실제로 그런 유의 지식인들도 이곳에 많이들 있었다.

최승희라는 조선 소녀가 섞여 있었다. 프로그램이 하나둘 진행되자 여덟번째에 이르러 최승희의 춤이다. 세레나데 곡에 맞춘 것이었다. 고운 멜로디가 부드러이 흘러나오자 검은빛 우단羽緞 장막에 아크등은 비친다. 최승희양은 나비같이 날아 나왔다. 봄동산 아지랑이가 피어오름인지 고운 바람이 맑은 물을 흔들음인지 유달리 아름다운 육체미를 가진 곡선과, 곡선에서 흘러나오는 리듬…… 나는 잔소리가 될 것 같아서 이만 쓰려 한다.

그러나 한마디 더 할 것은, 최승희양은 만 1년가량 공부한 것이라 한다. 기본무용은 거의 다 배웠다고 한다. 그러나 그의 포부를 들을진대 아직도 다섯 해는 더 이를 공부하겠다고 한다. 기본무용은 거의 배웠으나 그것만 가지고는 자기 스스로 창작무용도 충분하지 못하고 또 이것으로는 남을 가르칠 수 없는 터라 하였다. 더욱이 여학교 체조가 전부 무용화하는 이때에 있어서 충분한 힘을 기를 터이라 그에 한 2년 걸릴 터이요, 무용에는 음악이 병행하는 것이므로 음악을 한 3년 공부한 후에 돌아오리라 한다.[15]

몸의 세계가 새로이 열리고 있었다. 조선의 꽃, 조선이 낳은 신무용가, 향토에 돌아온 새 무용가. 그러한 표제하에 신문은 "천부적인 몸매와 세련된 표현력" "순진해 뵈는 처녀의 곡선미 넘치는 자태를 예술로 표현"이라는 말로 무용이라는 생소한 행위를 소개했다. 이날 공연을 관람하고 전율을 느낀 연식정구선수 조택원은 앞으로의 생을 무용에 걸기로 결심했다. 한 달 전 동경선수권대회에 경성 대표로 참가해 준결승까지 올랐던 조택원은 주위의 만류를 뿌리치고 결국 그해 말 동경으로 가서 이시이 바쿠의 제자가 되었다.

네 살 위의 팬이자 후배가 한 사람 생기는 줄도 모른 채 예상을 뛰어넘는 환호에 감격한 최승희의 독무는 이어졌다.

> 최양은 가련한 소녀의 애타는 가슴을 하늘에 하소연하는 듯한 소야곡 독연獨演을 마치고 다시 재연(앵콜)의 박수를 받아 나아갈 때에 고만 비로드 검정 장막에 낯을 가리고 눈물을 지우기까지 하였다. 관람석에서는 동무들이 손뼉을 치고 애태우다가 우는 소녀들도 있어 예술의 전당에는 고귀한 감격의 눈물이 어리었다.[16]

공회당에서 한바탕 육체와 영혼의 회오리가 휘몰아친 그날 밤, 단성사의 개봉 간판은 깊어가는 어둠 속으로 묻혀졌다.

춤도 아니고 무용이라 했다. 무용으로도 부족해 무용시舞踊詩라고 했다. 요사이 문학이 음악과 영상의 위세에 눌리는 듯했는데 오늘은 글자와 소리와 필름 그 모든 것이 무용이라는 육체의 향연 앞에서 굴복해버리는 듯했다. 이런 세상이 있다니. 예술도 예술이라지만 그보다 예술의 이름으로 드러나는 육체라는 실물의 힘이 아닌가 했다. 이 내 몸은 나약하고 초라한데 저 무대 위 육체는 강렬하고 화사하다.

바람이 분다.

심훈은 활동사진이 걸린 첫날밤에 이미 자신의 첫 작품의 운명을 깨달은 듯했다. 지난가을 단성사 문짝이 부서질 정도로 관객이 몰려들던 〈아리랑〉의 첫 상영 때와는 분위기가 달랐다. 일본 경찰에 묶여 아리랑고개를 넘는 주인공의 등을 향해 마을 사람들이 〈아리랑〉을 불러주는 장면에서 스크린 밖 이정숙이 울먹이며 〈아리랑〉을 들려주자 통곡하던 그 관객들을 오늘은 만날 수 없다.

영화 입문을 기해 작년에 지은 심훈이라는 예명도 버리고 다시 본명 심대섭으로 돌아갈까 싶은 밤이었다. 〈어둠에서 어둠으로〉라는 원제가 좋지 못한 암시를 준다는 검열관의 지적에 〈먼동이 틀 때〉로 제목을 고치던 지난 일도 다 부질없었나 싶었다. "사실적이고 인물 묘사가 극명한 명작이다"라는 호평도 나중에 나왔지만 다 끝난 뒤였다. 소위 예술영화의 말로를 밟았다고 그는 생각했다.

"제 딴엔 좀 의미 있는 암시를 보여주려다가 미끄러져서, 그 내용이 회색의 몽롱한 인도주의 냄새를 풍기고, 필름값도 뽑지 못했다."

심훈은 이렇게 자평했다.

"자아…… 날도 따뜻해졌으니 우리도 하나 박아보세. 어느 키네마에서는 무엇을 찍고 어디 프로덕션에서도 움직인다는데 우리만 죽은 듯이 있을 수 있나."

영화사 구석에서 흔히 듣는 이 같은 소리에 빗대어 처음 잡은 메가폰을 던진 심훈은 이렇게 말했다.

"우리가 영화를 제작하는 동기가 봄바람에 놀아나는 계집애 마음 같은 데에 있고, 자막에 제 이름 박혀 나오는 것을 자랑거리가 되는 줄만 여겨 날뛰는 것은, 허욕에 들뜨고 주책없음이 시세도 모르는 투기꾼과 흡사하다."[17]

결국 〈먼동이 틀 때〉는 심훈의 유일한 연출 작품으로 남았고 그는 영화제작을 떠나 영화 평론으로 돌아갔다. 제작사 계림영화협회도 해산되었다.

심훈은 1927년 가을, 자기 영화의 흥행 실패를 인정하는 자리에서 그즈음 흥행 성적이 가장 좋았던 것은 〈낙화유수〉였다고 평가했다. 하지만 그 〈낙화유수〉를 제작한 금강키네마마저도 2년이 지난 올해 문을 닫았다.

그러나 영화 주제가 〈낙화유수〉는 살아남았다. 영화의 인기를 타고 올해 4월 이정숙의 노래를 담은 〈낙화유수〉 음반이 콜롬비아레코드에서 출시되었다. 창립 다음해인 1911년부터 조선 음반시장을 석권해온 일본축음기상회가 작년에 미국 콜롬비아레코드와 합작하더니 올해부터 콜롬비아레코드 상표로 조선어음반 발매를 개시했다. 녹음방식도 기존의 구식 나팔통식을 탈피해 전기식으로 획기적 개선을 이루어냈다.[18] 콜롬비아레코드는 그 사실을 이정숙의 음반이 포함된 1929년도 제2회 신보 목록을 광고하는 자리에서 이렇게 강조했다.

> 금번부터 발매하는 전기취입식 레코드는 전부 콜롬비아레코드의 독특한 신제법(뉴 프로세스)을 이용함으로 잡음이 없이 육성을 그대로 발음합니다.[19]

콜롬비아 관현악단이 반주한 이정숙의 〈낙화유수〉는 영화 못지않은 인기를 얻었다. 기생을 소재로 한 영화의 주제가였지만 양갓집 규수들도 열광했다. 민요를 변형하거나 일본 엔카戀歌 번안곡 일색이었던 조선에 최초의 창작 가요 음반 〈낙화유수〉가 발표되면서 명실상부한 국산 가요의 시대가 열렸다.

〈낙화유수〉 전에도 인기를 끈 음반은 있었다. 3년 전 닛토日東레코드에서 발매된 윤심덕의 〈사의 찬미〉의 기록은 지금도 깨지지 않았다. 취입 후 귀국하는 연락선에서 유부남 애인과 현해탄 거친 물결에 몸을 던진 윤심덕의 노랫말은 유언처럼 남았고 그의 사후에 발매된 음반은 1만 장 이상 팔려나갔다. 루마니아의 왈츠 〈도나우 강의 잔물결〉을 번안한 〈사의 찬미〉는 최초의 가요 취입, 그것도 성악가가 부르는 예술 가요 취입이라 주목을 끌었지만 음악 외의 극적인 요소 때문에 대중의 관심이 더욱 촉발됐고, 그것이 음반 구입으로 이어졌다. 그때까지 음반이 무엇인지, 심지어 윤심덕이 누군지도 몰랐던 사람들조차 복중 더위가 막바지인 어느 날부터 갑자기 그의 이름과 노래를 입에 담기 시작했다. 대중이 무엇을 진정 원하는지가 이처럼 분명하게 드러난 사례는 일찍이 없었다. 만약 그가 진정 대중의 사랑을 원했다면 그는 그 뜻을 성취했다. 그런데 그가 정말 그걸 원한 것일까.

최승일은 그날 밤을 회상한다.

1926년 7월 15일. 한여름밤의 광화문이었다.

초복을 앞둬 무더위가 해거름에도 가실 줄 모르는 이날, 윤심덕은 마이크로폰을 손거울처럼 얼굴에 맞대고 밀폐된 방의 허공에 노래를 불렀다. 독창 〈춘희〉였다. 알렉상드르 뒤마가 소설 『동백꽃 아가씨』와 이를 각색한 무대극을 발표하고, 베르디 작곡의 오페라 〈라 트라비아타〉로 개작된 작품의 한 대목이었다. 19세기 중엽 이래 유럽인을 사로잡은 이 작품은 70년가량의 시차를 두고 극동의 조선에까지 흘러들어 연극과 영화로 숱하게 재생되면서 1920년대를 수놓았다.

이날 윤심덕의 노래가 방송된 것처럼 경성방송국의 공식 개국을 반년여 앞두고 총독부 체신국에 설치된 임시방송국에서는 매일 여러 프로그램을 시험방송했다. 아직 수신기 보급이 미미해 사람들이 많이 모이는 곳에 수신기를 설치해놓고 집단 청취하곤 했다. 목요일에는 오늘처럼 조선 가곡을 방송했다. 조선권번 창기들이 부르는 잡가, 서도잡가, 남도잡가로 시작하여 프로그램 중간 즈음에 윤심덕과 성덕 자매가 나섰다. 파리 상류사회의 화류계 여인 춘희가 애타는 가슴을 하소연하는 장면이 윤심덕의 애절한 목소리에 실려 방송을 타는 동안 탑골공원에 모인 청중은 습한 무더위도 잊은 채 우중 삼매경에 빠져들었다. 원각사지십층석탑 앞에 놓인 쌀뒤주만한 수상한 상자에서 울려퍼지는 소리는 초저녁 비를 피해 팔각정에 있던 사람들까지도 뛰어나와 바짝 다가서게 만들었다. 소스라치듯 놀라는 이도 많았고 귀신이 곡할 노릇이라는 사람도 있었다. 뒤를 둘러봐도 밑을 들여다봐도 아무것도 없는데 소리는 계속 나왔다. 선이 달린 전화는 그나마 좀 이해할 것도 같은데, 보이지 않는 뭔가를 접수해 되뱉어낸다는 라디오 수신기는 별세계였다. 윤심덕의 노래에 뒤이어 조선 정악이 울려퍼졌다. 장고와 현금과 양금과 단소가 저마다 한바탕 요란을 떨며 뒤따랐다. 평소에는 권태에 찌든 푸념으로 해 저무는 줄 모르고 늘어지던 탑골공원에 아연 긴장감마저 흘렀다. 담장 안팎의 관상쟁이 점쟁이들은 하루 앞도 예상 못하고 오늘 야간 장사를 망쳤다. 길 건너 인사동 초입의 조선극장 사람들도 무성영화 간판 밑에서 탑골공원의 높은 석탑 쪽을 새삼 바라보며 새로운 소리의 정체와 활동사진의 관계를 곰곰 생각하는 눈치였다.

그때 노랫가락은 끝이 나고 변사처럼 낭랑한 목소리의 남자가 영화를 눈에 보는 듯이 해설하기 시작했다. 영화극이라는 것인데, 음반으로도 출시되는 인기 상품이었다. 단성사와 함께 조선극장을 협공하는 우미관에서 나온 공연관계자가 톨스토이의 『부활』을 재미나게 들려주었다.

시험방송의 마지막 순서는 유행가였다. 이정숙이 앳된 목소리로 부른 노래는 환호성과 박수갈채를 받았다. 그리고 최승일도 노래를 불렀다.[20] 최승일은 소설과 연극부터 영화까지 손대지 않은 문예 분야가 없을 정도다. 동생인 최승희에게 무용을 권한 것도 이시이 바쿠의 분장실로 동생을 데려가 유창한 일본어로 동생의 일본행을 성사시킨 것도 그였다. 넉 달 전 일본으로 떠난 어린 동생을 생각하며 힘든 계절을 보낸 그의 요즘 관심사는 라디오다. 시험방송의 주요 관계자인 그는 정동 1번지에 막 착공된 경성방송국 청사가 완공되는 대로 라디오방송국에 입사할 예정이었다.

미래를 향하는 이정숙과 최승일은 새 문명의 총아라 불리는 라디오 출연을 반겼을 테지만 함께 출연한 윤심덕의 심사는 알 길 없었다. 윤심덕은 몇 년째 내리막길을 걷는 중이었다. 이탈리아로 가서 음악공부를 더 하고 싶어했지만 몸은 서울 바닥에서 이곳저곳 셋방을 전전했다. 하얼빈에 떠나가 있기도 하고 지금처럼 서울로 돌아와 방송에서 노래라고 이 곡 저 곡 부르는 처지였다. 명성도 돈도 점점 그를 떠나갔다.

노래를 마친 윤심덕은 총독부 체신국의 정문을 나섰다. 옛 육조거리의 형조가 5백 년간 자리하던 바로 그곳이다. 추상같았던 형조의 기운이 아직 배어 있기라도 하듯 윤심덕이 걸어가는 광화문통 대로에는 오뉴월 서릿발 같은 냉기가 묻어나는 듯하다. 코앞 전차 정거장에는 눈길조차 주지 않고 의미 모를 웃음을 터뜨리며 밤비 속을 홀로 걷는 윤심덕의 뒷모습을 최승일은 괴이하게 바라보았다. 윤심덕은 여기서 전차 네다섯 정거장 거리인 단성사 윗동네 수은동의 사진관 건물에 홀로 세 들어 살고 있었다. 날이 새면 윤심덕은 경성역으로 나가 부산으로 내려갈 참이었다. 행선지는 일본이었다.

여동생 윤성덕과 동행할 것이다. 이화여자전문학교를 졸업하고 모교 음악과에 교편을 잡은 성덕은 음악공부를 위해 4년 예정으로 유학을 떠나는 것이었다. 전날 저녁 동생 윤성덕이 매년 천 원씩 장학금을 받고 미국 캔자스시티로 유학 간다는 소식이 눈에 띄게 보도되었지만 윤심덕이 오는지 가는지는 아무도 관심 갖지 않았다.

그렇게 윤심덕은 조용히 오사카로 가 닛토레코드 본사에서 삼 일간 취입하면서 예정에 없던 노래 한 곡을 추가했다. 동생의 〈도나우강의 잔물결〉 반주에 윤심덕은 스스로 지은 듯한 가사를 얹어 불렀다. 그리고 이 노래에 〈사의 찬미〉라 제목을 붙였다.

여름의 더위가 막바지 기승을 부리던 8월 4일의 새벽, 눈썹보다 가늘어진 그믐달이 수평선을 향해 비스듬히 기울어가는 희미한 월광 아래, 윤심덕은 먼저 일본에 가 있던 유부남 애인 김우진과 현해탄의 검푸른 창파에 몸을 던졌다. 윤심덕의 지갑에는 현금 백사십 원과 장신구가 들어 있었다고 경찰은 밝혔다. 함께 투신한 김우진은 이십 원과 금시계를 남겼다. 한때 대중의 관심을 받다 서울이라는 좁은 울타리 속에서 대중의 눈총을 받기 시작해 남의집살이하듯 살아온 윤심덕은 결국 일본도 조선도 아닌 제3의 공간을 자기 자리로 택했다.

투신하기 하루 전 친구 조명희의 경성 집에 도착한 편지에서 김우진은 이렇게 말했다.

"지금도 아버지는 내가 가정에 돌아오기를 기다리며 내가 가정에 의지하여 전과 같은 그런 생활을 하기를 바라는 듯하지만 나는 도저히 그러한 비인간적 생활로 또다시 끌려들어갈 수는 없다. 나는 아무리 어려움이 있더라도 이대로 굴하지 아니하고 한 개의 사람으로서 본래의 인간성에 기인한 참생활을 하여 보겠다."[21]

전라도 장성 땅 군수이자 대지주인 아버지 덕에 부유하게 자란 김우진은 목포에서 소학교를 마친 후 동생과 함께 일본으로 건너간다. 하지만 아버지의 뜻을 거스르고 독단으로 와세다 대학 영문과를 선택해 졸업한 뒤 1924년 귀국한다. 이후 목포에서 아버지 소유의 회사 사장으로 지내면서 계속 희곡과 시와 평론을 썼다. 다른 사람에게는 도무지 이해가 안 가는 일이었다. 남들은 알 수 없는 인간사에 대해 알고 싶었기에 그가 영문학을 전공하고 희곡을 공부했는지도 모를 일이다.

그가 생의 마지막 봄에 발표한 자전적 희곡 『난파難破』에 대해 평단에서는 복잡하게 얽힌 가족구조 속에서 현대적인 서구 윤리를 지닌 젊은 시인이 몰락하는 과정을 매우 관념적이고 상징적으로 그려냈다고 칭찬했다. 하지만 아무리 작품 활동에 매진해도 그의 문제는 해결되지 않았다. 예술은 아무래도 문제를 해결하기 위한 것은 아닌 듯했다.

개인이라는 개념이 서서히 자리잡아갔다. 개인이라는 단어가 생긴 지도 오래되지 않았고 자아란 말도 아직은 낯설었다. 사생활도 최신의 것이다. 새로 탄생한 것은 낯설지만 일단 익숙해지고 나면 지난 과거가 이젠 낯선 외국처럼 보이기 시작한다. 개인과 자아와 사생활이라는 서구의 개념이 대중의 통념에까지 활짝 열리지는 않은, 말하자면 미개의 상태 비슷한 사회였다. 사회라는 말도 갓 생겨나서 그 의미가 일본의 번역어만으로는 확실히 파악되지 않는, 말하자면 미개의 단계였다. 하나의 문명이 바뀌어가는 과정이었다. 이런 과도기에 윤심덕과 김우진 두 사람은 끝 모를 어둠과 작별을 고했다.

동생 최승희를 봄에 유학 보낸 최승일은 윤심덕과 김우진 두 사람을 동시에 잃은 여름에 라디오극연구회를 결성했다. 한 우물을 파지 않고 앞서나가는 이경손과 심훈이 그와 뜻을 같이했다.

바야흐로 방송의 시대가 열리고 있었다. 라디오의 시대가 개막하는 중이었다. 조금씩 슬픔에서 벗어난 최승일은 흥분된 어조로 여기저기에 "라디오는 현대과학문명의 극치다" "라디오는 신문을 정복하였다" "낮에는 신문, 밤에는 유성기, 그것이 라디오다"라고 이야기하고 다녔다.

다음해 여름 심훈, 나운규 등과 영화인회를 창립할 때는 이렇게 말했다.

"영화는 사실상 소설을 정복하였다."

이제 그는 이 모두를 종합하여 결론적으로 말한다.

"현대문명은 아무래도 라디오, 키네마, 스포츠다."

1927년 2월 경성방송국이 호출부호 JODK로 라디오방송을 시작했다. 도쿄, 오사카, 나고야에 이어 네번째였다. 그리고 개국 오십일 뒤 라디오 수신을 신청하지 않은 무단 청취자들에 대한 전화사업법 위반 단속이 실시되었다. 시대의 흐름에 발맞춰 법도 점점 늘어갔다.

라디오는 가요의 확산에 불을 지폈다. 명창을 대면하지 않고도 노래를 들을 수 있는 축음기 세상이 열렸다 했더니, 이제 유성기 없이도 노래를 들을 수 있는 라디오 시대가 되었다. 매일같이 새로운 무언가가 나타났다. 전차와 기차 그리고 자전거와 자동차의 등장에 놀란 게 엊그제 같은데 그런 바퀴의 추억도 벌써 사반세기 전의 일이 되었다.

일류 기생들은 이제 기생집이나 요리점보다 방송국 출입이 잦았다. 음반업체의 후원을 받아 방송에 출연하면서 대중의 상품으로 자리잡기 시작했다. 대형 상점에서는 저마다 고급 라디오를 틀어놓고 손님을 끈다. 이에 질세라 식당과 술집도 그뒤를 잇는다. 쌀뒤주만하던 라디오 수신기는 갈수록 크기가 작아졌고 라디오 청취료는 절반 가격인 1원으로 내렸다.

청계천을 따라 걷는 한림의 시선은 개울 건너편에 머문다.

난간 없는 축대 위에 두 돌이나 되었을까 싶은 아기가 코를 흘리고 앉아 있다. 손톱 길이 정도로 솟아오른 머리카락은 밤톨만큼씩 두어 군데가 빠져나갔다. 제 어미 있는 듯한 개울 쪽을 바라보며 혼자 노는 아이 뒤로 자전거가 지나간다. 바람결에 흙먼지가 일어난다. 경성에 벌써 자전거 대수가 1만 대를 훌쩍 넘었다. 전국적으로는 13만 대를 넘어섰다고 올여름 신문에 났다. 인구 140명 당 한 대 꼴이라 한다. 일본에는 4백만 대가 넘어 스무 명 당 한 대 꼴로 보급되어 있다는데, 거기서 조선으로 유입되는 일제 서양제 자전거와 부품이 연간 3백만 원 규모라고 한다. 조선 내 회사의 평균 자본금이 20만 원이므로 회사 여남은 개를 설립하는 비용이 자전거값으로 매년 해외로 유출되는 셈이다. 자전거 이용 촉진을 위해 경성자전거조합에서 11월 1일을 '자전거 데이'로 정해 자전거 수백 대가 일제히 경성 시내를 누비기도 했다. 자전거 내구력을 약 3년으로 잡는다면 매년 5만 대 정도의 수요가 창출될 것으로 예측된다 한다.

찌르릉찌르릉 비키라며 질주하는 자전거를 모는 거만한 태도의 금테 안경 양복 신사를 돌아보며 남녀 학생 둘이 마주 온다. 뭐라 말들 하는데, 럿지Rudge 자전거라 한다. 자전거포 점원 출신인 엄복동 선수가 경주 때 타서 더욱 유명해진 그 상표를 한림도 신문 광고에서 여러 번 보았다. 일본제 자전거 가격이 웬만한 도시근로자 한 달 소득과 맞먹는 20~30원이고, 명품 대접받는 영국산 럿지는 백 원을 훌쩍 넘는다. 의사나 은행원의 월급보다도 월등하게 높은 액수다. 하지만 1년 할부라면 이 고급 상표를 매달 수선유지비 정도의 가격에 가질 수 있다고 광고한다. 일본 조선 대만에 동일한 가격으로 제공된다고 강조한다. 발로 바퀴를 굴리는 이 희대의 발명품은 탄생지 유럽에서 19세기 말 대유행한 이후 병합 조선에 빠른 속도로 확산되었다. 처음에는 축지법을 쓰는 괴물이라 하여 놀라 자빠졌지만 그런 촌스러운 반응을 보이는 사람은 이제 어디에도 없다. 양쪽에 브레이크가 달린 미려한 명품 자전거를 홀린 듯 바라보는 남학생은 경성부청 앞 일미日米상점 경성지점에 들러 자전거 신상품을 구경하자 하고, 여학생은 벌써 시내를 두 바퀴나 돌았으니 오늘은 그만하자 한다. 학생들은 어깨에 바이올린과 만돌린을 메고 있다. 그 역시 고가의 수입품이다.

저 학생들만한 나이 때 바이올린을 메고 시내를 누볐다는 심훈의 이팔청춘이 떠오른다. 10년 저쪽의 날들이다. 그때 이미 심훈은 홀몸이 아니었다. 왕족 집안의 규수와 혼례를 올리고 처는 강남에서 시집살이를 하고 그는 한강 너머 서울로 들어와 주로 학교 부근에서 살았다고 했다.

심훈의 결혼생활이 거의 종착역에 다다랐다는 소문이 생각났다. 한림이 그를 알고 지낸 지도 5년이다. 영화를 관둔 심훈은 또다시 신문사로 직장을 옮겼다. 이것이 그의 마지막 직업이 될 것인가. 그는 새로운 혼처를 얻어 집을 옮길 것인가. 최승일은 방송국에 취직한 지 2년이 넘었다. 거기서 아나운서 부인을 얻었는데 직장생활 틈틈이 연극 활동을 계속하며 사귄 배우와 재혼할지도 모른다는 소문이 돌았다.

댕기머리를 허리까지 내린 예닐곱 살 소녀가 빨래 광주리를 받아 이고 한 손으론 치맛단을 걷어올리며 돌계단을 디뎌 흙길로 올라선다. 축대는 한림처럼 구두에 양복 차림인 사람이 훌쩍 뛰어내려도 큰 무리 없이 착지할 듯한 높이다. 정방형과 장방형의 돌을 쌓아올린 축대는 개천 부지와 천변길을 나누는데 사대문과 사대산을 이은 조선 초기 도성의 성곽 벽과 닮은 느낌이다. 150여 년 전 영조 시절에 쌓은 석축의 원형이 많이 남아 있다.

이 천변길을 한림이 밟은 지도 벌써 10년째다. 1920년 봄부터 신문사에 들어와 매일처럼 이 주변을 지나는 동안 스물한 살 청년이었던 한림은 서른한 살이 되었다. 어느새 1920년대가 저물고 있다. 잠시 후 석간이 거리에 깔릴 것이다. 오늘 석간은 쇼와昭和 4년 12월 31일이라고 날짜가 박혀 있다. 단기도 아니고 서기도 아닌 일본 연호다. 날짜 앞에 무어라 붙건 조선의 시간이고 조선인의 신문이다. 34년 전 을미년 동짓달까지 조선의 음력 날짜 머리에는 청나라의 연호가 박혀 있었다. 청나라 이전에는 명나라의 연호가 있었다. 하지만 어느 하루 조선의 날이 아닌 적은 없었다.

이곳이 경성이건 한성이건 서울이건 때는 양력에 연말이고 오늘 신문은 송년호다. 내리누르는 듯 흐린 대기에 한두 방울 물기가 배어나기 시작한다. 아직도 습기가 남았는가. 세밑 경성에 안개비가 내린다. 1929년 12월 30일이었다.

2장

재즈가 소용돌이치는 카페

광교에서

한림은 다리 위로 개울을 건넌다. 다리 이름은 모전교다. 다리 남쪽 길모퉁이에 모전이라는 과일 시장이 있었다 하는데 이제 이름만 존재할 뿐이다. 언제 사라졌는지 아는 사람도 없다. 지금 이 자리도 언제 어떻게 될지 모르는 판이다.

다리에서 곧장 남으로 이어지는 무교정 길은 3백 미터 아래 경성부청 측면 모서리까지 일직선으로 닿아 있다. 청계천을 기준으로 그 남쪽 동네는 모두 지명을 동洞에서 정町으로 바꿔 달았다. 1914년 조선총독부의 지방행정구역 개편에 따른 조치였다. 조선의 수도 한성은 4년 앞서 조선총독부 출범과 함께 경기도의 일개 부로 격하되어 경성부로 개명했다. 개천 이북의 사대문 안 동네만 한성시대의 마을 이름을 그대로 유지했다. 장차 서울의 모든 동네 이름이 일본식으로 통일될 것이라 한다. 어쩌면 사람의 이름까지도.

무교정의 초입에서 건너다보이는 개천 이북 종로통과 그 너머 청진동에서부터 즐비하게 뻗어나가는 기와집, 그리고 북쪽 산자락까지 펼쳐진 대궐의 풍광은 인왕에서 북악 그리고 응봉을 거치는 산세의 품에 고요히 안겨 있다. 3년 전 가을, 경복궁 안에 완공된 조선총독부 신청사는 궁궐의 정면을 막고 도성을 굽어본다. 화강암과 대리석으로 안팎을 치장한 그 거대한 서양풍 골격의 건물도 암산인 인왕의 기운을 약화시키지 못하고, 육중하고 강렬한 기세로 치솟은 철제 돔과 첨탑도 백악의 정수리를 빤히 올려다볼 따름이다.

3년 전 창덕궁에서 순종이 숨지며 조선 왕조는 끝났다. 그 왕조의 잔영을 덮으려는 듯 10년간의 공사 끝에 모습을 드러낸 조선총독부 신청사의 위용은 조선의 5백 년 도읍을 압도했다. 이 건물을 본 조선 사람들은 모멸감과 경외감을 함께 느끼는 듯하였다. 하지만 전통의 유산이 유폐되고 쓸려나간 자리에 어떤 구조물이 새로 들어서건 산하는 여전히 그대로다. 설사 산하의 이름이 바뀐다고 해도 그러할 것이다. 한림은 그렇게 생각했다. 안사의 난 때 반란군에게 잡혀 당나라 수도 장안에 1년간 억류됐던 두보가 한 나라와 그 백성이 겪는 고난의 참상을 표현한 시 「춘망春望」의 한 소절을 떠올린다.

> 나라는 망하여도 산하는 그대로이고國破山河在
>
> 성 안에 봄이 오니 초목이 무성하다城春草木深

3년 전 조선총독부 낙성식이 열리기 몇 달 앞서 이상화의 시가 월간지 『개벽開闢』에 발표되었다. 조선의 마지막 황제 순종의 국장을 앞둔 1926년 6월 초였다. "지금은 남의 땅. 빼앗긴 들에도 봄은 오는가"로 시작하는 그 시는 "그러나, 지금은 들을 빼앗겨 봄조차 빼앗기겠네"로 끝맺는다. 한림은 그 십여 개 연에서 드러난 울분과 비탄과 저항을 지금도 기억한다. 그것만큼이나 감정을 억누른 두보의 비장한 정조에도 공감한다. 사대주의라 해도 어쩔 수 없다. 두보는 동족상잔의 내전 한가운데서 다가올 봄을 기다리며 현실의 봄을 바라본다. 상화는 전쟁 없는 이민족의 통치가 있는 한 봄은 와도 봄이 아니라고 외친다.

지금은 사회주의와 민족주의가 일치하여 사대주의를 비판하지만 그것은 중화가 이 땅에서 물러간 상황에서다. 중화에 대한 숭모가 진심이었건 허식이었건 1895년 청일전쟁의 종전과 함께 이는 종언을 고했다. 그해 청국군을 격파해 조선에서 몰아낸 일본군은 조선 진주進駐를 기정사실화했다. 5백 년간 오로지 중국의 사신만을 영접했던 모화관은 2년 뒤 독립관으로 이름을 바꾸었다. 모화관 입구의 영은문은 철거되고 그 자리에는 독립문이 세워졌다. 왕실의 후원을 받아 서재필과 이완용 등이 주도해 발족한 독립협회가 추진한 일이다. 일본은 병합 이래 조선의 많은 건축물을 없앴지만 독립문은 손대지 않았다. 독립문은 중국으로부터의 독립을 상징하고, 그 독립은 일본 덕분에 가능했다고 생각해서인 듯했다.

사대事大는 약자가 강자를 대하는 방식인데, 예나 지금이나 개인이건 집단이건 저마다 사대할 대상을 갖고 있다. 러시아를 사대하는 무리를 친러파라 일컫는데, 본인들이 어떻게 생각하건 요즘 사회주의자의 뿌리는 그에 닿아 있다. 멀리 떨어져 있지만 미국을 가까이 느끼는 사람들은 흔히 친미파라 불린다. 과거의 중국보다 몇 갑절 강력히 조선을 장악중인 일본을 사대하는 사람은 친일파라 칭한다. 지금 조선에서는 노비가 해방되었지만 하인 노릇하면서 생활을 영위하는 사람이 많다. 남을 위해 사대하는 것이 아니라 자기를 위해 사대하는 것이다. 지금 조선에는 일본을 사대하는 사람과 그렇지 않은 사람이 섞여 있다. 사대하는 사람이라도 대부분 어떤 점에서는 사대하고 또 어떤 점에서는 사대하지 않는다. 사대라는 말을 오랜 세월 조선에 심어준 중화는 어느덧 사대의 대상에서 멀어지고 사대주의라는 말만 살아 숨쉰다.

한림은 이상화를 현진건의 소개로 만난 적이 있다. 1924년인가 서울 가회동의 취운정翠雲亭 부근 이상화의 집에서였는데, 프랑스로 유학 갈까 하고 일본에 건너가 프랑스어와 프랑스 문학을 공부하다가 관동대지진 이후 귀국했다고 하였다. 이상화 집에는 그들 또래의 몇몇이 더 모였다. 다들 동갑이거나 한 살 남짓 차이인 1900년 주변 출생으로 문학동인지 『백조』의 창간 동인이라 했다. 현진건과 이상화는 대구의 뼈대 있는 가문 출신이라 했는데 둘 다 외모가 훤칠해 미남 소리를 들었다. 여러 신문사에서 근무한 현진건은 한림과 동업자로 어언 십년지기다. 『백조』가 창간되던 1922년 당시의 시대 분위기와 문단 풍토를 박종화는 『백조』 2호에서 이렇게 표현한 바 있다.

이때의 문학의 주조가 낭만과 상징, 그리고 데카당에 흐르게 된 것은 정치적으로 압박을 받는 환경 속에 있고, 또한 3·1운동을 치른 뒤에 오는 절망적인 길로 우리의 젊은 문인을 끌고 들어가게 만들었으니 모두 다 한이요 애수요 자포자기요 유미탐구뿐인 것이다.

『백조』에 실린 시 제목만 봐도 박종화의 말은 뒷받침됐다. 박종화는 「밀실로 돌아가다」 「흑방비곡黑房秘曲」, 홍사용은 「나는 왕이로소이다」, 박영희는 「꿈의 나라로」, 이상화는 「나의 침실로」 같은 시를 『백조』에 발표했다. 홍사용만 1900년생이고 다들 1901년생이었다. 배재고등보통학교 동창생인 박영희의 추천으로 뒤늦게 『백조』에 들어온 김기진만 그 분위기에서 벗어나 「한 개의 길」 「한 갈래의 불빛」 같은 다소 결연한 제목의 시를 썼다. 조선총독부의 기관지인 매일신보, 시대일보 등에서 기자생활을 한 김기진은 쭉 프롤레타리아 문학의 전위를 자임해왔다. 1923년 『백조』 3호에 「월광으로 짠 병실」을 발표한 친구 박영희를 병적 낭만주의라고 몰아붙이며 꿈의 세계에서 벗어나 현실의 변혁을 모색하라고 비판한 김기진이었다.

『백조』 동인 중 호적상 어린 축이었던 김기진은 러시아 의상인 루바슈카를 걸치고 허리끈에는 술까지 늘어뜨린 러시아 스타일로 일본통치하의 조선 거리를 활보했다. 그는 사람들의 주목을 받기도 했지만 때론 미움도 받았다. 그는 문단에서 새것이면서 동시에 이단자였다.[1] 배재고보 졸업장도 받지 않고 동경으로 떠나 두어 해 동안 러시아식 사회주의 사상에 입각한 일본의 문예운동을 익힌 그는 조선에 현실적인 문학이 필요하다고 강조하고 예술지상주의는 불건전하다고 비판하였다.[2] 그에겐 사회주의가 빛이요 진리며 유행의 첨단이었다.

김기진과 박영희는 김기진의 하숙방이 위치한 서울 낙원동 여관에서 매일같이 토론을 했다. 두 사람의 대화는 일본에서 1910년대를 휩쓴 유명 시인 이시카와 다쿠보쿠의 초기 대표작 「끝없는 논쟁 후에はてしなき論議の後」의 한 장면을 방불케 했다. 그 시는 일본 지식인 사회의 한 풍경을 다음과 같이 읊었다.

> 책을 읽어가며 계속하는 우리들의 논쟁
> 그래서 더욱 빛나는 우리들의 눈동자
> 50년 전의 러시아 청년에게도 지지 않는
> 우리들은 무엇을 할 것인가 논쟁한다.
> 그러나 누구 하나 주먹을 굳게 쥐고 책상을 치며
> '브 나로드!'를 외치는 사람 없다.[3]

반년쯤 지나자 김기진과 거의 견해가 비슷해진 박영희는 1924년부터 『개벽』의 문예부장으로 활동하면서 사회주의 경향문학에 매진한다. 작품세계가 변화해 시 대신 소설을 쓰기 시작했다.[4]

이후 1925년 8월, 김기진이 '조선 프롤레타리아 예술가 동맹KAPF'을 조직하자 지도적인 이론 분자로 활약하고 1927년에는 카프 회장이 된 박영희는 문학보다 문학운동의 중요성을 강조하는 데까지 나아갔다. 일찍이 1926년에 김기진과 내용 대 형식 논쟁을 벌인 뒤 갈라섰던 박영희는 1929년이 저무는 지금, 다시 임화를 중심으로 한 카프 내 소장파 그룹과 격돌했다. 박영희는 카프 활동에 회의를 느끼는 기미가 뚜렷하다. 옛 친구 김기진과의 논쟁보다 기껏 일본 보내줬더니 귀국해 '예술운동의 볼셰비키화' '소부르주아적 편향 척결'이라는 조선말 같지 않은 전투적 모토를 내세우는 후배 임화와의 논쟁이 훨씬 고단한 모양이다.

"데카당의 최고봉에 있던 이상화 같은 시인도 현실의 세계로 시선을 돌려 「빼앗긴 들에도 봄은 오는가」 등의 혁명적인 시편을 발표하였다."[5]

3년 전 박영희가 이렇게 의욕적으로 평론을 발표하던 때, 임화는 「지구와 빡테리아」라는 괴상한 제목의 시로 다다이즘을 흉내내며 문단에 처음 이름을 내밀었다. 그랬던 그가 지금 동경에서 카프 동경 지부를 세워 안막 등과 함께 위세를 키워간다. '제3전선'이라는 모던한 기치를 내건 이들 1908~1910년생 유학생 그룹은 일본 프롤레타리아 예술운동과 밀접하게 교류하면서 과격한 정치투쟁으로 기울어갔다. 그러면서 국내 카프의 중심인 박영희를 예술지상주의라고 비판했다. 6년 전 그를 이끌었던 친구 김기진에게 예술지상주의라 불리던 박영희는 이제 그가 이끌어준 후배 임화에게 그리 불린다.

보성고등보통학교 모자를 눌러쓰고 반들반들한 얼굴로 휘파람을 불며 다니던 임화는 집안 형편 때문에 졸업 직전 중퇴했다.[6] 이후 본정 서점가에서 일본 서적을 통해 마르크스와 엥겔스의 이름을 익히고 일본 시인을 통해 다다이즘을 접하다가 박영희의 인도로 카프에 가입한다. 일곱 살 아래 임화를 자기 집에서 먹이고 재우며 여기저기서 동경행 여비를 조달해준 것도 박영희였다. 별 이름도 없는 임화를 카프의 중책에 앉힌 것도 박영희였다.

『백조』에 실린 이상화의 「나의 침실로」를 좋아하던 미소년 임인식은 어느 봄날 이상화를 만나보고는 시 못지않게 사람이 괜찮다고 생각했다. 유행하는 전위 사조에 대한 폭넓은 호기심과 열정적인 모방심을 바탕으로 임인식은 본명을 버리고 임화로 거듭났다.

임화는 다른 유행 사조인 영화에도 관여해 1927년에 발족한 조선영화예술협회에 연구생으로 들어갔다. 이경손을 비롯한 중진 영화인들이 만든 이 단체는 신인 양성을 목적으로 연구생 제도를 두고 있었다. 이십여 명의 연구생이 있었으나 임화와 김유영 등이 점점 카프 회원들을 끌여들여 2년 뒤에는 기존 구성원들을 몰아내고 이들이 주도권을 장악했다. 협회의 이름도 시대에 뒤떨어졌다고 하여 올해 '서울키노'로 모던하게 바꿔 달았다. 이후 임화는 김유영이 연출한 1929년작 〈혼가昏街〉에 주연배우로 출연했다. 흥행과 비평 모두 좋은 성과를 얻지는 못했다.[7]

"서양에서 온 미남자 같은 이목 수려한, 도회인의 얼굴빛, 창백한 혈색, 그늘진 눈매, 도스토옙스키의 라스콜리노프 같은, 병치레 잦은, 겨울밤 새벽달처럼 쌀쌀한 성격과 안색. 그럼에도 한번 입을 열면 '와!' 할만치 다정다감."[8] 이런 세평과 함께 서양 영화배우의 이름인 발렌티노가 별명인 임화는 올해 「우리 오빠와 화로」를 발표했다. 김기진은 이를 격찬했지만 둘은 공개 논전을 벌였다. 프로문학의 대중화니 투쟁정신을 제거한 타협주의니 하는 생소하고도 추상적인 말이 활자를 타고 오갔는데, 실상은 카프 내 구파와 신파의 세력 다툼이었다. 임화와 김기진에 대한 박영희의 애증이 밑바닥에서부터 요동하는 듯했다.

한림은 뽀얀 피부의 임화를 보고 그보다 열여섯 살 연상인 춘원 이광수 이래 가장 서구적 외모의 문인이라고 생각했다. 살결이 해사한 현진건의 외모도 기생들이 찬탄했으나 어디까지나 조선식 선비의 이상형인 선풍도골의 풍모였을 뿐, 임화나 춘원 같은 서구적 스타일은 아니었다.

서울 관철동에 위치한 변호사 이인의 집에서 카프가 결성된 것은 기상관측 이래 최대의 홍수가 서울을 휩쓴 다음달이었다. 1925년 7월의 이 물난리는 5백 년 만의 대홍수라고도 했다. 한강이 범람해 곳곳이 침수되었고 청계천 하수가 우물로 흘러들어 기갈과 질병이 동시에 발생했다. 그 여파가 완전히 가시지 않은 여름의 막바지, 이인의 동생인 이호를 위시해 최승일, 심훈 등으로 구성된 염군사 패와 김기진, 김복진 형제에 박영희 등이 어울린 파스큘라 패가 하나로 힘을 합쳤다.

종로통을 사이로 길 건너 북쪽의 낙원동에 둥지를 틀었던 백조가 체질 개선을 요구하는 김기진의 영향으로 결국 해체하고 그 일부가 주동해 남쪽의 관철동에서 카프가 탄생되기까지 3년 반이라는 시간이 놓여 있다. 백조의 동인 중 카프에 합류한 사람도 그렇지 않은 사람도 있지만 백조로부터 7년, 카프로부터 4년이 흐른 1929년의 끝자락에서 보면 그 거리를 일상적으로 지나온 한림의 눈엔 그게 그거 같았다.

상징주의, 낭만주의, 퇴폐주의, 유미주의, 다다이즘…… 온갖 주의라는 꼬리표를 단 개념이 스무 살을 막 넘긴 거의 동갑내기들의 입에 천자문처럼 오르내리던 낙원동 시절은 가고 카프의 시대가 성큼 도래했다. 한 해 한 해가 다른 세상이었다. 시류에 맞추어 사람들이 속속 옷을 갈아입는 것처럼 보였다.

한림은 무교정을 따라 천변의 남측 길을 걸어간다.

청계천 북쪽에 새로 들어선 총독부 신청사 못지않은 변화가 개천 이남에서 벌어지고 있다. 청계천 이북을 중심으로 한 5백 년 동안의 공간 배치가 깨지고 수도의 무게중심은 완전히 개천의 남쪽으로 기울었다. 짧게는 10년 길게는 20년간의 변화다. 북악 아래 궁궐은 남산 기슭 북사면에서 총독부와 헌병사령부가 내려다보며 장악, 해체한 지 오래다. 그 배후에는 남산 남측부터 한강까지 백만 평 가까운 땅에 등돌리고 앉은 조선군사령부가 있다.

1910년 병합 이래 남산 기슭부터 내려온 일본제국의 입김은 본정과 황금정을 형성하면서 차츰 북상하였다. 망국 20년, 한성은 이름뿐 아니라 풍경도 바뀌어 이제 권세와 재물 모든 면에서 천남이 천북을 능가한다. 대형 주식회사도 백 곳을 넘어섰는데, 주로 황금정과 본정, 남대문통 그리고 용산 일대 한강통에 밀집해 있다.[9]

한림은 다옥정을 지난다. 서울은 워낙 작아 어느 동을 몇 걸음 걷다보면 어느새 다른 동으로 이어진다. 천변가에 약방과 병원, 물감집이 줄지어 있다. 조선시대 다도와 차례를 주관하던 사옹원에 속한 다방이 있어 다동이라 불렸으나 15년 전부터 다옥정으로 이름이 바뀌었다. 전통을 자랑하는 이 동네의 다동기생조합도 대정권번으로 이름을 바꿔 달았다. 인근의 맞수 광교조합은 한성권번으로 바뀌었다. 사옹원 다방은 이름만 남기고 자취도 없이 사라졌다. 그 대신 이곳저곳에 들어선 신식 다방이 유행 좀 안다 하는 사람들을 끌어들였다.

개항에서 병합까지 35년 동안 조선인들은 커피에 익숙해졌다. 쓴맛 나는 서양 탕약, 잠을 쫓고 기운도 내는 양탕洋湯으로 불린 것도 옛말이다. 러시아공사관에 피해 살던 시절부터 커피에 심취했던 고종은 경운궁으로 옮긴 뒤에도 커피를 즐겨 마셨다 한다. 1902년에는 경운궁 뒤 정동에 외국인 전용으로 세워진 손탁호텔의 1층 식당 옆 다실에서 고관이나 개화파 인사 들이 커피를 접했다. 그러다 조선의 운명이 뒤바뀌고 조선총독부가 통치를 시작해 만 4년이 지나 조선총독부 철도호텔이 문을 열자 유명 인사들이 경운궁 앞 장곡천정으로 몰려들었다. 친중파니 친러파니 친미파니 하는 그간의 복잡다단했던 꼬리표는 유럽풍 국립호텔의 미려하고 웅장한 장관 안에서 찻잔 속 설탕처럼 녹아 커피향처럼 흩어졌다.

철도호텔은 황제가 하늘에 제사를 지내던 환구단을 헐고 지어졌다. 태종의 둘째 공주의 집이 있던 곳이라 작은공주골 혹은 소공동으로 불렸으나 러일전쟁 때 조선군사령관이었던 하세가와 요시미치長谷川好道의 관저가 있었다 하여 장곡천정으로 이름이 바뀌었다.

1920년대 들어 본정 일대를 중심으로 일본인들이 세우기 시작한 다방은 남촌 곳곳으로 퍼져나갔고 북촌의 조선인 다방으로 유행이 이어졌다. 1927년 관훈동 입구에 영화감독 이경손이 카카듀라는 뜻 모를 간판을 내건 다방을 개업했다. 안국동 네거리로 올라가는 길목에 우뚝한 삼층 벽돌집 병원 아래층에 문을 연 이 다방은 이름만큼이나 실내장식도 야릇했다. 촛불 켠 테이블에는 삼베 천을 깔아 인도풍을 연출하고 거기다 봉산탈춤의 탈바가지를 걸었다. 간판도 붉게 칠한 바가지 세 쪽이었다. 하와이에서 살다 왔다는 묘령의 여인과 동업이라 했다. 하와이로 이민이 허용된 지 사반세기가 넘었고 사진 한 장 들고 하와이로 시집간 신부만도 천 명이 넘는다는데 개중에는 돌아오는 이도 있는 모양이었다. 에그조틱하면서 데카당한 분위기의 다방 이름은 프랑스혁명 당시 비밀 아지트였던 어느 술집의 이름이라는 말도 있었다. 시대를 앞서가며 끊임없이 시도하고 실패해온 종합예술인 이경손이 차린 카카듀는 손수 커피를 끓여내오는 영업방식과 동업자 '미스 현'의 이국적 미모로 강렬한 인상만 남긴 채 몇 개월 못 넘기고 문을 닫았다.

그리고 얼마 지나 작년에는 배우 복혜숙이 종로에서 인사동으로 들어서는 초입 조선극장 옆에 다방 비너스를 열었다. 이경손의 다방과는 인사동 길을 놓고 남북 양극단에 포진한 이 다방은 4인용 탁자 열두 개에 한가운데 석고상 비너스를 놓았다. 연극 영화인 단골들의 요청으로 술도 팔기 시작해 주간에는 다방, 야간에는 바Bar로 운영되고 있다. 양주 칵테일과 일본주 백학白鶴을 주로 취급하는데 오징어를 잘게 썰어 간장과 버터를 곁들이는 안주가 인기라 한다.

요즘에는 지난달 종로 2정목에 개업한 멕시코가 명소로 떠오른다. 동경 유학한 미술인이 운영한다는 이 다방은 간판에 영어로 상호를 써넣고 요란한 장식으로 문인 예술가를 비롯한 고객들을 불러 모으고 있다. 차 마시는 손님보다 술 마시는 손님이 더 많아져서 양주만 해도 그 종류가 수십 가지라 한다.

이제 커피는 더이상 특정 계층의 전유물이 아니다. 호텔 커피숍이나 다방에서만 마시는 것도 아니다. 지금 조선은행 광장 앞 본정 1정목에 짓는 4층 높이의 르네상스식 건물인 미쓰코시 백화점 옥상 꼭대기에 정원과 노천카페가 들어선다는 소문도 있다. 「커피 끓이는 법」이라는 제목의 신문 기사가 2년 전에 이미 있었다.

가을도 다 되었고 겨울이 옵니다. 커피차 애용의 계절입니다. 그런데 각 가정에서는 커피차가 맛나게 만들어지지 않는다 하여 주부들이 짜증을 내는 예가 많습니다. 커피에도 카모이니 혹은 자

바니 혹은 하와이니 등으로 종류가 많습니다. 그래서 이것이 더 맛날까 저것이 더 맛날까 하여 각 종류를 다 사들여서 만들어도 신통하게 되지 않는다고 하는 분도 있습니다. 그것은 취급방법을 모르기 때문에 아무리 좋은 커피라도 참맛이 나지 않게 되는 것입니다. 맛난 커피차를 만들어 먹는 방법을 이야기하겠습니다.

커피의 장점은 그 풍부하고 윤택한 향기에 있습니다. (중략) 한 번 넣은 커피에 물을 갈아 넣어가면서 여러 번 우려먹는 사람이 있습니다마는 그것은 아주 잘못하는 것입니다. 번번이 커피를 갈아 넣어야 합니다. 더운 물은 번번이 냉수를 새로 끓여서 써야 합니다. (중략) 우유를 넣어 먹는 경우에는 반드시 더운 것을 넣어야 합니다. 최근에는 크림을 사용하는 것이 유행입니다. 독특한 맛이 있어서 모두 좋아하게 됩니다.(후략)[10]

한림의 기억이 맞다면 이런 유의 기사는 편집국 내 유일한 여성인 이현경이 도맡아 썼다. 얼핏 커피에 대해 박식하게 보이지만 일본의 숱한 여성잡지에 이런 식의 기사는 널려 있다. 『부인클럽』『주부의 벗』 등등. 진고개 본정통에 위치한 일본 서점까지 굳이 가지 않아도 안국동 사거리와 종각 사거리 일대의 조선인 서점가에는 동경에서 갓 도착한 각종 잡지의 광고 깃발이 나부낀다. 10대 학생들은 『소년구락부』 앞에서 어른들은 『킹』『후지』『아사히』 등 다양한 잡지 앞에서 무얼 고를지 망설인다. 사흘 전 12월 28일 자 신문에는 1면의 4분의 1을 차지하는 『문예춘추』의 광고가 게재되었다.

동경에 사는 여인이나 젊은이 들이 보는 것과 똑같은 커피 기사를 조선의 신문에서 볼 때마다 사람들은 자신만 모르고 있었던 양 유행에 동참해보려 한다. 그리저리해서 동경의 생활양식은 몇 달이면 서울에 안착된다. 지난 10년은 이른바 문화의 시대였다. 총독부 스스로도 정책 방향을 한마디로 문화정치라 규정했다. 그 문화적인 정책이 펼쳐진 10년 동안 사람들 사이에서는 입으로 먹고 마시고, 눈과 귀로 보고 듣고, 머리 꼭대기에서 발끝까지 온몸에 걸치는 문화가 활발히 펼쳐졌다. 무력을 앞세워 다스린 무단통치기간 동안에는 투덜대거나 비명을 지르며 끌려갔는데 문화정치기간 동안에는 자신도 모르게 홀린 듯이 끌려왔다.

다동이 다옥정으로 변했어도 다방골 토박이들의 자부심은 여전하다. 저기 박태원의 집이 보인다. 그의 부친이 경영하는 약국과 경성 최초의 개업 양의사인 그의 숙부 박용남의 병원이 나란히 붙어 있다. 전형적인 서울 토박이 중인 집안이다.

1909년생 박태원은 올해 경성제일고보를 졸업하고 일본 유학을 떠나 동경법정(호세이) 대학 예과 1학년이다. 유학 가기 전에 이광수에게 소설 지도를 받았는데, 동경에서 습작 비슷한 소설을 한 편 보내와 지난주까지 신문에 팔 일간 연재했다. 박태원의 글이 실린 신문에는 편집국장인 이광수의 장편소설이 새해부터 연재된다는 기사가 났다.

몇 걸음 더 지나 다옥정이 끝나가는 길목, 광통교를 목전에 두고 카페가 하나 있다. 문인 기자들과 가끔 들르는 집이다. 여급 하나코가 문을 열고 나온다. 우미관에 가는 길이려나. 광통교 건너 관철동은 하나코의 낮 나들이 코스다. 그중에서도 2층 벽돌건물인 우미관 구경은 하나코의 일상에서 가장 큰 낙이다. 4년 동안 우미관에서 〈황금광시대〉부터 〈파우스트〉까지 구미의 명작 무성영화를 거의 빼놓지 않고 보았던 그는 유성영화가 나오기 시작하자 끝 모를 그 재미에 빠져 있다.

극장은 언제나 만원이었다. 천 명 정도 앉을 수 있는 기다란 나무의자, 이른바 호떡집 걸상은 빈자리를 찾을 수 없다. 객석 바로 옆에 붙은 변소에서 지린내가 풍겨와도 그 자리마저도 가득찬다. 별다른 놀거리가 없는 조선인에게 영화 관람은 언제인가부터 가장 즐거운 오락거리가 되었다. 인사동에 3층 벽돌건물로 지은 최신식 조선극장은 변소가 복도 건너편에 있어 우미관보다 관람 환경이 훨씬 괜찮다. 한림과 1920년에 신문사에 함께 입사한 십년지기인 이서구는 신문사를 두 번 옮기더니 올해 들어 동양영화회사의 극작가로 일하고 있다. 그는 이달 초 신문에서 다음과 같이 이야기했다.

몇 해 전만 하여도 활동사진 상설관 수효보다 배급업자의 수효가 적었는지라 상설관에서는 배급업자에게 가서 고두백배를 하고 활동사진을 빌려다가 손님에게 구경을 시켰었다. 그러나 조선이

어수룩하다는 소문이 높아지자 그야말로 세계 각국의 유명한 활동사진사에서는 거의 다 지사나 대리점을 두게 되니 이제는 상설관 수효보다 배급업자의 수효가 초과되어버렸다.[11]

경성에만도 영화관이 열 개 가까이 있다보니 경쟁이 치열해져 악대와 자동차를 동원한 가두 광고가 쉴새없이 벌어진다. 남촌으로 내려가면 본정통의 황금좌나 희락관, 앵정정櫻井町의 대정관 같은 일본극장이 많다. 특히 대정관은 변소가 아닌 제대로 된 화장실에 다방과 흡연실까지 갖추고 있다. 우미관에서는 심지어 중학생들까지도 어둠 속에서 슬쩍 담배를 피워 담배 연기가 매캐하다. 그래도 하나코는 가까운 우미관을 찾는다. 하나코뿐 아니라 상영작이 바뀌길 기다렸다가 규칙적으로 출입하는 이가 한둘이 아니었다. 하나코는 명치정에 위치한 일본인 바에서 일할 때는 일본인 극장에 다녔었다고 했다. 중앙관을 즐겨 갔는데 그때마다 자리 안내인 때문에 놀라고 불편했다 이야기했다. 에이프런을 두른 퉁명스런 안내인은 방석을 팔려고 성화였고 늦가을부터 초봄까지는 화로도 안긴다고 했다. 안 빌리면 그만이지만 방석 없이는 의자가 딱딱했고 냉대받기는 더 싫어 극장 요금의 3퍼센트를 더 지불했다 한다.[12]

하나코는 어수선하고 지저분할지언정 우미관이 그런 면에서 덜 불편하다고 했다. 조선인 구역으로 일터를 옮기고 조선인 단골손님을 따라와본 뒤 어느새 익숙해졌다고 이야기했다. 하나코의 말처럼 극장에서 조선인 관객과 일본인 관객을 가리지는 않는다. 무성영화에서는 변사의 역할이 주도적인데 남촌에서는 일본인이 일본말로 북촌에서는 조선인이 조선말로 해설하다보니 관객이 갈렸다. 이제는 양쪽 말을 모두 구사하는 조선인과 일본인 관객이 늘어나 점점 구분할 의미가 없다. 더구나 유성영화가 성장하면서 무성영화는 급속히 자리를 잃어가 장안의 명사로 군림해온 변사는 어느새 사양길로 접어들었다.

축음기, 라디오, 영화와 더불어 조선에서도 카페가 이제 하나의 생활풍속으로 자리잡았다. 유럽의 카페와 달리 일본과 조선에 새롭게 등장한 카페의 양대 요소는 술 그리고 술을 마시게 만드는 분위기다. 이를 위해 음악과 하나코 같은 여인을 빼놓을 수 없다. 축음기를 타고 흘러나오는 서구의 최신 음악, 조선의 전통의상을 벗어던진 웨이트리스. 카페는 누추한 일상에서 잠시 해방감을 맛볼 수 있는 공간이다. 마치 영화가 그러하듯이.

카페에 다양한 술이 구비되어 있다. 위스키와 칵테일, 그리고 일본주, 조선 청주에 아카다마 포도주로 구색을 맞춘다. 1909년에는 전체 조세에서 불과 1.4퍼센트를 차지하던 주세가 1919년에는 8.2퍼센트로, 1929년에는 28.7퍼센트로 크게 늘어 늘 선두였던 지세地稅를 추월하고 조세 비중 1위로 올라섰다. 요 10년 사이 생긴 제조업체 중에서 양조업체 수가 가장 많았고 주류 생산액은 전체 공산물 생산액의 15퍼센트에 이르렀다.[13]

조선의 음주량은 해마다 증가하는 동시에 일반의 기호성도 점차 향상하여 탁주보다 약주로, 약주보다 일주와 맥주로 소위 문화 생활을 하여가는 반면으로 재래 조선품은 점점 쇠퇴하여가는 경향이 있다.[14]

올 1월 말에는 이렇게 주종 선호에 관한 흐름을 분석한 기사도 실렸다. 올해 대일본주류주식회사의 부산공장으로 대선양조주식회사가 세워졌는데 이곳에서 만들어진 술을 미쓰이물산이 위탁 판매한다고 한다. 평안남도 용강에서 5년 전에 문을 연 진천양조회사도 진로 상표의 국산 소주를 앞세워 일본 거대자본 사이에서 꾸준히 성장중이다.

기미년 만세운동이 있은 뒤 조선사회에는 많은 종류의 운동이 있었다. 사회운동, 노동운동, 예술운동, 소년운동, 문맹퇴치운동, 물산장려운동 등등. 이제 금주운동 차례다. 미국에서는 식량을 절약하고 작업능률을 향상한다는 취지로 세계대전 이후 10년째 금주법이 시행되고 있다. 하지만 두 달 전 뉴욕 주식거래소의 주가가 대폭락하면서 미국은 대공황을 맞았다. 대공황의 시작과 함께 술은 일상으로 당당히 복귀해 금주법은 사실상 소멸했다. 술의 벗은 역시 공포와 불안이다.

미국뿐이 아니다. 1921년에 현진건이 발표한 소설 제목대로 조선은 '술 권하는 사회'다. 조선사회에도 술에 의지하는 사람들이 많았다. 지식인들도 그 한 부류였다. 요즘 소위 말하는 지식인은 조선에 처음 나타나는 계층이다. 사대부도 아니고 선비와도 다르다. 벼슬은 물론이고 건사할 농토나 사업도 없다. 보고 들은 지식은 그런대로 넘치나 그것을 풀어낼 자리는 없다. 취업이 안 되니 소속된 곳이 없고 돈이 없다. 있는 것은 시간뿐이다. 그 넘치는 시간을 공상과 소망과 불만과 분노와 더불어 보낸다. 그 결과 매일 절망과 회한에 사로잡힌다. 마땅히 할 일도 갈 곳도 없는 이들은 비 피해 처마 밑으로 모여드는 제비들처럼 없는 살림에 카페를 피난처 삼아 모여들었다. 다방이 낮의 휴게소라면 카페는 밤의 위안소였다. 커피 한 잔 시켜놓고 우두커니 반나절 동안 버티는 자를 벽화에 빗대기도 했다. 사람들은 어느새 지식인 하면 무기력, 나태, 궁핍 그리고 진퇴유곡이라는 단어를 떠올리게 되었다.

대학 졸업 후 일본에서 유학하고 돌아오는 청춘은 늘어간다. 그러나 이들을 받아줄 곳은 부족하다. 총독부와 그 산하기관에서 채용하는 조선인 수는 제한적이고 그럴듯한 회사도 일본인 위주로 채용한다. 요행으로 한자리 차지하는 조선인은 몇 안 된다. 최승일의 경험담은 그 한 사례다.

동경에 처음 건너갈 때까지는 물론 나도 아무런 풍상을 모르고 지나온 안방서방님이었습니다. 내가 동경으로부터 돌아오던 그때에는 지금까지 넉넉하던 가정의 형편이 전날과는 아주 딴판이 되어버렸습니다. 직업에 대한 번민이 생기기 시작했습니다.

각 방면으로 직업을 구해보기도 한두 번이 아니었습니다. 직업소개하는 명치정의 인사상담소까지 찾아가서 이력서를 제출하였으나 거기는 원래가 막벌이 노동자나 남의 상점이나 개인 가정의 심부름꾼 같은 직업만 소개해주는 곳이라 나의 이력서를 보고 나의 얼굴을 쳐다보고 하다가는, 이력이라던지 모양 생김이라던지 아무리 보아도 그런 직업을 구할 것 같아 보이지 않았던지 사무원 한 분이 "도대체 당신은 무슨 직업을 구하느냐"고 하며 빈정대는 바람에 두 말도 못하고 그대로 돌아선 일도 있습니다.[15]

3월이 다가오면 신문사에서는 두 가지 기사와 논설을 준비한다. 하나는 검열을 통과할 수 있을 정도로 3·1운동 몇 주년인지 요령껏 알리는 것이고, 다른 하나는 대학 졸업생들의 취업난에 대한 대책 없는 걱정이다. 작년 졸업 시즌에 「졸업생의 취직난」이라는 1면 머리 사설은 이렇게 시작했다.

이번 봄에는 전문학교 이상의 졸업생이 내외를 통틀어 3백여 명에 달하리라 한다. 진실한 일꾼 뛰어난 청년을 긴급히 요구하여야 할 오늘의 조선에서는 3백의 졸업생이 오히려 부족한 느낌이 없지 않다. 그러나 사실로 말하면 최근 몇 년간 문제가 되어오는 것은 불과 몇백 명 되는 전문 졸업생을 어떻게 처치하겠느냐 하는 것이다. 다시 말해 그들의 직업을 어떻게 하느냐 하는 문제이다. 얼마나 큰 모순된 현상이냐. 2천만 명이 활동하는 조선사회에서 몇백 명의 신진을 수용할 수 없다는 것은 수긍할 수 없는 괴상한 일이다.[16]

올해도 작년과 상황은 전혀 다르지 않다. 변한 것은 숫자뿐이었다. 전문학교 이상 졸업자가 6백 명으로 1년 사이 두 배로 늘어났다.[17] 개벽사의 월간지 『별건곤別乾坤』이 올봄 끝 무렵에 '청춘 특집' 호를 꾸린 것도 주눅든 젊은이들을 위로하기 위해서인 듯했다. 거기 실린 명사들의 글 중에 민태원의 「청춘예찬」도 있었다.

"청춘! 이는 듣기만 하여도 가슴이 설레는 말이다."

이렇게 운을 띄운 뒤 "그들의 몸이 얼마나 튼튼하며, 그들의 피부가 얼마나 생생하며, 그들의 눈에 무엇이 타오르고 있는가"라고 글을 이어갔다. 1920년대의 마지막 해를 보내는 청춘들을 사람들은 애써 그렇게 북돋워주려 했다.[18]

하지만 현실은 그렇게 청춘을 예찬 혹은 위로한다고 해결될 문제가 아닌 것 같았다. 그렇다고 달리 무언가 해볼 수도 없었다. 청춘들 역시 술 마시고 영화 보고 연애하고 책 읽는 것 말고 달리 도리가 없었는데 모두 돈 드는 일이었다. 그나마 책은 빌려라도 볼 수 있었지만 조선어로 쓴 책은 지식인의 욕구를 충족할 만한 게 많지 않고 잡지도 『별건곤』 외 두어 종에 불과했다. 종합월간잡지로 독보적 명성을 구가하던 『개벽』이 3년 전 강제 폐간되고 그 후속 격인 『별건곤』이 아쉬우나마 별세계와 조우한 신청년의 갈증을 달래줄 뿐이었다.

청춘에도 종류가 다양한지 카페에 있는 학생도 많았다. 조선인은 가난하지만 모두 그런 것은 아니다. 어떤 학생들은 직장생활 10년차인 한림보다 돈을 더 잘 쓰는 것 같았다. 카페 메뉴 중에 주종인 위스키와 맥주는 학생들에게도 인기였다. 하나코가 일하는 카페에서는 삿포로맥주가 인기다. 한림은 10년 전 맥주라는 괴상한 액체를 처음 입에 대고는 '서양식 보리 탁주구나' 했다.

하나코는 대개 새벽 한시나 두시에 일을 파했다. 손님이 있으면 세시까지도 한다. 그래도 이 정도면 양호하다. 종로 2정목 우미관 근처에서 일할 때는 새벽 네시까지도 손님들이 북적댔다. 본정과 명치정의 일본인 카페는 한시면 영업이 끝나, 밤새워 노는 이른바 '오전족'들은 본정 쪽에서 종로 2정목 쪽으로 원정을 와서 본격적으로 즐겼다. 푸르고 붉은 등불 아래 재즈가 소용돌이치는 카페는 종로 일대에만도 여러 곳이고 남촌 일대에도 수십 군데나 된다. 하나코가 일하는 카페에는 일본인 여급과 조선인 여급이 이삼십 명 남짓이었다. 기모노를 입고 일본 이름과 일본말을 쓴다고 모두 일본인은 아니었다. 경성의 카페 여급은 수백 명인데 빠르게 증가하고 있다고 한다.

영업이 끝나도 바로 쉴 수 없다. 청소와 뒷정리를 마치면 거의 네다섯시가 되어서야 자리에 눕는다. 잠이 금방 들지도 않는다. 흥분되었던 신경과 흩어진 마음자리가 쉬이 가라앉지 않아 뒤척일 때가 많다. "쓸쓸한 잠자리에 외로운 꿈을 깨고 새벽을 맞을 때면 구름처럼 가슴에 떠오른 말 못할 탄식은 남이 곧이 듣지 않을 설움입니다." 동료 기자가 이색 직업여성에 관한 취재차 찾아간 자리에서 하나코는 그리 말했다 한다. 웨이트리스 혹은 여급으로 불리는 이 직업을 부러워하는 여자들도 있다지만 이런 고생이 없다. 여기서는 숙식만 제공해줄 뿐, 따로 월급은 없고 손님들에게 받는 팁이 한 달에 30~40원 정도다. 인기 직종인 운전기사의 벌이와 비슷한데, 주변 여인들은 대개 빚을 지고 있다고 한다.

카페는 기생집으로 분류되지 않고 카페 여급은 기생으로도 창기로도 분류되지 않았다. 카페 여급은 술을 팔고, 분위기를 팔고, 경우에 따라서는 연애도 팔았다. 진짜 연애를 한다고 주장하는 경우도 있었다. 『춘향전』의 이몽룡처럼 카페 이용객의 절반 이상이 학생이었다. 그중에는 대학생, 전문학생이 되기 이전에 혼인한 경우도 더러 있었다. 조선시대의 유산인 조혼早婚의 끝자락과 근대문명의 산물인 자유연애의 첫머리에 걸친 세대였다.

광교를 건너가는 하나코를 바라보며 한림은 카페 앞 광교 네거리 모퉁이에 섰다. 왼편으로 광교를 건너면 종각 네거리이고 오른쪽으로 돌아서면 남대문 1정목의 시작이다. 북촌과 남촌을 경계지은 장안의 정중앙이다.

전차가 보신각 쪽으로 오른다. 남대문 방면에서 오는 노선이다. 보신각이 금방이라도 주저앉을 듯, 폐가처럼 서 있다. 서울의 중심부에서 옛 기억을 환기시키는 유일한 기념물이나 다름없는 그 옹색한 단층 기와 목조건물의 구부정한 처마선 옆으로 육중한 3층 철근 콘크리트 건물이 서 있다. 한일은행 본점이다.

보신각과 한일은행 옆에서 광교 북단에 이르는 종로와 청계천 사이 대로변에는 약품점, 양복점, 포목점, 금은방이 줄지어 있다. 광교 남쪽에서 시작하는 남대문 1정목에는 모퉁이의 한성은행 본점을 위시해 광통관을 비롯한 유럽풍 건물들이 도열해 있다. 이어지는 남대문통과 황금정이 교차하는 황금정 1정목 네거리를 건너서 명치정이 시작되는 좌측 코너에 일본생명 빌딩의 자태가 돋보인다. 황금정 1정목의 십자로를 사이에 두고 마주보는 일본생명과 식산은행 건물은 남촌의 관문을 지키는 수문장처럼 길목을 장악하고 있다. 일본생명 건물 뒤로는 작년에 완공된 경성전기주식회사가 본격 사무용 빌딩의 진수를 보여주듯 5층짜리 초고층 몸채를 과시한다. 남촌은 그렇게 변했다. 새로운 도시 경성의 새로운 도심으로 탈바꿈했다. 일본적이고 서구적이고 자본주의적인, 모던 경성의 다운타운이 되었다.

5백 년간 보신각과 함께 도성의 중심이었던 광교는 최근 20년 동안에 일어난 이 모든 변화를 지켜보며 양식 빌딩들 틈에 납작 엎드려 있다. 다리 한편에 깔린 선로를 따라 전차가 왕복한다. 보신각에서 남대문을 연결하는 이 노선은 한림이 태어나던 1899년에 단선으로 운행을 시작해 한일병합조약이 조인된 지 나흘 뒤인 1910년 8월 26일에 복선이 깔렸다.

왕조는 수명을 다했지만 전차 통행은 활기를 띠었다. 복선으로 운행하면서 운행 횟수와 승객은 더욱 증가했다. 한성시대에 개통된 전차는 경성시대가 되자 대중교통의 근간이 되었다. 가마가 없는 신분도 이제는 더이상 걸어다니지 않는다. 돈이 없어 인력거를 못 탄다고 배알이 뒤틀릴 것도 없다. 신문 한 부 값인 5전이면 탈 수 있는 전차 앞에 만인은 평등하다. 신분제가 막을 내리고 민중의 시대가 된 뒤 광통교는 수십 명이 터질 듯이 올라타는 전차, 그것도 가장 통행량이 많은 제1노선의 전차를 짊어지는 전국 유일의 다리가 되었다. 경복궁과 창덕궁을 양 어깨에 걸친 안국동 네거리에서 시작해 사람이 구름처럼 모여들었다가 흩어지는 보신각 주변 운종가를 지나 도성의 제1관문 숭례문에 이르는 그 한가운데의 광통교는, 조선이 멸망하고도 이름만 바꿔 달았을 뿐인 경성부민京城府民과 그들의 애환을 실어나르는 전차를 떠받든다. 광통교는 한때 조선에서 가장 견고한 석재 다리였지만 그 너비를 확장하느라 철근과 콘크리트로 덧대어 해가 갈수록 남루해진다. 그 위를 조선의 후예들은 점점 더 바쁘게 지나간다.

한림은 광교를 지나 천변길을 따라간다.

조선의 긴긴 세월 동안 광통교 남쪽 거리에서는 그림과 책자를 사고팔았다. 한림은 한성은행 앞을 지나 회동서관匯東書館 문앞에 멈춰 선다. 병합 이전에 출범한 이 출판사의 첫 작품은 이해조의 『워싱턴 전』이었다. 창업 다음해 출간한 지석영의 신식 『한자옥편』은 음과 뜻을 한글로 달아 20년 지난 지금까지도 인기다. 아마 십만 부는 찍어냈을 것이라 한다. 이광수의 『무정』도 여기서 나왔다. 3년 전 한용운의 시집 『님의 침묵』도 회동서관에서 출간되었다.

그 시집 맨뒤에 쓰인 작가 후기를 보면 을축 대홍수라 불리는 물난리가 엄습한 1925년의 7월을 백담사에서 보내고 경술국치 15주년에 시집을 탈고한 모양이었다. 6년 전 기미년에 관철동 맞은편 경성고등법원에서 독립만세 관련 예심 심문을 받은 뒤 3년 가까이 옥고를 치르고 나와 3년 넘게 설악산 골짜기에서 불경 연구를 하며 남긴 글이 이 시집에 담겨 있었다. 일찍이 1921년 동짓날 출옥했을 때 한용운은 소감을 묻는 기자에게 이렇게 말했다.

"내가 옥중에서 느낀 것은 고통 속에서 쾌락을 얻고 지옥 속에서 천당을 구하라는 말이올시다. 내가 경전으로는 여러 번 그러한 말을 보았으나 실상 몸으로 당하기는 처음인데, 다른 사람은 어떠하였는지 모르나 나는 그 속에서도 쾌락으로 지냈습니다. 세상 사람들은 고통을 무서워하여 구차히 피하고자 하기 때문에 비루한 데 떨어지고 불미한 이름을 듣게 되나니, 한번 엄숙한 인생관 아래에 고통의 칼날을 받는 곳에 쾌락이 있고 지옥을 향하여 들어간 후에는 그곳을 천당으로 알 수 있으니 우리의 생각은 더욱 위대하고 더욱 고상하게 가져야 하겠습니다."[19]

책 꾸러미가 구루마와 자전거에 실려 회동서관의 긴 건물 좌우로 흩어진다. 책냄새를 따라 한림은 삼각정으로 접어든다. 남산에서 흘러내리는 세 갈래 물길이 비스듬히 합수하기 때문에 서쪽 하류는 넓고 동쪽 하류는 좁아지는 삼각지형이다. 그 꼭짓점 언저리에 푸른 기와지붕집 한 채가 우뚝 서 있다. 최남선이 운영하는 동명사와 조선광문회가 자리한 2층 건물이다.

최남선은 열일곱 살 때인 1907년, 이 부근 상리동에 처음 신문관을 창립했다. 일본 와세다 대학을 중퇴한 뒤 인쇄시설과 기술자를 들여와 벌인 일이었다. 이듬해인 1908년 최초의 잡지 『소년』을 창간했는데 창간호 머리에 그는 「해에게서 소년에게」를 발표했다. 이는 조선 전래의 창가의 형식을 버리고 서구와 일본의 근대시의 모습을 갖춘 작품이라는 평가를 받았다. 잡지 이름인 '소년'은 새로운 사상을 가진 새로운 세대를 의미했다.

> 신대한의 소년으로 깨달은 사람이 되고 생각하는 사람이 되어서 혼자 어깨에 진 무거운 짐을 감당하도록 교도하자.

『소년』 창간사는 이러한 구절을 담았다. 1910년 고전을 간행하는 조선광문회가 설립되면서 신문관은 부친 소유인 지금의 집으로 옮겨와 함께 둥지를 틀었다. 부친은 출판보국出版報國이라며 평생 일군 재산을 아들 후원에 쏟아부었다. 최남선은 여기서 기미독립선언서를 구상하고 써서 문선하고 조판했다.

동명사는 최남선이 3·1운동으로 투옥됐다가 한용운보다 두 달 앞서 출감한 다음해인 1922년에 신문관을 해산하면서 그 후신으로 발족한 출판사다. 고구려의 시조 동명성왕에서 그 이름을 따왔다 한다. 동명사에서 최남선은 최초의 주간잡지 『동명東明』을 창간했다.

숱한 잡지와 일간지를 창간했던 최남선은 이제는 조선사연구에 전념하고 있다. 작년에 국책기관인 조선사편수회에 들어갔는데 이를 두고 말들이 많았다. 조선사를 식민통치의 구미에 맞게 꾸미려는 기관에 어떻게 참여할 수 있느냐는 것이었다. 최남선은 만약 그렇게 조선사를 왜곡하려 한다면 바깥에서 손놓고 바라보는 게 능사냐는 입장 같았다. 그는 역사가로서의 소신을 편수회 안에서 펴려는 듯했다.[20]

한림은 장통교에 이르렀다.

10미터 남짓하던 개울 폭이 남산에서 내려오는 지천과 합류하면서 20미터 이상으로 넓어진다. 한림은 다리를 지나 장교정으로 접어들었다. 개울 건너 관철동과 함께 이곳 장통방은 조선시대 내내 도성 안 상업의 중심지였다. 중인과 시전상인 들이 이곳에 모여 살았으며 중앙과 지방 관청의 연락사무를 맡아보던 경주인京主人들의 본거지였다. 지금 한창 신문에 연재중인 홍명희의 「임꺽정 전」에서 당대의 무장 남치근이 당대의 도적 임꺽정을 쫓다 놓치고 망연자실해하던 바로 그 장통방이다.

최남선이 대님을 한 버선발에 고무신 차림으로 장교를 건너는 모습이 보인다. 나이 마흔을 앞두고 몸집은 날로 비대해지지만 걸음걸이가 날렵하다. 사람들과 마주치면 가느다란 눈을 감듯이 웃는 그는 걸으며 시조를 웅얼거리기도 하고 군것질을 하기도 한다. 술을 마시지 않는 대신 최남선의 호주머니에는 콩과 밤과 호떡 같은 간식이 늘 들어 있다고 사람들은 말한다.[21]

한림은 장교정 큰길에서 남쪽 구리개銅峴 방향으로 잠시 내려가다 오른편 동네로 접어들었다. 구리개는 이제 황금정 2정목이라는 이름으로 더 익숙하다. 몇 걸음 못 미쳐 커다란 솟을대문 하나가 나타난다. 대문 좌우로 펼쳐진 담장은 그 폭과 높이가 여느 한옥집과는 비교가 안 될 정도로 길고 높다. 담 너머로 보이는 지붕과 굴뚝의 품새가 대가大家임을 짐작게 한다. 장교정 63번지라는 말만 듣고 왔는데 이처럼 큰 구역을 차지하고 있을 줄은 몰랐다.

한림은 숨을 몰아쉬었다.

여기가 오늘 낮 그의 짧은 산책의 최종 목적지다. 그는 이 집의 주인을 만나러 길을 나선 것이다. 두 길 높이의 높다란 대문 위 잿빛 기와지붕이 어스름 빛을 받아 빗물에 번뜩였다.

3장

망국 대신을 왜 찾아왔소

장교동에서

비는 진눈깨비로 바뀌었다.

두터운 대문은 가마가 드나들 정도로 높고 넓다. 종2품 이상의 벼슬아치만이 탈 수 있는 외바퀴 수레 초헌軺軒이 25년 전만 해도 이 문간을 아침저녁으로 오갔을 터이다.

그간 이 땅에서 바퀴는 기피되었다. 수레를 이용하자는 주장은 줄곧 제기되었으나 조선의 길은 좁고 울퉁불퉁한데다 끊어진 곳이 많아 길을 닦는 불편이 선행되어야만 했다.

자발적으로 돌지 못한 바퀴는 결국 시간이 흘러 타율적으로 돌아가기 시작했다. 이제 사람이 끄는 손수레만도 3만 대가 넘는다. 20년 전 병합 당시만 해도 1천 대 남짓하던 것이 매년 1~2천 대씩 늘어왔다. 이제 어디서나 바퀴 달린 것을 볼 수 있다. 장안에는 인력거가 그득하고 자전거가 그뒤를 쫓는다. 바퀴는 축력이나 인력으로만 돌리는 줄 알았는데 어느 날 갑자기 그 이름도 생소한 전기로 바퀴를 굴리는 전차, 증기로 바퀴를 굴리는 기차가 등장했다. 선로도 궤도도 없이 아무데로나 가는 자동차도 이젠 낯설지 않다. 모두 태평양을 건너 일본을 거쳐 미국에서 들어온 신문물이다.

요즘엔 하루 평균 6만 명이 기차를 탄다. 전국에 열두 개 노선이 촘촘히 깔려 있다. 조선총독부 세입의 30퍼센트가량이 철도 수입에서 나온다고 한다. 전차 이용객도 하루 십만 명을 넘어섰다.[1] 일본인이 부설한 선로 위로 미국제 열차가 인천에서 노량진까지 33킬로미터 구간을 오전 오후 한 차례씩 오가기 시작한 것이 1899년 9월이었다.

> 경인철도회사에서 개업식을 거행하는데, 인천서 화륜차가 떠나 삼개 건너 영등포로 와서 내외국 빈객들을 수레에 영접하여 앉히고 오전 아홉시에 떠나 인천으로 향하는데, 화륜차 구르는 소리는 우레 같아 천지가 진동하고 기관거에서 굴뚝 연기가 솟아올랐다. 수레를 각기 방 한 칸씩 되게 만들어 여러 수레를 머리와 꼬리가 맞붙게 쇠갈고리로 이어 붙였는데.(후략)[2]

독립신문에서 경인선 개통식 광경을 그렇게 소개했다.

'SEOUL ELECTRIC'이라 쓰인 원형 마크가 선명한 전차가 서대문과 청량리 간을 시속 15킬로미터로 미끄러지듯 달리기 시작한 것도 1899년이었다. 가리개 없는 40인승 전차 여덟 대는 한성의 동서를 물 흐르듯 달렸다. 사람들은 세기말의 괴이한 광경에 놀라 숨죽이기도 하고, 신기해하며 떠들썩하게 함성을 지르기도 했다. 전차는 인파에 막혀 여러 번 멈춰 서야 했다.

그후 30년이 흘렀다. 이제 경성에는 택시가 3백 대 규모고 작년부터 버스도 다니기 시작했다. 노선 하나에 버스 열 대로 시작했는데 1년 반 사이 노선은 열 개 가까이로 늘어났고 버스 오십 대가 성황리에 운행중이다. 미국 포드사에서 제작한 8인승 승합차가 주종이다. 서양식 제복을 입은 운전수가 가차없이 경적을 울리며 장안 곳곳을 누비고, 곱지만 도도한 처녀 차장이 찻삯을 받고 승하차를 안내한다. 전차는 5전인데 그보다 4할이나 비싼 7전을 내면서 승객들은 가끔 승무원에게 혼도 난다. 그래도 좋은지 목적지를 지난 줄도 모르고 바깥 구경을 하느라 넋이 나간 사람도 있다. 버스 차장도 그 나름의 애환이 많다. 코발트빛 정복에 커다란 혁대로 왁살스럽게 허리를 잡아매고, 앞에는 가죽가방을 시골 농군 담배쌈지처럼 내려뜨리고 귀를 덮을 정도로 벌통 바가지 같은 모자를 깊숙이 쓴 조선 초유의 '버스 걸'. 정거장마다 조선말과 일본말로 구역명을 내리 외치며 일곱 시간 동안 흔들리는 버스 안에서 서서 보내면 웃는 얼굴하기는 힘들다.[3]

한 시절의 영화를 대변하는 듯한 대저택의 적막한 문간에서 한림은 여러 상념에 잠시 아득했다. 줄지어 이어진 행랑채 지붕보다 우뚝 높이 솟아오른 솟을대문을 올려다보았다. 가랑비에 대지는 촉촉이 젖었으나 육중한 대문의 지붕 밑은 고슬고슬하다. 피난처로 접어든 듯한 안온함과 외딴 집에 유폐된 듯한 적막감이 함께 밀려들었다.

솟을대문은 한때 최상류층의 전유물이었으나 그것도 갑오경장 전까지의 얘기다. 1894년 일본식 개혁의 회오리바람이 불고 신분제가 철폐되자 중인들이 유행처럼 평대문을 헐고 솟을대문을 설치했다. 어떤 양반들은 줏대 없이 살기 싫다며 대대로 내려오던 솟을대문을 스스로 헐어버렸다.[4]

육중한 대문 한쪽이 소리도 없이 열렸다.

청지기의 안내로 한림은 행랑마당을 들어서 정면 중문으로 걸음을 옮긴다. 오른편으로 난 또하나의 중문 틈새로 안마당과 안채가 시야에 들어온다. 안마당 가에는 연못도 보인다. 중문을 통과해 사랑채 마당에 들어섰다. 아흔아홉 칸 집이다. 복덕방에서는 집터가 천 평이 넘을 것이라 했다. 궁궐과 공공기관을 제외한 주택으로서는 조선조 최대 규모다. 이 집의 주인은 한때 임금 아래 최고위직이었다.

튼실한 댓돌에 구두를 벗고 사랑채에 올라 어둑한 골마루를 따라 대여섯 걸음 남짓 옮겼다. 집주인이 거주하는 공간이다.

마루는 왼쪽으로 꺾어지면서 넓어진다. 사랑 대청이다. 한때 말 그대로 문턱이 닳도록 손님이 드나들었던 곳이다. 이곳을 드나든 사람 중에는 이완용을 위시한, 을사조약 체결 당시의 조정 대신들도 있었다.

사랑방과 마루 사이, 밝은 창호의 영창문 미닫이가 스르르 열렸다. 방 아랫목에 병풍을 등지고 앉은 어두운 잔영 같은 몸체가 열은 빛 속에 보인다.

동남쪽을 향한 보료 위에 노인은 미동 없이 좌정해 있다.

"왜 나를 찾아왔소."

담뱃대를 물고 사방침에 기대앉았는데 연륜을 따라 얼굴살은 빠지고 은실 같은 백발이 성성하다.

> 을사년 보호조약 체결 당시 참정대신으로 있으면서 그 조약 체결에 최후까지 반대하다가 결국은 죄를 입고 물러선 한규설씨라 하면 조선근세사를 읽은 사람으로서는 누구나 그의 행적을 익히 알고 있을 것입니다. 세월은 긴 것 같으면서도 짧아서 어제 같은 그날이 벌써 25년. 그는 지금 어디서 무엇을 생각하며 어떻게 지내겠습니까. 더욱 해가 바뀌니 때를 잃은 늙은 정치가의 음울한 흉중이 한층 더 회한에 쌓였을 것입니다.[5]

그렇게 서두를 쓴 것이 며칠 전이다. 신년호 특집 기사 중 하나다. 지면이 평소의 배라서 여러 기획 기사를 준비중인데 그중 하나가 경술국치 20주년을 맞아 병합에 이르기까지 격랑의 세월을 되돌아보는 시리즈물이다. 그 첫 회를 위해 한림은 당사자의 이야기를 들으러 왔다.

이 노인이 그 한규설인가.

한눈에도 쇠약해 보이는데다 피부는 윤택을 잃은 지 오래다. 1856년 음력 2월생이니 만 일흔네 살을 바라본다.[6] 어딘지 사람을 위압하는 듯한 풍모는 아직 남아 있다. 일찍이 무과에 급제한 한규설은 스물여덟 살에 진주병사에 발탁된 이후 전라좌수사, 경상우병사를 비롯한 군 고위직과 우포도대장을 비롯한 치안책임자를 30대 초반까지 역임했다. 이후 형조판서와 한성판윤, 법부대신 등 요직을 여러 차례 돌아가며 지낸 그가 국정 최고위직인 참정대신 자리에 오른 것은 을사조약 두 달 전, 쉰 살을 앞둔 때였다.

을사년 그날 이후 그는 거의 바깥출입을 하지 않는다고 한다. 더군다나 신문 기자를 만나줄 리는 없을 것이라 했다. 궁리 끝에 그와 교분이 두터운 유진태를 통하여 미리 명함을 전달해두었다. 유진태는 1920년 조선교육회를 발족해 10년째 운영해왔다. 이상재를 회장으로 하여 출범할 때부터 도중에 조선교육협회로 개칭한 이후까지 유진태는 줄곧 조선교육회 이사장을 지냈다. 사람들은 그를 조선교육회의 집지킴이라 부른다. 한민족의 교육은 한민족의 손으로 이루어야 한다는 취지로 세워진 이 민족교육운동 단체의 고문인 한규설은 최소 두 차례 크게 재산을 기부했다. 1922년 수표정에 있는 시가 3만 원가량의 350평짜리 가옥 한 채를 회관 건물로 쓰라고 내놓았고 작년에는 2만 원 상당의 토지를 기부했다. 조선교육회가 발족할 때 그 발기인 명단 맨 위에 한규설의 이름이 있었다.

유진태를 통한 것이 유효했는지 연말연시 인사를 빙자해 방문하여 한규설을 마주할 수 있었다.

"내 집 오신 손님이니 박대야 안 하겠소마는……"

파르스름한 담배 연기가 곧게 피어오르다 살짝 흔들리며 흐트러진다.

"나는 이미 세상에 없는 사람과 마찬가지라. 생명이 붙어 있으니 살아 있다 할까, 두문불출하여 바깥사람과 교류를 끊은 지가 이미……"

그러면서 노인은 "을, 병, 정, 무……" 하며 육갑을 꼽는다.

"옳지, 벌써 25년이나 되었소. 죽은 사람을 지금에 찾아와서 무슨 들을 말이 있겠소. 아직 숨은 붙어 있소만 '미랭시未冷屍' 식지 않은 송장과 다름이 있겠소. 을사년 이후 말도 않고 듣지도 않으려 하였더니 요새는 귀도 멀고 눈도 어둡게 되었소. 아주 송장이 되려는가 보오. 입이 아직 성해 말은 하나 정말로 귀담아듣지는 마소."

노인은 등받침대案席에 등을 젖히며 허공을 올려다본다.

"허허…… 내 말을 그리 듣고 싶소. 글쎄 망국 재상이 무슨 면목으로 세상 사람들을 대하겠소."

망국 두 글자는 총독부가 꺼리는 용어 중 하나다. 두 글자가 검열돼 삭제되기를 기다릴 필요도 없이 신문제작 단계에서 알아서 공란으로 둔다. 10년간의 경험의 결과다. 총독부 당국과의 밀고 당김 끝에 정착된 관습이기도 하다. 망국 재상은 신문지에 ○○ 재상으로 표기될 것이다. 독립이라는 단어도 그렇고 사회주의, 공산주의 등 그렇게 약조된 단어가 많다.

"그때 일을 아는 선비들은 다 알지오. 하도 소원이라 하니 묻는 말 몇 마디나 대답하리다."

을사조약 체결을 전후한 열흘간. 1905년 11월 9일부터 18일까지의 긴박했던 상황의 전말을 겪은 대로 술회해달라고 부탁했다. 이제 와서 지난 일을 들어서 어쩌자는 것인가. 말은 꺼냈고 여기까지 오기는 왔지만 한림 스스로도 조금은 어처구니없었다.

"우리 동아東亞의 풍운이 주마등같이 변하는 듯하더니, 광무 9년이지…… 장곡천 대장이 오며 일본 군사가 들락거리는 게, 진작 짐작은 차리었소."

장곡천 대장, 즉 하세가와 요시미치는 1904년 9월 제2대 한국주차군 사령관으로 부임해 만 4년 넘게 대한제국을 무력 압박한 장본인이다. 1916년에 제2대 조선총독 자리에 올라 조선을 강압통치하다 1919년 3·1운동을 무력으로 진압한 뒤 예상보다 일찍 총독에서 물러났다.

한규설보다 여섯 살 많은 하세가와는 육군사관학교의 전신인 병학료兵學寮를 거쳐 군인의 길을 걸었다. 하세가와는 메이지유신 초기의 최대이자 최후 반란인 세이난 전쟁에 보병 1연대장으로 종군한 이후 여러 직책을 거치면서 승승장구한다. 프랑스에서 프랑스 육군의 교리와 편제, 지휘 통솔에 관한 선진운영기법을 실습하고 돌아와 1886년 육군소장이 된 하세가와는 청일전쟁에 보병 12여단장으로 참전하고 요동반도의 여순 공격에 공을 세워 남작이 된다. 이후 주요 사단장 자리를 전전하며 러일전쟁에 참전해 육군대장으로 승진한다. 그리고 마침내 대한제국에 단독으로 주둔하게 된 일본군 사령관으로 부임했다.

"이토 히로부미 대사가 입경入京한 것이 양력 11월 9일이지. 일진회는 일본의 보호를 받아야 된다고 야단이었소. 10일에 폐하를 알현한 이토 대사는 그 이틀날 다시 올 예정이었으나 폐하께서는 편찮으시다고 하여 15일에 다시 입궐하였소. 이날의 배알은 저녁때가 훨씬 지난 시간까지 계속되었는데, 우리 대신들은 반드시 국가의 중대사가 있으리라 생각했기에 이토 대사가 퇴청할 때까지 수옥헌에 앉아 기다렸소."

망국 재상 한규설이 회고하는 종말의 서곡에 관해 『조선왕조실록』 1905년 12월 16일 자 기사는 다음과 같이 기록하고 있다.

조약 체결의 전말에 대해 말한다면, 일본대사 이토 히로부미가 서울에 올 때 아이들과 어리석은 사람들까지도 모두 반드시 중대한 문제가 있으리라는 것을 알았습니다. 과연 11월 15일 두번째로 폐하를 만나본 뒤에 심상치 않은 문제를 제출하니, 폐하께서는 즉시 윤허하지 않으시고 의정부에 맡기셨습니다.

을사조약이 있고 한 달 후, 이완용과 이지용, 박제순 등 다섯 대신이 조약에 조인한 전후 사정을 고종 황제에게 상소의 형식으로 제출한 보고서다. 그로부터 만 24년이 지난 1929년 12월 말 민간신문사 기자 한림은 협정 조인을 거부한 참정대신에게 직접 당시의 상황을 듣고 있다.

한림은 한문으로 기록된 『조선왕조실록』의 해당 기사를 며칠 전에 읽어보았다. 우리말 구어체로 오간 이런저런 이야기를 한문으로 옮기고, 그 한문 기록을 다시 한글로 옮길 때 처음의 이야기는 어느 정도나 온전히 전달될까. 오늘 한림이 들은 내용은 한글 위주의 기사로 내일 삼만 부가량 인쇄될 것이다.

"그동안에 외부대신 박제순은 하야시 공사의 초청을 받아 일본공사관에 다녀왔는데, 갔다 와서 펄펄 뛰며 하는 말이, 보호조약에 대한 이야기를 하더라는 겁니다. 우리는 예정한 사실을 당한 것이고, 불가하다고 거절하기로 일심한 터이므로 별로 놀라지도 않았소."

하야시 곤스케는 1년 전 외부대신서리 윤치호와 한일협약을 맺었다. 이제 2차 한일협약의 파트너가 될 외부대신은 박제순이다. 작년에 1차협약을 체결하기 6개월 전에 한일의정서를 맺을 때 조인 상대는 외부대신임시서리 이지용이었다. 일본측이 보기에 조선측

파트너는 쉴새없이 바뀐다. 외부대신만이 아니다. 모든 관리들의 인사이동이 빈번해서 1년에 두세 차례씩 자리 옮기기가 예사다. 이러다보니 같은 직책을 두세 번씩 역임하기도 한다. 박제순은 6년 전 하야시가 조선 주재 공사로 서울에 부임할 때도 외부대신이었다. 1898년 가을 외부대신에 처음 오른 이래 외교 분야에 있어서는 타의 추종을 불허할 만큼 다년간 외부대신 직을 수행한 박제순이었으나 잦은 이동과 복귀, 파면과 겸임 조치로 인해 수시로 외교업무에서 드나들기를 되풀이해왔다. 박제순만 그런 게 아니었다. 그 정도는 약과였다. 임기가 짧고 성격이 다른 여러 부서를 넘나드는 것은 아마도 조선 관료의 특징인 듯하다. 관록은 가문의 영광이었을 것이나 국가의 치욕이 되어 돌아오기도 하는 것인가.

하야시 곤스케는 6년간 한자리에서 근무중이다. 공사 부임 10년 전에 인천 주재 부영사, 다음해에는 영사로 조선과 연을 맺었다. 그때 서른 즈음이었던 하야시는 을사년에 마흔다섯 살이 되었다.

"그 이튿날 16일 이토 대사가 여관에서 원로 민영환과 심상훈을 비롯한 우리 대신 일동을 부르고 박 외부대신만은 하야시 공사가 따로 공사관으로 불러갔소."

여기서 여관은 손탁호텔을 말한다. 러시아 공사인 카를 베베르와 함께 20년 전 입국한 손탁이 러시아공사관 가까운 정동에서 3년 전부터 운영하는 호텔이다. 임오군란과 갑신정변을 겪은 뒤 창덕궁을 떠나 경복궁으로 옮겨온 고종과 명성황후를 손탁은 서구식 식생활로 보살폈다. 그로부터 10년 뒤 을미사변 후 경복궁을 버리고 러시아공사관으로 피난한 고종을 손탁은 여전히 돌보았으며, 이후 경운궁 시절로 이어졌다. 이 러시아 풍의 호텔은 고종 즉위 40주년 축하연이 있기 직전인 1902년 개장했다. 그때까지 만주를 점령하고 조선에서의 지위도 우월했던 러시아 세력은 이제 더이상 이곳에 없다. 지금 이토 히로부미는 정동길을 사이로 황제의 집무실인 수옥헌과 마주보는 이 호텔에 일주일째 머물고 있다. 이층 벽돌조로 지어진 두 건물은 전면에서 보면 지붕과 창틀과 발코니까지 흡사한 외양이다.

"민영환은 시골로 내려갔을 때라 출석치 못하고 나머지는 모두 모였는데, 동양의 대세가 그렇게 되었으니 보호조약에 동의하는 도장을 찍으라고 하였소. 물론 찬성할리가 있겠소. 가당치 않은 말이라고 거절하였으나, 중대한 문제라서 궁중으로 들어갔더니 박 외부대신도 공사관으로부터 돌아와서 하야시 공사가 보호조약의 조문을 보여주며 동의하라고 하였다 보고하였소."

민영환은 문중의 선산이 있는 경기도 용인군 수지면에 급한 집안일이 생겨 이날 하루 휴무였다. 14주기를 지난 처의 묘소를 누군가 침입해 자기네 묘를 조성했다는 급보에 서둘러 낙향한 참이었다. 민영환은 네 살 많은 한규설에 앞서 이미 참정대신까지 역임한 터라 더 오를 관직도 없었고, 그저 한직에서 원로 대접을 받으며 지냈다. 일주일 전 이토 히로부미가 서울에 들어올 때는 시종무관장으로 남대문 정거장에 영접도 나갔다. 이토는 예년과는 달리 새해부터 개통된 경부선 열차를 타고 입경했다.

그날 조정에서 있었던 일에 대해 지금 한규설이 말하는 부분을, 이완용 등 다섯 대신은 상소에서 다음과 같이 진술했다.

이튿날 16일 참정대신 한규설, 탁지부대신 민영기, 법부대신 이하영 및 이지용, 권중현, 이완용, 이근택은 대사가 급박하게 청함에 따라 여관에 가서 모였고, 경리원경經理院卿 심상훈도 그 자리에 있었으며, 박제순은 주둔한 공사 하야시 곤스케의 급박한 요청에 의하여 혼자서 공사관에 갔습니다. 그런데 모두 어제 제출한 문제를 가지고 문답을 반복하였으나 신들은 끝내 허락할 수 없다는 뜻을 보였습니다. 밤이 되어 파하고 돌아와 폐하의 부름을 받고 뵙고 응답하였는데 문답한 내용을 자세히 아뢰었고 이어 "내일 또 일본대사관에 가서 모여야 하는데 만약 그들의 요구가 오늘 이야기를 계속하는 것이라면 신들도 응당 오늘처럼 대답하여 물리쳐 버리겠습니다" 하고는 물러나왔습니다.

황실도서관으로 지어진 수옥헌은 작년 봄 경운궁이 대화재로 소실되면서 황제의 정전正殿처럼 기능하고 있다. 한규설 대감은 다시 회고한다.

"수옥헌에서 밤중까지 여러 가지로 회의를 하였으나, 결과는 역시 불가하다고 거절하기로 가결하고 헤어지려 할 때 폐하께서 '한 참정, 박 외부, 좀 이리 와' 하시길래 어전에 나아갔더니 '이 일을 어떻게 했으면 좋겠느냐'고 하문하셨소. 나와 박 대신은 한목소리로,

군신이 함께 순직할 결심을 해야 된다고 아뢰었소. 그랬더니 '잘 알아서 그릇됨 없이 하라'고 분부하십디다."

고종은 그 어떤 구체적인 지침도 주지 않았던 것일까. 한규설의 말은 이어진다.

"대신들은 회의할 때 모두 강경하였소. 비분강개하여 물불도 가리지 않을 듯했으므로 매우 마음이 튼튼하였소. 게다가 박 외부대신은 여러 번 나를 찾아와서 서로 숨김없이 의사를 상통하였소. 하루는 눈물을 흘리면서 자기는 혈육이라고는 세 살인가 네 살인가 되는 자식 하나뿐이니 죽은 뒤가 걱정이라면서 큰 결심을 보이고는 내가 장성한 자식 둔 것을 치하해줍디다. 나는 같이 눈물을 흘리며 그를 위로하고 국사를 의논했소. 나는 그에게 '대감이 말 아니 해도 잘 아시어 실수 없이 할 듯하나 사람의 일이란 알 수 없고 불행히 대감의 이름을 빌어 외부대신 도장을 훔쳐낼 간흉이 없다고도 장담할 수 없으니 실수가 없도록 함이 어떻겠소' 하였소. 그랬더니 그는 '지당한 말이외다. 그것을 빼앗겨서는 차라리 죽는 것이 나을 터이니 외부 청사 뒤에 있는 연못에다 던져두는 것이 제일 안전하지 않으냐'고까지 합디다. 나는 생각한 대로만 하라고 거듭 부탁하였소. 여러 대신 중에 외부대신을 제일 믿었고 그 외의 몇몇은 믿기는 믿으면서도 의심이 없지 않았소."

이곳 장교동 한규설 대감의 사랑방에서 박제순을 비롯한 조정대신들은 여러 차례 회의를 가졌다고 한다.

"17일에는 다시 공사관에 불리어 가서 회의를 하였으나 우리는 한결같이 '불가不可'가 있을 뿐이라고 대답하였소. 회의를 계속하는 사이에 어느 대신은 처음보다 연화하고 어떤 사람은 표변까지 하였음이 간파되었소. 조문을 수정하여 승낙함이 어떠한가라는 의견까지 나왔으나 나는 역시 불가하다 하였소. 이때 간간히 사직해야겠다는 생각이 들었소만, 나보다 나은 사람이 임명되면 모르되 나만 못한 사람이 임명되면 내가 죄인이 되리라는 가책이 들어 사직치 않기로 단단히 결심하였소."

한규설은 학부대신 이완용이 태도를 급변해 좌중의 분위기를 주도해갔다고 말했다. 이완용이 대표 집필한 상소문은 이 상황을 보다 상세히 전한다.

> 이튿날 17일 오전에 신 등 8인이 함께 일본대사관에 모였는데, 과연 이 안건을 가지고 쟁론한 것이 복잡하였습니다. 권중현은 "이 문제는 비록 대사가 폐하께 아뢰었고 공사가 외부外部에다 통지하였지만 우리들은 아직 외부에서 의정부에 제의한 것을 접수하지 못하였으니 지금 당장 의결할 수 없으며, 또 중추원의 새 규정이 이미 반포된 만큼 반드시 여론을 널리 수렴해야만 비로소 결정할 수 있는 것입니다"라고 하였습니다. 일본 공사는 언성을 높이기를, "귀국貴國은 전제정치인데 어찌하여 입헌정치의 규례를 모방하여 대중의 의견을 수렴합니까? 나는 대황제의 왕권이 무한하여 응당 한마디 말로 직접 결정하는 것이지 이리저리 모면하려는 법을 쓸 필요가 없음을 알고 있습니다. 내가 이미 궁내부 대신

에게 전통電通하여 곧바로 폐하를 만날 것을 청했으니, 함께 대궐로 나아가는 것이 좋겠습니다"라고 하였습니다.

일본 공사의 말처럼 벌써 7년 전부터 경운궁에 마련된 전화 시설을 통해 왕을 보필하는 궁내부와 각 정부기관 간에 전화 통화가 이루어졌다.

오전 열한시부터 시작된 공사관 회동은 점심식사를 곁들여 세시 무렵까지 계속되었다. 공사관은 남산 기슭 왜성대에 있었다. 다시 수옥헌으로 돌아와 회의가 시작되었다.

"공사관을 작별하고 우리는 궁중으로 들어가서 어전회의를 열고 폐하께 일본 대사 공사와 접촉한 자초지종과 도장을 찍을 수 없음을 아뢰었소. 박 외부대신은 도장을 자신의 생명과 바꿀 결심까지 하였노라고 언명하였소. 이 사이에 이토 대사와 하야시 공사와 하세가와 대장을 비롯한 외교관, 군인 등이 무수하게 내전 가까이 들어와서 형세가 심히 절박하였소."

노인이 상기된 얼굴로 어이없는 웃음을 연발하는데, 혀끝에는 노기가 등등하다. 다시 담배 한 대를 뻑뻑 피우며 말을 이어간다.

"각 대신이 차례로 의견을 말할 때 학부대신 이완용은 '거절만 한다고 일이 무사할 형세가 아닌즉 차라리 조문 수정을 요구함이 득

책得策인 듯하다'고 이야기하고 농상공부 대신 권중현과 내부대신 이지용도 그런 식으로 의견을 말하여 회의가 혼란스러워졌소. 나는 그것은 절대 부당하니 만일 칙명이 그렇다 하더라도 복종할 수 없다고 하였소. 회의가 점점 혼란해지매 폐하께서는 지밀至密로 들어가시고 이토 대사가 들어와서는 동의함이 옳다고 설명하였소. 장내에는 얼음 같은 찬바람이 도는 듯하였소."

이토 히로부미의 본명은 하야시 리스케林利助였다. 이토 히로부미라고 개명한 것은 메이지유신 이후였다. 하야시 곤스케와 이름이 비슷하다. 한자를 조선식으로 읽으면 이토 히로부미는 임이조, 하야시 곤스케는 임권조로 두 사람 모두 중국인인지 조선인인지 일본인인지 구별이 쉽지 않다.

수옥헌에 불이 들어오자 샹들리에 아래 러시아산 카펫은 특유의 화사한 색채와 문양을 드러낸다. 중앙 복도의 바닥에는 러시아의 전통 팔각 문양이 처연한 푸른빛을 비치고 있다. 일본 헌병들은 회의실 바깥 발코니에 도열해 있다. 후문도 경비가 삼엄하다. 일본군 병력은 해가 졌는데도 거리에서 철수하지 않고 있다. 하세가와 요시미치 주둔군 사령관은 기병과 포병 대대까지 성내로 불러들여 종일 엄중 경계를 폈다. 그 서릿발에 도성 전체가 얼어붙어 어느 누구 하나 큰 소리 내지 못했다.[7]

날은 맑고 달은 높다. 보름을 지나 엿새째 이지러진 달은 하현으로 바짝 기울었다. 담장 하나를 사이에 두고 왼편에 위치한 미국공사관은 깊은 어둠에 잠겨 고요하다. 등뒤 언덕에 올라앉은 텅 빈 러시아공사관 역시 회반죽을 덮어쓴 허연 3층 망루만 삐죽 내민 채 우두커니 서 있다. 정문 앞 길 건너 정동감리교회에서는 종소리도 들리지 않는다.

이토 히로부미와 대신들 간의 긴 문답은 어느 정도 정리가 되었다. 이완용의 보고서는 이렇게 마무리하고 있다.

> 대사는 곧 궁내부대신 이재극에게 다음과 같이 전달해달라고 요구했습니다. "이미 삼가 협상하여 잘 처리하라는 폐하의 칙령을 받들었기 때문에 각 대신에게 의견을 물었더니 그들의 논의가 같지는 않지만 그 실제를 따져보면 반대한다고 단정할 수는 없습니다. 그 가운데서 반대한다고 확실히 말한 사람은 오직 참정대신과 탁지부대신뿐입니다. 주무대신에게 성지를 내리시어 속히 조인調印하기 바랍니다." 이때 한규설이 의자에 앉아서 양손으로 얼굴을 가리고 우는 양하니 대사가 제지하면서 "어찌 울려고 합니까?" 하였습니다. 한참 있다가 이재극이 돌아와서 "협상문제에 관계된다면 지리하고 번거롭게 할 필요가 없다"고 폐하의 칙령을 전하였습니다. 이어 이하영에게 "약관 중에 첨삭할 곳은 법부대신이 반드시 일본 대사, 공사와 교섭해서 바르게 되도록 하는 것이 좋겠다"는 칙령도 전하였습니다. 각 대신 중 오직 한규설과 박제순이 입을 다물고 말하지 않았습니다. 이지용, 권중현, 이완용, 이근택 및 민영기, 이하영은 모두 자구字句를 첨삭하는 마당에서 변론하는 것이 있었습니다. 이때 한규설은 몸을 피하기 위하여 머

리에 갓도 쓰지 않고 지밀한 곳으로 뛰어들었다가 외국인에게 발각되어 곧 되돌아왔습니다. 마침 그때 양편에 분분하던 의견이 조금 진정되어 대사가 직접 붓을 들고 신들이 말하는 대로 조약 초고를 개정하고 곧 폐하께 바쳐서 보고하도록 하여 모두 통촉을 받았습니다. 또 우리나라가 부강해진 다음에는 이 조약이 당연히 무효가 되어야 하니 이러한 뜻을 따로 첨부하지 않을 수 없다는 문제에 대하여 다시 폐하의 칙령을 전하니 대사가 다시 직접 붓을 들어 더 적어서 폐하께서 보도록 하였으며, 결국 조인하는 데 이르렀습니다.

한규설이 회의장 밖으로 나간 부분에 대해서는 이완용 등의 보고서와 한규설의 진술이 크게 다르다. 보는 관점이나 기억에 따라서 다를 수가 있고 내용 일부가 생략될 수도 있지만 이 경우는 서로 말이 전혀 달랐다. 한규설은 이렇게 이야기를 이어갔다.

"그때 광경이 반대파가 불리하게 될 염려가 보이는데 찰나에 어떤 실패가 있을지 모르게 된 형세라 '이 일은 군주와 신하들끼리만으로도 해결치 못할 중대한 일이라 만민공론에 부치어 천천히 해결함이 옳으니 얼마 동안 연기하게 합소서'라고 폐하께 아뢰려 하였소. 기한을 연기해두고 다시 힘을 다해 일을 틀어놓고자 하고 회의에서 빠져나와 예식과장 고희경에게 폐하 알현을 부탁하였소. 얼마쯤 있다가 고희경이가 나오기에 나는 부르심인가 하였더니 뜻밖에 아주 딴소리로 '이토 대사가 좀 뵈옵겠다고 합니다' 하지 않겠소.

너무 어이없어 그게 무슨 소리냐고 호령하고 내가 이토 대사를 볼 이유가 무어냐고 하였더니 고희경이는 간데없고 공사관 통역관이 내 옷자락을 잡으면서 수옥헌 마루방으로 가더니, 이토 대사가 들어오는데 말인즉 도장을 찍도록 하라고 하였소. 내야 그럴 도리가 있느냐고 다시 반대하였더니 이토 대사는 슬그머니 나가버리고 일본 사관들이 문을 지키고 서서 내보내지 않습디다. 속아서 갇힌 것이오. 허허…… 갇히었지요."

장지연의 논설 「시일야방성대곡是日也放聲大哭」과 함께 1905년 11월 20일 자 황성신문에 실린 기사 「5개 조약 체결청구의 전말」도 한규설의 얘기와 크게 다르지 않다. 하지만 하야시 곤스케 공사는 이완용의 상소와 비슷한 맥락에서 술회했다.

한규설의 태도가 심상치 않았다. 너무나 격분한 나머지 돌연 회의석을 박차고 일어나 발걸음도 처연하게 황제의 처소로 향하였다. 어떻게 하든 이 회의의 결정을 내리지 못하도록 하려는 기백이 엿보였다. 그러나 곧바로 내전 쪽에서 궁녀들의 찢어지는 듯한 비명과 함께 소란스런 발걸음 소리가 들려왔다. 도대체 무슨 일이 일어났나 대신들은 몸둘 바를 모르고 허둥대었다. 그 진상은 황제 폐하를 알현하려고 뛰어나간 한규설이 너무 흥분한 나머지 내전의 엄비 처소에 잘못 들어간 것이었다. 황급히 내전에서 벗어나기는 했지만, 황제 폐하에게 갈 기력을 상실해버리고 거의 실신상태로 모두가 모여 있는 회의실 앞에서 그만 졸도하고 만다. 그리하

여 총리대신 부재하에 담합을 진행시켜 마침내 어느 정도까지 결론을 도출하기에 이르렀다.[8]

"이렇게 밤새 승강이하는 동안 수옥헌에서 어떤 사태가 일어났는지 알 수 있겠소마는 오전 한시 반쯤 되어 사관이 물러가 나가보니 조약서에 외부대신의 도장을 찍었다 하오. 청천에 벽력이오. 나는 제정신을 잃고 앙천통곡을 하였소. 운들 소용 있겠소. 그렇게 믿었던 박 대신이 무안한 얼굴로 나오기에 '이 사람, 연못에 넣어둔다던 도장을 어찌했느냐'고 호령했지만 쓸데없었지요. 그러나 그때 나는 국가와 국가 사이의 조약은 소관대신이 심의하고 총리대신의 동의를 얻어 연서로 상주하여 재가를 얻어야 효력이 발생함을 잘 알고 있었으므로 총리대신이 조인치 않은 그 조약은 무효라고 성명하고 즉시 법부대신과 탁지부 대신을 제하고는 전부 면관시키려 하였소. 그렇게 했지마는 그 이튿날부터는 벌써 딴 세상이지요."

면관은 대신들이 아니라 그가 당했다. 어전에서의 소행이 합당함을 잃었다는 죄목으로 한규설은 즉시 파직되고 유형流刑 3년에 처한다는 칙명이 내려왔다. 다른 대신들은 그대로 직책을 유지했다.

어처구니없이 집안의 묘소를 털린 다음날 상경한 민영환은 간밤에 나라의 외교권이 털렸다는 소식을 들었다. 나라 안에서만 자기 나라지 밖에서 보면 남의 나라 문패가 내걸렸다는 뜻이었다. 민영환은 백성에게 산소를 점령당해 빼앗긴 사태에 묘를 이장하는 것으로 수습했다. 묘지를 대놓고 탈취하거나 교묘하게 편취하여 마을과 관청에 시비와 소송이 가득한 것은 어제오늘 일이 아니었다. 집안의 발복을 위한 길지에의 끝없는 탐욕은 나라님도 막지 못할 정도로 강력해, 묏자리 싸움으로 방방곡곡은 사시사철 보이지 않는 내전상태였다.[9] 산전山戰이라는 이름의 동족 간 행패에 속수무책으로 당한 민영환은 국가 간에 벌어진 또하나의 전쟁을 무참하게 목도했다. 집에 돌아와 통곡하고 피를 토한 민영환은 사오 일간 두문불출했다. 그리고 경운궁 앞으로 나아가 집단 상소를 시작했다. 그리고 11월의 마지막 날 자결했다. 그날 한규설에 대한 징계는 취소되었다.

조약 조인 닷새 뒤에 고종은 비밀리에 미국으로 호소문을 보낸다. 정부가 운영하는 육영공원의 교사 호머 헐버트를 통해서였다. 워싱턴에 도착한 헐버트는 고종의 밀명을 받아왔다며 국무장관 엘리휴 루트를 만나 "일본 정부의 한국에 대한 강압정책을 견제해달라"고 호소했다. 루트 국무장관은 "한미 양국 간에는 정당한 대표자를 교환하고 있으므로 이처럼 정당한 방법에 의거하지 않은 요구에는 조치할 수 없다"고 거절했다. 그리고 주미 일본 공사 다카히라 고고로에게 이 사실을 알려주었다. 시어도어 루스벨트 대통령에게도 이런 요구를 요주의해야 한다고 보고했다.[10] 고종의 밀서에는 이렇게 쓰여 있었다.

> 짐은 총칼의 위협과 강요 아래 한일 양국 간에 체결된 소위 보호조약이 무효임을 선언한다. 짐은 이에 동의한 적도 없고 금후에

도 결코 아니할 것이다.

고종은 1907년 헤이그 만국평화회의에 이준을 비롯한 세 명의 밀사를 보낼 때까지 강제협약의 거부 의사를 구미에 보여주는 이러한 노력을 이어가지만 그 종착점은 협약의 파기가 아니라 왕권의 폐위였다. 루트 국무장관은 다카히라 공사와 태평양에서 미국과 일본 양국은 서로의 영토를 존중한다는 내용의 미일협정을 1908년 체결한다. 일본은 미국이 차지하고 있는 필리핀에 야심이 없음을, 미국은 일본이 관리중인 조선에 간섭할 뜻이 없음을 분명히 한 것이다. 태평양을 사이에 둔 두 신흥 강국은 제국으로 가는 큰 걸음을 내디뎠다.

을사년은 연초부터 기상이 이상했다. 봄날 같은 따뜻한 겨울이 계속되었다. 황현이 쓴 『매천야록』에 따르면 음력 1월과 2월에는 지진이 있었고, 5월에는 옛 고려의 도읍지 개성부에 큰비가 내렸다. 수백만 마리의 나비가 도성 안에 날아든 적도 있다. 7월에는 춘천에 큰 우박이 있었고 이완용을 위시한 대신들이 한규설 내각을 구성한 8월에는 큰비 때문에 나무가 뽑히고 집이 무너지며 바닷물이 넘치기도 했다. 을씨년스런 을사년은 그렇게 시작되고 그렇게 저물어갔다.

말을 마친 노인은 담뱃대를 탁탁 털었다. 컴컴하던 방 안에 십 촉광 전등이 희미하게 켜졌다.

노인은 빈혈증과 신장염으로 자택에서 치료받고 있다. 한림과 몇 시간을 함께한 연말은 어쩌면 그의 마지막 연말이 될지도 모른다.

을사조약회의에 참석했던 대신들은 권중현과 한규설을 제외하고는 모두 이 세상 사람이 아니다. 이완용이 4년 전에, 박제순은 14년 전에 세상을 떴다. 다른 사람들도 앞서거니 뒤서거니 이승을 하직했다.

비는 그쳤다.

한림은 노인에게 인사하고 돌아섰다. 안마당에 놓인 램프에 황색 불이 깜박깜박 들어왔다. 안채 뒤 후문 옆 굴뚝 위로 흰 연기가 피어오른다. 사잇담 너머로 남녀 하인들이 안채 안마당과 뒷마당을 분주히 오간다. 저녁 준비로 뒷대문 출입이 빈번할 시각이다.

1894년 갑오경장 이래 노비제는 없어졌다고 하지만 그 내용까지 없어진 것은 아니다. 노비에서 상민으로 지칭만 바뀌었을 뿐 하는 일은 그전과 비슷하다. 떠날 사람은 떠나고 남고 싶은 사람은 남아 저마다의 살림을 이어갈 뿐이다. 국호가 바뀌고 그들이 경성부민으로 불리어도 역시 그러하다.

한길로 빠져나오며 한림은 뒤돌아보았다. 옛집은 어스레한 불빛을 안고, 무겁게 내려앉는 축축한 겨울하늘 아래 웅크리고 있는 듯했다.

4장

모모족이 즐겨 찾는 사랑의 아이스커피

황금정에서

거리는 찬비에 젖어 있다.

한림은 장교정 주택가를 빠져나와 큰길로 나섰다.

인적 드문 학교 담장가에 서서 길 건너 수표정 쪽 자욱한 기와지붕들을 바라본다. 아이들 사라진 학교는 절간마냥 고적하다. 학교 정문 기둥가에 장훈보통학교라는 문패가 우두커니 비에 젖어 있다. 왼편으로 바라본다. 낮에 지나온 청계천과 장교 너머로 종로 2정목 쪽이 보인다. 오른편은 황금정과 그 너머 남촌이다. 한림은 오른편으로 몸을 돌려서 왔던 길과 반대로 황금정을 향해 내려간다. 비 그친 저녁, 묵화처럼 변해가는 남산을 바라보고 걷는데 담배 한 대 태울 틈도 못 되어 황금정 2정목 네거리에 닿는다.

야트막한 진흙 언덕 구리개는 갑오경장 때 동현銅峴으로 이름이 바뀌었다가 병합 이후 다시 황금정으로 개명했다. 비만 오면 질척대어 인적이 뜸해지던 황토 비탈길은 이제는 포장되었다. 구리에서 황금으로 이름과 면목을 일신한 거리는 새로운 수도 경성의 중심가로 재탄생했다.

땡땡 소리와 함께 전차가 3정목 방향에서 2정목 네거리로 들어온다. 네거리 코너에는 일화생명보험주식회사를 위시해 여러 보험회사가 줄지어 있다. 보험사들은 다양한 보험 상품을 개발했는데 보험금 불입기간이 만료될 때까지 생존시 원금의 두 배를 지급하는 종신 양로보험이 특히 인기라 한다. 게다가 예순다섯 살을 넘기면 장수 할증금이 나오고, 만기 전에 사망해도 자녀의 결혼자금 학자금 제공 등 추가 혜택이 있다 한다.

전차는 속도를 줄이며 1정목을 향하여 진입한다. 퇴근하는 직장인, 하교하는 학생, 짐을 이고 진 사람 등 이런저런 행색들로 전차 안은 북새통이다. 내다볼 틈도 없이 비좁은 차창 밖으로 미쓰이상회를 비롯한 일본 기업과 상점이 즐비하다. 전차는 황금정 입구라 쓰인 나무팻말이 걸린, 지붕 없는 정거장에 쇠바퀴를 멈추었다. 황금정 입구는 동서로 길게 뻗은 황금정과 남북으로 교차하는 남대문통의 입구이기도 하다. 여기서부터 신시가지 남촌이 시작된다. 금융과 비즈니스 그리고 소비와 환락으로 가는 입구다.

정거장에서 승객 한 무리가 승차를 기다린다. 황금정 노선이 남대문과 안국동으로 갈라지고 합쳐지는 환승 정거장이다. 옥신각신 소란 끝에 겨우 절반만 태우고 출발한 전차는 네거리를 크게 좌회

전해 남쪽으로 향한다. 문간에 붙어선 승객들이 느슨한 회전력에 바깥으로 되밀린다. 나무 출입문이 삐걱 소리를 내고 남녀노소가 뒤엉킨다. 눅눅한 습기와 땀에 절은 시큼한 내음이 한겨울 황혼의 바람 숭숭한 전차를 채운다. 말로만 살아 있는 노소동락老少同樂은 전차 안에서 현실이 된다. 이제는 그 뜻조차 희미해지는 남녀칠세부동석의 풍습은 전차의 등장과 함께 종막을 재촉한다. 신세기와 함께 시작한 전차 운행도 어언 30주년이다. 사람들 사이에 거리가 사라졌다. 휘황한 거리에서 사람들은 낯모르는 사람들과 날로 더 자주 마주친다.

> 그렇지 아니 하여도 교통사고가 빈발하던 경성 장안은 나날이 몰려드는 박람회 구경꾼들로 말미암아 요즘 교통사고는 더욱 빈발하여 배전의 교통 순사로 교통을 정리하여오는 중이나 워낙 시가지가 아직 채 정리가 되지 않았을 뿐만 아니라 전차, 자동차가 오가는 혼잡한 거리에 익숙지 못한 시골 구경꾼들은 좌우에서 울리는 요란한 경종에 정신을 차리지 못하고 전차, 자동차가 진행하는 앞을 갑자기 횡단하는 등 교통 순사도 어찌할 수 없는 경우가 많음으로 당분간 피치 못할 사고는 어떻게 처리할 길이 없다. (중략) 26일 오후 한시 십분경에 경성역 앞을 출발하여 안국동을 향하던 제176호 전차가 죽첨정 2정목 121번지 앞을 지나다가 돌연 탈선이 되어 차 안에 빽빽하게 붐비던 승객들은 넘어지고 자빠지는 등 일시적으로 큰 소동이 있었다.[1]

의주통을 따라 올라가 만초전 옆 연초공장을 지나 서대문 네거리를 우회전하던 만원 전차가 궤도를 벗어난 사고가 3개월 전에 있었다.

9월 12일부터 10월 말까지 경복궁에서 조선박람회가 개최되었는데 이 기간 동안 경성의 교통량은 크게 증가했다. 조선총독부의 시정 20년을 기념해 5백만 원의 예산을 들인 큰 규모의 공산품 전시회였다. 일본은 물론이고 대만과 만주에서 건너온 최첨단 제품을 보기 위해 전국에서 모여든 관람객으로 경성은 들썩였다.

조선박람회 같은 큰 행사가 없어도 서울은 이미 충분히 붐볐다. 경성부는 면적 33제곱킬로미터에 상주인구가 34만 명가량이다. 그중 27퍼센트인 9만 명 정도가 일본인이다. 상주인구와 비슷한 규모의 유동인구가 매년 서울을 들고난다. 교통사고도 낯설지 않았다. 앞서 4월에는 전차 운행 사상 초대형 사고가 일어났다.

> 22일 오전 아홉시 반경에 진명여자고등보통학교 3, 4학년생(이 학교 4학년생 전부와 3학년생 약간) 백여 명을 태우고 급한 속도로 적선동 전차정류장을 떠나 서십자각의 커브를 돌아가던 효자동과 남대문 간을 통행하는 162호 전차가 돌연 탈선 전복하여 그중 십여 명의 중상자와 육십여 명의 경상자 모두 칠십여 명의 중경상자를 내어 조선에서 일어난 전차사고로는 처음 보는 일대 참극을 연출하였다. 중상을 당하여 선혈에 젖은 부상자 중 세 사람은 생명이 위독하다고 한다.[2]

이 전차에 타고 있던 진명여고보 학생들은 개교기념일을 맞이해 순종비 묘소에 참배 가던 길이었다 한다. 1906년 대한제국 황실이 처음 세운 여학교인 진명여고보는 엄귀비가 하사한 땅과 자금으로 문을 열었다. 1905년 이전까지 약 10년간 선교사들이 토대를 닦은 현대식 교육은 을사년을 전후해 휘문, 중동, 보성고 등 한국계 학교 건립으로 우후죽순 이어졌다.

조선 마지막 군주의 비를 추모하러 가다 전차 전복사고가 나던 그 시각, 금곡리의 유릉에서는 순종의 3주기를 하루 앞두고 기신제忌晨祭가 막 시작되고 있었다. 을사조약 전해에 순종보다 22년 앞서 간 그의 첫째 비 순명효황후는 이곳에 합장되어 있다. 순종 즉위 전 황태자비로 죽어 용마산 자락에 잠들어 있던 황후 민씨는 3년 전 순종이 묻힌 이곳으로 이장되었다. 그가 떠난 빈 능역에는 버려진 석물들이 유강원이란 옛 능의 이름과 함께 나뒹굴었고, 1년 만에 광대한 골프장 공사가 시작되었다. 그리하여 18홀 코스에 전장 6천 5백 야드의 골프장이 공사 2년 만에 들어섰다. 올해 6월에 문을 연 경성 골프 구락부, 일명 군자리 골프장이다.

사고를 당한 승차 학생 거의 모두가 부상을 당했다. 중상만 열한 명이었다. 그중 셋은 중태라 8개월째 병원에 입원해 있다. 목숨이 위태로운 학생도 있다 한다. 대다수의 학생들이 신체 부상 정도와 관계없이 신경증이라는 생소한 증상을 보였다. 잘 자지도 먹지도 못하는 학생도 있고 심한 경우에는 갑자기 발작하는 학생도 나타났다. 외상후증후군이라고 일본인 의료진은 진단했다. 정신이상 진단을 받은 학생도 있었다.

중상으로 분류된 열한 명 가운데에는 시 솜씨로 유명한 4학년 노천명도 있었다. 병약한 체질이지만 달음질이 빨라 육상부 백 미터 선수인 문학소녀 노천명은 소격동 경성의학전문학교 부속병원으로 옮겨졌다. 경복궁 서쪽 영추문 앞 학교로 등교했다가 경복궁 동쪽 건춘문 앞 병원에 입원한 것이었다.

황금정 입구를 벗어난 전차는 사거리를 돌아 시야에서 사라졌다. 250미터쯤 떨어진 명치정 정거장에 전차는 멈춰 설 것이다. 거기서 많은 사람이 내리고 그들 중 상당수는 네온사인이 현란한 도심의 야경에 몸을 담글 것이다. 그곳에서 250미터를 더 내려가 조선은행 앞 정거장에서 또 한 무리의 승객이 하차하고 나면 차내는 비로소 여유로워진다. 거기 광장을 향해 열린 본정 입구가 곧 다가올 밤을 향해 기지개를 펴는 시간이다. 그 초입에 미려하고 웅장하게 버티고 선 경성우편국과 광장을 마주보고 선 조선은행이 낮의 제국을 마무리하듯 어둠에 잠길 것이다. 잇단 사고로 전차는 점점 그 위험성을 드러내지만 청결상태는 예전보다 조금 나아진 듯도 하다. 6년 전의 기사다.

경성의 전차는 사람을 잘 치고 정전이 잦으며 사이가 떠서 여러 가지로 불편이 많은 것은 새삼스럽게 말할 것도 없지만, 차 안의 소제를 게을리하여 먼지가 켜켜이 끼고 숨을 마음대로 쉴 수가 없으며 먼지를 재우기 위하여 함부로 뿌린 물은 추운 일기에 득득 얼어붙어서 위태한 일도 있다. 시내에서 잠깐잠깐 타는 승객들은 관계가 없다고 할지 모르나 공중위생을 모르는 승객들이 차 바닥에 침을 턱턱 뱉는 것은 보기에도 좋지 못하고 위생에도 극히 위험하다.[3]

활처럼 부드러운 곡선을 그리며 전차가 가로지르는 선은鮮銀광장에서 행인과 인력거, 자전거와 우마차, 그리고 자동차가 한데 뒤엉켜 섞였다가 사방으로 뿔뿔이 흩어진다. 광장은 늘 분주하게 움직이지만 언제나 텅 빈 듯 기묘한 분위기다. 주위를 에워싸듯 세워지는 장중하고 이국적인 신식건물 때문에 몸집이 왜소한 사람들이 오가는 광장은 실제보다 더 넓어 보이는 듯도 하다.

황금정에는 1분에 한 대 꼴로 전차가 지나간다. 경성부청 도시계획과 직원 십여 명이 경성상업학교 학생 5백여 명과 함께 작년 1928년 10월에 조사한 결과다. 자동차 통행량도 비슷하다. 행인은 시간차가 있지만 분당 평균 열다섯 명꼴이다.[4]

한림은 황금정 2정목 네거리 일화생명보험 조선지부 맞은편까지 내려와 남쪽을 바라본다. 바로 길 건너 코너에 위치한 본정경찰서 파출소에서 시작하는 영락정 길이 남쪽 구릉을 타고 본정통으로 달려간다.

영락정 길을 따라 우측에는 문을 연 지 7년 된 극장 중앙관이 보이고 그 좌측에는 그보다 한 해 앞선 1921년 설치된 전매국이 있다. 총독부는 만성 적자 예산 타개책으로 전매국을 설치해 나라 안에서 이뤄지는 모든 잎담배 매입과 담배 생산을 독점했다. 근년의 연간 담배 판매고는 3천만 원 규모인데 조선총독부 연간 예산인 2억 4천만 원의 8분의 1에 해당하는 거액이다. 전매국은 서울과 평양 대구, 전주 네 곳에 연초제조공장을 가동중이다. 이들 공장에서 근무하는 직공은 3천 명이 넘는다. 금주운동과 더불어 금연운동이 전국 방방곡곡에서 펼쳐진 지 오래지만 담배 소비량은 매년 5~6퍼센트씩 꾸준히 증가하는 추세다.

전매국과 마주한 중앙관 뒤편으로 이어지는 언덕 위 황량한 고지에 프랑스 천주교회가 우뚝 솟아 있다. 이 일대에서 가장 높은 곳에 건축된 고딕식 건물의 그 드높은 몸채가 남대문에서부터 동대문까지 경성의 사대문 안을 파노라마로 조망한다. 천주교회는 경사면을 따라 북쪽을 바라본다. 조선 전통의 가옥은 남향에서 벗어나려 하지 않지만 외국인과 일본인 들은 방향보다는 입지 여건을 우선하는 듯 과감하게 경성 시가의 구획을 새로이 해나간다.

천주교회당 첨탑 뒤로 초저녁의 남산이 먹빛 윤곽을 드러내고 있다. 초기 일본 거류민들 표현대로 '자줏빛과 비취빛 영롱한' 목멱산 기슭에 '반도의 정사政事를 아우르는 총독부'의 구청사가 북향하고 자리한다.[5] 그 건물은 일본공사관에서 통감부로, 그리고 총독부로 바뀌었다가 총독부가 경복궁 신청사로 옮겨가면서 과학관으로 다시 바뀌었다.

구 총독부 뒤편 산록에는 경성신사가, 옆에는 일본 사찰 동본원사가, 그 앞으로 적십자사가 일제히 북쪽을 바라보고 있다. 프랑스 천주교회의 뒤통수를 일제히 쏘아보는 형국이다. 교회당 첨탑 꼭대기의 고고한 십자가 너머로 옛 궁궐들이 총구 가늠쇠 너머 표적처럼 보인다. 구 총독부 주변은 오랫동안 왜성대라 불렸다. 임진왜란 때는 일본군이 이곳에 성을 쌓고 1년간 주둔했고 1876년 개항 이래 조금씩 입국한 일본 거류민들은 이곳에 정착하기도 했다. 그후 조선에 진출하는 일본의 세력은 여기를 거점으로 차츰 확산되었다. 그 초기 결실의 하나인 본정 거리가 남산 자락 아래 해자처럼 흐른다.

본정은 진고개를 개수해 조성한 거리다. 남산에서 북악으로 달려가는 산줄기 허리 즈음에 위치한 진고개는 땅이 질어서 이현泥峴이라고도 불린다. 비가 내리면 일대가 진흙탕이 되어 논바닥처럼 변하는 이 동네는 딸깍발이라 불리던 남산골 샌님들의 동네이기도 하다. 진고개 천주교회 후문 쪽에 일본 민간인 가옥 십여 채가 처음으로 지어진 것이 갑신정변 직후인 1885년이었는데 이때만 해도 서울에 거주하는 일본인은 백 명이 채 되지 않았다. 10년 뒤 청일전쟁을 기점으로 일본인 거주자는 천 명을 넘어섰고 다시 10년 뒤에 러일전쟁을 기해 5천 명을 돌파했다.

그렇게 점차적으로 정착해오던 일본 거류민들은 을사보호조약 체결 이후 그동안 미뤄온 토목공사에 착수했다. 1906년 진고개의 땅을 파서 높이를 2.4미터 낮추고 지름 1.5미터짜리 하수관을 매설

한 것이다. 한성에서는 처음 보는 하수관거 매설공사였다. 산허리의 맥을 끊는다며 혀를 차는 딸깍발이 선비들도 있었다. 그렇게 생겨난 신작로는 질척대지 않는 모던한 거리로 변모했다. 그 거리에 이제 나막신이 아니라 그와 유사한 일본 나무신 게다를 신은 사람들이 활보한다.

이제 본정은 유행의 최첨단이다. 온갖 진귀한 물건이 한데 모인 백화점, 서양 물건을 전문으로 하는 양품점, 서양의 가죽구두를 파는 양화점, 의류점, 모자점…… 일본인의 거리에 뒤섞인 조선인들은 서구문명의 구체적 결실을 일본 상점의 진열장을 통해 체험하고 있다. 본정은 모양내고 먹고 마시고 놀고 구경하는 유흥뿐만 아니라 서점을 통한 지식의 오아시스도 되어주어 유행에 민감한 청춘들에게 생활의 중심지가 되었다. 일찍이 동경의 긴자 거리를 헤매는 모던보이 모던걸을 '긴부라'로 부른 것처럼 이제 경성의 본정(혼마치) 주변을 맴도는 이들을 '혼부라'로 빗댔다. 본정과 명치정, 영락정 일대는 '리틀 도쿄'라고 불린 지 오래다. 이곳에 들어선 사람들은 일본에 여행 온 느낌이라고들 한다.

이 일대를 근거지로 삼는 혼부라는 모던보이와 모던걸이라는 말도 이제 거추장스러운지 모뽀, 모껄로 줄여부르며 요즘 아이스커피에 심취해 있다. 남녀 한 쌍이 머리를 부비대며 보리줄기로 쭉쭉 빨아먹는 '사랑의 아이스커피'는 올여름 본정통의 진풍경이었다. 1919년 이후 10년 만에 찾아든 대폭염이었다. 체온을 오르내리는 그 여름의 열기에 혼비백산해 그만 중독이 되어버린 것인지 이제 겨울이 되어도 아이스커피를 찾는 진정한 모뽀와 모껄, 이른바 모모족이 리틀 도쿄에 정착하기에 이르렀다.

남산을 내려와 말안장 모양으로 북으로 내달리던 산줄기는 천주교회에서 한번 솟아오른 뒤 급속히 잦아들며 황금정까지 내려앉는다. 조선조에 명례궁이라는 별궁이 있던 이 일대는 행정구역상 명례방이었다.

명례방은 1784년 천주교가 들어오던 초창기부터 신앙공동체가 생겨난 곳이기에 교회측은 이 유서 깊은 선교의 중심지에 부지를 물색했다. 결국 천주교 박해의 첫 희생자인 김범우의 집터 인근 부지를 매입해 교회를 지었다. 임진왜란 때 이 일대 언덕에 주둔한 명나라군이 숭례문에 걸려 있던 종을 이리로 옮겨 걸어 이곳을 종현동이라 불렀기에 종현교회 혹은 종현 예배당이라 하였다.

1785년 김범우의 순교 이후 백 년에 걸쳐 수많은 이들이 순교한 천주교 박해는 1882년 조미수호조약이 체결되면서 비로소 끝이 난다. 천주교도들의 시련은 끝났다. 종현교회 부지 매입은 그때부터 시작되었다. 조선 조정의 시련기가 본격 개막하는 시점이었다.

조선 조정은 교회의 건축안에 난색을 표했다. 태조 영조를 비롯한 역대 여섯 왕의 영정을 모시고 때마다 임금이 직접 제사를 올리는 영희전 주맥 자리에 그런 건물은 불가하다는 풍수지리적 이유에서였다. 1886년 조불통상조약 체결 이후 프랑스공사관이 오랫동안 중재해 건축은 겨우 성사되었다. 프랑스 신부가 설계하고, 청나라 기술자들이 용산 가마터에서 구운 20여 종의 붉은색 회색 벽돌로 짓고, 천 명의 조선인 신도가 무급으로 노동하고 헌금을 바쳐 축성된 성당은, 재정난과 청일전쟁으로 중단을 거듭하다가 1898년 봄에야 완공되었다.[6]

한 세기에 걸친 박해 끝에 조선의 천주교는 신앙의 자유를 획득했다. 조선 조정은 자신들이 극형으로 다스리던 무리들의 성전이 도성의 하늘로 치솟는 광경을 손놓고 바라볼 수밖에 없었다. 교회 종탑만도 46미터였고 총 높이는 70미터에 달했다. 순교한 선교사들의 유해는 종현교회의 지하묘지에 안치되었다. 1900년의 일이었다. 뾰족 집으로 불린 천주교회는 남산 아래 진을 친 일본인 구역 앞을 막아선 거대한 피뢰침 같았다. 본의 아니게 이이제이의 형국이 되었다.

예배당이 굽어보는 것도 꺼려했던 영희전은 천주교회가 완공되고 11년 뒤인 1909년 철거되었다. 헐린 영희전 주위에는 남촌의 치안을 담당하는 본정경찰서가 세워졌다. 그 앞으로 영락 2정목의 모던한 길이 펼쳐졌다. 어느새 20세기였다.

남쪽에서 시선을 거둔 한림은 사거리에서 우회전해 황금정 1정목 방향으로 걷는다. 길 양편으로 빈틈없이 늘어선 일본 기업과 상점이 갈수록 조밀해진다. 길 건너 남쪽 프랑스 천주교회로부터 흘러내려오는 경사지가 끝나는 곳에 귀족회관이 보인다. 조선총독부 통치하의 조선에는 현재 약 예순 명의 귀족이 있다. 조선 왕조에 왕족과 척족이 있었다면, 그들이 유명무실해진 조선에서는 귀족이라는 계급이 새로 등장했다. 작년 이맘때의 기사다.

서산일몰西山日沒과 같이 점점 쇠잔해가는 계급 중에 조선 귀족이 있다. 조선 귀족은 일한합방 당시에 공로가 있다거나 또는 왕실에 가까운 사람에게 일본 정부가 제수한 것으로 그 당초에는 후작 여섯 명, 백작 세 명, 자작 스물두 명, 남작 마흔다섯 명, 도합 일흔여섯 명이던 것이 반상返上과 형刑에 처하여 탈작된 사람들이 있어 현재는 후작 일곱 명, 백작 세 명, 자작 열여덟 명, 남작 서른세 명, 도합 예순한 명으로 줄어들었다.[7]

1910년 한일병합조약 제5조에 수반하여 발표된 조선귀족령에 의해 일본의 제도를 본뜬 귀족제가 시행되었다. 유럽에도 있고 고려 때도 귀족제는 있었지만 병합된 조선의 귀족제도는 급조된 것이었다.

그들의 생활 정도는 박영효, 민영휘, 윤덕영 외 수인을 합하여 이십여 명이 겨우 근심 없이 생활을 계속할 수 있고, 그 나머지 약 사십 명은 겉은 번지르하여도 속은 텅 빈 사람이 많고 심한 사람은 사글세도 못 물어 쫓겨 다니기가 일쑤이고 걸인 비슷한 생활을 하는 사람도 있다. 그래도 조선 귀족을 그대로 내버려둘 수도 없는 처지라 하여 이왕직李王職에서는 세습 재산을 만들어주려고 하나 부채만 있는 사람이라 손을 댈 수가 없으며 총독부에서는 어떻게 해서든 생활을 보장할 기초를 지어주려고 몇 년 전에 함북 무산에 있는 국유림 50만 원짜리를 내어주었으나 보관할 힘이 없어 도벌만 당하고 있는 중이다. 경성에 있는 귀족들의 재산이라고는 취운정 방매한 돈 약 10만 원과 현재 황금정에 있는 귀족회관(약 8만 원짜리)밖에 없는 형편이다. 총독부에서는 그 구제책을 강구중이기는 하나 시대가 귀족이라고 특별히 편파한 원조만 할 수도 없는 터라 이 문제에 대해 고려중이다.[8]

가난 구제는 나라님도 못 한다더니 여간한 구제책도 물거품으로 돌아가 귀족은 총독부의 골칫거리라고 한다. 당사자가 사라지면 자식이 작위를 세습받기도 하지만 귀족제는 점점 유명무실해진다. 귀족회관은 귀족들이 사용하기보다 이런저런 모임이나 행사용으로 대여되고 있다. 가회동의 유서 깊은 명승지 취운정은 이완용이 숨지던 즈음에 조선귀족회의 재산 목록에서 풀려 공원 개발이 결정되었다. 졸부의 끝만큼이나 졸귀猝貴의 쇠락은 급속하고 뚜렷하다. 황금정 길을 경계로 남쪽에 귀족회관이 위치하고 그와 마주보는 위치에 장교정으로 들어가는 사잇길이 있다. 그 길 안쪽 중간쯤에 한규설 대감의 저택이 있는데 그는 자작 작위를 거부했으므로 귀족회관

부근에 올 일은 없다.

귀족회관 자리에는 한때 제중원이 있었다. 1904년 세브란스 병원이 되어 남대문 밖 복숭아 골에 현대식 2층 빌딩을 지어 이전할 때까지 제중원은 여기 구리개에서 17년간 서양식 의료를 시술하고 교육했다. 제중원의 전신인 광혜원이 재동에 처음 개원한 것은 1885년 봄이었다. 그전 겨울 갑신년 정변에서 죽다 살아난 민영익이 생명의 은인 호러스 알렌을 운영자로 천거하자 고종이 재가해 개원한 국립의료원이었다. 그 부지는 갑신정변 때 죽은 홍영식의 집이었다.

귀족회관 옆에는 동양척식주식회사가 장려하게 서 있다. 영국의 동아시아 식민지 경영의 거점이었던 동인도주식회사를 본뜬 것인데, 개척과 식민의 준말인 척식은 국외의 영토를 개척하고 자국민의 이주와 정착을 촉진하는 의미라고 한다.

일본은 메이지유신이 정리되는 1870년 홋카이도 개척시대를 열었다. 주무부서를 설치하고 전국에서 이주자를 모집했다. 아이누족이 살던 땅을 농업기지로 개발하기 위해 미국에서 교관단을 초빙했는데, 미국의 서부개척을 염두에 두었던 듯하다. 자본집약적 농업을 비롯해 탄광, 목재, 토목 건설 기술이 대거 유입되었고, 통조림과 맥주도 들어왔다. 하나코가 즐겨 마시는 삿포로맥주 병 라벨에는 삿포로맥주회사의 설립 연도가 1876년으로 박혀 있다. 일본이 처음 맥주를 생산한 해이자 조선의 문호를 연 해이기도 했다.

뒤이어 1차 척식 15년 계획, 2차 척식 20년 계획이 수행되었다. 이 기간 동안 홋카이도 전역에는 르네상스식 외관의 이국적인 관청들이 세워졌는데 그 모습이 동양척식회사 건물과 많이 닮았다고 하나코는 말한다. 한림이 보기에는 옛날 그의 첫 직장 부근에 있던 부산우편국 건물이 이와 꼭 같았다. 하나코는, 여기 서울의 황금정과 남대문통의 교차점 부근을 지날 때마다 고향 삿포로의 유럽풍 건물들이 떠오른다고 말한다.

미국 서부개척의 방법을 흡수해 홋카이도를 개척하고, 영국 동인도회사의 방법을 흡수해 대만을 식민 경영해온 일본은 마침내 조선에서 동양척식회사를 본격 가동했다. 동양척식회사는 토지 매수, 농업, 임업, 수리 사업, 금융의 모든 분야에서 조선의 국토 운영 체계를 만주와 연계해 송두리째 바꾸어나갔다.

나석주가 동양척식회사에 폭탄을 던진 것이 3년 전 이맘때 연말이었다. 상해임시정부의 경호원이었던 나석주는 일본 고관 암살과 관공서 테러를 벌이는 의열단 단원이 되어 낯선 서울에 잠입했다. 12월 28일. 먼저 동양척식회사의 돈줄이자 총독부의 산업정책을 뒷받침하는 조선식산은행의 대부계에 폭탄을 던졌다. 불발이었다.

식산은행을 빠져나온 나석주는 금융기관이 즐비한 남대문 1정목 대로를 건너 권총을 빼들고 황금정 1정목 동양척식회사 정문으로 뛰어들어갔다. 수위실 책상에서 무엇을 쓰던 일본인을 향해 총을 발사했다. 뒤이어 2층으로 올라갔다. 총소리를 듣고 따라 올라온 동척 직원에게 두 발을 발사한 뒤 토지개량부로 뛰어들어 의자에 앉아 사무를 보던 기술주임을 쏘아 절명시켰다. 옆에 있던 기술과장에게도 한 발을 발사했다. 빗나간 탄환에 놀라 달아나자 뒤쫓아 쏘아 쓰러뜨렸다. 이어 권총을 난사하며 옆방에 폭탄 한 개를 던지고 1층으로 내려갔다. 같은 건물을 쓰는 조선철도회사로 들어가 수위를 쏘고 시계점 점원을 쏘았다. 그리고 밖으로 나왔다. 권총을 들고 전차길을 건너 황금정 2정목 쪽을 향해 달아나다가 마주오는 정복 경관을 쏘았다. 이윽고 신고를 받고 본정경찰서에서 경찰이 출동했다. 나석주는 동척 앞길 전봇대 옆에서 권총 자결했다. 그의 나이 서른넷이었다.

퇴근길 걸음들이 활기차다.

양복에 코트와 중절모를 차려입은 이들이 속속 동양척식회사에서 빠져나온다. 동척의 사업이 시작된 지 20년, 조선 땅의 4분의 1은 이미 일본인 소유다. 경복궁 서쪽 통의동에는 동양척식회사 사택이 있다. 한때 영조의 잠저潛邸인 창의궁이 있던 자리다. 정방형에 가까운 반듯반듯한 2층 집들이 들어선 동척 사택은 양식과 일식이 혼합된 현대적인 주거단지로 경외와 질시의 대상이 된 지 오래다.

애국생명보험 앞에서 한림은 걸음을 멈추고 길 건너 동척의 정문을 바라본다. 동양척식회사는 유행하는 건축방식대로 주 출입구가 가각街角 모서리에 있다. 황금정 큰길을 따라 건물의 좌익이 뻗어 있고, 명치정으로 들어가는 진입로를 따라 건물의 우익이 직각으로 꺾인다. 그 안길에는 경성주식취인소가 있다.

12월 27일 금요일에 올해의 장을 마감하고 잠든 주식취인소를 가리고 경성전기주식회사가 경성의 밤을 책임진다는 듯이 장대한 5층 빌딩의 불을 밝히고 서 있다. 그 건너편에 마주보는 식산은행에서 직원들이 서둘러 문을 나선다. 식산은행의 사택은 경복궁 동쪽 송현동 요지에 있다. 식산은행을 나서서 북쪽으로 황금정 길을 건너 다옥정을 지나 광교를 건너서 종각 네거리를 넘어 계속 북상해 안국동 오거리에 이르는 1킬로미터 구간의 일직선 길이 끝나는 거기서 경복궁을 향해 왼쪽으로 틀면 바로 오른편이 송현동 사택이다. 남촌의 관문 황금정 입구 좌우를 나란히 지키고 선 동양척식회사와 식산은행은 사택도 경복궁 좌우에 나란하다.

1정목 네거리를 건넌다. 황금정 끝자락과 덕수궁의 담장이 시야에 들어온다. 식산은행 쪽에서 하나코가 길을 건너 올라온다. 낮에는 관철동에 가더니 이번에는 또 어디를 다녀오느냐 했더니 남대문시장에서 장을 봐오는 길이란다. 시장에서 그의 가게까지는 1킬로미터다. 서울은 그리 넓지 않다. 사대문 안 면적은 약 17제곱킬로미터. 도성의 성곽 둘레도 약 17킬로미터다. 천천히 구경하며 걸어도 20분이면 가게에 닿는다. 좁고 냄새나는 전차에 5전씩 들이기가 아깝다. 더구나 황금정 입구에서 본정 입구를 거쳐 남대문시장까지 거리는 경성에서 가장 번화하고 아름다운 길이니 말이다.

청수조 경성지점 앞을 지난다. 조선총독부 청사를 10년 동안 시공한 굴지의 종합건설회사다. 그 옆으로 제국생명보험과 미쓰이물산 사옥이 이어진다. 건너편 언덕 위 사라진 환구단 자리의 조선호텔과 그 뒤편에 웅크린 황궁우의 뒷모습을 바라보며 한림은 이내 경성부청 앞에 다다랐다. 전찻길과 멀어져서인지 부청 앞 공터는 오거리의 중심임에도 조선은행 앞 광장보다 한산하다.

한림은 경성부청 앞을 돌아 가로등불이 들어오는 태평통을 올라 경성일보사를 지난다. 조선총독부의 기관지 경성일보가 나오는 곳이다. 한글판 기관지인 매일신보도 여기서 발행된다.

반나절 만에 광화문통의 청계천 초입으로 되돌아온 한림은 신문사 3층 건물을 마주보고 섰다. 벌써 일을 끝마쳐야 했을 신문배달 수레들이 측면 현관 문밖에서 망연히 대기중이다. 해는 완전히 졌는데 신문은 아직도 나오지 않았다.

또 압수다. 한 해의 마지막 신문까지 반복되는 진부한 소동이다. 서울 지역 배달은 그만큼 늦어지고 지방으로 가는 배달은 기차시간과 우편시간을 놓치게 되어 더 큰 타격을 입는다.

2층 편집국에서는 검열 결과에 따른 압수 통보를 받고, 1층 인쇄 공장에서는 윤전기를 멈춘 뒤 문제의 기사를 삭제하고 재인쇄중일 것이다. 그 지리하고 한심하고 속 터지는 일련의 과정은 안 봐도 떠올릴 수 있다.

아마 오늘도 오후 네시 이십분쯤에 일이 터졌을 것이다. 무사히 마감을 한 뒤 다들 안도의 숨을 내쉰다. 늘 그렇듯 규정에 따라 초

벌 인쇄본을 총독부 경무국 도서과로 보냈을 것이다. 오래지 않아 전화통에서 터질 듯 종소리가 울린다. 편집국장은 피로가 한꺼번에 몰려오는 표정으로 수화기를 힘겹게 끌어당긴다. 그러면 전화에서는 언제나 똑같은 일본어 메시지가 최신 유성영화의 대사처럼 흘러나온다.

"여기는 도서과입니다. 기계를 세워주십시오."

5장

그래도 윤전기는 돌아간다

광화문에서

한 통의 전화에 평화는 깨졌다.

"이런 제길, 또 압수야."

"여보, 큰일났소. 압수요 압수."

웅성거림 속에 먼발치서 편집국장의 표정을 살피던 사회부장이 다가간다. 검열은 사회부가 가장 자주 걸린다. 기자 수도 편집국에서 가장 많아 무려 여섯 명이나 된다. 정치부와 경제부는 부장 한 명, 기자 한 명뿐이다.

"야, 기계 멈춰라 기계."

하루의 소란을 접고 마감 후의 고요로 접어들어야 할 편집국에 다시 한번 소란이 일어난다. 무표정한 편집국장은 총독부 경무국 도서과의 검열관과 통화중이다.

"……윤전기 세웠습니다."

"오늘 신문 펼쳐주십시오."

"오늘 기사는 어디가 나쁘다는 겁니까."

"제○면 ××제목의 기사 전부요. ○단 ○행부터 ○행까지 삭제하세요."[1]

짧은 통화를 마친 국장은 던지듯 수화기를 내렸다. 오후 내내 주고받은 수십 통의 통화를 모두 합친 것만큼 피곤하다. 하얀 피부가 오늘따라 더 창백해 보인다.

윤전기는 얼마간의 신문을 토한 뒤 멈추었다. 언제나처럼 곧 경찰이 들이닥칠 것이다. 이 시각 검열당국의 다급한 움직임은 경무국의 내부 기록에 적힌 대로다.

오후 네시부터 다섯시 사이 석간이 나올 무렵의 경무국 도서과. 그때쯤이면 검열계의 책상 위에는 백 촉 전구가 휘황하게 켜져 있다. 사환이 한글신문사로부터 신문을 갖고 달려와서 검열자에게 건네준다. 한 자 한 단어라도 등한히 할 새라 검열자의 눈은 번득이고 있다. 붉은 줄이 그어진 신문이 관계자들에게 돌려지고 있다. 날듯이 전화에 달려가 경기도 경찰부에다 "○○일보 제 ××××호 제○면 ××제목의 기사는 치안방해로 차압되었으므로 수배해주십시오" 한다. 신문사에서는 관할 경찰서원의 출동으로 신문이 전부 압수된다.[2]

갓 나온 신문은 경찰이 도착하기 전 그 일부가 눈치껏 이곳저곳으로 배포됐을 수도 있다. 윤전기는 속도가 나날이 빨라져 작년에 일본에서 도입한 최신형 기계는 시간당 8만 부를 찍어낸다. 시간당 3만 부를 자랑하던 이전의 윤전기는 2년 만에 교체되었다. 전체 발행 부수가 5만 부를 채 넘지 않아 한 시간이면 다 찍고 남는다. 윤전기 세우라는 통보를 받기 전에 이미 상당부가 인쇄되었기 때문에 압수 전에 일부를 빼돌릴 수도 있다. 검열당국도 이를 모르지 않는다.

삭제된 신문의 납본이 다시 도착해야만 이 일이 끝난다. 그러나 이 삭제라는 것은 어디까지나 당국이 신문발행자를 신뢰하는 것을 근본 전제로 한다. 가령 그 신문사가 "기계 세워요"의 명령이 있었는데도 태연히 그대로 윤전기를 돌리면서 말로만 "세웠습니다" 하고 모두 찍어낸 뒤 마지막 한 장을 요구대로 기사 삭제하여 납본한다면 온전히 전 부수를 발송할 수도 있는 것이다.[3]

신문은 어렵사리 나왔다.

문제가 된 기사는 사회부 소관이 아닌 사설이었다. 논설반원 두 명이 뒷마무리를 치렀다.

평소 같으면 마감한 뒤 신문 나올 때까지 숙직실에서 바둑을 뒀을 사회부장 현진건은 그 희고 맑은 얼굴이 황혼처럼 불콰해져 곧장 술집에라도 갈 태세다. 장안의 유명 인사 현진건은 작년 이맘때

『별건곤』과의 인터뷰에서 하루 일과에 대한 질문을 받고는 “아홉시 삼십분부터 오후 네시 삼십분까지 집무. 그때부터 바둑 두다 황혼 녘에 귀가”라고 답했다. 그 이후는 “식사 후 독서. 불면증으로 어떤 때는 새벽 세시까지 독서”라고 덧붙였다. 기상은 오전 다섯시. 독서와 식전 산보를 한다고 했다.[4] 술 마신다는 얘기는 없다.

내일 아침 간부회의에서 영업국장은 구체적인 수치로 경영 손실을 제시하며 편집국장의 감독 부실에 핀잔을 놓을 것이다.

“지지리 말을 해도 또 그러느냐. 빈정대는 표현을 쓰지 말래도.”

사장은 또 누구에게라 할 것이 없는 호령을 칠 것이다.

편집국장 자리에 돌아온 지 한 달이 채 안 되는 이광수도 늦은 오후의 귀중한 시간을 날렸다.

그는 출근 전 집에서 아침 여섯시부터 두 시간가량 소설을 쓴다고 한다. 가능한 저녁 여섯시면 귀가해 일찍 잠자리에 든다. 6개월 전 오른쪽 신장 제거술을 받은 후로 시간과 건강을 관리하고 있다. 젊었을 때 객지생활을 오래해 얻은 결핵이 마흔을 바라보는 지금까지 고질인 가운데 신장결핵까지 생겼다고 한다. 조선 최초의 여성 개업의였던 부인 허영숙이 결혼 전부터 아이 둘을 키우는 지금까지 그를 간호하고 있다. 이광수는 각혈하고 쓰러져 그만뒀다가 2년여 만에 복귀했다. 그는 자신의 하루를 이렇게 요약한다.

> 신문사에 가서는 동료들의 출석상황을 보고 숙직부를 보고 서신 온 것을 보고 주요한 신문을 보고 소설 한 회 쓰고 부득이하면

사설도 쓰고 공장에 몇 번 들락날락하고 사장실에 몇 번 불리어가고 각 면의 주요 기사를 읽어 혹시 시비 들을 것이나 없나 혹시 압수당할 것이나 없나를 보고, (중략) 간혹 동료의 불평을 듣고 간혹 경무국에 불리고, 그리고 윤전기가 돌아 신문이 제시간에 나오는 것을 보고 나면 내 하루의 직업이 끝이 난다. 그리고는 곧 타기 싫은 버스를 타고 집으로 오고. (후략)[5]

내일 신년호부터 나갈 그의 새 연재소설이 미리 인쇄되어 있다. '군상群像'이라 제목한 그 첫 회의 도입부는 이렇다.

혁명가—그의 이름은 공산孔產이라고 부른다. 물론 이것은 가명이다. 그의 본명이 무엇이냐고 물어도 나는 절대로 대답할 수가 없다. 이것이 이야기꾼이 지키는 유일한 비밀이요 또 신의다. (중략) 공산이 병으로 누운 지는 벌써 1년이 넘었다. 그의 병은 폐결핵이다. (중략) 여러 해 동안 불규칙하고도 심신 과로한 생활을 한 결과로 처음에 감기 같은 병이 마침내 폐병으로 판명되고 말았다.

부인은 지긋지긋하다며 발길에 차이는 약병을 걷어찬다. 벽에 부딪치고 방바닥에 뒹구는 약병은 약물을 방바닥에 쏟아놓는다. 몇 방울이 돌아누운 공산의 얼굴에 튄다. 신년호 치고는 좀 우울한 시작이다. 다른 해도 아니고 1930년대를 여는 신년호로는. 그러고 보니 신문이 만들어진 지 10년이 되었다. 조선인 신문이 사라진 지

10년 만에 생긴 신문이었다.

검열에 걸린 사설은 「세모歲暮」였다. 세밑을 맞아 그 감상을 전하는 송년 사설의 한 구절도 검열관은 그냥 넘기지 않는다. 조선말을 조선인보다 더 잘한다는 말을 듣는 일본인 검열관은 신경을 곤두세운 채 대기하고 있을 것이다. 오늘의 송년 사설은 1929년 한 해의 주요 사건을 몇 가지 언급하고 있다. 미증유의 원산 노동대쟁의, 충청 전라 경상도의 2년 연속 대가뭄, 조선통치 20년 기념 조선박람회 개최, 광주 학생 충돌사건 발발과 전국적 확산.

신문 검열에 따른 압수는 12월에만 여섯번째다. 광주학생운동 이후 서울에서 이어진 학생들의 시위와 동맹휴교와 사회단체들의 동조 움직임과 관련해 검열에 부딪히는 경우가 늘었다. 월 평균 횟수만 보자면 압수조치가 절정에 달했던 1924년의 쉰여섯 건, 1925년의 쉰일곱 건 때보다 이번 달이 더 많다. 1920년대 중반을 넘어서면서부터 압수 건수가 매년 줄어든 추세였으니 이례적인 일이다.

1929년 한 해 동안 스물여덟번째 압수였다. 계산을 해보자면 압수률 8퍼센트. 평균 13일에 한 번꼴인 셈이다. 압수된 신문 부수는 33만 부가 넘는다. 윤전기가 세워질 때마다 이미 인쇄돼 있던 1만부 이상씩 몰수된 셈이다.

본보 압수

12월 31일 자 발행 본보 제3367호는 기사 중 당국의 기휘忌諱에 저촉된 바가 있어 발매금지의 처분을 당하였기에 저촉된 기사는 삭제하고 호외로 발행 반포하였음을 알려드림.

내일 제작하는 신문에는 전날의 신문이 압수되어 재발행되었음을 알리는 사고社告가 1면 아래에 박히게 된다. 날짜와 호수만 바뀌는 이 고정란은 10년 동안 문안이 한결같다. 기휘의 휘諱는 기忌와 마찬가지로 꺼리고 조심한다는 뜻이다. 예부터 휘는 왕처럼 높은 사람의 이름을 일컫는 말이었고 기는 조상이 죽은 날을 뜻했다. 금단의 영역을 침범한 기사의 요절을 알리는, 부고 같은 난이었다.

이광수에 앞서 편집국장이었던 주요한은 훗날 이 시절을 풍자적으로 회고하고 있다.

신문은 세 가지 시대가 있었다. 첫 시대는 압수당하는 것을 장하게 여기는 때요, 둘째 시대는 압수당해도 부득이하다고 생각한 때요, 셋째 시대는 압수 아니 당하기를 힘쓰는 때다. (중략) 조선 신문계의 편집국장이라는 것은 일종의 사설 검열관에 불과하다. 매일 신문 초벌을 세세히 읽고 불온 문자가 들어가 있는지를 보는 것이 그의 가장 중요한 직무다. 그러므로 그의 최대의 특권은 때때로 도서과 사무관에게 톡톡히 꾸지람을 듣는 것이다. 이 검열사무는 쉬운 듯하면서도 실로 어려운 일이다. 국어라고 써야 할 것

을 일어라고 한 글자 잘못 써 압수를 당한 적도 있고.[6]

오늘은 긴 밤이 될 것이다.

한림도 그렇고 한림의 동료들도 그렇고 경찰도 그렇고 경찰의 감시와 추적을 받는 사람들도 그럴 것이다. 내일은 신년호가 제작된다. 미리 만들어놓는 특집 기사가 있지만 내일은 또 내일의 기사가 있다. 기사 마감의 아우성. 규칙적인 늦은 점심. 공장에서는 하루를 쉬고 난 활자가 뽑히어 오늘의 자리에 새롭게 배열되고 종이 뭉치를 건 윤전기는 다시 규칙적인 굉음을 내며 돌아갈 것이다. 휴일은 없다. 지난 10년 동안 신문이 발행되지 않은 날은 강제 휴간 외에는 없다시피 했다.

우리의 붓끝은 날마다 흰 종이 위를 갈며 나간다.
한 자루의 붓 그것은 우리의 쟁기요 유일한 연장이다.
거칠은 산기슭에 한 이랑의 화전을 일려면
돌뿌리와 나무 등걸에 호미 끝이 부러지듯이
아아 우리의 꿋꿋한 붓대가 몇 번이나 꺾였었던고?
(중략)
스위치를 젖쳤느냐 윤전기가 돌아가느냐
깊은 밤 맹수의 포효와 같은 굉음과 함께
한 시간에도 몇만 장이나 박아 돌리는 활자의 위력은,
민중의 맥박을 이어주는 우리의 혈압이다.

오오 붓을 잡은 자여 위대한 심장의 파수병이여!

1924년에서 1925년 사이 사회부 기자로 있던 심대섭이 심훈이라는 필명으로 발표한, 사회부 기자들의 모임인 철필구락부의 기관지 『철필鐵筆』에 낸 「필경筆耕」이란 시다.

밤이 깊어간다.

한림은 바람 찬 2층 창문 너머로 태평통 거리를 내다본다. 가로등 아래 오가는 행인들 사이로 구세군 자선냄비의 종소리가 울린다. 작년에 첫선을 보인 자선냄비는 올해도 크리스마스를 맞아 23일부터 거리에 나왔다. "귀하의 희사금喜捨金을 자선냄비에"라고 휘장을 단 구세군을 행인들이 둘러싸고 있다. 영국에서 1865년 창설된 구세군은 1908년 조선에서 시작됐다. 을사조약과 경술국치 사이의 일이다.

서대문정에 있는 조선구세군본영에서는 예년과 같이 겨울 빈민 구제를 한다는데 오는 23일부터 시내 각처에 자선냄비를 걸어놓고 오고가는 사람에게 동정을 얻는다 한다. 또는 1원짜리 책을 만들고 그 속에 자선권 스무 장을 넣어 책을 산 사람이 그 자선권을 빈민에게 나누어주면 빈민은 자선권을 가지고 서대문정 빈민음식소에 가서 더운 국밥을 먹게 하고 또 극빈민에게는 백미 약간씩을 나누어준다는데, 자선냄비는 작년에도 시험한 결과 성적이 매우 양호하였으므로 금년에도 역시 많은 기대를 한다더라.[7]

한림은 편집국을 한 바퀴 돈다. 정치부의 유일한 기자는 통신을 번역중이다. 조선에는 입법기관과 정당이 없기 때문에 외국신문과 달리 정치부에서 할 일이 별로 없다. 사실상 정치가 부재한 조선에서 문제는 대개 사회문제다. 총독부 일조차 사회부 소관이라 정치부는 주로 일본 통신사에서 전보로 보내오는 통신 기사를 번역해 게재한다. 외보 번역부라고 우스개로 부른다. 그렇게 일본과 나라 밖 소식이 1면의 거의 대부분을 차지한다.

그 가운데 인도의 소식이 눈에 띈다. 인도의 정당 국민회의가 연차총회에서 열 시간 동안 격론한 끝에 간디의 인도 독립안을 가결했다 한다. 국민회의는 영국통치하인 1885년 발족한 정당으로 세계대전 후 마하트마 간디가 식민정치에 대항하는 대중적 운동조직으로 전환해 독립운동의 구심점이 되었다. 간디의 후원을 받는 자와할랄 네루가 국민회의의 목표로 완전 독립을 선언한 것이다. 새해 첫날 모든 계급의 철폐, 대동단결, 금주, 영국 직물 불매, 자국 면화 장려 같은 구체적인 실천 강령을 발표할 예정이라 한다.

인도는 어디로 가는가. 독립을 선언하자마자 독립이 되지는 않지만 인도는 독립을 향한 통일된 노선과 체제를 유지하고 있다. 환갑인 간디는 민족적 무저항적 독립투쟁을 하려 하나 여기에 사회주의 강령을 도입하려는 마흔 살 네루의 노선은 급진적이라 다소간 의견차가 있다. 하지만 점점 하나의 조직으로 융합해간다. 간디는 계속 물레를 돌리고 대중은 물레와 실처럼 그와 네루를 따라 함께 돌아간다.

인도와 달리 조선에는 통일된 독립노선과 체계가 없다. 인구 대비 독립운동가와 독립운동단체는 더 많을지 모르나 통합이란 점에서 보면 부족하다. 민족유일당, 민족 협동전선을 표방하며 좌우통합 단체로 출범한 신간회는 3년도 채 되지 않았는데 벌써 기반이 흔들린다. 좌와 우, 파벌 간의 내부 균열은 벌어져만 간다. 광주학생운동에 연계한 민중대회 모의 건으로 이번달에 신간회 간부가 대거 체포되자 해산하자는 목소리가 좌파 쪽에서 흘러나오고 있다. 강령도 애매하고 각종 파벌이 두루 섞인 신간회는 내부 주도권을 놓고 신경전을 계속해왔다. 인도에서도 종파 간의 갈등이 잠복해 있지만 조선의 상습적인 내분과는 양상이 다르다.

> 인도의 독립운동을 보면 간디를 비롯하여 모두 국내에서 하고 있었고, 국내에서 하므로 대부분을 합법적으로 하고 있었다. 합법적으로 동지의 결속을 많이 하면 기회를 얻어서 각지에서 일제히 일어날 수가 있는 것이었다. 그런데 우리나라의 독립운동자들은 대개 해외로 나왔다. 이것은 마치 민족을 일본의 손에 내어 맡겨 버리는 것과 같은 것이었다.[8]

훗날 이광수의 회고대로 조선의 독립운동은 인도와 달랐다.

8년 전, 그러니까 기미년 만세 2년 뒤 이광수가 상해에서 귀국했을 때 그는 민족반역자 취급을 받았다. 당시 민심은, 임시정부에서 독립신문의 사장을 지내던 사람이 조국에 돌아온 것은 독립운동을 배반하고 일제에 귀순한 것이라고 봤다. 3·1운동 이후의 좌절감이 거기에 배어 있었다. 만세만 부르면 일본인들이 물러가고 독립이 되는 줄 알았는데 많은 이가 죽고 다치고 감옥에 갇혀도 누구도 도와주지 않는 현실을 대면하는 일은 고통스러웠다.

그 기간 동안 이광수는 상해에서 임시정부 사람들과 교류하며 안창호를 보좌하고 그의 취지를 받들어 독립신문을 책임 운영했다. 기미년 동경에서 유학생 단체에 2·8독립선언서를 써주고 상해로 탈출하듯 건너온 지 만 2년이 지나 있었다. 1921년 봄, 상해를 떠난 이광수가 압록강을 건넜을 때부터 그는 변절자로 불렸다. 국경을 넘지 못하게 경찰이 철통같이 막았더라면 그런 말을 안 들었을 것이다. 용케 넘어왔더라도 재판에 넘겨져 실형을 선고받고 감옥에 갇혔다면 다른 말을 들었을 것이다. 그는 고향 근처인 선천에서 체포되어 서울로 이송된 후 불기소 처분을 받고 풀려났다. 서울에 도착한 이광수는 안도감보다 더 큰 두려움에 사로잡혔다. 그가 돌아왔다는 기사를 시발로 거의 모든 신문과 잡지가 독립운동을 배반한 자로 그를 공격했다. 동경에서는 이광수 매장 연설회가 열렸다고 했다. 그의 귀국에는 무언가 음모와 협잡이 있을 것이라 동포들은 짐작했다. 그는 귀국 한 달 후 혼인식을 올리고 죄인처럼 칩거했다. 법

률상 무죄였지만 국민 정서상 유죄였다. 재판에서 유죄 판결을 받은 3·1운동 지도자 중 상당수가 아직 감옥에 갇혀 있었다. 그들은 늙고 병들거나 죽어가고 있었다. 상해임시정부 사람들은 프랑스 조계라는 안전지대에 머물러 있었다. 시작할 때부터 파벌의식과 갈등을 겪은 임시정부 사람들은 시간이 지날수록 이국만리까지 온 이유를 자문하곤 했다. 임시정부를 실질적으로 이끌어온 노령파의 이동휘와 미주파의 안창호가 조직 통합에 한계를 느껴 탈퇴하고 조직의 존폐가 거론되던 시절이었다. 이광수가 고국으로 떠난 다음달 이승만도 미국으로 돌아갔다. 대통령직을 수행하려 상해에 온 지 5개월여 만의 일이었다.[9] 안창호는 이광수를 아껴 미국으로 가라고 권유했다. 귀국하면 민족운동자로서 명성을 떨어뜨리게 되고, 그래서는 민중이 따르지 아니하므로 일을 할 수 없다는 이유였다.[10] 나라 밖으로 떠난다고 욕하는 사람은 조선 천지에 아무도 없었다. 그것이 미국이건 중국이건 일본이건 혹은 러시아건. 오직 조국으로 귀순하는 자만이 민족반역자였다. 조국에서 법을 준수하며 세금 납부하고 식구들과 생활을 영위하는 사람들이 그랬다.

이광수가 당주동의 장모 집에서 숨듯 치른 혼례식에는 축하객이 몇 없었다. 문인조차 최남선과 홍명희, 『개벽』의 김기전 정도였다. 새문안길 건너 마주보는 정동의 영성문 자리 근방에 신접살림을 꾸린 이광수를 찾아간 박종화와 홍사용은 자기네 동인이 되어달라고 부탁했다. 그리고 그해 겨울 『백조』 창간호에 이광수의 글을 실었다. 춘원의 이름으로 발표한 귀국 후 첫 글이었다. 앞서 여름에 김기

전이 『개벽』에 한 편을 내어주기는 했지만 가명으로였다.[11] 「술 권하는 사회」를 막 발표하고 『백조』 창간의 열기 속에 들떠 있던 동인 현진건은 상해에서 임시정부 일을 보는 형님으로부터 추상 같은 편지를 받았다. "옥에 티 한 점 없는 순수한 문학청년들이 발간하는 『백조』에 어찌해서 훼절 귀순한 사람을 동인으로 삼고 그의 글을 실었느냐" 하는 질책이었다. 깜짝 놀란 현진건과 『백조』 동인들은 이광수와의 동인관계를 취소했다.[12]

귀국하고 2년 뒤 이광수가 신문사에 입사하여 사회생활을 시작하려 할 때에도 기자들 다수가 거부운동을 벌였다. 여전히 조국에 돌아오는 것이 매국이고 조국을 떠나가는 것이 애국인 현실이었다.

편집국의 여론은 민심과 정확히 일치했다. 대중은 3·1운동 좌절 후 임시정부가 생겼는데 그 임시정부를 떠나 본국으로 들어오다니 이는 3·1운동과 민족에 대한 배신이라는 반응이었다. 임시정부를 떠난다고 누구나 비난받는 것은 아니었다. 상해를 벗어나건 일본으로 가건 미국, 러시아 어디로 가건 구설에 오르는 일은 적었다. 오직 조선으로 들어오는 경우만 문제가 되었다. 3·1운동의 이전부터 이후까지를 동경과 상해에서 쭉 지켜본 이광수는 착잡했다.

이는 조선 땅에 사는 조선인이 스스로를 부정하고 자기 파산을 우회적으로 인정하는 것과 다름없었다. 이광수를 원망하고 비난하면서 대중은 애국자가 되었으며, 차후에 발생할지도 모를 민족적 역경을 책임지울 비애국자를 마련했다. 어쩌면 그것은 절망적인 현실에서 무의식중으로 정신분열에 빠지지 않고 일상을 이어가기 위한 대중의 자기방어본능일 수도 있었다. 자기 파산의 현실을 직접 인정하지는 않으면서 살아갈 수 있게 하는. '나는 여기서 이렇게 살지만 너는 거기서 제대로 해야지'라는 집단 명령 같은 것이 민족의 이름으로, 애국의 이름으로 민족의 법정에서 내려졌다. 현실을 지배하는 일본의 통치와 총독부의 법정은 일반 민중에게는 시야 바깥의 일이었다. 외국의 통치를 받는 그들은 지배자보다는 함께 지배받는 민족을 보다 의식하곤 했다. 소수는 다수의 의지에 따른다는 데모크라시의 고전적 원칙이 민주주의 제도를 구경도 못 한 조선에서 역설적으로 가동되고 있었다.

신문사에 창간 멤버로 몇 개월 있다 이곳저곳 옮겨가며 창작에 몰두한 염상섭은 무슨 생각이었는지 이광수가 귀국한 다음해부터 조금씩 연재로 소설을 발표하기 시작했다. 3년 만에 책을 출간하며 이런 말을 담았다.

"불쌍한 처지에 있는 사람끼리 만나면 피차에 동정심이 날 때도 있지만, 자기 자신의 처지에 스스로 불만을 가지고 자기 자신에 대한 증오의 염이 심하면 심할수록, 자기와 동일한 선상에 있는 상대자에게 대해서는 일층 더한 증오를 느끼고, 혹시는 이유 없는 분풀이를 하는 것이다."[13]

소위 민족주의자들은 한림이 보기에 결코 민족적이지 않았다. 애국을 빙자하여 당파를 이루어 벌이는 민족 분열과 난투극은 민족의 가장 큰 적이 때론 민족임을 보여주곤 했다. 또 사회주의니 공산주의니 한다는 사람들은 사회주의 인터내셔널 노래를 따라 부르고 공산주의 인터내셔널(코민테른)의 지시를 천상의 소리처럼 받들지만 그 행동과 사고방식은 전혀 인터내셔널하지 않았다. 간도로 이주한 동포들이 불쌍하다고 의연금을 보내자 하고 만주와 상해로 망명한 운동가들에게 지원금을 보내자고 한다. 나라를 떠난 사람들은 동정 또는 존경을 받고, 나라를 떠나지 않고 머물러 왕조시대처럼 지금도 납세와 기타 의무를 강요받으며 사는 사람들은 서로를 쳐다보기 싫어하는가. 이광수는 이때의 소회를 훗날 이렇게 회고한다.

> 민족의 독립은 독립을 운동함으로 될 것이 아니요, 민족이 독립의 실력을 갖춤으로만 이뤄진다는 것이었다. 그런데 민족의 실력을 기르는 길은 민족 각 개인의 실력을 기르고, 이러한 개인들이 단결함으로 독립의 힘을 발할 수 있다는 것이었다. 이러한 힘이 없고는 독립이 오게 할 수도 없거니와, 설사 남의 힘으로 또는 요행으로 독립이 오는 일이 있더라도 그것은 오래 지닐 수가 없는 것이었다. 이렇게 깨닫고 보니 나는 동포들이 많이 사는 속으로 들어갈 수밖에 없었다. 나는 제 주권이 있는 나라의 혁명운동은 국외에서 하는 것이 편하고, 제 주권이 없이 남의 식민지가 된 나라의 독립운동은 국내에서 하여야 한다는 결론을 얻었다.[14]

3년 전, 6·10만세를 앞두고 시위를 주도하려다 궤멸적 타격을 입은 조선공산당을 재건하여 제3차 책임비서가 된 김철수는 탄압이 닥쳐오면 그냥 망명하려는 후배들을 "못난 사람들"이라 했다. 지하에 남아서 일상적인 고통을 견뎌가며 당 조직을 수습하는 것이 아니라 나라 바깥으로 빠져나가려는 이들에 대한 아쉬움과 못마땅함의 표현이었다.

한림은 생각한다. 도주와 망명의 차이는 무엇인가. 육신은 도망하되 정신은 도망가지 않았다고 주장하는 것이 망명인가. 몸과 마음이 다 떠나는 것이 도피인가. 망명자는 그럴싸하고 도망자는 창피한가. 동일한 현실이라도 명분이 달라지면 다른 현실이 되는 것인가.

이광수보다 한 살 적은 김철수는 상해에 나간 사람들이 국내에서 활동하는 조선공산당에 영향력을 행사하려는 태도도 거슬려 했다. 왜 해외로 나가게 되었건, 그곳에서 어떤 고초를 겪었건 입으로 많은 일을 처리하는 국경 밖과 달리 국내에서는 모든 것을 몸으로 감당해야 하기 때문이다. 조선공산당의 정신적 물질적 후견인인 모스크바의 코민테른은 공산주의 내 파벌들의 분열 상쟁을 보다못해 1927년, "해외 망명자들이 조선공산당을 직접 지도하려는 행위는 금지되어야 한다"는 규정을 만들기에 이르렀다.[15]

겨울밤은 깊어가고 몽상은 이어진다. 한 해의 송년인가 10년간의 송별인가. 1929년의 12월 31일 새벽이다.

신문사 사람들은 거의 집에 돌아가거나 잠들고, 켜진 전등불은 몇 되지 않았다. 쥐 한 마리가 편집국을 횡단한다. 1년이 지났다. 1920년대도 지나갔다. 그동안 이래저래 오간 숱한 말들이 겨울밤 바람에 흔들리는 창문 소리에 섞여 환청처럼 스쳐간다.

"나이는 늙고 시집살이는 고되고, 어찌하면 좋을까…… 앞으로 기자생활 10년은 더할 수 있을까."

"기자생활은 언제나 전투적이니 쉬 늙지요. 일본 기자는 마흔 살부터 본격인데 조선 기자들은 퍽 어린 셈이야."

"신출 때는 언제나 흥분해 떠들고 오래 지나면 침착해지지요. 10년 전에는 기분으로 떠들었고 지금은 노련해졌다고 볼 수 있지요. 요새는 신출 기자도 10년 전 우리가 처음 기자 되었을 때처럼 그렇게 심하게 감격하지 않는 듯 보입디다."

"신문 기자뿐 아니라 조선 민족 전체가 10년 전보다는 퍽 침착해진 것이 사실이지."[16]

"어느 나라든 정부기관지보다는 정부 반대지가 잘 팔리네. 그러나 조선신문의 민족주의도 점점 거세되는 것이 사실일세. 신문을 포기한다면 모를까 신문 존속을 전제로 한다면 당국의 검열 기준에 의해서 차차 거세될 밖에. 이제 와서 10년 전 신문을 보면 아찔아찔한 글이 많고 지면도 요란하기 짝이 없지만 그때는 그것도 무사통과했단 말이야. 그러나 한두 차례 정간을 맛본 오늘날에는 그 수준이 천양지차네. 10년 전에는 한 달에 10회 이상 압수가 예사였고, 누가 압수 많이 당하나 경쟁하는 것 같더니 요새는 아주 딴판이지."

"당국은 절대 행정권을 가졌고 자칫하면 사법처분에 걸려드네.

징역이야 살고 나오면 되지만 정간을 당하면 당장 수만 원 손해니 어찌 조심스럽지 않겠나."

"그렇게까지 하면서 신문을 발행할 필요가 있을까."

"글쎄 그것이 문제란 말일세. 그것은 신문뿐만 아니라 조선 사람이 경영하는 모든 문화 사업에 대한 문제일세. 우리가 학교를 할 필요가 있느냐, 우리가 농촌운동을 할 필요가 있느냐, 우리가 합법적 모든 단체를 할 필요가 있느냐의 문제겠지. 결국 그것은 정도의 문제 아닐까."

"그래도 신문은 합법적으로 조선인의 주장을 조금이라도 대표하는, 조선 사람의 손으로만 경영하는 유일한 사업기관이자 유일한 정치적, 경제적, 문화적 지도기관이지. 서너 개 밖에 안 되는 민간신문에 조선의 지식계급이 모두 모인 것은 그런 사정 때문이야."

"하지만 정치 경제가 없는 기형적인 사회구조니 기삿거리는 빈약하고 조선인 중에는 문맹이 많고 일어신문은 식자층을 겨냥하네. 광고 수입은 구미의 신문이 판매 수입의 배나 되고 일본만 해도 판매 수입과 비등한데 조선의 경우에는 절반이 될까 말까 한다지. 판매 부수는 모든 신문을 다 합쳐야 10만 부가 될까 말까 하니 2천만 인구에다 비기면 2백 명 중에 한 부 정도인 셈이야. 다른 나라 신문이 1~2백만 부 하는 것에 비하면 어림도 없단 말이야."[17]

날은 곧 새어 한 해의 마지막 해가 떠올랐다. 창밖 북서쪽으로 인왕산의 백석白石이 겨우내 매달린 홍시처럼 붉게 물들어 올랐다. 옆

의자에 발을 올리고 책상에 오른팔을 비스듬히 고인 채 잠들었던 한림은 황혼인가 착각하며 깼다. 출근한 직원들이 하나둘 와이셔츠에 조끼 차림으로 옥상으로 올라간다. 아침마다 모여서 체조하는 게 요새 유행이다.

한림은 굳어가는 호떡과 굴러다니는 시트론 소다수 한 병을 찾아내 차디찬 요기를 했다. 마감 때가 되자 오전은 어떻게 지나는지 모르게 지나갔다. 교정지가 나오기를 기다리며 회의실 빈구석으로 기어들어 의자를 이어붙이고 눈을 붙였다. 그리고 꿈을 꾸었다.

동래 온천장이다. 행락객으로 붐비는 종점에서 올라탄 전차는 개천을 건너자마자 직각으로 꺾어 북에서 남으로 부산부를 길게 종단한다. 전통의 거점 동래부는 1910년 신도시 부산부에 병합되었다. 한림이 열한 살 때였다. 바쁜 사람은 내려서 걸으라고 할 정도로 느린 전차가 마침내 목적지인 부산역에 도착했다. 경성행 열차표를 끊는다. 병합되고 두 달 뒤 문을 연, 붉은 벽돌에 하얀 화강석의 띠를 두른 부산역의 장관은 경성우편국에 버금간다 한다. 경성에 가본 적 없는 사람이 경성 사는 사람보다 경성을 더 잘 안다고 말하는 세상이다. 르네상스식 새 역사의 2층에는 호텔도 있다. 철도국 직영의 부산철도호텔이다. 서울에 있는 조선철도호텔보다 2년 먼저 생겼다고 한다.

기차시간을 기다리며 항구를 따라 남으로 넓게 뻗은 대로를 걸어 용두산에 오른다. 50미터 높이의 동산 아래 10만 평이 넘는 일본인 거류지는 바둑판처럼 구획이 잘 정리되어 있다. 일본의 개항지 하나를 떼어온 것 같다고들 한다.

눈 아래 항구의 여객부두에는 관부연락선이 정박해 있다. 을사조약 두 달 전에 첫 운행을 개시한 관부연락선은 특파 대사 이토 히로부미를 실어나르던 그 을사년과는 비교할 수 없을 정도로 속도와 수송능력이 급신장했다. 배에서 내린 사람의 상당수는 한림과 같은 기차를 탈 승객들이다. 경성 가는 사람, 대구나 평양에서 내릴 사람, 신의주 지나 압록강 넘어 만주 봉천으로 갈 사람, 더러 유럽까지 직행할 사람도 있을 것이다. 동경이나 오사카에서 시모노세키를 거쳐 부산, 서울, 신의주로 해서 안동, 시베리아, 러시아, 유럽을 차표 한 장으로 환승해 여행할 수 있다고 한다. 관부연락선을 관리하는 일본정부 철도국은 부산을 세계로 가는 기차라는 신개념의 중심축에 놓았다. 올해 울산비행장과 여의도의 경성비행장이 문을 열었지만, 세상의 첨단을 달리는 것은 철도다. 스물한 살인 한림은 이제 고향을 떠나 상경한다. 점점 더 많은 사람이 어디론가 떠나간다.

아득히 밀려드는 소란과 추위를 쫓아 한림이 다시 잠에서 깨어났을 때 벽에 걸린 시계는 오후 한시를 가리키고 있었다.

6장

신여성은 넓적다리부터 전진한다

종로에서

신년호 신문은 제시간에 나왔다. 압수는 없었다. 새해에 인사이동 하는 총독부 관리와 판사 명단이 1면에 그득하다. 사이사이 조선인 이름도 보인다. 한 장을 급히 넘기면 잉크 냄새와 함께 사회면이 펼쳐진다. 인사동의 조선극장에 격문이 살포된 이후 검거 인원이 속속 불어난다는 소식을 다들 코를 박고 읽고 있다.

광주학생사건의 진상을 발표하라, 검거 학생들을 무조건 석방하라. 이 같은 내용을 담은 유인물이 극장에 뿌려진 것은 12월 13일이었다. 이상한 겨울비가 전국을 뒤덮기 시작한 날이었다. 언제든지 비가 쏟아부을 듯 먹구름이 내리눌러 하루 종일 햇살 한 점 비치지 않은 금요일 밤이었다. 1, 2층 객석을 가득 메운 관객들은 유니버설사가 제작한 할리우드 희극영화 한 편을 본 뒤 맑게 갠 표정이 되었다. 그리고 현대식 설비를 자랑하는 화장실에 들렀다가 다음 차례인 연극에 빠져들었다. 극단 토월회가 공연하는 레프 톨스토이 원작의 〈부활〉, 일명 〈카츄사〉였다.

각색 연출을 도맡은 박승희는 초대 주미공사 박정양의 아들로 동경 유학 시절 만난 김기진, 복진 형제, 이서구 등과 어울려 토월회를 만들고 6년 전 이 조선극장에서 첫 공연을 가졌다. 그사이 토월회 창립 동인들은 흩어졌다. 병합 전부터 쭉 대지주였고 이곳저곳에서 군수를 지낸 아버지와 함께 옮겨다닌 김복진은 동경미술학교에서 조각이라는 희귀한 전공을 마치고 조선에 돌아와 목공이나 석수장이나 대장장이와는 다른 예술세계를 선보였다. 또한 사회주의라는 새로운 사조를 터득해 이 계통에서도 앞선 위치를 획득하였다. 동생 김기진도 그 세례를 받았다. 머리 깎고 학교 가는 것은 친일파나 하는 짓이라는 할아버지의 엄명에 안양 산골에서 문학책만 읽다 신문사에 입사했던 이서구는 일본대학 예술과를 중퇴하고 귀국해 서울의 신문사로 되돌아갔다. 다들 떠난 학생극단에 홀로 남은 박승희는 토월회를 직업극단으로 개편하여 해산과 재건을 거듭해왔다.

토월회에 박승희는 선친의 유산을 쏟아부었다. 박정양이 환갑에 본 셋째 아들 앞으로 물려준 재산은 연극장으로 빨려들어갔고 토월회는 부침을 겪으며 퇴락해갔다. 박승희가 집 앞 장훈보통학교에 입학하는 것도 못 보고 작고한 아버지는 장교정 대저택을 남겼고 이제 그 너른 마당의 서양풍 정원은 배우들의 연습장으로 사용되곤 했다.

토월회는 지난달 11월부터 겨우 조선극장에 다시 자리를 잡고 상설 공연을 해오던 참이었다. 토월회의 재기 공연작은 박승희가 각본을 쓴 〈아리랑고개〉였다. 토지를 잃고 북간도로 가는 실향민 가족을 묘사한 이 연극은 배우와 관객이 함께 울음바다일 정도로 큰 반향을 일으켰다. 영화 〈아리랑〉 이래 3년 만에 보는 열기라 할 만했다. "문전의 옥답은 다 어데 두고/쪽박의 신세가 웬일이냐"며 "아리랑고개를 넘어간다"던 영화 〈아리랑〉의 주제가를 방불케 하는 무대 공연이었다. 토월회는 부활한 것인가.

"그러나 이 도시에도 봄이 오는 것만은 막을 수 없었다. (중략) 하지만 다 큰 어른들은 자기 자신과 서로를 속이고 괴롭히는 것을 멈추지 않았다."[1]

19세기 후반의 러시아 복장을 한 배우들이 무대에서 열연했다. 밤 여덟시 사십오분쯤이었다. 양복을 입은 서른 살가량의 남자가 무대로 달려나왔다. 그리고 삐라를 뿌리며 일장 연설을 했다. 그가 연기를 하는 게 아님을 관객들은 곧 파악했다. 남자는 2층 객석을 우러러 배우처럼 우렁찬 목소리로 격렬한 대사를 쏟아내었다. 2층에 50전을 주고 입장한 관객과 1층에 30전 내고 입장한 관객 모두 한마음으로 일제히 기립 박수와 함성을 보냈다. 극장에 배치된 경찰관 몇 명이 달려들어 그를 체포했다. 극장만큼 많은 사람이 모이는 시설도 드물기 때문에 객석 뒤편에는 임검석臨檢席이 따로 마련돼 있어 경찰이 상주한다. 자리를 못 찾은 관객들이 가끔 이곳에 앉아 있다가 혼쭐이 나기도 한다.

한꺼번에 관객들이 요동쳐 극장 출입문이 부서지는 등 일대 소란이 일어났다. 지척의 종로경찰서에서 출동한 경찰이 극장을 엄중 경계했다. 광주학생사건이 발생한 지도 40일이 지났다. 그동안 서울에는 학생들의 가두 시위가 빈발해 천이백 명 이상의 학생들이 체포되었다. 급기야 이날부터 조기방학이 실시되었다. 불합리한 사회구조와 인간애에 대한 근본적인 질문을 던지는 대문호 톨스토이의 사상에 심취해가던 관객들은 결국 도중에 자리를 털고 일어서야 했다. 예정대로라면 연극이 끝난 뒤에는 떠오르는 현대무용가 조택원이 미녀 무용수와 함께하는 무용을 감상하고, 미국 FBO영화사의 초특작 영화 한 편을 더 보는 프로그램이었다. 주말을 앞두고 프로그램이 교체된 첫날이었다.

올 연말 서울에서 많은 사람들이 체포되었다. 그들은 경찰서를 거쳐 서대문형무소에 유치되었다가 경성지방법원의 검사와 판사의 손에 운명이 결정될 것이다. 전국으로 우송된 격문 중 일부가 신문사로 보내진 것도 경찰은 문제삼는다고 한다.

"조선에 자유 있거라, 조선에 행복 있거라."

독자에게 보내는 신년인사가 막 나온 신문 한 구석에 실렸다.

한림은 2층 편집국 문을 밀고 나가 좁고 어두운 복도를 지나 계단 입구에서 멈춰 선다. 창틀 너머로 북악, 그 너머에 북한산이 겹으로 펼쳐진다. 그 산봉우리 위로 습기 가신 겨울하늘이 암청색 빛을 떨구고 그 아래 경복궁, 총독부 그리고 태평통 거리에는 인왕산 넘어가는 낙조가 반사된다. 거세지는 서북풍에 유리창이 가볍게 떨린다. 기온은 이제 다시 떨어진다. 진짜 겨울로 접어드나보았다.

어디로 가나. 실내에도 거리에도 발길이 분주하다. 남들 잘 때 밤을 새웠지만 한림은 해 기울어도 남들처럼 서둘러 가야 할 곳이 없다. 오늘은 어두운 하숙집 골방의 낮은 미닫이문 드륵 열고 들어가 냉기 가득한 허공에 팔 저어 십 촉 전구 켜기는 싫다. 식구란 무엇인가…… 이웃은 무엇이며 민족은 또 무엇인가. 결혼하고 가정 꾸려 줄줄이 자식 생산하는 사람들이 대단해 보인다. 가족도 버리고 독립운동 하러 떠난 사람들의 용기가 우러러보이고, 여기 남아 식구와 엎드려 사는 사람들은 또 그 나름의 끈기가 존경스럽다.

창문 아래 태평통 네거리 비각 앞길에 한림 또래의 남자가 고개를 숙이고 어깻죽지 늘어뜨린 채 망연히 서 있다. 점점 차가워져가는 땅바닥에 쓰러진 쌀 봉지를 바라보는 그의 불콰한 얼굴이 흙빛이 되어 있다. 일찌감치 취해 쌀 한 봉지 사 들고 귀가하다가 그만 봉지를 놓친 모양이다. 흩어진 쌀알이 희게 빛나는 도로 위로 행인들이 종종걸음으로 지나간다.

계단을 내려서며 한림은 처음 이 계단을 오르던 3년 전을 떠올린다. 그전까지 신문사는 저 경복궁 동쪽 북촌 구석에 단층 한옥 두어 채를 이어붙여 있었다.

현관을 나서는데 수위가 쪽지를 건넨다.

"아디아우 1929."

만년필로 남색 잉크를 사용해 쓴 하나코의 낯익은 글씨는 잘 가라 1929년, 그렇게 말한다. 유행이 식지 않는 에스페란토다. 아듀 혹은 아디오스 같은 유럽어의 변형인데 언제 또 만날지 모르는 막연하고 긴 이별, 그런 뜻이다.

"옛것은 멸하고 시대는 변했다. 내 생명은 폐허로부터 온다."

독일 고전주의 문학의 양대 거성인 프리드리히 실러의 시구에서 따왔다나 하는 『폐허』라는 동인지에 안서岸曙 김억이 자작시 「폐허Ruino」를 에스페란토로 써서 발표한 것이 1920년이다. 한림이 신문사 생활을 시작한 그때부터 보급된 에스페란토는 이제 많이 익숙해져 잘 모르는 사람도 아디아우 한 번씩은 들어보았을 정도다. 이 만국어를 사해동포주의에 입각한 진보적 구국운동의 수단으로 여기는 경향도 있었다. 에스페란토를 제2국어로 하자는 여론도 일본의 지식사회 일각에서 일어났을 정도였다. 1920년대 중반에 에스페란토 협회가 설립됐는데 편집국장 홍명희가 선전부, 기자 김억이 편집부, 기자 박헌영이 사교부에 한 직책씩을 맡아 보급에 힘썼다.[2]

한 10년 위력을 발산한 사회주의운동이 정점을 지나는 것처럼 에스페란토의 인기도 전만은 못해 보인다.

하나코의 쪽지를 접어 가슴팍에 넣는 한림의 곁으로 최의순이 지나간다. 곱슬한 머리에 앙증스런 체구와 큰 눈이 역대 여기자 중 가장 모범생 타입이다. 붙임성 있고 반가운 눈빛에 말소리가 고와서 만나는 사람마다 호감을 갖는다고들 한다.[3] 배우 복혜숙은 그를 "원체 바탕이 미인인데다가 걸음걸이 곱고 뒷맵시 고와서 양장도 어울리고 검정 치마 흰 저고리 받쳐 입으면 여학생풍으로도 어울리고, 머리 쪽찌고 긴 치마 발뒤꿈치에 질질 흘리며 노란 갓신 받쳐 신은 고전적 아씨 되어도 어울리고, 아마 역대 여기자 중 넘버원"이라고 평한 바 있다.[4] 잰걸음으로 현관을 나서는 그는 아마 전차를 타고 청량리에 내려 부군과 아이가 기다리는 가정으로 직행할 것이다. 휘문고보 교사인 최의순의 남편은 동경 유학 시절 방정환, 윤극영 등과 함께 어린이 문화운동단체인 색동회를 발족하고 어린이날을 제정한 진장섭이다. 유학생들의 연극단체인 극예술협회에서 김우진, 조명희, 최승일 등과 어울리기도 했었는데, 요즘에는 동화를 쓴다. 부부가 둘 다 몸집이 아담해 병아리 부부로 불린다. 일찍이 숙명여고보 졸업생 예순 명을 대표해 우등상장을 받고 일본으로 건너가 고등여학교와 동경여자고등사범을 졸업한 최의순이 귀국했을 때 조선 여자로는 최초로 화학을 전공한 사람이라고 신문에 인터뷰 기사가 났다. 몸이 너무 약해서 좀 쉰 다음에 일을 해보겠다고 한 그때가 스물세 살이었으니 지금 스물다섯 살이다.

학교라고는 소학교만 졸업하고 동경에는 가본 적 없는 하나코는 상냥하지도 약하지도 않다. 한림이 알기로는 "사요나라" 같은 일본어 인사말도 하지 않는다. 일본말도 그렇지만 조선말 역시 인사말이 적고 단순하고 멋없다며 "안녕히 가셔요, 오셔요"도 잘 안 한다. 어쩌다 얻어들은 "아디아우" 정도를 장난스레 하곤 한다. 그렇게 연하장 대신 쪽지 한 장 놓고 갔나보다. 아마 몇 사람 앞으로 보내는 올해 외상값 내역을 현관에 맡기고 가는 길이었을 게다. 얼마 전 하나코는 난생처음 만년필을 갖게 되었다고 했다. 조지아 백화점에서 계절 말 대매출 행사 때 경품으로 받았다 한다. 유행하는 파이로트 만년필이다.

요 몇 년 새 조선인끼리도 연하장 주고받는 것이 퍽 익숙해졌다. 나라가 망하기 전에는 없던 일이다. 회사나 관청에 다니거나 그런 사람들과 접촉하는 사람들 위주로 시작된 이 풍속은 이제 많이 확산되었다. 몇십 장씩 받는 것은 보통이고 몇백 장씩 받는 사람도 있다. 유명 인사나 기업인 들은 수천 장씩도 받는 모양이다. 풍속이 매해가 다르다.

아디아우…… 잘 가라 1929년. 속으로 중얼거리며 한림은 정문을 밀고 나섰다.

황토현이던 태평통 네거리에 전차가 십자로 교차한다. 종로를 지나 서대문정 언덕길을 따라 지는 해를 바라보며 올라가던 전차는 서대문 언덕을 향해 꺾으며 시야에서 벗어난다. 서대문은 14년 전에 사라졌다.

태평통 네거리 혹은 광화문 네거리, 여기서 광화문은 보이지 않는다. 광화문은 경복궁 건춘문 뒤로 뜯겨 옮겨간 지 2년이 넘었다. 네거리의 모서리, 종로가 시작되는 초입에 비각이 서 있다. 고종 즉

위 40주년을 축하하며 1902년 세워진 기념비전이다. 전각의 편액은 당시 황태자 순종이 썼다고 한다.

종로 네거리에 해가 저물어
엿장사 영감님 지나가누나
가위 소리 딱딱딱딱 엿목판 메고
설렁설렁 다니는 늙은 엿장수

외딴 오두막처럼 황량한 길모퉁이에 홀로 선 비각을 길 건너에서 바라보며 한림은 종로길로 접어들어 광화문 우편국을 지난다. 지은 지 3년 된 2층 청사다. 우편물을 부쳤는지 돈을 부쳤는지 점원 차림의 소년이 홀가분한 표정으로 노래를 흥얼대며 우편국을 나선다. 요사이는 오나가나 이 노래다. 일본 노래 〈남경정南京町〉을 조선말로 번안했다 한다. 조선인은 노래 부르기를 좋아하고 또 잘들 한다고 일본인들은 칭찬한다.

벽돌에 타일 장식을 한 현대식 건물 안에서 우편국 직원들은 정리에 분주하다. 연하장 접수를 마감한 어제는 군중이 쇄도했다고 한다. 오늘은 특별히 집무시간도 연장하고 임시 직원까지 늘려 우편물 접수를 받았다고 한다. 저들 못지않게 전화교환수들도 바쁘다. 같은 건물 안 광화문 전화국에는 연말이라 전화 통화가 급증해 하루 평균 8만 회 이상 호출되고 있다. 평상시 통화보다 40퍼센트가량 많고 작년 연말보다도 24퍼센트 늘어났다. 본정의 중앙전화국은

하루 평균 11만 통이 넘는다고 한다.[5]

신정이 설이냐 음력 정월이 설이지, 그런 관념은 여전하지만 조선인의 시가지인 종로 거리는 몇 해 전보다 확실히 양력 정월 기분이 농후해졌다. 연말 대매출도 있다. 남촌과는 비교가 되지 않는 규모지만 그 영향을 받은 것이다. 남촌의 일본인 상가는 정초인 내일은 모두 철시하지만 조선인 상가는 여느 때처럼 문을 열 것이다. 남산 조선신궁에서 네시부터 제야제가 시작되었다고 한다. 좀 이따가 밤 여덟시가 되면 일본 전통의식에 따라 1년의 은혜에 감사하는 제를 올린다고 한다.

우편국을 끼고 중학천이 흐른다. 북악 아래 삼청동을 거쳐 경복궁 동쪽 담장을 따라 내려온 개천은 여기 종로 거리와 십자로 교차하여 저기 청계천으로 접어든다. 5백 년 넘게 이 종로의 관문에 있던 돌다리 혜정교는 3년 전 도로 보수 확장과정에 콘크리트 다리로 탈바꿈했다. 독립적인 외형과 기능을 인정받던 다리는 이제 도로의 연장으로 취급되면서 도로에 병합되었다. 그러면서 이름도 정체불명인 복청교로 바꿔 달았다. 그 모양을 멍하니 바라보며 사람들은 이름뿐인 다리를 오간다. 개울 위로 다리를 건너는 느낌보다 도로 아래 물길이 잠복한 그 도시의 표면에 익숙해져간다.

넓은 종로대로 지하로 기어들었다가 겨우 하수구 빠져나가듯 다시 노지로 나선 물길을 오른편으로 바라보며 한림은 종로 1정목으로 들어선다. 길 양편으로 양복점과 시계점을 위시한 신식 상점들이 저마다의 신상품을 진열한 채 종로 네거리까지 빼곡하다.

종로 네거리에 다가서 길 건너 공평동 모퉁이의 종로경찰서로 한림은 들어간다. 종로경찰서는 올가을, 종로 2정목 YMCA 옆 건물에서 이리로 이전했다. 경성법원이 1년 전 정동의 신축 청사로 옮겨간 뒤 비어 있던 건물이다. 숱한 시국사건의 재판이 여기서 이루어졌다.

경찰서 문을 나선 경찰 차량 몇 대가 먼지바람을 일으키며 종로 네거리를 질주한다. 그들 틈에서 달리는 BMW 사이드카 오른편 좌석에 고등계 삼륜 경부의 굳은 얼굴이 보인다. 큰 검거 작전이 진행중이라는 뜻이다.

> 종로경찰서 고등계는 맹렬히 활동중이다. 얼마 전부터 삼청동 권모의 집에서 중앙청년동맹 소속 사상운동자들을 중심으로 이십여 명이 모여 일대 시위운동을 일으키기로 의논하고 오는 4일을 기하여 시행하려고 한 것이 사전에 발각이 되어 검거를 시작했다. 현재 검거된 사람은 모두 열두 명. 그중 권모는 30일 결혼식을 마치자마자 검거되었다.

일당들의 체포에 방해가 되지 않게 경찰이 신문사에 요청해 신원을 밝히지 않고 권모라고만 하였다. 실제로 일당들이 신문을 보고 체포망을 벗어나는 사례가 많이 있었다.

연말연시 밤을 지샐 야근 기자가 일찌감치 나와 취재 메모를 정리하고 있다. 오늘밤 여기 오래 머물러야 할 것 같다는 그의 옆엔 배달된 설렁탕이 놓여 있다. 뚝배기를 덮은 신문지 귀퉁이의 영화 광고를 한림은 무심히 바라본다.

그레타 가르보 주연의 〈육체의 악마〉. 미녀를 둘러싸고 두 사람의 벗이 애욕의 심연에 빠지려고 한다. 로맨스 무비의 걸작. 유나이티드아티스트 회사 초특작. 관철동 우미관.

한림은 경찰서를 나선다. 정문 앞에서 종로를 다시 횡단해 길 가운데 위치한 전차정류장을 지난다. 많은 사람이 정거장의 안전지대 위에 모여 서서 전차를 기다린다. 연말 밤이라고 한강 인도교까지 가보는 이도 있을 것이다. 올가을 용산선 전차는 신용산 종점에서 한강 인도교까지 선로가 연장되었다. 안 그래도 한강 인도교는 경성부민들 사이에서 새로운 유람지로 떠올랐는데 이제 전차에서 내리자마자 한강다리 위에서 한강과 주변 경관을 조망할 수 있게 되었다.

매년 새로운 문물이 생겨나고 계속 기록이 경신된다. 길을 건너 뒤돌아보니 섬처럼 고립된 안전지대와 경찰서 정문이 일직선으로 겹친다. 전차를 기다리는 사람을 자동차 무리로부터 지켜주는 안전지대. 말은 안전지대지만 실은 도로 한가운데 선로 가에 한 뼘 정도 높이로 둔덕을 쌓은 것에 불과한, 무방비 지역이다. 언제 자동차가 뛰어들지 모르는 위험지대다. 달리는 전차를 자동차가 들이받는 일이 다반사다. 경기도 경찰부는 올해부터 경성 안전의 가장 큰 위험물인 자동차를 제재하기 시작했다. 일본에서 속도계를 들여와 과속 단속을 해 택시회사 운전사들에게 영업정지 처분을 내렸다. 문명의 이기로 전국에서 하루 평균 열세 건의 교통사고가 발생해 하루 한 명꼴로 사망하고 있다. 부상자는 그 여덟 배에 달한다.[6]

그래도 서울은 안전한 편이다. 만주에 있는 동포들은 올가을부터 전쟁 난리를 겪었다. 러시아 수중에 넘어가 있던 동북삼성 지역의 철도 관리권을 중국이 무력으로 회수하려다 빚어진 충돌이었다. 러시아의 남하 의지는 제어하기 힘든 본능으로 보인다. 조선반도에서 밀려나고 25년이 지난 지금까지도 러일전쟁의 주무대였던 요동반도와 만주 지역에서 러시아의 입김은 살아 있다. 지배민족이었던 청나라가 남겨준 만주 땅을 자기의 영토로 사수하려는 중국의 의지는 이민족 지배에서 벗어나고자 했던 20년 전의 열망만큼이나 강력하다. 이 신생 중화민국과 신생 소련을 겨냥하며 일본은 조선반도를 지렛대 삼아 압록강을 넘나들며 동북공략을 진행하고 있다.

양국 국경 송화강 상류에 양군의 충돌이 점점 악화되고 포성이 맹렬하여 일대 주민은 불안 공포에 싸여 하얼빈 기타 안전지대에 피란하였다. 하얼빈은 피란민으로 대혼잡을 이루어 한 집에 몇 살림씩 있게 되었다. 가장 곤란한 사람들은 흑룡강성을 중심으로 길림성 동북 국경지대에 거주하는 사십만 동포다. 이들 조선 농민은 안전지대를 찾아 피란을 하려 하나 어디 갈 여비도 없으려니와 설혹 여비가 있다 하더라도 어디 가서 안전히 있을 곳이 없는 형편이라 한다. 중러관계가 만약 더욱 험악하게 된다면 그들의 장래가 적잖이 염려된다.[7]

고래 싸움에 새우 등 터지는 난리는 마침내 이달 상순에 조선 국경 부근까지 파급되었다. 대대로 살던 따뜻한 고향을 떠나 낯설고 추운 북쪽 땅으로 국경을 넘어 피난민처럼 간도에 정착한 사람들이 이제 다시 피란 보따리를 싼다. 간도발 기사는 이렇게 전해왔다.

요사이 훈춘琿春 국경 방면에 러시아군 진출설이 전하므로 훈춘에 거주하는 주민들은 안전지대를 찾아 조선 및 간도 지방으로 피난하는 중이다. 연길현 정부에서는 피난민 수용소를 설치하고 곡식을 공급하기로 했다.[8]

어둠이 내리는 종로 네거리에 전차, 자동차, 버스가 연이어 경종과 경적을 울리며 지나간다. 십자로 한가운데는 푸른 완장을 팔에 두른 교통 순사가 손을 이편으로 저편으로 들었다 올렸다 한다. 길을 건넌 한림은 남서쪽 코너의 파출소 앞을 지난다. 출입문 이마에 달린 빨간 전구에 불이 들어온다. 그 아래 장승처럼 선 순사 앞으로 짐 실은 구루마 한 대가 바람에 떨며 지난다. 안에 있는 순사는 난로를 끼고 앉았다. 길 건너 종각 모퉁이에는 어린 걸인들이 주인 없는 강아지처럼 떨고 앉았다. 보신각은 몰락한 양반의 사랑채처럼 풀죽은 듯 퇴락해가고 있다. 그뒤에 압도적 덩치로 버티고 선 한일은행에는 오늘 하루 통장 든 사람들의 발길이 끊이지 않았다. 보신각과 한일은행 사이 골목 안 더운 김이 새어나오는 설렁탕집에서 배를 채우고 나온 호객꾼들이 바늘 사려, 실 사려, 싸구려, 어쩌고 떠들며 본격 야간 영업에 나섰다.[9]

집에서 저녁을 먹고 나서 무료해진 사람들은 살 것이 있건 없건 일단 이 거리로 나와 한번 거닌다. 일을 파한 사람들도 바로 귀가하지 않고 이곳을 들른다. 사람을 만나도 여기서 만나고 월부로 새로 산 옷 자랑도 여기 나와서 한다. 그리하여 사람의 물결을 이루고 서로가 서로를 구경하며 헤치고 다닌다. 그 사이로 쓰리꾼이, 매춘부가 사복경찰과 더불어 암약한다. 희망에 불타는 남녀 학생이 지나가고 다른 한편에서는 교활하고 방탕한 부랑 학생이 지나친다. 단란한 가족과 여염집 부녀와 단정한 여학생이 한쪽에서 물건을 사고, 저쪽에선 으슥한 골목으로 쓱 사라지는 부랑배가 있다.

어둠이 내리기 무섭게 히야까시 걸려고 1정목과 2정목을 수차례씩 왕복하는 청춘들이 도처에 그득하다. 모든 사람이 모이는 종로는 모던 인종의 집산지요, 신유행의 발상지며 연애거래소다. 종로는 어느새 긴자銀座라는 별칭까지 얻었다. 2정목을 동은좌, 1정목을 서은좌라 부르곤 한다. 쓰리꾼은 노점과 인파로 번잡한 동은좌를 좋아하고 거리의 천사 혹은 스트리트 걸은 서은좌를 좋아한다고도 한다.[10] 불량소녀라는 말이 언제부터인가 사람들 입에 오르내린다. 일본에서 수입된 말인 듯한데, 여러 가지 용도로 쓰이지만 정조를 헐값에 방매하는 경우에 주로 쓰인다. 지난달 신문에 이런 기고가 있었다.

정조를 한 남성에게만 판다면 그 값의 헐하고 비싼 것이 문제될 리가 없겠지만 여러 사람에게 박리다매를 하는 까닭에 거기에는 그 대가로 불량소녀라는 곱지 못한 대명사가 붙게 됩니다. (중략) 남자들로 말하면 부랑자나 건달이나 외입장이라는 말과 비슷한 듯합니다. 남자에 있어서는 불량이나 부랑이란 말이 그렇게 여러 가지로 화제를 삼지 않았겠지만 근래의 소위 불량소녀는 우리 사회에도 제법 문제가 되는 모양입니다. 이렇게 세상의 주목을 끄는 소위 불량소녀는 어찌하여 생겼는지 그 원인을 알지 않고서는 그 정체를 말할 수 없습니다. 이것도 결국 시대적 산물입니다.[11]

무명 악사의 싸구려 바이올린 소리를 타고 종로 네거리에 어둠이 내린다. 색색 저고리에 세루 치마를 종아리 위까지 짤막하게 올려 입고 굽 높은 구두를 끌며 신여성들이 큰길을 내딛는다. 지나치는 사람들의 시선을 표 안 나게 훔쳐보는 그 눈초리는 사복경관의 눈동자보다 빠르게 돌아간다. 그뒤로 서양배우처럼 머릿기름을 바른 모던보이가 중절모를 얄상스럽게 쓰고 따라간다. 매년 유행색이 바뀌는 양복 밑에 와이셔츠를 받쳐 입고 기름하게 내려 입은 나팔바지 가랑이는 구두 등을 넌지시 덮고 먼지 나는 길바닥을 비질하며 간다.[12] 그들에게 해방의 저녁이 찾아왔다. 다가오는 밤은 그들의 것이다. 집으로 돌아가기 전까지는.

동지섣달 해거름만큼이나 변화는 급작스러워, 5년 전 종로와 견주면 딴 세상이라 할 정도다. 신여성보다 더 눈치 빠른 상점의 진열창에는 가지각색의 신상품이 수북이 쌓여 있다. 그 광경을 올가을 어느 독자는 시로 표현해 신문사에 투고해왔다.

> 널따란 길 옆에
> 하늘 찌를 듯 서 있는 빌딩 빌딩
> 도시의 가을은 빌딩 사이로 스며든다
> 눈이 부시게 장식해놓은
> 데파트멘트 스토아의 쇼윈도
> 그 아래 모여드는 관중 관중!
> 도시의 가을은 쇼윈도 안에 들어 있다.
> 가로수 밑으로 핏기 없이 오고가는 젊은이들!
> 일루미네이션이 꺼지는 사이 잠깐잠깐 비치는 달빛!
> 오! 도시의 가을은 쓸쓸도 하구나.[13]

어둠이 깔리는 거리에서 무엇을 구하는 것인지 사람들은 저마다 오고간다. 길거리 악사는 저 혼자 박자에 맞추어 뭐라 노래를 한다.

"첫번째 만난 곳은 야시장이오, 둘째 번 만난 곳은 연극장이라…… 슷~돈돈, 슷돈돈"

그 군상 속에서 한림을 알아본 문학청년 송응순이 인사를 한다. 송응순은 보성고보 학생인데 동요와 수필을 보내와 두어 차례 신문에 게재한 인연이 있다. 한림과는 띠동갑인데 연희전문학교에 진학할 목표라 한다. 들고 있는 습작노트를 보니 이런 구절이 있다.

재즈가 춤을 추는 종로 한복판
스커트 짧아져서 에로 각선미
황금의 무덤 속에 순정을 묻고
싸구려 장사치가 사랑을 파네[14]

경찰서 옆 바람길을 타고 내려오는 북서풍 칼바람에 떠밀리듯 종로 네거리를 벗어난 한림은 남으로 내려간다. 청계천의 습한 냉기가 다가온다. 광교를 넘어선다. 종각 한일은행 앞에서 내려오는 전차가 다리를 건너 한성은행 앞을 지난다. 남대문 1정목의 시작점이다. 북촌과 남촌의 경계인 이 개천가에 하나코의 카페는 외따로 있다.

현대문명의 행진곡이라 할는지 인간생활의 퇴폐적 경향이라 할는지 요새 경성을 비롯하여 웬만한 도시에는 새빨간 등불에서 파란 술을 따라주는 '웨이트리스'의 요염한 교태가 어른거리는 카페가 점점 흥왕하여가는 반면으로 향락을 좇아다니는 젊은 여자와 남자가 서로 어울리는 곳이라 여러 가지 풍기상 재미없는 일도 많으며 그대로 방임하면 수습하지 못할 결과를 빚어낼 염려가 있다.[15]

이러한 까닭에 총독부 경무국이 카페를 홍등녹주紅燈綠酒의 화류계로 지목해 단속 방안을 연구중이라 한다. '풍기문란의 대본영大本營, 카페를 엄중단속'이라는 제목의 기사가 석 달 전에 있었다. 조선의 카페 역사가 일천한 관계로 일본의 사례를 조회해 최선의 종합 대책을 수립하리라고 당국은 의지를 밝혔다. '웨이트리스 공포시대가 올 터'라는 인상적인 부제도 붙었다. 추석이 지난 그 삽상한 가을밤 그 기사를 본 하나코는 박장대소했다.

"박열과 후미코는 폭탄 구입하려다 감옥 갔는데 한림과 하나코는 술 마시다 잡혀가겠네. 박열과 후미코는 천황 암살하려 그랬다는데 한림과 하나코는 무엇하려 술 마셨다 그럴까."

추월색 같은 웃음이 작고 서늘한 카페의 회벽을 타고 부서져내렸다. 18년 동안 인기가 식을 줄 모른다는 신소설『추월색』의 표지가 뜬금없이 떠올랐다. 소설 속에서 남녀의 애정 쌍곡선이 전개되는 동경의 명소 우에노 공원의 전경도 함께 떠올랐다. 동경에 다녀왔다 하면 제집 마당처럼 친근하게 여기며 알은체하는 그 우에노 공원이 어떤 곳인지 하나코는 궁금하다고 했다.

6년 전 박열 커플의 일본 천황 암살 기도 사건은 워낙 충격적인 사건이라 재판이 종결되고 3년이 지난 지금까지도 일본과 조선에서 모르는 사람이 없을 정도다. 가네코 후미코는 유년 시절부터 부모의 학대를 받았다. 그러다가 요코하마의 집을 떠나 현해탄 건너 조선에 보내졌다. 서울 회동서관에서 『추월색』이 간행되어 전국으로 퍼져나가던 1912년이었다. 충청도 사는 고모 집에서 청소년기를 보낸 후미코는 기미년 4월, 만세가 한창인 조선을 떠나 일본으로 돌아왔다. 동경에서 식모살이를 하다가 오뎅집에서 기숙하며 낮에는 손님을 상대하고 밤에는 학교를 다니다 무정부주의자 그룹과 통하게 되었다. 거기서 박열을 만났다. 호적에도 오르지 못하고 가족이 적이나 다름없이 자라난 일본의 무적자無籍者 여성이 식민본국의 수도 한 귀퉁이에서 무정부주의에 의지한 무산자無産者 조선인과 동거에 닻을 내린 1922년 4월이었다.[16] 둘 다 만 스무 살이 되어 맞는 봄이었다.

후미코가 동경으로 상경한 1920년 초에 하나코는 서울로 상경했다. 하나코는 후미코와 거의 동갑이었다.

"밤이면 이 술집에서 저 카페로 마치 광견처럼 싸다니는 사이비 인테리겐챠의 꼴이란……"

한림의 동료 여기자 최의순은 동경 경험을 바탕으로 서울의 풍속도에 대해 이렇게 공개적으로 비판하곤 했다.[17] 그런 핀잔에도 한림과 그의 지인들은 다음과 같은 잡문을 볼 때면 자신의 처지와 견주어 시시덕거리곤 했다.

> 웨이트리스라는 서양 궁전의 시녀 이름 같은 직명을 가지고 애틋한 유모레스크의 멜로디가 흘러나오는 가운데 대리석 테이블과 테이블 사이를 상냥하게 돌아다니는 그들의 걸음걸이는 얼마나 무용적이며 선정적이냐. 레코드에서 흐르는 찰스턴 춤곡에 맞춰 부드러운 어깨와 엉덩이가 뇌쇄적으로 흔들거릴 때 술기운을 띄고 빙그레 하는 사나이들의 황홀한 색정은 담배 연기를 타고 실내를 원귀와 같이 헤매인다. 테이블 밑에서 불안한 밀회소를 만들어 번개같이 주고받는 선물, 짜릿한 악수, 꽃봉오리 터지는 듯이 빵긋하는 눈, 회심의 미소. 그 소곤거림의 비밀을 누가 알랴.[18]

이 정도는 되어야 보통의 카페라 할 수 있을 터인데 그렇게 치면 하나코의 카페는 카페 축에 들지도 못한다. 실내장식이랄 것도 음악도 없고 종업원도 손님도 적다. 그나마도 오늘은 손님과 종업원 한 명씩이다.

> 여름밤 열시. 그것은 카페에 있어서 황금시각이다. 해 넘어가는 석양 수면에 나타나는 물고기떼와도 같이 현대의 젊은이들이 분냄새 나는 젊은 여자의 값싼 웃음으로부터 부서지는 환락의 부스러기를 찾아서 네 발 빼라, 내 발 데밀자 하고 들이미는 시각이다.

주석으로 틀을 해 댄 두툼한 유리문이 안으로 가볍게 밀리자 슬쩍 들어서는 남자 한 사람. "이랏샤이마세!(어서오세요)" 이 식탁 저 식탁에서 끓어나는 웨이트리스들의 육성은 명랑할망정 어디까지나 기계적이었다. 마치 풀리는 태엽을 따라 소리치는 레코드(축음기판)와도 같이.[19]

이처럼 신문 연재소설에까지 자주 등장하는, 카페의 대중적 풍경을 하나코의 카페에서는 찾기 힘들다. 이곳은 그저 현대식 주막일 뿐이다. 서서 먹고 후딱 가는 선술집도, 방석 깔고 기생과 노는 요릿집도, 그렇다고 우두커니 허공에 흩어지는 담배 연기와 실없는 소리 속에 시간을 흘리는 찻집도 아닌. 한림은 한창 유행인 문화주택에 빗대어 이곳을 문화주막이라 명명했다. 하나코 외에 누구에게 이야기한 적은 없이 그냥 혼자 그렇게 여기고 있다. 문화는 정치를 비롯하여 곳곳에 이름을 드리워 변종 문화인을 양성중이다. 조선스타일이다.

목로木壚 나무탁자 하나를 사이에 두고 서서 간단히 마시는 선술집은 재래식 주막의 계보를 이어 여전히 번창중이다. 일본인들도 자기네 다치노미와 비슷하다며 더러 애용한다. 서울에서 주막은 거의 사라졌지만 내외주점이란 변종이 생겨났다. 내외주점은 원래 생계가 막막한 여염집 아낙네가 문 사이로 팔뚝만 내밀어 술상을 건넨다는 의미였는데 이제 술상을 핑계로 골방에서 온몸을 걷어붙이고 수작을 벌이는 색주가나 다름없다. 이에 도전장을 내밀 듯 상스러운 업태 경쟁에 불이 붙어 업종을 불문하고 육체로 최종 승부하는 정체불명의 상행위가 속출했다. 우동 갈보집, 빙수 갈보집이 그 한 예다. 식당 갈보라는 용어도 나돈 지 오래다. 낯선 체험이 속출하고 있다. 전통에서 튕겨나온 사람들은 어리둥절 기웃기웃 모던으로 변태하고 있다.

자정을 기해 동경의 아사쿠사 관음당에서 제야의 종이 울린다고 한다. 하나코는 주방에 물을 올려놓고 라디오 수신기를 점검한다. 이 행사는 JODK 경성라디오방송을 통해 조선 전역에 70분간 중계된다고 한다. 처음 있는 일이다. 작년 제야 때는 남산 경성신사 아래 일본 절 동본원사의 종소리가 라디오로 흘러나왔다.

뜨거운 물에 담가뒀던 일본 청주 도쿠리 하나가 한림 앞에 놓였다. 카페에서 이런 번거로운 상차림은 잘 하지 않는다. 주로 맥주 아니면 위스키다. 병뚜껑만 따면 되기 때문이다. 사람들은 점점 편리를 원한다.

없는 기교를 다한 오색 전등이 구석구석 위험한 취객을 상대하여 꿈꾸듯이 앉아 있는 술 마신 계집애들을 지키고 있다. 향수와 연기의 키스. 방 안은 연녹색 불빛에 푸르다. 그러나 방 안은 묘지와 같이 이상하게도 울적하지 않은가. 테이블 위에 쌓이는 병과 대접의 시체. 영어 상표를 허리에다 두른 번지르한 양주병. '브랜디를 가져오너라.' '벨모트를 따라라.' 박꽃만치 작은 유리잔에는 40전짜리 파문이 웃고 있다. 폐부를 찌르는 듯 고함치는 계집들의 인사 소리를 따라 연방 갈아들고 나는 객의 물결. 점원, 학생, 중학교 선생, 기자, 모뽀, 부랑자…… 더러는 택시로 더러는 비틀거리는 걸음으로 잠자는 밤거리에 흩어진다.[20]

열한시를 지난다. 극장 상영이 끝나갈 시간이다. 단성사와 조선극장, 그리고 우미관이 토해낸 인파가 종로 3정목부터 2정목을 거쳐 종각 너머 1정목까지 파문이 일듯 종로 바닥에 퍼질 것이다.

회색광선이 스크린 위에 움직이기 시작할 때 우리는 진종일 격무에 시달린 피곤을 시원스럽게 잊어버린다. 프랑스 풍경이 나오고 영국의 산수가 비치고 대양의 고래사냥이 나오고 알프스의 백설이 보이고 러시아 청년들이 이야기를 걸고 구미歐米의 귀여운 여배우들이 해수욕복만 입고(중략) 활동사진이 우리의 고달픈 넋을 고히 어루만져준다. (중략) 고마운 것이 스크린에서 샘물같이 수없이 우리들을 향하여 흘러나온다.[21]

활동사진을 본 사람들은 조선 땅 어디서도 얻기 힘든 위안을 받는다. 활동사진에서 생활의 지침을 얻기도 한다. 모던보이나 모던걸은 활동사진에서 본대로 춤을 춘다. 사랑의 수단과 방식을 스크린에서 취한다. 짝을 고를 때도 발렌티노 같은 외국배우를 떠올린다. 외모도 점점 달라진다. 무엇보다 신여성들의 걸음걸이가 변했다. 여간 멋져진 것이 아니다. 걸음걸이에 혁명이 일어났는가. 한때 한림의 동료였던 이서구는 여인에 조예가 남다르니만큼 다음과 같이 분석한다.

> 전에 처녀들은 무릎 아래로만 걸었다. 그러나 지금의 처녀들은 넓적다리에서부터 전진을 한다. 그리하여 걸음마다 멋진 타입이 표현된다. 터벅터벅 활보를 할 때마다 그들의 눈동자는 무엇을 그리는 듯 또는 세상을 초개같이 보는 듯 두 가지 중 한 가지 빛을 나타낼 때가 많다. 그들의 걸음걸이에 마음이 쏠려 시선을 기울였던 사람은 다시 그의 동자에 넋을 잃고야 말 것이다.[22]

영화에서 본 대로 따라하는 세대에게 예절이니 규율이니, 듣기만 하여도 가슴이 막히는 케케묵은 수작은 파고들 틈이 없다고 이서구는 단언한다. 근래 여학생들의 풍기가 급변하는 데는 영화가 큰 몫을 했다고 자인한다.

> 러브신이 한창 달콤할 때 부인석에서 앳된 탄성이 들린다. 여학교 2, 3학년생들이 서로 허리를 꼭 끼고 '아이고' 소리를 연발하는 것을 나는 보았다. 성에 눈뜨는 처녀들이 변사의 달콤한 해설과 스크린에 비치는 사랑의 실연實演을 보고 가슴이 조용할 수는 없지

않은가.[23]

여학생들은 점점 멋을 부리고 화장품값은 날로 올라간다. 박승직 상점의 인기화장품 박가분은 혜안이 담긴 상품이었다. 활동사진 속 여배우의 몸짓을 표본으로 삼아 몸을 놀리는 것은 기생이나 웨이트리스나 여학생이나 마찬가지다. 그래서 서로 모습이 비슷해져간다. 요사이 처녀들이 기생보다 사내를 더 잘 후려서 기생들 설자리가 없다는 말도 나온다. 카페 여급들의 기승에 생계를 위협받는다고 기생들이 집단행동에 나설 태세인데 이제 모던걸까지 추격하고 있다. 이들은 서로에게 이질감과 함께 동질감을 느낀다. 할리우드의 세례를 받은 조선의 첫 세대이기 때문이다.

1910년생들이 막 10대를 벗어나고 있다. 인구 5백 명인 농촌, 할리우드가 로스엔젤레스에 병합되던 그해에 태어난 이들은 조선이 일본에 병합된 경술년생, 즉 '병합둥이'다. 1899년 기해년생인 한림과는 열한 살 차이지만 실제 세대차는 만만치 않다. 극단적으로 말하자면 서로 다른 나라에서 태어난 사람들 같다.

종이 울린다. 제야의 종이다. 108번 중 첫 종소리다.

동경에서 울린 음파가 일본 혼슈 땅을 가로질러 바다 너머 독도 위를 지나 반도의 허리를 횡단해 경성에 닿는다. 직선거리로 천백 킬로미터 남짓. 동경에서 큐슈 서남단 끝자락이나 홋카이도 북단까지보다 조금 더 가는 정도다. 라디오문화의 혜택이 아닐 수 없다고 관영 매일신보는 어제 신문에 썼다. JOAK 동경방송국이 제야의 종 일본 내 실황 중계를 시작한 것은 2년 전이다. 경성방송국이 호출부호 JODK로 첫 전파를 띄운 해였다. 1929년 연말, 조선에는 약 만 대의 라디오가 보급돼 있다. 1년 사이 54퍼센트가 늘었다.

백팔번뇌를 없앤다는 종소리를 들으며 한림은 천천히 정종의 향을 들이마신다. 도쿠리에서 잔으로, 손에서 목으로 전해지는 일본주의 온기를 느껴본다. 어릴 적 집에서 탁주 담글 때 항아리 속에 박은 용수 안에 고인 맑은 술맛과 비슷하다. 집에서 술 담그기는 벌써 10년도 넘게 법으로 금지되고 있다.

하나코는 특별 야식이라고 만든 메밀국수를 혼자 2인분째 먹고 있다. 섣달 그믐날 온 가족이 난롯가에 둘러앉아 자정을 넘기며 먹던 소바라 한다. 오사카 출신인 하나코의 아버지는 홋카이도로 이민해 현지 아이누족인 어머니를 만났다 한다. 하나코는, 눈이 깊고 코가 오뚝해 얼굴 윤곽이 뚜렷한 어머니를 닮았다 한다. 홋카이도를 개척하기 이전까지 혼슈의 일본인들은 홋카이도 원주민을 에조蝦夷, 하이라 불렀다. 과거 중화인이 만주 한반도 일대의 한인을 동이라 부른 것처럼. 홋카이도의 아이누는 외모나 풍습 모두 혼슈의 화인和人과 뚜렷이 구별된다. 눈썹이 길고, 눈과 눈썹 사이는 좁으며, 두 눈은 사이 간격이 좁고 쌍꺼풀이다.

개천 너머 저기 보신각 종은 울리지 않은 지 오래다. 10년 전 기미년의 3월 1일에 누군가가 한 번 크게 울리고 도망쳤다 한다. 그 이전에도 종은 오랫동안 울리지 않았다. 서른세 번 새벽종이 울리면 새 아침이 밝았고 스물여덟 번 야간 종이 울리면 사대문이 닫히던 시절은 그리 멀지 않은 과거다. 갑신정변과 청일전쟁의 풍운을 10년 간격으로 겪은 뒤 정신이 든 사람들이 종각 앞에 모여 만민공동회를 열고 러시아 침략정책에 맞서 자주독립을 수호하자고 고함치며 구국선언문을 국왕에게 올리던 게 30년 세월 저편이다.

물이 끓고 도쿠리 하나가 더 데워지고 마지막 백팔번째 종이 울린다. 자정이 넘어갔다. 자동차가 종로를 독주하는 시간이다. 이 시각의 자동차에는 대개 술집을 나선 남녀가 타고 있다.

짧았던 한림의 한 해가 길었던 마지막 이틀의 꼬리를 접고 완전히 넘어갔다. 또 꿈을 꾸었다.

여객선 부두다. 오륙도 돌아드는 연락선에서 어떤 이는 고개를 푹 숙이고 배를 내린다. 어떤 이는 감개무량한 표정이다. 누구든 부둣가에 위엄을 부리고 선 부산세관의 르네상스식 건물을 예외 없이 통과해야 한다. 붉은 벽돌과 화강석의 2층 건물 위에 다시 높다란 망루형 첨탑이 굽어보는 그곳에서 형사의 따가운 시선을 감내해야 한다. 시모노세키에서 한 번 시달리고 여기서 또 한번. 부산항은 그런 곳이다. 꿈속의 스무 살 한림은 부둣가에서 그 모양을 바라보고 섰는데, 돌연 꿈밖의 염상섭이 5년 전 출간한 소설과 심정이 겹쳐진다. 거기서 주인공은 마치 무덤으로 들어가는 심정이라고 말한다.

기미년 만세가 일어나기 직전 겨울이었다.

스탠드에 엎드려 잠이 든 한림을 누군가 깨웠다.

"원근이한테 안 가볼 텐가."

야근 기자였다. 오늘 임원근이 출소하는 서대문형무소로 간다 한다. 5년 전 잠시나마 회삿밥을 함께 먹은 같은 또래 임원근은 1925년 11월 공산당 일제 검거 때 체포되었다. 동맹파업으로 신문사를 떠난 지 6개월 만이었다. 그후 만 4년 넘게 감옥생활을 한 것이다.

하나코는 가게 문을 닫고 한림은 택시에 올랐다.

음력 섣달 초하루를 막 지난 새벽의 천변은 달그림자도 없이 적막하다. 밤사이 기온은 급강하했다. 어둠이 걷히지 않은 청계천에 희뿌연 얼음 기운이 느껴진다. 다리 아래 움막을 짓고 웅크린 거지들에게 시련의 기간이 다가왔다. 덥다고 투덜대던 사람들도 추우면 입을 닫는다. 사람 그림자 사라진 새벽 다섯시의 종로에 인력거 하나가 달려간다. 요릿집이나 카페에서 밤을 샌 종업원이나 손님이 탔을 것이다.

동대문에서 뻗어와 서대문정에 연결되는 종로 10리 대로는 고적하다. 가로등만 졸고 있는 인적 드문 새벽 거리는 몽환경 같다. 이러다가 곧 아침해가 돋으면 사람들은 또 부지런히 아침밥을 해서 먹고 무심히 이 거리를 지날 것이다. 해가 지면 다시 어제처럼 수런거릴 것이다.

경찰에게 새벽 다섯시는 가장 맹렬하게 활동할 시간이다. 보통 사람에게라면 가장 고단하게 잠이 어릿어릿할 그때가 사람을 찾고 잡기에 영락이 없는 시간인 까닭이다. 잡으려는 고통도 여간이 아니다.[24] 올여름 늦더위 속에 사회부장 현진건은 신문 연재소설에서 그렇게 썼다. 그의 셋째 형 현정건은 작년 상해에서 독립단원들과 함께 체포되어 압록강을 넘어 압송된 뒤 3년 형을 언도받아 지금 평양형무소에 수감중이다. 이광수 같은 사람을 문학동인으로 상종 말라고 준엄히 꾸짖던 그 형님이다. 그 이광수가 편집국장으로 있는 요즘이건 그 이전이건 줄곧 사회부장으로 일하면서 형님의 체포와 투옥과 수감 소식을 사회면에 실어온 현진건의 심사가 편할 리 없었다. 형님 때문에 마신 술도 꽤 된다.

차는 독립문을 돌아 현저동의 조그마한 언덕길을 올라 높고 붉은 벽돌담 앞에 섰다. 아치형의 커다란 형무소 문이 열렸다. 기자와 고등계 형사 들에 둘러싸인 임원근은 청진동으로 향했다. 그리고 말했다.

"자유 없는 감옥에서도 지리한 독방생활로 아무 접촉이 없는 단조한 생활이었기 때문에 복잡한 사회에 나오니 머리가 어찔할 뿐입니다. 더구나 나와보니 뜻 맞는 동지들은 거의 감옥에 들어가 있고 더구나 뜻하지 아니 하였던 선생들까지 수감되어 딴 세상 같은 느낌이 없지 않습니다."[25]

해방의 현기증이 찾아들었나 보았다. 어질한 시간이 지나면 잠시 멍해질 것이다. 지속되던 억압이 사라지는 순간 찾아드는 멍한 느낌. 억압이 있기 이전으로 돌아가는 길에 홀로 놓인 자가 느끼는 멀미를 동반한 단절감. 물속 깊이 잠긴 듯한, 공기 바깥으로 던져진 듯한 그 고적한 체험은 처음 옥에 갇힐 때 못지않게 기이할지도 모른다. 하룻밤 지나고 또 날이 가면서 그 부적응증은 옥중에서 밴 냄새와 더불어 서서히 사라지겠지만 다가오는 새날에 구토 없기만을 한림은 기원했다. 하나의 억압에서 벗어났지만 또다른 억압이 사라진 것은 아니므로 그의 앞길에 허탈감 없기를 바랐다.

임원근은 허헌과 그의 딸 허정숙이 사는 청진동 집에 머문다. 이 집에서 신간회 사람들이 모여 12월 13일에 일대 민중대회를 개최키로 모의한 것이 3주 전의 일이다. 그 연설자로 허헌과 홍명희와 한용운 외 여러 명이 내정되었으나 계획이 발각되어 집회는 금지되었다.[26] 신간회 집행위원장이자 임원근의 장인인 허헌은 얼마 전 신간회 간부들과 함께 형무소에 잡혀 들어와 법원을 오가며 검사의 심문을 받고 있다. 임원근의 아내 허정숙도 신간회의 자매단체인 근우회 간부로서 제2차 경성학생 시위운동에 개입한 혐의로 검거령이 내려져 있다.

임원근은 이번이 두번째 출옥이다. 일찍이 1922년 봄, 그는 박헌영과 함께 평양형무소에 수감되었다. 해외에서 조직된 공산주의 운동을 국내로 전파하기 위해 뱃길로 상해에서 압록강변 안동에 도착한 두 사람은 신의주로 입국할 틈을 엿보다 중국음식점에서 붙들렸다.[27] 1년 10개월을 복역하고 1924년 초 함께 출소한 임원근과 박헌영을 허정숙과 주세죽이 함께 마중나왔고 두 쌍 모두 얼마 지나지 않아 결혼했다. 그리고 봄이 되자 둘은 나란히 신문사에 입사했다.[28]

그렇게 1년을 보내고 1925년 봄, 조선공산당이 결성된 직후 임원근은 박헌영과 함께 신문사를 나왔다. 수감 전부터 주세죽과 박헌영은 부부였지만 출감 후 시골집에서 성대한 혼례식을 치렀다. 종묘 앞 은행원네 방 두 칸 셋방에 신접살림을 차린 박헌영은, 전조선기자대회 때문에 5백 명의 기자들이 북적대고 그보다 많은 경찰이 그 행사에 붙들려 있는 틈을 타 황금정 1정목의 중국요릿집에서 대낮에 전국의 비밀 조직원 열아홉 명을 모아놓고 조선공산당 창립대회를 가졌다. 이어 그날 밤 자정 훈정동 그의 신혼집에서 임원근 등 열일곱 명이 모여 고려공산청년회를 조직했다. 그러다 6개월 만인 1925년 11월 조선공산당 일제 검거로 박헌영과 임원근은 다시 함께 투옥됐다.

박헌영은 2년 만에 병보석으로 풀려났고 임원근은 만기를 채웠다. 1927년 11월 출감한 박헌영은 다음해 여름, 처가가 있는 함흥에 머물다 배를 타고 블라디보스토크로 탈출했다. 거기서 만삭의 주세죽은 곧 딸을 해산했다. 가을이 되어 세 식구는 모스크바에 도착했다. 흑해 연안에서 휴양기를 보낸 뒤 다음해인 1929년 초 박헌영은 소련공산당에 입당하고 공산주의 간부 재교육기관인 국제레닌학교에 입학했다. 주세죽도 모스크바 동방노력자공산대학에 입학했다. 박헌영은 영어로 강의가 진행되는 영어반 소속으로 올해 9월부터 2학년 과정에 들어갔다고 한다. 학업 성적은 좋은 편이지만 "극복되지 못한 관념적 성향이 현저하다"는 비판을 받았다 한다.

박헌영의 경성고보 동창생인 박열은 일본 법정에서 사형을 선고받았으나 무기수로 감형되어 복역중이다. 그의 동반자 가네코 후미코는 감형되고 열흘 뒤 동경 북쪽 지방의 우쓰노미야 형무소에서 죽었다. 자살이라고는 하나 그 동기와 정황은 분명치 않았다. 1926년 7월이었다.

선린상업학교를 졸업하고 일본으로 유학 갔다가 이내 상해로 옮겨간 1920년 말 이래 10년간 박헌영과 함께해온 임원근은 현저동 담장 밖에 툭 던져진 듯 지척의 서울 거리로 만 4년여 만에 다시 돌아왔다. 1920년대를 통틀어봐도 서울에서 자유인 신분으로 생활한 것은 불과 2년이었다.

"잘 가게."

한림은 떠나는 임원근을 향해 그렇게 마음속으로 인사하며 감옥 앞 인파와 갈라섰다. 몇 년 만의 만남이 새해 첫새벽에 이렇게 짧게 이루어졌다. 그는 앞으로 사회주의 활동을 계속할 수 있을까. 한림은 그런 생각을 하면서, 또 원근의 감옥 밖 생활도 변함없이 독방생활이 아닐까 생각해보았다. 조선의 콜론타이라 불리는 그의 처 허정숙에게 애인이 생겼다는 소문이 감옥 밖에는 이미 파다했다. 노동운동가이자 여성운동가이며 사회주의자인 알렉산드라 콜론타이는 그 모든 운동가가 흔한 소련에서도 유명인이지만 조선의 지식계

여성에게는 우상 같은 존재였다. 나혜석 같은 일단의 신여성이 미국과 일본, 프랑스의 자유주의적 여성해방론을 받아들인 것과는 결이 다른, 사회주의와 결합한 콜론타이식 여성해방을 체현하는 대변자 같은 존재가 허정숙이다. 이달 초 콜론타이 여사의 글이 신문에 실렸다. 「장래 사회의 연애와 결혼관」이라 제목한 글은 다음과 같은 내용이었다.

(전략) 자기의 마음에 없는 남자와 결혼한다는 것은 여자의 치욕이라 할 것이다. (중략) 여자에게 투표하게 될 세상이 되리라고 자신하는 바다. 그리하여 현대여성의 이상이 세계를 지배하게 될 것이며 남성도 여성의 이상에 부수되지 않을 수 없을 것은 명약관화의 사실이다. (중략) 신여성은 직업을 갖는다. 실업, 공업, 교사 기타의 직업을 갖게 된다. 해가 갈수록 자립적 생계를 영위하는 여자가 증가한다. 그리하여 그네가 경제적으로 독립적 생활을 하게 됨에 남자의 생활같이 인간으로서의 생활, 유위有爲의 생활을 하게 된다. 생활수단으로서의 결혼생활에서 해방되어간다. 재래식으로 남자의 애착심을 끌기 위하여 온아溫雅라든지 정조적 태도를 취할 것도 없게 된다.[29]

"여성의 운명이 나를 사회주의로 밀어보냈다"[30]며 19세기 말 사회주의에 입문한 이래 여성해방론을 펼치며 혁명소비에트연방 정부에도 깊게 간여한 콜론타이지만 그의 자유연애론은 일찍부터 남성 볼셰비키들의 반대에 부딪혔다. 그가 사회주의에 헌신한 지 30년을 넘긴 지금 소련의 1929년은 스탈린 일파가 착수한 제1차 5개년 계획과 더불어 공개적인 정치적 반대가 막을 내리는 분위기 속에 저물고 있다. 이틀에 걸쳐 연재된 콜론타이의 글은 이렇게 끝을 맺는다.

현대 신여성은 연애 착각의 중압에서 이탈하려고 노력한다. 그러므로 가정하여 말한다면 연애에 열중하여 실연의 비운에 부딪힌다 하더라도 장래의 행복에 조종弔鐘도 울리지도 않을 뿐 아니라 자기 생명과 바꾸지도 않는다. 자기의 비운을 정복하여 노력하며 활동한다. 독립적 생계를 수립하여 스스로 위안을 획득한다. 그리하여 보다 더 적당한 남성을 구한다. 이리하여 용감스럽게 되며 이지의 소유자가 된다. 이러한 여자가 즉 신여성이다. 장래의 여성은 이리 될 것이다. 신여성은 연애와 정감을 평가하며 로맨스에서 초탈할 것이다. (중략)

장래의 여성은 보다 더 마음이 넓어져 몸에 살이 오를 것이다. 보다 더 생활문제와 씨름할 것이다. 전부를 들어바치지 않는 연애라 할지라도 보다 의미 있는 연애를 신여성은 할 것이다. 현대의 여성이 경제적으로 독립되어간다는 사실을 남성은 체득해야 할 것이다. 예전처럼 남자는 여자를 사지 못할 것이다. (중략) 종래의 결혼생활의 파탄은 언제나 남자의 독단적 신념 즉 자기네의 처는 언제든지 자기네의 처라는 것과, 그네의 처는 그네를 배반

하지 못한다는 관념에서 기인된 바가 많다.[31]

서울 안에 있으면서 감옥 담장을 사이로 4년 넘게 떨어져 지낸 임원근이 그렇듯 이역만리 타국에서 골방에 붙어사는 박헌영 부부의 관계도 금이 가고 있다는 풍문이다.

모스크바에 정착해 공산주의 학업에 열중해온 박헌영과 주세죽은 12월 13일부터 일주일간 동방노력자공산대학의 조선 일본반 합동회의에 참석했다. 서울의 조선극장에서 러시아 연극 〈부활〉이 한창 열기를 돋우다 좌우합작 신간회의 삐라 살포로 중단되던 그 시각, 박헌영 부부는 모스크바에서 코민테른이 국비지원하는 세계 공산주의 지도자 양성학교의 토론회 첫날 일정을 이수하고 있었다. 주말도 없이 바로 다음날 박헌영은 전날의 기조발표에 대한 의견을 밝혔다. 조선 혁명의 성격과 추진 세력의 문제, 노동조합운동, 공산주의운동 내의 종파투쟁문제 등을 언급했다. 그리고 비판을 받았다. 노동운동의 지도 조직인 조선노동총동맹을 과대평가한다는 지적이었다. 그 근거로 원산총파업 당시 노동총동맹이 무용하였음이 거론되었다. 또한 노총은 어용노조가 설립되어도 침묵만 할 정도로 지금 대중의 혁명운동을 지도하지 못하고 있다는 지적이 뒤따랐다. 박헌영은 자아비판했다. 이에 재비판이 쏟아졌다. 작년에 종파투쟁에 참여한 과오를 지금 시인한다고 말하는데, 말로만 해서는 안 되고 광범위한 자기비판이 수행되어야 한다는 것이었다.

저마다 한마디씩 기나긴 비판이 이어졌다. 조선공산당의 창건자인 박헌영의 권위는 여기서 인정되기 힘들었다. 수년간 감옥 안팎에서 벌여온 국내의 투쟁 경력은 칭송보다 비판 소재로 작용했다. 비판자는 다들 조선인 혹은 조선족이었다. 참석자 마흔다섯 명 중 마흔 명이 조선 사람이었다. 여기서는 박헌영이라는 이름 석 자조차 통하지 않았다. 그는 이춘이라고 불리고 있었다. 그의 호 이정이 러시아어로 표기되는 과정에서 그렇게 발음되는 모양이었다. 그의 처 주세죽은 아예 러시아 이름을 사용했다.

모스크바의 겨울바람은 매서웠다. 지금까지 활동했던 서울이나 상해와는 비교조차 할 수 없었다. 동지들의 광범한 자기비판 요구에 부응이라도 하듯 매일같이 동지들과 밤새 무슨 사업을 벌이고 자정이 넘어서야 귀가했지만 그가 온기를 기대할 상대는 처와 딸뿐이었다. 그마저도 언제부턴가 동지 김단야와 처가 체온을 나누는 것 같았다. 코민테른에서 동양부 조선 담당 조사관으로 일하던 김단야는 박헌영 부부와 숙식을 함께하며 지내던 중이었다.

그는 모른 체했다. 그리고 계속 열심히 공부했다. 배운 것을 단정하고 세련된 영어 필기체로 소련제 노트에 정서했다. 변증법적 유물론의 원리와 여러 범주에 대해, 그리고 논리학, 인식론, 사적유물론, 계급과 계급투쟁, 국가와 혁명에 대해…… 경성고보 재학기간 내내 YMCA에서 미국인에게 방과 후 영어교습을 충실히 받아 학과목 중 최고 점수는 언제나 영어였던 그였다. 상위 10퍼센트 이내의 석차를 줄곧 유지하며 최고 명문학교를 졸업한 지 10년이 지난 지금 기독교청년회와는 대척점에 있다 할 소비에트 간부 아카데미에 그는 있다.

그가 수학중인 국제레닌학교 교수단은 그에 대해 실천적 경험이 박약하며 그래서 지나치게 학구적이며 도식적인 성향이라고 지적했다. 낮은 수준의 일상적인 대중적 사업과 밀착하라는 처방도 아울러 했다.

조선에서 가장 실천적이라 평가받던 인물이 여기서는 관념적이라고 지적받았다. 모스크바에는 서울과 다른 바람이 분다. 박헌영의 1929년 12월이 그렇게 지나고 있었다. 그의 나이 서른 즈음이었다.

한림은 독립문을 바라보며 걸어내려간다. 등뒤로 서북쪽 무악재 언덕을 넘어 몰아치는 새벽바람이 매서웠다. 중국으로 간 여기자 이현경은 이 추위에 지금 어찌 지내는지, 한림은 불현듯 그 동갑내기 신문사 동료를 떠올렸다. 함께 북경으로 떠난 남편 안광천은 거기 인사들과 함께 조선공산당 재건동맹을 조직했다는 풍문이 최근 들려왔다. 조선공산당 책임비서를 역임한 안광천은 그 망명지에서 코민테른이 1년 전에 내린 12월 테제라는 이름의 조선공산당 재건 지령에 따라 활동중이라 한다.

이현경과 함께 3년간 신문사 동료 기자였던 한위건도 이현경의 남편과 함께 거기서 당 재건운동을 벌이고 있다는 소식이다. 한위건의 처는 이현경의 절친한 친구 이덕요인데, 그 역시 여의사 생활을 접고 남편 있는 중국으로 건너갈까 고민중이라 한다.

경성의학전문학교 대표로 3·1운동에 참가했던 한위건은 상해로

가 임시정부 수립 때부터 실무에 간여하고 일본에 유학한 뒤 귀국해 기자로 일하며 조선공산당에 입당했다. 역시 경성의학전문학교를 마치고 집안의 가업을 이어 의사의 길을 걷던 안광천은 사회주의를 접하면서 일본으로 건너가 본격 사회주의자로 변신해 오늘에 이르렀다.

일본의 세례를 받고 조선의 엘리트 청년이 되어 1920년대를 분주히 보낸 이들은 이제 1930년대를 중국에서 맞게 되었다. 동경에 건너간 지식인들은 때가 되면 귀국하는데 북경이나 상해로 간 이들은 돌아오지 않는 경우가 많았다. 그들은 무엇을 찾아가는가.

한림은 하릴없이 유행가 한 구절을 떠올리는 심정이 되었다. 2년 반 전 이현경이 그 훤칠한 키로 낮은 편집국 문을 들어서던 때 한창 유행하던 윤심덕의 곡이었다.

광막한 황야에 달리는 인생아
너의 가는 곳 그 어데냐
쓸쓸한 세상 험악한 고해에
너는 무엇을 찾으러 가느냐

저멀리 남산 왼쪽 자락 위로 희뿌옇게 동이 튼다. 19세기가 끝나갈 무렵 세워진 석조구조물 위 이마에 새겨진 독, 립, 문. 세 글자가 그 빛을 받아 윤곽을 드러내고 있다.

새해 오전이라고 해서 별다를 것도 없다는 듯 사회부는 언제나 같은 풍경이다. 신년 가두 스케치 기사가 준비중이다. '조선인 거리에는 설 같지도 않은 설. 남부 일대에만 신년 기분이 농후해'라는 부제가 달려 있다.

서울의 새해 첫날을 보자. 먼저 저 남쪽부터 보자. 집집마다 문 앞에 송죽을 꽂았다. 깃발을 달았다. 떡을 쳐서 먹고 악귀를 쫓는 도소屠蘇의 술을 마신다. (중략) 사람들은 새 옷을 입었다. 옷깃을 펄펄 날리며 기운차게 걸어다닌다. 웃는 낯으로 새배를 한다. 즐겁지 않으냐.

진고개 본정통의 좁은 길이 터질 듯하다. 하늘 닿게 높은 집이 딸깍딸깍 나막신 소리에 진동한다. (중략) 종로 네거리엔 등을 구부리고 으스러진 조선인이 어정거린다. 상점은 진열상의 칠이 벗겨지고 상품에 먼지가 케케하게 앉았다. 먼지 털던 점원이 손이 시려서 떨채를 놓고 입김으로 두 손을 녹인다.[32]

1930년 1월 1일은 12월 31일의 연장선일 뿐이라고 새삼 알려주는 기사도 있었다.

종로경찰서 고등계에서는 정초인 1월 1일에도 쉬지 않고 사복

형사대를 시내 각 학교에 파견시켜 엄중한 경계를 하였다는 바 그것은 수일 전 사건 발각으로 검거된 제2차 시위운동사건도 있는 동시에 이날은 각 학교가 학생들을 모아가지고 신년축하식을 하는 터이므로 혹 무슨 일이나 있지 않을까 하여 그같이 경계를 한 것이라더라.

미몽의 시대가 열리는가. 작취昨醉가 미성未醒은 아닌 듯한데 부질없는 생각이 스친다. 언젠가 독립이 된다면 이제 한 해가 지났으니 그만큼 더 그날이 가까워졌다고 해야 맞을 것이다. 논리적으로는 그럴 것이다. 그런데 독립의 가능성은 점점 멀어져가는 듯하다. 심정적으로는 그렇다. 시절은 점점 혼미해지고 인심은 날로 미혹해진다. 미망迷妄의 시대로 접어드는가.

이렇게 1930년대가 되는 것인가. 실감이 나지 않는다. 벌써 20년 동안을 병합된 땅에서 해를 보내고 맞았다. 병합의 기간이 얼마나 남았는지 묻는다는 것은 여기서의 내 삶의 시간이 얼마 더 남았느냐를 묻는 것이나 마찬가지일 것이다. 병합이라는 말조차 모르고 살아온 사람들에게 병합은 어느 날 찾아왔고, 병합이 무엇인지를 비로소 알게 된 사람들은 이제 병합에서 벗어나는 그날이 언제일지 모른 채 살고 있다.

한림의 마음은 자꾸 10년 전으로 거슬러올라간다. 1920년 서울의 봄. 처음 신문사 생활을 시작하던 그때를 떠올린다.

만 스물한 살의 한림이 낯선 서울에 올라와 신문사에 출근하게 된 1920년이었다. 홋카이도를 떠난 열일곱의 하나코가 오사카를 거쳐 부산을 거쳐 서울로 홀로 월북한 그해였다.

2부

1920년 4월 서울

7장

밀려오는 개조의 물결, 피어나는 자각의 불길

안국동에서

1920년 3월 31일.

봄비를 맞으며 한림은 야트막한 비탈길을 내려간다.

남으로 안국동 네거리를 향해 내리뻗은 길은 곧고 길다. 이틀 연달아 내린 비에 기온은 떨어졌다. 화동의 기와집 낮은 담장 밖으로 삐져나온 목련 가지 하나가 찬비에 흔들린다. 꽃을 부르는 비라기에는 어쩐지 궂은 날씨다. 날로 다사로워지는 봄볕을 따라 금세 터질 듯 방긋대던 검지손가락 끝마디만한 꽃봉오리는 찬비에 놀라 움츠러들었다. 가늘지만 꾸준히 내리는 비가 목덜미에 닿는 느낌이 선뜩하다.

춘래불사춘. 봄은 왔지만 봄 같지가 않다.

사이비. 겉으로는 그런 듯하나 실제로는 아니다.

한림은 문득 그런 구절을 떠올리며 안동별궁 담장 곁을 지난다. 두터운 돌담이 두 길도 더 되는 높이로 한참 펼쳐진다.

여기가 어딘가. 지금 창덕궁에 계신 이왕 전하가 두 차례 혼례를 올린 곳이다. 세자빈을 맞는 경사스런 가례를 위해 고종과 명성황후는 이 별궁을 마련했다. 전국에 혼인을 일시 금지시켜 엄선한 규수들은 여기서 세 번의 간택 행사를 치렀다. 그중 좌찬성 민태호의 딸 민씨가 최종 낙점되어 여기서 석 달간 신부수업을 받고 궁중예법을 익혔다. 그뒤 혼례를 올리고 세자빈이 되어 입궁하였다.

일찍이 세종이 여덟째 아들을 위해 이 별궁 터를 잡았는데 그후 대대로 대군과 공주 들이 머물렀다. 세종은 이 집을 지은 뒤 몸져누웠는데, 이곳에서 지내기를 원해 이리로 거처를 옮겼다가 열흘 뒤 승하했다고 한다.

세종의 자식 사랑 못지않은 열정을 고종과 명성황후는 아들에게 쏟았다. 혼인한 지 다섯 해 만에 어렵게 얻은 첫 원자를 닷새 만에 잃었던 터라 3년 후에 다시 얻은 원자는 돌이 되기 무섭게 세자로 책봉했다. 원만한 책봉을 위해 미리 청나라 조정에 청원도 넣고 청국 주재 일본 공사를 통해 지원도 부탁했다. 1875년. 병자수호조약으로 일본에 개항하기 한 해 전이었다. 이해의 설날, 세자 책봉을 앞둔 벅찬 기쁨을 고종은 이렇게 전했다.

올해는 바로 우리 태조 대왕께서 탄강하신 지 아홉 갑자가 돌아오는 해다. 원자도 어느덧 자라나 세자로 책봉하는 예식을 이해에 거행하게 되니 나라의 근본을 확고히 하고 선대의 위업을 빛나게 하는 의의가 있다. 그리고 자전께서도 매우 기뻐하면서 우연한 일이 아니라고 말씀하셨다.[1]

역대 조선 왕조 혼례 중 가장 화려하고 성대했다는 이 가례식을 거쳐 고종 내외는 1882년 초, 세자빈을 맞이했다. 시집온 지 다섯 달 만에 임오년의 군란을 맞아 폭도로 변한 군인들을 피해 시어머니가 궁궐 밖으로 대피했음을 알고 망연자실하던 세자빈은 한참 뒤 난동을 평정한 청나라 군대에 의해 시골 피난생활을 접고 생환하는 동성동본의 시어머니를 상봉했다. 두 해 뒤에는 갑신년의 정변을 맞아 시부모가 이 궁궐 저 대궐을 전전하며 하루는 일본군, 또 하루는 청국군의 보호를 받으며 피신하는 광경을 목도했다. 그후에도 하나밖에 없는 며느리로 국왕 부부의 귀여움을 받으면서도 살얼음 위를 걷는 기분이었던 세자빈은 10년 후 갑오년의 격변과 혼란을 거쳐 마침내 다음해 을미년의 참상을 온몸으로 겪고는 육신과 정신이 파탄상태가 되어 온전치 못한 여생을 이어갔다. 조선의 국모를 잃은 지 두 해 뒤 조선의 국호가 사라지고 민씨는 새로 대한제국의 황태자비에 책봉되었다. 죽은 민비는 뒤늦게 명성황후로 추존되었다. 그리고 민씨는 시어머니 사후 9년 뒤, 을사년이 되기 한 해 전에 서른세 살로 세상을 하직했다.

을사조약 다음해에 황태자는 계비인 윤씨를 들이는 두번째 가례를 이곳 별궁에서 올렸다. 1907년에 황제로 즉위하나 3년 만에 대한

제국이 없어져 10년째 이왕李王으로 창덕궁에 거주하고 있다.

안동별궁은 일없이 비어 있고 본채 전각 주위로 늘어선 부속건물에는 상궁들이 거처하고 있다. 여관女官이라 불리던 이들의 기세등등함은 이제 찾을 길 없다. 그들의 시선은 마지막 호롱불처럼 창덕궁 하나만 바라볼 뿐이다. 이미 많은 상궁 나인들이 오래전 궁궐을 떠났다. 이들은 명월관을 위시한 요릿집에서 궁중음식을 선보이거나 낙원동 떡집에 궁중떡 제조법을 전수하며 여생을 보내고 있다. 대중에게 궁중복식을 선보이는 나인들도 있다. 사설 국악원에서 궁중아악을 전수하는 악공들이나, 견지동과 인사동 주위에서 생계를 이어가는 도화서의 화원들과도 처지가 비슷하다.

언감생심 꿈속에서라도 넘보지 못했던 구중궁궐의 의식주가 이제 만백성에게 공개되고 있다. 나라를 잃었다고 울부짖었지만 실은 임금을 잃은 것이었고 그를 옹위하며 백성의 세금으로 녹봉을 받던 관리들이 교체된 것이었다. 국권을 잃었다고 가슴을 쳤지만 실은 왕권을 잃은 것이었고 일상생활의 규율을 정하는 권력의 주체가 바뀌었던 것이다. 조선인 사이에서의 권력교체가 아니었다는 게 문제였고 미증유의 사태였다. 왕도王都인 한성의 백성은 경기도 경성부의 부민이 되었다. 궁궐 밖 백성들은 이제 빈 궁궐에 들어가보기도 한다. 그들은 국부를 잃었고 동시에 압제자를 잃었다. 그리고 새로운 압제자를 맞이했다. 통치 혹은 통제의 형식이 달라졌다. 안동별궁은 매년 북촌 주민들이 예방접종을 받는 공설 접종소가 되었다. 백신 맞을 때 한 번, 며칠 뒤 접종이 잘 되었는지 검사하러 또 한번 들르는 곳이 되었다.

일반 민간에 위생관념이 철저하지 못하여 예방할 생각이 아주 적음에 말미암아, 몹쓸 천연두로 훌륭한 얼굴과 육체의 완전한 아름다움을 손실함이 많으니 크게 주의하여 예방할 필요가 있겠다. 특히 천연두는 우두牛痘만 넣으면 걸리지 않는 법인데 우두도 넣기를 싫어하는 일은 실로 잘못된 관념이니 단연 그 관념을 버리고 우두 넣기를 힘쓸 것이라. 금번 종로경찰서에서 시행할 봄철 종두 일자는 양력으로 4월 12일부터 나흘간 시행하는데 일자와 시간과 처소와 구역은 별기한 표와 같으니 종로경찰서 관할구역 안의 인민은 빠짐없이 우두를 넣게 함이 좋겠다 한다. △12일 단성사 △13일 안동별궁. 18일 안동별궁에서 검사.[2]

기관별 행사 중에서 생활 정보를 골라서 기사양식에 맞춰 정리하는 일이 한림의 업무 중 하나다. 그러면 경력 있는 기자가 그걸 한번쓱 보고 토를 달거나 고쳐서 사회부장에게 올린다. 한림은 편집국에 서무로 입사했다. 편집국의 살림살이를 돕고 타 부서와 업무 연락을 하고 사내외 각종 잡무를 처리하고 어린 사환들과 청소도 함께한다. 창간 준비로 바빴던 3월에는 일손이 부족한 기자들을 도와 취재 보조도 하고 교정도 보며 이런 간단한 안내 기사까지 작성했다. 한림은 이 일이 처음이고 서울에 올라온 지도 얼마 되지 않아 아직 물정에 어둡다. 기자들 중에는 매일신보에서 이미 잔뼈가 굵은 베테랑도 있고 일본신문에서 활동했던 이들도 있다. 굳이 신문일이 아니라도 외국에서 유학과 예술 활동 등을 통해 견문을 넓히고 온 사람들도 있다. 저마다 쟁쟁한 이력을 자랑하는 기자들은 거의 20대였다. 기자들 중에서 가장 젊은 이서구는 한림과 동갑이라 했고 유광렬은 한 살 위, 염상섭은 두 살 위라 했다.

한림은 가슴께가 복받쳐오르는 듯한 기분을 느끼며 안동별궁의 높고 긴 돌담을 벗어났다. 오늘 일은 일단 끝이 났다. 첫 신문이 나오는 날이다. 오랫동안 준비해온 창간호 대면을 앞두고 다들 흥가분하면서도 긴장된 기분이다. 신문이 인쇄될 동안 잠시 회사를 빠져나와 가까운 주변이라도 둘러보며 마음을 추스르고 싶었다. 수요일 오후였다.

경성은 그에게 낯선 곳이다. 화동의 신문사에서 남쪽으로 내리뻗은 이 길을 내려와 안국동 네거리에 설 때마다 한림은 서울이 왜 서울인지 알 것 같았다. 북악의 줄기를 병풍 삼아 왼쪽 동편으로는 창덕궁이, 오른편 서쪽으로는 경복궁이 지척이다. 그 옆으로 학의 날개처럼 펼쳐진 인왕산과 낙산이 종묘와 사직을 품고 있다.

사통팔달의 안국동 네거리에서 남산을 바라보며 서서히 낮아지는 길을 따라 남으로 내려간다. 안개비 너머 남산은 신라와 가야와 백제의 고분처럼 부드러운 상체를 소담스레 드러내고 있다. 견지동

대로를 따라 종로 네거리에 이르는 5백 미터 남짓한 이 직선 구간이 한림에게는 경성에서 가장 익숙한 길이다.

길의 오른편을 따라 걷는다. 조만간 우측통행이 시행되리라 한다. 우, 마, 차가 뒤섞여 복잡해지는 도시의 대로에서 인간이 가야 할 길과 그 방향에 대한 규칙이 마련되었다. 보행자는 보차도가 구분된 곳이건 아니건 길 오른편으로 걷도록 유도된다. 조선 역사상 처음 있는 일이다. 계도기간을 거쳐 남촌 본정경찰서 관내에서 먼저 시행한 뒤 북쪽 종로경찰서 관내로 확산할 것이라고 한다. 5월 중 게재될 안내 기사문이다.

최근 교통기관이 현저히 발달되었는데 시민들이 법규를 지키지 아니하기 때문에 뜻밖의 화를 입는 일이 자주 생기므로 본정경찰서에서는 5월 11일부터 보행하는 사람의 우측통행을 실시한다 함은 이미 본보에 기재한 바이다. 한편으로 경찰관 파출소에 한층 엄중히 단속하라고 지시하고 한편으로는 각 정·동 대표에게 시민의 주의사항을 다음과 같이 간곡히 의뢰하였다. 사람 통행하는 길과 거마 다니는 길이 따로 있는 곳에는 보행하는 사람은 반드시 길 오른편으로 통행할 것, 사람 다니는 길과 거마 다니는 길의 구별이 없는 곳에서는 보행하는 사람은 길 오른편으로 통행할 것, 길에는 때때로 물을 뿌릴 것, 아이들은 길에서 장난하지 못하게 할 것, 다섯 살 미만 어린아이를 보호자 없이 길에 다니지 못하게 할 것, 길에다 수레나 기타 모든 물건을 늘어놓지 못하게 할 것, 길

에서 허가 없이 무슨 일을 하건 교통을 방해하는 일을 하지 말 것.[3]

한 건물 앞에서 한림은 잠시 멈췄다. 이곳에 한성도서주식회사가 입주할 예정이라 한다. 출판은 물론 인쇄와 판매를 총괄하는 기업형 출판회사로 한 달 뒤 출범한다고 한다. 지금까지 볼 수 없었던 일이다. 자본금 30만 원. 한림이 소속된 신문사의 자본금이 1백만 원인데 그나마도 주식 모집이 순조롭지 않아 주식회사 설립이 지연되는 형편이다.

'우리의 진보와 문화의 증장增長.' 그런 기치를 내건 한성도서는 각계 인사들로 임직원을 구성하고 광화문통에 임시 사옥을 마련해 이미 운영에 들어갔다. 단행본 발간과 잡지 발간에 주력한다는데 그 시작으로 월간지 『서울』이 막 간행되었다. 뒤이어 학생잡지 『학생계』가 5월 발행을 앞두고 있다. 부녀잡지 『가정』도 7월 발행 예정으로 편집작업중이라 한다. '언론잡지'를 표방한 종합지 『서울』은 인쇄분이 조기에 매진되리라는 전망이다.

『개척開拓』 『여자시론女子時論』 『서광曙光』 『현대現代』 『여자계女子界』 등 이미 다양한 잡지가 앞다투어 나왔다. 잡지의 종류도 점점 풍성해진다. 병합 이래 작년까지 10년간 외국인과 내국인이 펴내는 잡지의 절반은 종교를 소재로 했다. 그러다 지난겨울부터 상전벽해가 일어났다. 그동안 동인지 성격의 몇몇 문예지가 하나둘 눈치보듯 나오다 들어가곤 했을 뿐, 시사문제를 곁들인 잡지까지 쏟아지리라고는 1년 전만 해도 상상도 할 수 없었다.

7월 개업을 앞두고 있는 조선도서주식회사도 자본금 25만 원으로 창립준비작업이 한창이라 한다. 한성도서와 쌍벽을 이루리라는 세간의 예상이다.

갑자기 다가온 이러한 변화는 3·1운동의 결과물이었다. 그 소요와 희생의 결과로 사회, 경제, 문화의 각 방면에서 중요한 제도 변화가 뒤따랐다. 그중 하나가 출판시장의 통제 완화였다. 10년 동안 중단되었던 민간신문의 발행이 허가된 것과 같은 맥락이었다.

80미터쯤 더 내려가면 오른편으로 사잇길이 나온다. 비스듬히 올려다뵈는 곧바른 길 막다른 곳에 보성학교 후문이 멀찍이 보인다. 그 안에 보성사도 있다. 천도교에서 운영하는 보성사는 최남선이 운영하는 신문관과 함께 지난 10년간 암흑기 출판계를 짊어졌다.

1910년 설립 이래 적자가 누적된 보성사는 천도교의 자금력에 기대어 겨우 버텨오고 있다. 경영진이 손병희에게 폐쇄를 건의했을 정도라 한다. 1907년 문을 연 신문관 역시 최남선이 부친에게서 받은 자금을 소진하며 버틴다. 책을 쏟아낼수록 돈은 말라간다. 일본과는 다르다. 도서 판매에서 부동의 1위는 여전히 족보책이다. 세계 어느 곳에서도 유례를 찾기 힘든 일이라 한다. 신소설과 고대소설이 그뒤를 잇고, 옛 유교 경전과 문집이 그다음이다. 10년 전, 20년 전과 크게 달라진 점이 없다.

언론 출판의 자유가 보장되지 않은 지난 10년, 신문관은 잡지 외에도 거의 모든 분야의 서적들을 다양하게 펴냈다. 보성사 또한 각종 서적을 간행해왔다. 한림이 청소년기에 읽은 상당수의 책들이 이 두 곳에서 만들어졌다. 하지만 이곳들도 이제 한성도서나 조선도서 같은 회사의 기업적 분위기에 밀려 한발 비껴서는 느낌이다. 1910년생과 1920년생은 매우 다르다.

1910년대의 출판을 대표했던 최남선과 손병희는 지금 감옥에 있다. 최남선이 쓴 독립선언서는 신문관에서 조판되어 보성사에서 인쇄되었다. 그들이 주도한 3·1운동의 희생으로 미약하게나마 출판과 언론의 통제 완화라는 결과물을 얻었다. 이를 토대로 생긴 1920년대의 도서와 신문 잡지가 언론 출판의 제한된 자유 속에서 막 태동하고 있다.

양복점을 비롯한 각종 상점들이 도로를 따라 이어진다. 일본 상점들도 많다. 우측 수송동 쪽으로 들어가는 길을 건너자 경성지방법원이 성큼 다가선다. 재판소 담장을 따라 양복점과 모자점을 위시한 다양한 상점들이 줄줄이 이어진다.

"조선인 목욕탕 하나 없는 경성에 이발소는 많고 양복점, 양화점이 즐비하다." 천도교 청년회의 박달성은 그런 말을 하곤 했다. 그는 조선인의 기풍을 두고, 어떻게 하면 남에게 곱게 보일까 늘 궁리한다고 이야기했다. 한림은 그를 이번달 천도교당 강연회에서 처음 만났다. 천도교는 지난해 9월 교리강연부를 만들었는데, 이를 개편해 올 3월에 청년회를 발족했다. 경성은 물론 전국을 돌며 순회강연을 벌이고 있다.

"조선인이 세운 도서관 하나가 없는데 주점은 셀 수 없이 늘어가고, 집집마다 방방에 있는 것이라곤 신소설과 가요노래집뿐, 실생활에 귀감이 될만한 서적은 보기가 힘들다."

박달성은 계몽강연에서 그런 말을 종종 한다.

법원 담장가의 인력거 대기소를 지나 법원 입구에 닿는다. 저마다 사연 하나씩 들고 이 스산한 곳을 분주히들 드나든다. 전차는 무심히 종로 네거리를 지난다. 한림은 동쪽으로 길을 건너 모퉁이 2층 목조 건물인 화신상회 앞에 선다. 거기서 남쪽 건너편 보신각 앞에는 행인들이 노점을 둘러싸고 구경 삼매에 빠져 있다. 종로 2정목 쪽으로 눈을 돌리면 종로경찰서와 기독교청년회관 아래 행인들이 분주히 오간다. 종로경찰서 정면 옥상 위로 힘차게 솟은 원통 돔형 첨탑의 정면과 측면에 부착된 둥근 시계는 네시 반을 알리고 있다. 한성전기회사 시절 이래 건물의 주인은 몇 번이나 바뀌었지만 저 시계는 벌써 20년 넘게 변함없이 제자리다. 저 시계 때문에 종로경찰서는 속칭 시계집으로 불린다. 한림은 종로 네거리를 버리고 북쪽으로 몸을 돌려 오던 길을 반대편으로 거슬러오르며 발걸음을 재촉한다. 인사동을 바라보는 공평동을 지나 관훈동을 바라보는 견지동으로 오른다.

견지동에 들어서자 집에서 나선 듯한 윤치호가 마주쳐 지나간다. 사뿐한 걸음, 날씬하고 꼿꼿한 체격. 작은 키에 가는 눈, 유달리 번쩍이는 안경. 길고 듬성한 수염이 눈에 들어오는 그는 쉰다섯 살이지만 40대 초반으로 보인다. 종로 네거리 쪽으로 활발하고 경쾌하게 내려가는 그 걸음은 아마 기독교청년회관으로 향할 게다. 병합 이후 최대의 시국사건에 연루돼 3년간 호된 옥고를 치르고 1915년 출옥한 뒤로는 주중에는 종로 YMCA에서 일하고 주일에는 도렴동의 종교교회에서 예배 보는 일이 그의 생활의 중심이다. 자동차건 인력거건 어지간해서는 탈것에 의존하지 않는다고 하는데 그래서인지 교회까지도 걸어간다.[4]

어쩌면 은행에 가는 길인지도 모른다. 대를 이은 대부호지만 푼돈도 꼬박꼬박 저축하는 것으로 유명하다. 식전 산보를 거르지 않는다 하니 혹시 산보하러 나온 것인지도 모른다. 단골 코스인 가회동 취운정 꼭대기에서 체조하고 가는지도.[5] 조선에서 미국에 대해 그만치 잘 아는 사람이 없고 영어를 그만큼 잘하는 사람이 없다지만 그는 거의 조선옷 차림이다. 추운 날이면 겉옷만 서양식 외투를 걸친다.

들리는 말로는 비 오는 날이면 꼭 장화를 신고 가만가만 마른땅을 골라 다닌다 한다. 이슬비 그쳐 먼지 없이 촉촉한 길을 그는 가벼운 발걸음으로 내려간다. 저기 종각 네거리에 22년 전 그가 만민공동회의 열기를 뿜어내던 광장이 있다. 19세기 말이었다.

아까 걸어내려왔던 보성사 입구와 그 위 한성도서 예정지 중간쯤에 우정총국 옛터가 보인다. 근대적 우편제도를 담당할 예정이었던 우정국 낙성식 축하연회장에서 개화당 행동대와 일본인 협력자들이 갑신정변을 벌여 우정국은 막 연 문을 다시 닫았다. 영국, 홍콩,

일본과 맺은 우편물교환협정은 쓸모없어졌고 발행한 다섯 종의 우표도 써볼 길 없어졌다. 조선의 우편제도는 말죽거리나 청파역 오가는 구식 역참방식으로 되돌아갔다. 11년 뒤인 1895년 일본식 개혁이 마무리될 때쯤에야 근대식 우편제도는 다시 시작되었다.

윤치호는 갑신정변의 주역인 김옥균, 박영효, 서광범과 일본 유학 시절부터 각별히 친했다. 그는 미국 초대 공사 루시어스 푸트의 통역주사로 우편행정 개막식장에 참석했다가 그 파국의 현장을 고스란히 목격한 뒤 상해로 피신했다. 윤치호는 정변에 직접 가담하지는 않았지만 그의 아버지 윤웅렬은 형조판서에 임명되었다가 삼일천하가 끝난 뒤 유배되었다.

거사 직전까지 김옥균과 서광범은 푸트 공사에게 도움을 청했다. 그들에게 푸트 공사는 성급히 앞으로 나아가 개화에 방해가 되지 않도록 하라고 당부했다.[6] 다시 말해 급진 개화파가 개화를 망치는 일이 있어서는 안 된다는 뜻이었다. 이런 대화는 모두 윤치호를 통해 통역됐다. 그런 일을 겪은 뒤 중국으로 떠나 3년 반을 머물다가 미국으로 건너간 윤치호가 상해로 돌아가 중국인과 결혼해 함께 귀국한 것이 1895년이었다. 만 10년간의 외유였다.

견지동 길 막바지에 이르렀다. 다시 안국동 네거리다. 관훈동과 인사동이 갈라지는 모퉁이 동덕여학교 운동장 한편에서 소녀들이 사방치기를 하며 놀고 있다. 발그레한 뺨에 댕기를 나풀거리며 납작한 돌을 차고 한쪽 다리로 깨금발을 뛰고 있다. 내일은 개학날이다. 지난주에는 졸업식이 있었다.

관훈동 내려서는 길목에서 행인들이 모여 웅성거린다. 시비가 붙은 모양이다. 오십가량 된 갓 쓴 노인과 삼십가량의 모자 쓴 청년이 서로 밀고 당기며 험한 말을 퍼붓고 있다. 조선인은 주로 말로 싸운다. 싸우는 방식은 주로 말꼬리 잡기다. 육체적 언어의 한계선이 대개 멱살잡이인 것처럼. 조선어는 대개 말꼬리가 길고 다양하다. 말의 몸통보다 꼬리에 더 영향을 받는다. 변화무쌍한 토씨와 어미는 감정을 쉽게 자극한다. 노래 부르기 딱 좋은 말이다. 뜻을 전하는 몸통말은 주로 한자어에서 왔고 어미가 주로 토산이다. 똑같은 의미라도 말꼬리에서 확 바뀐다. 누가 말리자 신식 모자를 쓴 30대는 이제 말리는 사람을 상대로 시비조로 분풀이다. 땔나무 짐짝 수북이 싣고 지나는 수레를 사이에 두고 마주 건던 두 사람이 서로 엮이며 노인이 청년의 발등을 밟은 게 싸움의 발단이었단다. 수용하는 기질이 부족하고 감정 노출이 헤프고 성급한 것은 노소막론이다. 그런 조선인들을 보고 여기 와 있는 중국인들은 표한剽悍하다고 종종 이야기한다. 성질이 급하고 사납다는 뜻인데, 그 말을 듣는 조선인은 곧장 표한하게 삿대질하고 달려들거나 돌아서서 자신의 표한함을 자랑으로 여기기도 한다.

"사람들이 수치심이 없어." 일전에 박달성이 한 말을 떠올리며 한림은 네거리를 건넌다. 그리고 문득 생각한다. 수치를 모르는 자가 치욕을 받게 되는 것인가.

딸랑딸랑 종소리가 울린다. 신문배달부가 네거리를 질주한다. 그의 허리춤에서 솔방울만한 요령이 쉴새없이 흔들린다.

한림은 내려왔던 길을 다시 빠르게 걸어 올랐다. 안동별궁 돌담길 지나 오르막길이 끝나가고 북편 언덕 위 경성고등보통학교가 보인다. 신문사는 그 학교 앞 언덕 아래에 있다. 관립 경성고보는 지난 주 화요일 졸업식을 가졌는데 그 때문에 창간 준비로 바쁜 신문사 앞 좁은 길이 인파로 미어터졌다.

> 조선 고등보통교육의 중추기관이 되어 있는 경성고등보통학교 제10회 졸업식을 23일 오전 열시에 넓고 넓은 운동장에서 거행하게 되었는 바, 총독의 대리로 송영松永 외사과장이 착석하매 일동은 정중한 경례를 한 후 국가國歌로써 의식에 엄중한 색채를 더하였으며, 그다음 교장의 경건한 칙어 봉독이 있었으며 (중략) 외사과장이 총독 각하의 고별사를 대신 낭독하였는 바. (후략)[7]

매일신보는 그렇게 전했다. 졸업의 계절이다. 일본식 교육제도를 이식한 조선교육령이 시행된 지도 10년째다. 모든 학사일정은 4월 1일에 시작해 3월 31일에 종결된다. 신문은 경성고보에 이어 오후 두시 반부터 열린 관립 경성여자고등보통학교 졸업식을 전했다. 부슬부슬 내리는 비도 꺼리지 않고 학부형과 내빈 들이 구름같이 모여들어 제9회 졸업생 마흔 명을 축하했다는 소식이었다.

다음날 양정고보도 성대한 졸업식을 가졌다. 학교 귀하고 학생 귀한 조선에서 졸업식 행사는 중요한 소식이다. 양정고보는 순헌황귀비 엄씨의 조카 엄주익이 엄귀비의 재정지원을 받아 설립한 양정의숙이 모태다. 양정고보의 졸업식에는 총독부의 이인자인 미즈노 정무총감과 경기도지사 등이 참석했다고 하는데 왕실 관련 학교에 대한 예우인 듯했다.

"천황의 통치시대는 천년 만년 이어지리라, 모래가 큰 바위가 되고, 그 바위에 이끼가 낄 때까지……"

여느 학교에서처럼 일본의 국가인 기미가요가 제창되었다. 기미가요는 이제 다들 능숙하게 부른다. 조선인은 노래 솜씨가 좋아 일본인보다 기미가요를 더 잘 부른다고 일본인 교사들은 칭찬하곤 한다.

"우리 신민이 지극한 충과 효로써 억조창생의 마음을 하나로 만들어 대대손손 그 아름다움을 다하게 하는 것이 우리 국체의 정화인 바, 교육의 연원 또한 여기에 있을 터……"

교문을 나설 졸업생들 앞에 교육칙어가 엄숙히 낭독되었다. 일본제국 신민들의 수신과 도덕교육의 기본 규범을 정하고 있는 교육칙어는 1890년 메이지 천황의 명으로 발표된 것이다.

졸업식이 진행되는 경성고보 교문 밖을 심대섭은 서성였다. 이른 봄의 눈 녹은 길은 온통 질척거린다. 열아홉 청춘. 그의 마음은 진창길만큼이나 심란하다.

그는 이 학교 퇴학생이다. 작년 기미년 3월 5일에 남대문역 앞에서 만세 부르고 귀가하다 안동별궁 앞에서 헌병에게 붙들려 그길로 몇 개월 감옥살이했는데, 졸업식은 그 3월에 지나갔고 그는 퇴학이었다. 서대문형무소 28호실 두 칸도 못 되는 방에서 스무 명 가까운 수인들과 굴비 엮이듯 비비며 지내다 출소한 심대섭은 바로 실업자가 되었다. 헌병대에서 밤새워 심문을 받으면서 만세 불렀노라 순순히 시인할 때만 해도 곧바로 내어줄지 알았지 그렇게 오래 고생할 줄은 몰랐다.

의사가 되어볼까 꿈꾸었던 학창 시절은 꿈처럼 사라지고 그는 지금 재학 시절부터 살아온 서울 하숙과 노량진 생가를 한강다리 너머 오가며 친구들과 고민을 말하고 소설책을 들추고 극장을 들락거리며 청춘의 밤과 낮을 넘기고 있다. 어제 단성사에 구경 간 것 외에 요 며칠 특별히 한 일은 없다. 닷새 전에는 맞춤구두 찾으려고 형님댁에 가서 돈을 얻으려 했으나 실패하고 동네 뒤 취운정 꼭대기에 올라가 서울 시가를 내려다보고 하늘을 우러러보며 잔디 위에 누웠다 왔다.

학교 담장 안에서 후배들이 졸업식을 하고 있다. 앞으로 그의 생활이 어떻게 전개될지 그는 알 수가 없다. 중등학교 졸업장이 결코 부럽지 않다고 마음을 다잡아보지만 착잡하기만 하다. 그날 밤 일본 작가 구니기타 돗포의 『운명론자』를 반 정도 읽었다. 이틀 뒤는 결혼기념일이다. 일기를 쓰며 심대섭은 4년간의 결혼생활은 화목했다고 생각한다. 아내가 고등교육을 못 받은 것이 유감이나 그렇다고 그는 남들처럼 다른 이성을 구하려 하지 않았다. 전제적 구조선의 반노예상태로 희생된 아내에게 신문명의 세례를 내려주고 싶으

나 너무나 어려운 일이었다. 무력한 그는 스스로 결단하지 못함을 한탄할 뿐이었다.[8]

새 학기가 시작된 경성고보 앞을 지나며 한림은 교문 안 가파른 진입로를 바라보았다. 경성고보 담장 안에 김옥균의 집이 있었다 한다. 이제 그 집도 주인도 아무 흔적도 없이 산산조각났다. 갑신정변 이후 망명지 일본에서 고초를 견디다 못한 김옥균은 상해로 건너갔다가 조국이 보낸 자객의 총에 세상을 떠났다.

김옥균이 그렇게 고약한 대죄를 저지른 걸까. 지금처럼 나라를 통째로 외국에 넘겨준 것만큼의 역모였을까. 왕에 대한 반역은 삼족을 멸할 정도로 대역죄였다. 하지만 그것이 나라에 대한 반역인지는 왕이 판단할 문제였다. 죄가 되고 아니고는 왕의 판단이다. 그것이 왕조였다.

정변은 많은 사람을 죽였고, 정변을 일으킨 사람들도 죽었다. 김옥균이 고국 땅에서 부관참시당하듯 두 번 죽은 지 4개월 뒤, 갑오경장으로 개화파 정부가 수립되자 분위기는 일변했다. 살아서 역적이었던 김옥균에게는 규장각 대제학의 벼슬과 함께 충忠 자 붙은 시호가 내려졌다. 이제 왕 뜻만으로는 안 되는 세상이 시작된 것이다.

낡은 기와집 두어 채를 이어붙여 널판지와 양철판으로 얼기설기

엮은 집이 신문사다. 거기서 다들 신문 한 부씩 펼쳐 들고 있다. 그냥 커다란 종이 한 장을 반으로 접은 4면 신문이다. 오늘은 창간호라 특별히 종이 두 장에 8면이 인쇄되었다.

그 두 장의 종이 앞뒤에 많은 기사가 멍석에 널린 보리쌀처럼 빼곡하다. 제때를 놓친 개혁처럼, 제때 처리되지 못한 사연들이 뒤늦게 활자로 되살아나 몰려든다. 많은 것이 이미 되담기에는 한참 시효가 지났다. 그럼에도 조선인에 의한 조선인을 위한 조선인의 신문이 조선어로 쓰여 자유롭게 배달된다. 좋건 싫건, 만족이건 불만이건 조선의 현실이다.

그동안 조선에 신문이 없진 않았지만 조선문 혹은 언문諺文으로 읽을 수 있는 신문은 조선총독부가 발행하는 매일신보뿐이었다. 그 밖에 죄다 일본글로 일본인이 펴내는 신문이었다.

새 조선인 신문에는 조선시대의 유습인 태형이 마침내 폐지됐다는 소식도 실려 있다. 이제 곤장을 맞을 일이 없게 되었다. 볼기짝이 터져 걸레처럼 해지고 안으로 삭신이 부서지던 형벌은 좀더 문화적으로 바뀌었다. "요즘 조선인은 점차 향상 자각하여 과거에 비할 바 아니어서 육체에 직접 고통을 주는 제도는 철폐함이 지당하다고 인정할 뿐만 아니라, 일본인 조선인 간에 형법제도상 차별이 있다는 것은 새로운 정치의 취지와 맞지 않으므로" 태형을 폐지한다는 정무총감의 담화가 있다. 정무총감이 언급한 새로운 정치란 작년 9월 신임 총독 부임에 즈음해 시행된 대대적인 제도 개정이다.

많은 일이 작년 9월부터 시작되었다. 신임 총독 부임과 더불어

'문화정치'가 선포되었다. 갑오경장과 경술병합 이후 최대의 제도 변화였다. 식자들은 식민통치 제2기가 미소를 머금고 교묘히 시작되었다고 말들 했는데 이 모든 것이 3·1운동의 결과물이었다. 만세운동의 관련자들은 죽거나 다치거나 감옥에 복역중이다. 일부는 아직도 심리가 진행중이다. 창간호 신문에는 이렇게 쓰여 있다.

> 1년 동안을 두고 예심을 끌던 손병희 일파 47인에 대하여 (중략) 지방법원 향진 검사의 말을 들은즉 (중략) 예심 기록만 쌓아 놓은 것이 사람 키로 세 길이나 되고 피고 수효가 284명이나 되니까 여간 시일이 걸리지 아니할 터이라 판사가 세 명, 검사가 여섯 명이 매달려 전력을 다하여 조사하는 중인 바 더디어도 금년 여름 안으로는 공판이 개정되기 시작하여 아무려나 금년 안으로는 속히 결말을 내릴 작정으로 전력을 다하여 조사를 진행하는 중이라 하더라.

3·1운동 주도자들은 아직까지도 미결수 신분으로 지리한 심리절차에 골병들고 있다. 손병희를 비롯한 고령자들은 건강이 크게 상했다 한다. 작년 9월 신임 총독을 암살하려던 강우규에 대한 재판은 벌써 1심이 끝났다. 그에게 사형이 구형됐다.

대형 공판이 잇달았다. 임박한 것은 공판만이 아니다. 신문으로 매일매일 전해듣는 이야기가 10년 전과는 비교가 되지 않을 정도다.

이왕세자 전하의 가례는 4월 28일로 택일되었으며 예식은 동경 왕세자저에서 순전한 일본식으로 거행하신다더라.

열 살에 일본으로 건너가 일본육군사관학교를 졸업한 왕세자 이은이 일본 황실과 혼인을 맺는다고 한다. 백성들은 원튼 원치 않든 이씨 왕조의 백성이 아니게 되었다. 구체제와 제도는 자의 반 타의 반 사라지고 왕과 백성 간의 관성만 남았을 뿐이다. 서서히 소멸해 가는 그 감정의 유산이 한 번씩 요동친다. 지난해 1월 고종 승하 때가 그랬다. 그 국상에 즈음해 3월에 만세운동이 일어나 지금까지도 그 여진이 남아 있는데 또 한번 지난날을 되살리는 행사가 예고된 것이다.

'국가가 어찌하여 통치권을 갖는지' '개인이 어찌해서 타인의 의사에 복종해야 하는지' '개인이 왜 국가 전체를 위하여 자기를 희생할 의무가 있는지' 하는 이 문제의 답안은 '왜 개인이 국가를 인정할 수밖에 없는가'를 깨닫는 데 있다.

국가 존재의 이유라는 생소하고 근본적인 질문에 대한 글도 한 편 실려 있다. 촉망받는 변호사이자 유명 지식인인 김우영이 쓴 칼럼이다. 교토제국대학 법학부 출신인 그는 "국가 존재의 이유는 윤리적 문제다"라고 단언한다. 무슨 말인가. 인류의 목적이 윤리 실현에 있다면 국가는 윤리상 필요하고 국가 성립의 이유는 윤리적으로 설명 가능하다는 얘기다. 어려운 이야기지만 하여튼 국가가 왜 존재하는지 그 이유를 올바로 이해해야 국민의 행동 준칙이 선다고, 이 보기 드문 학벌의 조선 지식인은 서양 학설들을 종합해 역설했다. 시국사건 재판으로 불철주야 바쁜 김우영은 올봄 결혼식을 올린다고 한다. 상대는 열 살 아래 나혜석이다. 동경여자미술학교에 유학한 뒤 소설을 발표하고 여성운동도 하는 이 화가는 3·1운동에 관련되어 몇 개월 동안 옥고를 치른 뒤 김우영의 오랜 구애를 최종적으로 받아들였다 한다.

많고 많은 창간호 기사 가운데 한림은 유독 학생과 학교에 관한 기사에 눈이 갔다. 동경에 간 아들이 아내가 학교에 다니지 않으면 이혼하거나 첩을 얻겠다 하여 며느리의 손을 잡고 진명여고보를 찾아온 백발노인도 있었다니 완고한 가정에 숨었던 처녀와 부인네 들의 학교행도 느는 모양이었다. 졸업과 입학. 이제 인생의 출발선에서 10대와 이별하는 청춘들의 개화도 시작되었다. 어쩌면 그들에게 그것은 축복이 아니라 저주로 받아들여질지도 모른다.

어느덧 눈이 녹아 김이 터지고 뜰가에 누른 풀잎 사이에서 파릇파릇한 새싹이 솟아나오니 시내 각 학교에서는 졸업생을 보내고 신입생을 맞기에 한창 분망하게 되었다. 요 몇 해 전까지만 해도 가장 조용하고 편안한 곳은 학생과 학교였으나 밀려오는 개조의 물결과 피어오르는 자각의 불길은 마침내 그들로 하여금 언제까지고 이전의 지경에 머물러 있지 못하게 하고 말았다. 일어 산

술 책을 집어던지고 천하대세를 두루 논하며 수틀과 골무를 뿌리치고 여자해방을 부르짖는 등 별별 가지 현상이 많았던 터라 이에 잠깐 금년 봄 중등 정도의 각 남녀 학교 졸업생과 입학생의 상황을 살피건대 졸업생은 대개 학식보다는 말이 능하며 매사에 대담 민활한 것이 한 가지 특징이라 하겠고, 다음에는 일본 유학 가는 사람이 늘어가는 것이니 적어도 한 학교에 대여섯씩은 안 가는 데가 없는 듯하며 유학생은 대개 지방 부호의 자녀들이 많은 듯한데 그들은 흔히 말하기를 "서울 밥값이나 동경 밥값이나 별로 큰 차이가 없는 바에야 동경 가서 배우는 것이 낫지 않으냐" 하기는 하나 그들은 벌써 싱겁고 느린 경성 학계에는 마음이 멀어진 것이 사실인가 싶다.[9]

경성고보 제적생 심대섭은 동경 유학의 꿈도 이달 초에 접었다. 대신 안국동의 안동예배당에 다니기로 결심했다. 겨울은 지났건만 게으르고 불규칙한 생활에 얼굴은 창백해졌고, 마음을 붙들 만한 뚜렷한 방도는 달리 보이지 않았다.

3월 31일 오후 심대섭은 안개처럼 내리는 봄비를 얼굴에 맞으면서 가회동에서 내려와 안국동 네거리를 지나 시내로 들어갔다. 이발과 목욕을 하고 나니 저녁이 되었다. 목욕탕을 경영하는 일본인들은 조선인 손님을 잘 받지 않으려 하는데 심대섭은 별 문제가 없는 모양이었다. 욕탕에서의 민족 차별 철폐를 위해 경찰당국이 나서야 한다는 여론이 들끓었다. 한편에서는 왜 차별하느냐 항의만

할 것이 아니라, 돈 벌려고 온갖 애를 쓰는 업주가 왜 조선인 손님을 꺼리는지 그 이유도 좀 생각해보고, 이참에 조선인도 목욕탕을 만들어 독립을 모색해보자는 목소리도 있었다. 목욕을 마친 심대섭은 개운해진 심신으로 친구들과 어울려 새로 나온 신문을 돌려보며 새벽 세시까지 잡담하다 설렁탕 한 그릇씩 먹고 좁은 방에 여럿이 비비며 잤다.

다음날 4월 1일에는 새 활동사진이 나왔다 해서 길을 나섰다. 줄곧 내린 비로 길은 질퍽해 마치 팥죽을 밟는 것 같았다. 바람까지 드세다. 외국영화로 높아진 눈에 조선영화는 너무도 시시하다. 한림보다 두 살 아래인 심대섭은 장차 영화도 만들어보고 배우도 해봐야겠다 작정한다. 생각은 밤하늘 별처럼 무성하다.

개조해야 살고 자각해야 일어선다는 청년 학생들의 풍조는 작년을 기점으로 더욱 뚜렷해졌다. 기미년 만세운동 이후의 학생은 이전의 학생과 달랐다. 지난 10년을 짓누른 사회 분위기도 일신했다. 설혹 사이비 변화라 할지라도 변화는 변화다. 병합 이전 10년과 병합 이후 10년, 두 10년 사이에 생의 전부가 녹아든 이 20세기의 첫 신세대들은 파도같이 몰려오는 새로운 문명과 대면해야 하는 일대 도전을 앞두고 있었다. 그것은 20세기의 20년대에 20대를 시작하게 된 청춘들의 운명처럼 보이기도 했다.

8장

열차는 경성으로 떠나네

경부선에서

1919년 9월 2일. 총독이 도착하기 한 시간 전이었다.

오후 네시를 지날 무렵 남대문역전에서 숭례문에 이르는 대로는 밀려드는 군중으로 웅성댔다. 넘치는 둑을 막듯 세브란스 병원 맞은편 가로변을 따라 조선군사령부 제78연대장이 지휘하는 보병 2개 대대가 도열했다. 기병대는 말을 달려 남대문통 5정목 일대를 쉴새 없이 오갔다. 14년 전 을사조약 때나 9년 전 경술국치 때보다 분위기가 삼엄했다. 군중과 군대가 빚는 긴장감은 올봄 만세 시위에 더 가까워 보였다.

군중보다 일찍 역에 도착한 귀빈 환영객들은 교부받은 명찰을 가슴에 달고 역사 좌측 화물 반출구를 통해 입장했다. 그리고 안내 도면에 그려진 대로 정해진 위치를 찾아갔다. 군인과 조선 귀족, 조선

총독부 그리고 그 산하 각 관서의 기관장들이 모두 모였다. 우쓰노미야 조선군사령관, 정법사淨法寺 20사단장, 하가 총독부의원장, 와타나베 고등법원장, 오노 군참모장, 오쿠다 여단장, 총독부 무관 무라타 소장, 하내산河內山 재무국장, 마쓰나가 경기도지사, 가나가와 경성부윤, 한창수 남작, 민병석 이왕직 장관 등이 구획별로 나뉘어 정렬했다. 여기에 각국 외교관 일동, 은행계 실업계 유지, 신문 관계자들을 합쳐 천 명 규모의 환영단이 플랫폼을 가득 메웠다.[1]

1919년, 다이쇼 8년이었다. 서울에서 발행되는 유일한 조선어 신문인 관영 매일신보는 9월 2일 남대문역 광경을 이렇게 적었다.

> 다섯시가 되자마자 부산발 임시 특별 급행 열차가 천천히 역 내에 굴러들어왔다. 남산의 한양공원 서쪽, 성벽 고지에서 야포병대대가 발사한 열아홉 발의 예포 소리는 은은히 경성 용산의 하늘에 울렸다. 열차가 멈추자 맨 가운데 귀빈차에서 구보 만철경성관리국장의 선도로 차에서 내린 사이토 총독은 흰 해군대장 정복에 가슴에는 훈일등욱일장勳一等旭日章이 찬란히 번쩍이고 미즈노 정무총감은 프록코트 차림. 총독 부인, 총감 부인, 시바타 학무국장, 마루야마 사무관, 모리야 이토 양 비서관과, 부산까지 마중나간 고쿠분 사법국장도 내린다. 출영자는 일제히 모자를 벗고 경례를 하였다.
>
> 미소를 띄운 총독은 미즈노 총감과 더불어 플랫폼 환영객 앞을 차례로 통과하여 정중히 인사하고, 특별히 중요한 손님들과 외국

영사단, 조선 귀족들에게는 친히 손목을 잡고 인사한 후 일행은 귀빈실로 들어갔다.

군복, 프록코트, 일본 겉옷인 하오리羽織 등 경성의 명사들이 저마다의 복장으로 총독을 뒤따라 영접장을 나섰다. 역 바깥에는 수많은 사람들이 말 그대로 운집해 있었다. 하늘에는 잔뜩 구름이 깔리고 대지에는 음울한 기운이 감돌았다. 거리는 아침부터 일장기로 물결쳤다.

눈앞을 덮칠 듯 펼쳐진 녹음의 남산을 바라보며 귀빈실 앞 역 광장의 쌍두마차로 걸어나가는 총독의 주위를 군인, 경찰, 관리, 기자들이 넓게 에워쌌다. 역 주변 남대문에서부터 용산 방면에 이르는 길목은 흰옷 입은 사람들로 가득 메워졌다. 그 모습은 환영객 혹은 무언의 시위대처럼 보였다.

예포는 끝났나 싶었는데 또하나의 폭음이 지척에서 울렸다. 순간 마차 주변에 있던 서른 명가량의 사람들이 피를 흘리며 쓰러졌다. 마차 앞 땅바닥에 수류탄 하나가 떨어져 폭발한 것이었다. 파편은 마차와 총독의 옷을 스치고 지나갔다. 무장 헌병들이 몰려들고 사상자가 실려가는 가운데 총독은 유유히 왜성대 관저로 향했다.

백발 위에 해군모를 쓴 예순한 살의 정객 사이토가 흔들림 없이 마차를 달려 떠나자 저만치 역사 끽다점 옆 인력거 뒤편에서 지켜보던 예순네 살의 강우규도 파나마 모자를 눌러쓴 채 흔들림 없는 표정으로 현장을 빠져나갔다. 폭탄을 쌌던 명주 수건과 양산을 들고 저고리와 두루마기 차림에 가죽신을 신고 걸어가는 하얀 수염의 노인을 주목하는 사람은 없었다. 그때의 심정을 강우규는 뒷날 재판정에서 이렇게 회고했다.

“나는 던졌으니까 총독은 죽었으리라 하고 하느님께 기도만 하였을 뿐이다. 나는 춤을 추며 내가 지은 시를 읊으려 하였는데 총독은 죽지 아니하고 마차는 뚤뚤뚤 굴러감을 보고 나는 실망 낙담하였다. 소동은 일어났으나 아무도 나를 잡지 아니하므로 나는 천천히 돌아나왔다. 총독은 죽지 아니하고 나는 잡지 아니하므로 내 생각에 하느님이 총독도 불쌍히 여기시고 나도 죽지 말라 하심인가 하고 아무데로도 달아나지 않고 서울에 머물렀다.”[2]

60대 노인들 간의 전쟁이 역 광장에서 끝난 다음 사이토와 동갑인 이완용은 역 구내 귀빈실에 조용히 앉아 있었다. 우왕좌왕 웅성대는 귀족들 사이에 그는 동요하는 기색 없이 새끼손톱을 씹고 있었다. 어려운 일이 있을 때 그의 버릇이었다.

10년 만이다. 이토 히로부미가 하얼빈 역전에서 총을 맞고 그가 서울의 천주교회당 문전에서 칼을 맞은 것이.

수십 명의 귀족들은 다들 검은색 서양 예복을 갖춰 입고 나왔다. 어떤 이의 양화 구두는 찢어졌고 양식 중산모에는 수류탄 파편 자국이 선명했다. 이완용은 중절모를 쓰고 두루마기를 입고 조선 구식 가죽신을 신었다. 봉천에서 발행되는 한글신문 만주일보 기자생활을 막 시작한 유광렬이 다가가 인사를 건넸다.

“대감, 놀라셨지요.”

말수 적은 이완용은 조용히 웃음 지으며 특유의 낮은 목소리로 혼잣말처럼 대답했다.

"놀라기는 뭘……"[3]

총독은 그날 아침 일곱시 반 열차로 부산을 출발했다. 일곱시 정각에 출발하는 줄 알고 잠도 설친 채 일찌감치 부산역에 나온 3백여 명의 출영객들은 영문도 모르고 각자의 위치에서 삼십 분을 더 대기했다.

다섯시쯤 둥둥 떠오르는 햇빛이 망망한 바다에 키스할 적에 신총독과 정무총감 일행은 일찍이 잠을 깨어 초가을 새벽바람이 부드러이 얼굴을 스쳐갈 적에 응접실 의자에 늘어앉아 부산의 아침 경치를 바라보며 즐거이 이야기하였다. 그사이에 사사키 경남도지사, 다나카 이왕직 사무관, 혼다 부산부윤, 구보 만철경성관리국장 등의 예방이 있었고 수행원들은 분주히 짐을 옮겼다. 부산시내는 오전 다섯시부터 검은 무늬 놓은 하오리와 프록코트 차림의 전송자들이 정거장으로 걸음을 재촉하고, 각 여관에 투숙한 서울서 온 환영자들도 일찍부터 일어나서 모두 출발 준비를 했다. 여섯시경의 정거장에는 전날 총독이 부산에 도착할 때와 같이 관리 시민 재향군인회와 애국부인회원, 경성에서 온 환영단으로 파

묻혔다.[4]

서울행 급행열차 안에서 아카이케 내무국장은 매일신보 기자의 질문을 받았다. 총독, 정무총감, 식산국장, 학무국장, 경무국장과 더불어 새로 부임하는 길이다. 정무총감의 동경제대 법문학부 10년 후배인 신임 내무국장은 줄무늬 바지에 맞춘 것인지 줄무늬 넥타이를 맸다. 한눈에도 고급품임을 알 수 있다고 기자는 썼다. 환영하기 위해 내려온 고지마 헌병사령관과 한참 이야기를 주고받던 중이었다. 학무국장과 경무국장 역시 그의 동문 후배들이다. 다들 고등 문관 시험을 합격하여 천황에게 은시계를 하사받은 몸이다.

"조선에 부임한 후 첫인상? 그것은 산야가 푸르게 된 것이다. 다이쇼 4년에 이곳을 통과할 적에 비교하면 생기가 발랄하다. (중략) 원래 조선은 구미 각국이 가지고 있는 식민지와는 다르다. 다른 나라의 식민지라는 것들은 그곳 토인들의 지식도 낮을 뿐 아니라 인구도 별로 많지 못하고 본국 사람이 이주하면 자연히 그 세력에 눌려서 점점 수효도 줄어가는 것이지만 (중략) 조선을 통치할 때는 결코 외국에서 식민지를 다스리는 것처럼 하여서는 불가하다."

기차가 수원을 지날 때 신임 총독은 해군 제복으로 갈아입었다. 기모노 차림을 한 총독 부인의 가는 손가락에 끼워진 다이아몬드 반지가 오후 햇살을 받아 반짝였다. 부산까지 1박 2일로 마중나온 이완용 백작도 동승했다. 조선의 귀족 노릇도 쉬운 일은 아니다.

관악산 자락을 끼고 안양천을 따라 오르던 열차는 경인선과 만나며 갑작스레 우회전한다. 영등포역을 지날 때 총독부 토목국 관리들이 환영했다. 1899년 9월 경인선 철도와 더불어 영등포역이 생긴 지도 꼭 20년이다. 너른 평야의 비옥한 토질에서 나오는 채소와 기와를 나룻배에 실어 마포, 용산, 서울에 공급하던 영등포의 논밭과 포구는 급속히 사라지고 있다.

기차는 시흥군 영등포면을 지나 북면의 노량진리로 접어든다. 왼편 여의도 백사장 너머로 육군 야외 연병장과 간이 비행장이 보인다. 세계대전 중 각국이 경쟁하듯 비행장을 건설해 일본과 조선, 대만에 서둘러 비행장이 지어졌다. 여의도에 간이 비행장 건설이 완료된 것은 1916년 9월이었다. 작년까지 사상 최대의 전쟁이라 할 세계대전이 세계를 뒤흔들었다. 1910년대의 절반이 신종 괴질과도 같은 이 국제전쟁의 소용돌이에 파묻혔고 일본도 거기에 명함을 내밀었다. 조선은 그 전란의 흙먼지 바깥에 있었다. 그 전쟁은 식민지를 두고 경쟁하는 제국 간의 충돌이었다. 조선에서의 전쟁은 세계대전이 일어나기 10년 전과 20년 전에 청일 간, 러일 간에 이미 치러졌다.

나라 밖 전쟁에 조선 사람들은 뒤늦게 관심을 가졌다. 전쟁 끝마무리의 처리과정에서 미국 대통령이 꺼낸 제안 중 '민족 자결'이라는 구절이 복음처럼 다가왔던 것이다. 조선인을 염두한 말이 아니었으나 조선인들은 그 한마디를 금과옥조처럼 여기며 희망을 걸었다. 일본이 미국과 대등한 전승 연합국의 일원이라는 사실은 간과했다. 희망은 머지않아 실망으로 바뀌었다.

판단과 믿음이 착각이고 오인이었다 하더라도 그에 따른 행동은 그 나름의 힘으로 새길을 열어간다. 나라를 둘러싼 세계의 기운이 스스로 일어서라 독려하는 것 같고 왕위를 찬탈당한 임금이 12년 만에 붕어하여 울분을 토하게 하는 시점에 기미년 만세는 일어났다. 2백만 명 이상이 전국적인 집단 봉기에 참여해 적어도 7천 5백 명이 떼죽음을 당했다. 부상자는 그 두 배가 넘었다. 그 희생자들이 새 총독과 양복 입은 신사들을 불러들였다.

노량진역을 통과한 기차는 한강을 향하여 좌로 방향을 틀며 강가 언덕 위 초라한 묘소를 비껴 지난다. 숙부에게 왕위를 찬탈당한 단종의 복위를 꾀하다 극형을 당하거나 스스로 목숨을 끊은 사육신들이 묻힌 곳이다.

묘지 옆 강변에 자리한 노량진 수원지는 거대한 굴뚝 위로 숯검정 같은 연기를 뿜어냈다. 병합 다음해부터 상수도를 직영한 조선총독부 수도국은 올해부터 노량진 수원지의 상수도 시설을 두 배로 확장하는 4개년 계획을 수립했다. 1922년 이 계획이 완료되면 경성부민 1인당 하루 평균 백 리터 이상의 급수가 가능하리라 한다.[5]

달리는 새 총독부는 철교로 올라섰다. 1킬로미터의 한강철교는 꼭 7년 전인 1912년 9월에 하나가 더 세워져 쌍다리가 되어 그 위용을 뽐내고 편리를 더했다. 특별 열차는 초가을 한강의 반짝이는 남빛 물결 위로 철교를 건넌다. 넘어가는 햇살을 양날개로 받으며 군용기가 창공을 선회한다. 그 아래 모래벌판에는 용산 병영에서 이동한 병사들이 군사 훈련중이다.

육중한 철교 위로 우레 같은 소리와 먹장 연기를 토하며 지나는 열차를 저만치 우러러보며 심대섭의 어머니 윤씨는 노량진 수원지 부근 집을 드나든다. 서양식 대포마냥 위압적으로 치솟은 수원지 굴뚝 아래 토박이 민가의 소담한 굴뚝에서 실오라기 흰 연기가 피어오른다.

수원지가 생기기 전부터 3남 1녀를 낳아 기른 곳이다. 저 철교는 막내 대섭보다 한 해 먼저 1900년 여름에 생겨났다. 노량진역과 경인선 철로가 놓인 다음해였다. 대섭은 겨울이면 철교 아래 얼어붙은 한강의 대리석 같은 빙판에서 스케이트를 타며 성장했다.

열흘 뒤면 대섭의 생일이다. 막내아들은 생일에도 오지 않을 것이다. 서울에서 통학하면서 가끔씩 노량진 집으로 강 건너 찾아왔는데 봄부터 발길이 끊어졌다. 만세사건으로 끌려갔음을 뒤늦게 알았고 감옥에 있다는 것도 최근에야 알게 되었다. 엊그제 고의적삼을 차입해주었는데 잘 받았다는 편지를 인편에 몰래 보내왔다. 아들은 거기서 이름도 없이 그냥 2007호로 불린다고 한다. 그 방에서 나이가 제일 어려 귀여움을 받는다고 애써 어미를 안심시킨다. 희미한 오 촉 전등 불빛조차 가려가며 몰래 썼을 감옥으로부터의 편지를 윤씨는 다시 떠올린다.

"날이 몹시도 더워서 풀 한 포기 없는 감옥 마당에 뙤약볕이 내려 쪼이고 주황빛의 벽돌담은 화로 속처럼 달고 방 속에서는 똥통이 끓습니다. 밤이면 가뜩이나 다리도 뻗지 못하는데 빈대 벼룩이 다투어가며 짓무른 살을 뜯습니다. 그래서 한 달 동안 쪼그리고 앉은 채 날밤을 새웠습니다."

8월 29일 자로 쓴 어머님 전상서는 서대문감옥의 여름 막판 풍경을 전하고 있다. 경술국치일 9주년 되는 날이었다. 다음날은 그에 대한 예심이 종결되는 날이었다. 심대섭은 이제 만 열여덟 살이 된다. 그는 언제 풀려나는가. 어머니와 어린 아내가 있는 노들강변 강바람은 3·1운동 5개월이 되던 8월 1일 37.5도까지 올랐던 서울의 폭염이 겨우 지나갔음을 알렸다.

철교에서 동쪽으로 5백 미터 상류에 인도교가 나란히 걸쳐 있다. 한강 인도교는 여름이면 경성부민의 피서지로 자리잡은 지 오래다. 중앙 차도 4.5미터에 좌우 보도 1.6미터씩 총 폭이 7.7미터인 이 인도교 위를 오가며 사람들은 선선한 강바람을 맞으며 사방팔방 툭 트인 전망을 즐긴다. 그러다 중지도 휴게공원 버드나무 그늘에서 발을 멈춰 한나절 지내다 간다. 어둠이 내리면 인도교에 줄줄이 달린 장식등의 빛이 강물 위에 넘실댄다. 심하게 가물었던 지난여름, 그런 풍경 속에서 서울 사람들은 애써 갈증을 달랬다.

철교와 인도교와 수원지가 들어선 그 자리에 오랜 세월 있어온 노량진, 즉 노들나루는 이름만 남기고 사라졌다. 정조가 아버지의 넋을 참배하러 화성에 내려갈 때마다 들러서 쉬었다는 정자터가 인도교를 남쪽 언덕에서 내려본다. 이곳을 건널 때 정조와 수행원들은 강에 배다리舟橋를 놓았다. 임시 다리를 놓았다가 사용 후 걷는 것이 조선조의 도강방식이었다. 하지만 정조는 행차 때마다 놓았다 헐었다 하는 번거로움을 없애고 평상시 백성들도 다리를 이용하게끔 영구적으로 쓸 돌다리 하나를 만들었다. 안양천 상류에 축조된 30미터 길이의 만안교다. 1795년의 일이다. 이후 1900년 한강에 기차 지나는 철교가 놓이고, 1917년에 사람과 자동차 다니는 인도교가 놓일 때까지 한강에 다리는 없었다.

굉음과 검정 연기가 감싼 철교 주변 강둑에는 무명 흰 빨래를 건는 아낙들의 손길이 분주하다. 이고 지고 돌아가는 초가마다 곧바로 흰 연기를 피워 밥 지을 시간이다.

다리를 건너자마자 열차는 새남터를 통과해 용산역의 거대한 단지로 진입한다. 용산역은 단순한 역이 아니다. 동서남북으로 주요 철도노선이 모두 뻗어나가고 수렴되는 조선 철도망의 심장이다. 나아가 일본제국이 구상하는 동아시아 광역교통망의 중심이기도 하다. 용산역사는 3평 남짓 오두막으로 시작했다가 경의선의 시발점이 되면서부터 북유럽풍 목조 2층으로, 지금의 480평 규모의 고딕식 서양건물로 거듭났다.

용산역사 서쪽 선로 건너편에는 반원형의 광대한 부지가 있는데 이곳에 차량기지가 선로와 얽혀 있다. 역사 남쪽으로는 남만주철도 경성관리국이 자리한다. 러일전쟁 이후 러시아로부터 중국 동북부를 가로지르는 남만주철도의 경영권을 넘겨받아 1907년 발족한 남만주철도주식회사는, 1917년부터 조선 철도의 경영을 총독부에서 위탁받아 만주와 조선을 하나로 잇는 종합계획을 운영중이다. 어느 때부터인가 만주는 '만주 및 조선'이라고 하나의 고유명사로 불리는 경우가 늘었다. 용산역사 앞 광장은 한강통 대로를 향하여 방사형 도로로 이어진다. 남에서 올라오는 군인과 보급물자, 북조선과 그 너머 만주 시베리아 방면으로 북상하는 군인과 무기가 모두 여기에 집결한다.

역사 밖에서 한강에 이르는 한강통 대로의 양편으로 철도 관사가 바둑판처럼 반듯반듯하다. 철도 종사자들이 사는 수백 호의 주택이다. 길 건너 철도병원 뒤편까지 늘어선 관사부지는 한강통 3정목과 어울려 신용산이라 불린다.

열차는 용산역에서 용산 군사령부의 환영을 받았다. 역 앞 한강통 대로 너머로 용산헌병대가 버티고 있고 그뒤로 조선군사령부로 통하는 진입로가 이어진다. 북조선의 나남 19사단과 남조선의 용산 20사단, 그리고 나진, 원산, 진해의 해군요새사령부를 통할하는 총지휘부다. 유럽풍 건축의 백미라는 평을 받지만 거의 사용하지 않는 총독 용산 관저도 그 안에 있다. 차창 밖 오른쪽으로는 한강통 길을 따라 상가로 좁게 띠를 두른 군부대의 담장이 한참 이어진다. 기차는 욱천을 따라 오른다. 일본식으로 개명되기 이전에는 만초천이라 불렸다. 덩굴내라고도 하는 서울 서부 지역의 가장 큰 개천이다. 성안에 청계천이 있다면 성밖에 만초천이 있다.

서울 서부의 황량한 넓은 들을 가로지르는 만초천 양편에서 농사짓던 사람들은 밤이면 등불을 들고 넝쿨 무성한 냇물을 헤쳐 게잡이를 벌였다 한다. 이제 개천 주변은 일본인 주거지로 급속히 변모 중이다. 냇물 주위를 아우르며 길게 자리잡은 원정은 남산 자락에 뒤이은 일본인 거주구역이 되었다. 구용산이라 부르는 이곳은 일본인들이 들어오기 전까지는 신용산과 마찬가지로 한강 나루터로 나가는 모래벌판일 뿐이었다.

그 욱천을 거슬러올라 제3대 총독을 실은 기차는 목적지에 다가서며 기적을 울린다. 툭 터진 전방에 인왕과 북악과 목멱의 산봉우리가 한눈에 가득 펼쳐진다. 가득 고인 흐린 구름 아래 경성은 고요해 보인다.

"각하, 게이조입니다."

남만주철도 경성관리국장의 설명이 있은 뒤 열차는 곧 플랫폼으로 미끄러져 들어갔다. 띠구름과도 같은 인파가 긴 행렬을 이루고 있다. 아홉 시간 반 동안의 여정이었다. 동경에서 출발한 이래 5박 6일간의 긴 여로가 종점에 다다랐다.

그날 아침, 총독 일행을 태운 기차가 떠나가고 3백여 전송객도 제갈 길로 뿔뿔이 흩어질 때 한림도 노인과 함께 부산역을 빠져나갔다. 바로 옆 선착장으로 향하면서 한림은, '총독이 가는 서울은 어떨까' 싶었다. 함께한 노인은 회사 사장과 오랜 연분이 있는 서부 경남 지역의 원로 실업인이다. 신임 총독 환영식에 초대받아 아침 일찍 역에 나왔던 것이다. 그저께 도착해 이틀 밤을 묵었다. 이제 한림의 보필을 받아 배를 타고 집으로 향할 것이다.

노인과 한림은 어제도 일찍부터 발길을 서둘렀다. 그날의 행선지는 부산항이었다. 일본에서 들어오는 총독을 마중하기 위해서였다. 9월의 첫날, 월요일 아침이었다. 잔뜩 흐린 바다 쪽에서 스산한 바람이 불어왔다.

9월 1일 오전 여덟시. 용두산 바로 위 복병산에서 쏘아올리는 불꽃놀이 화약이 아침 하늘을 뚫고 올랐다. 색색의 빛깔로 피어오르는 연기가 산정의 하늘을 물들였고 폭음은 5백 미터 동쪽 항구 일대를 감싸며 울려퍼졌다. 복병산 위 배수지와 측후소 주변 산벚나무 위로 새떼가 날아올랐다. 복병산은 개항 전 저 아래 있던 왜관을 감시하던 봉우리라 한다. 복병산의 배수지는 최초의 콘크리트 댐인 성지곡 수원지에 받아둔 백양산 맑은 물을 끌어다 일본인 거류지를 포함한 도심 일대에 공급한다. 벌써 10년째다. 경성부민은 뚝도 수원지와 노량진 수원지를 통해 한강물을 끌어올려 마시지만 부산부민은 계곡물을 내려받아 마신다.

특별 연락선은 기적 소리와 함께 부산항에 코를 들이밀었다. 뱃머리에 신라환이라는 이름이 선명하다. 신임 총독과 신임 정무총감과 두 비서관, 아카이케 내무국장, 니시무라 식산국장을 비롯해 수행원과 하인 등 스물아홉 명이 탄 배가 항구에 다가오자 환영객들이 잔교로 물결치듯 밀려갔다. 항구 밖에는 부산 전역에서 몰려든 자동차가 부산역 앞까지 길게 줄지어 섰다.

배가 드디어 자세히 보일만치 되었을 적에 갑판 위에서 부인 하루코 씨와 더불어 부두를 한번 죽 돌아보는 백발의 늙은 신사가 곧 사이토 총독이었다. 총독은 살진 뚱뚱한 몸을 프록코트로 싸고 흰색 줄진 하이칼라 넥타이를 매고 빙그레 웃는 낯으로 난간을 짚고 섰다. 여덟시 삼십분에 배가 잔교에 아주 닿자 선장의 선도로 도지사를 비롯한 대표자들을 배 가운데 맨 윗 갑판에 안내하여 일일이 인사를 하였다.

무관들이 모자를 벗고 인사하는 모양이 특히 흥미롭게 보였다. 지금까지 무슨 일이던지 금테 두른 제복 입은 사람들이 매우 눈을 놀래였으나 마침 새 총독을 환영하는 오늘부터 제복을 폐지하게 되어 몇 안 되는 무관 외에는 마중하는 관민 누구나 프록코트 모닝코트나 평복을 입었는 고로 새삼스럽게 상하평등인 듯한 느낌을 금치 못하게 한다. 총독 총감과 각 국장의 부인들도 영접 나온 사람들에게 아양스러운 인사를 교환하였다.[6]

총독이 부산항에 발을 디딘 바로 그 시각부터 경성의 조선총독부와 전국 산하기관 및 관청 관리들의 복장이 일제히 바뀌었다. 위압적으로 보이던 제복의 착용과 시선을 제압하던 문관文官 칼 착용이 9월 1일부로 폐지된 것이다. 무단통치가 끝났음을 상징하는 몸짓이었다. 매일신보는 이렇게 보도했다.

이날 아침 총독부에는 각 과장들이나 고등관들이 양복들을 입고 점잖게 앉았다. 그 모습이 마치 은행이나 회사에 들어선 것도 같아 보인다. 그전에 입던 제복에서 금테만 떼어버리고 그대로 입고 온 사람도 있다. 모자걸이에는 일제히 파나마 혹은 맥고모자가 걸려 있었다. 별안간 복색이 변한 까닭에 그네들은 허리가 허전한 것처럼 더듬어보기도 하며, 이제는 퇴근길에 국수집을 좀 들어가도 상관이 없겠다고 매우 시원히 여기는 모양이며 이왕에 못 보던 평민적 기분이 총독부 안에 가득하였다.[7]

이날 새벽. 검은 해협의 갑판 위를 총독은 홀로 거닐고 있었다.

"각하, 일찍 일어나셨습니다."

동승한 일본 기자의 인사에 총독은 대답했다.

"일찍 일어나면 대단히 상쾌하지. 더욱이 배 안에서는 일찍 일어나야 해."

사이토는 해군병학교를 졸업하고 미국에 유학 가 최초로 미국주재 무관을 지내며 유창한 영어 실력과 국제적 안목을 길렀다. 이후 7년간 해군차관을 거쳐 9년간 해군대신을 역임하는 등 일평생 해군으로 지내왔다.

총독의 기차는 31일 밤 아홉시, 종착역인 시모노세키에 도착했고 일행은 곧바로 연락선으로 갈아탔다. 미리 도착해 있던 미즈노 정무총감이 야마가타 전 정무총감과 인수인계를 가진 뒤 동승했다. 제3기 조선총독부의 제반 사무는 동경제대 법학박사 출신인 미즈노 정무총감의 손에서 거의 처리될 것이다.

사무인계는 31일 아침 미즈노 신 총감이 시모노세키에 도착함과 함께 열시 반부터 호텔 2층 9호실에서 거행되었다. 둥근 테이블을 중간에 놓고 안락의자에 마주앉은 신구 총감의 얼굴에는 각각 섭섭한 빛과 희망의 빛이 나타났다. 뭉텅이로 쌓인 서류는 지난 10년 동안의 조선통치를 말하는 듯하다. 전 총감이 나직한 목소리로 한마디 하면 신 총감이 높은 어조로 대답하여 인계가 끝난 것은 정오가 지나서였다. 두 사람은 너그러운 안색으로 일어서서 땀을 씻으며 식당에 들어가서 오찬을 같이 하면서 즐거이 담소했다.

야마가타 이사부로 정무총감의 10년 세월은 이것으로 끝이 났다. 조선총독부가 출범한 날부터 초대 정무총감을 맡은 이래 두 명의 총독을 거치며 만 9년, 이 한자리에서 봉직해왔다. 1910년대 조선통치의 실무는 그의 손을 통해 총괄 시행된 것이나 다름없다. 만약 올해 만세운동이라는 돌발 사태가 없었더라면 그의 직무는 1920년대로 이어졌을지도 모른다.

그의 정신적 사부인 이토 히로부미가 하야시킨 전 국왕 고종이 폐위 12년 만에 급서하는 초유의 사태를 맞아 민심은 동요했다. 장례 이후 초유의 만세 시위가 터져 그 대응과 처리에 분망했던 올 상반기였다. 그에게 기미년의 9개월은 그전의 9년 못지않은 긴 세월이었다.

환갑을 훌쩍 넘긴 야마가타는 신임 총독보다 한 살 위로 잠시 휴식을 가진 뒤 해가 바뀌면 관동청關東廳 장관에 발탁될 것이라는 소문이다. 관동청은 러일전쟁의 전리품으로 획득한 여순 대련의 러시아 조차지와 남만주철도를 관리 감독하는 식민통치기관이다. 한국공사로 을사조약을 체결하여 병합의 기초를 닦고 10년여 동안 중국과 각국 공사관을 순회한 하야시 곤스케가 지금 관동청 장관으로 있다. 관동청의 전신인 관동총독부가 여순에 설립된 것이 을사조약 한 달 전이었다. 그 석 달 앞서 사할린에는 가라후토청樺太廳이 설치되었다. 러일전쟁 후 포츠머스 조약에 의해 일본령으로 귀속된 남사할린의 통치기관이었다. 청일전쟁으로 대만에 총독부를 세운 지 10년 만이었다.

사방으로 확산되는 일본의 식민통치기관 중 가장 최근 것은 작년에 설립된 남양청南洋廳이다. 세계대전 개막과 함께 영국과 연합군을 이룬 일본의 육군은 독일 동양함대의 근거지이자 조차지인 중국 산동성의 청도를 공략하여 점령하였고, 일본 해군은 독일이 장악했던 남태평양제도를 공략하여 차지했다. 종전과 더불어 승전국의 일원으로 파리강화회의에 참가한 일본은 베르사유 조약에 따라 산동성에서의 권리를 넘겨받고 적도 이북의 남양군도를 위임통치령으로 삼게 되었다. 팔라우 제도 마셜 군도와 같은 뭇 섬들을 포함한 광대무변한 남태평양을 확보한 일본은 동서남북으로 세계 굴지의 영토와 영해를 보유한 제국이 되었다. 이미 일본은 세계 3위의 해운국이었다. 세계대전으로 경제불황과 재정위기를 떨어내면서 일본은 철강, 화학, 전력, 조선 등 중화학공업의 전 분야가 발전하고 해운 무역이 공전의 호황을 누렸다.

야마가타의 양아버지인 야마가타 아리토모가 교육칙어의 반포에 간여한 이래 정계의 쌍벽을 이루는 이토 히로부미와 총리대신을 번갈아 역임하면서 오랜 기간 구상해온 기획들이 어느새 현실이 되어 있었다.

8월 12일 임명장을 받은 퇴역 해군대장 사이토 총독은 야마가타가 인수인계를 준비하는 동안 8월 28일 동경을 떠났다. 그사이 천황은 조선총독부의 새로운 통치방식에 대해 발표했다. 29일에 이세신궁에 들러 참배하고 교토에 여장을 푼 총독은 "경성 불온不穩"이라는 보고를 받고는 두 무관을 먼저 경성으로 출발시켰다. 병합 9주년이 되는 날이었다.

~

복병산 아래 40계단 층층대를 한림은 내려섰다. 9월 2일 아침, 저마다 집을 나선 발걸음들이 분주하다. 남쪽으로 빤히 보이는 용두산 자락까지 오 분을 걸어내려가면 본정이 시작된다.

한림은 부두에서 노인을 태워 보내고 오는 길이다. 갑판에 올라가 1등석 자리를 잡아 앉히고 인사를 드린 뒤 잔교로 내려선 한림은 여객선이 뱃고동을 울리고 암회색 연기를 토하며 선착장에서 떨어질 때까지 배와 바다를 바라보았다. 일장기가 미풍에 흔들리는 뱃머리 너머 구름 사이로 여름을 막 비껴선 태양이 뿌연 윤곽을 드러냈다. 잔교의 나무 상판 사이로 몇 가닥씩 얽힌 열차 선로의 서늘하고 매끄러운 금속 촉감을 구두 바닥으로 느끼며 한림은 잔교 앞 식당으로 들어갔다.

밥을 먹는 사람, 차를 마시는 사람, 들어오는 사람, 나가는 사람, 환영객, 환송객, 웃는 사람, 우는 사람, 일본 사람, 조선 사람, 언제나처럼 잔교식당은 붐빈다. 낯익은 일본인 지배인이 한림에게 다가와 인사한다. 그 곁에 낯선 처녀가 어색하게 주문을 받는다.

"하나코, 백산상회의 단골이시다. 한선생, 언제나처럼 잘 부탁드립니다."

전국의 유학생들은 엊그제까지 모조리 일본으로 다 빠져나갔다. 지난 한 주 동안 여기서 마신 커피만 해도 그 수를 헤아리기 힘들다. 학생들이 없어서 멋쟁이들은 많이 사라진 듯해도 간혹 우글대는 좌석 사이로 드러나는 우아한 자태도 있다. 그네들의 연지 묻은 찻잔과 수저를 크고 두툼한 쟁반 가득 쓸어담고 수수하게 지나가는 새 종업원을 쳐다보며 지배인은 묻지도 않는 말을 한다.

"하나코는 홋카이도 시골에서 왔습니다. 대도시의 메인 스트리트에 인접한 조선의 관문, 이곳에 출입하시는 우미優美하신 고객들을 모시기에는 많이 부족하지만 무엇보다 성격이 좋아 특별 채용했습니다."

개학 시즌의 대목을 성공리에 마무리하고 총독 일행 행차라는 뜻밖의 큰 행사까지 막 치러낸 터라 긴장이 풀려서인지 동경에서 대학도 다녔다는 그는 어느 때보다도 누그러진 표정에 말이 많다. 뒤이어 한마디를 더 보탠다.

"홋카이도는 먼 곳이지요. 어제 들어오신 총독 각하가 총애하는 지역이라 들었습니다."

등뒤로 붉은 벽돌로 된 부산세관의 르네상스식 2층 청사와 그 위로 뻗어오른 4층탑이 아름답고 위압적인 망루처럼 부산항과 9월의 바다를 내려다보고 서 있다. 세관 옆에 부두 진입로를 사이에 두고 마주선 부산역은 조선의 현관이란 호칭답게 거대한 몸집을 드러내고 있다. 배에 싣고 내리는 화물은 잔교에 깔린 선로를 통해 곧바로 역사와 이어지고 연락선으로 입항한 사람들은 부산역에서 경부선을 타고 경성과 만주로 향한다. 부산역만큼 웅장한 역사는 서울에 아직 없다. 전국 교통의 중심이라 하는 용산역의 외관은 멋지나 규모에서는 비교가 안 될 정도다. 초라한 구식인 남대문역도 몇 년 뒤에나 현대식으로 새로 지을 것이라 한다.

출근시간이 다가온다. 한림의 직장은 부두에서 서쪽으로 걸어서

십 분 거리다. 어제 아침 연기 폭죽이 터졌던 복병산에 한번 올라가 보고 싶어 일부러 둘러오는 길이다. 이 부근에서 직장생활을 한 지 3년이 넘었지만 한 번도 올라볼 생각을 못 했다.

동쪽 바다 위로 꽤 높이 솟아오른 햇살 아래 역과 부두를 내려다보며 한림은 출근시간도 잊고 한참을 서 있었다. 1919년 9월. 만 스무 살이 다가오고 있다.

배와 기차가 해안 안팎에서 역동적으로 움직인다. 그 안쪽으로 전차와 자동차의 움직임이 이어지고 인력거와 자전거와 수레와 행인의 움직임도 바빠진다. 화요일의 아침. 남쪽 용두산 꼭대기의 신사가 그 모두를 내려다보고 있다.

복병산을 내려와 한림은 용두산 아래 본정 3정목으로 접어든다. 익숙한 걸음으로 곧 길모퉁이 요지의 큼직한 2층 기와집 앞에 멈춰 선다. 무역상 백산회사라는 간판이 걸려 있다. 이곳이 한림의 직장이다.

설립 3년간 백산상회로 더 잘 알려진 이 회사는 올해 5월 주식회사로 전환해 7월부터 영업을 재개했다. 경주 최부자집의 적통 최준과 더불어 대주주인 부산의 유지 윤현태와 안희제가 이사진을 구성하고 있다. 백산은 최대 주주인 안희제의 호다. 백산무역주식회사는 1919년 1월 설립 인가를 받아 7월에 영업을 개시했는데 그때까지 조선총독부 허가를 받아 설립된 회사는 스물세 개였다. 그중 자본금이 백만 원에 달한 회사는 서울의 경성방직과 부산의 백산무역 둘뿐이었다.

곡물과 면포, 해산물 구매 및 위탁판매를 주로 하는 이 회사에서 한림은 해산물 구매 부서의 말단 서기다.

백산회사가 상해임시정부에 자금을 제공한다는 것은 공공연한 비밀이었다. 임시정부 설립 이전에도 최준과 안희제는 1916년부터 백산상회 경영과 동시에 독립자금 지원을 해왔다고 한다. 백산상회의 이사 윤현태의 아우로서 일찍이 1909년부터 안희제와 비밀결사인 대동청년단 활동을 함께해온 윤현진은 1919년 4월 상해에서 발족한 대한민국 임시정부의 초대 재무차장이 되었다. 함께 활동하던 남형우는 임시정부 초대 법무차장에 이어 법무총장이 되었다 한다.

임시정부와 국내를 연결하는 역할을 하는 사람들이 특파원, 통신원, 선전원의 이름으로 잠입한다는 얘기가 7월부터 꾸준히 나돌았다. 이들이 안희제를 만나고 간다는 얘기를 한림은 여기저기서 들었다. 8월 하순, 상해임시정부에서 나왔다는 『독립獨立』이라는 신문 창간호가 인편을 통해 막 들어왔다는 소문도 돌았다. 미국 동포들의 성금을 갖고 5월 상해에 도착한 안창호가 낸 돈으로 이광수가 사장 겸 편집국장을 맡아 신문 제호도 직접 써가며 실무 작업까지 전담한다는 얘기도 들려왔다. 회사에서 듣지 못하는 얘기가 어시장 위판장의 큰손들 사이에서 나돌곤 했다. 어디까지 사실인지 모르지만 임시정부 운영자금 절반은 안희제가 모금해 조달한다는 말이 있는가 하면, 모금책에게 안희제가 원하는 금액의 두 배를 안겨준다는 믿기 어려운 얘기도 들려왔다. 안희제에 대해서는 임정첩보 36호의 총책임자로, 출장중에는 여관 36호에 투숙한다는 설부터, 변장술도 능해 일본 옷을 입어 신분을 감추며, 술집에서는 항상 일본 기생을 곁에 앉힌다는 등 별별 소문이 다 있었다.[8]

하지만 한림에게 안희제는 갈 곳 없는 청춘을 품어준 고마운 사주일 뿐이었다. 한림은 안희제를 자주 보지는 못했지만 오래된 갈색 소형 가죽가방을 들고 꼿꼿한 걸음으로 회사를 드나들던 견실한 사업가다운 그 모습만은 기억한다. 짙은 눈썹 아래 두툼하면서도 단정한 콧수염은 꾹 다문 입매와 더불어 마치 통 큰 대나무 같은 느낌이었다.

6개월 전, 백산의 주식회사 발족 준비가 한창이던 때 만세운동이 터졌다. 회사에서 구독하는 조선어 신문인 매일신보와 일본어 신문인 부산일보에서는 그 소식이 며칠 동안 보도도 안 됐다. 독립선언서가 부산에 배포되었다는 소문을 3월 3일 월요일 퇴근 무렵에야 들었다. 고종 임금의 국상이 치러진 날이었다.

11일에는 부산에서 학생들이 주도해 백 명이 시위를 벌였다는 소식을 접했다. 이미 서울에서는 두번째 대규모 시위가 남대문 일대에서 일어난 뒤였다. 상경했던 조객들이 그 광경을 겪고 낙향한 뒤 전국으로 확산되면서 서울보다 지방에서 더 격렬한 반응이 일어났다.

부산부는 부민 7만여 명 중 3만여 명이 일본인으로, 전국에서 일본인 거주 비율이 가장 높다. 들리는 말로는 경성부의 일부 시위대가 남촌의 본정통 좁은 가로를 지날 때 군경이 대대적인 체포 작전을 벌였는데 그때 그곳 상인들이 앞장서 도왔다고 한다. 서울은 남촌만 그렇지만 이곳 부산부는 중심가 전역이 일본 상권이고 거주지다.

한림은 부둣가 어물전과 동산 아래 회사를 오가며 기미년의 3월을 지냈다. 바다와 땅에서 초봄의 기운이 스며나오고 있었다. 겨우내 전염병 우역牛疫이 들끓어 죽어나가던 소들이 날씨가 풀리면서 집단 폐사에서 가까스로 벗어나 서서히 생기를 되찾고 있다. 서울에서 2차 시위가 벌어졌다는 5일이라면 경칩 즈음이었다.

3월 5일 아침. 경기도 고양군 면서기 유광렬은 서대문 사거리의 고양군청을 나서 만초천변 의주통을 따라 남대문역전으로 갔다. 여덟시부터 사람들은 광장 주변에 모여들었다. 지방으로 내려가기 위해 온 이도 많았지만 상당수는 유광렬처럼 무슨 말을 듣고 나온 사람들이었다.

고종의 장례식이 끝난 3일 남대문역은 몰려드는 귀향객으로 사상 초유라 해도 좋을 정도의 대혼잡이었다. 표를 못 사고 되돌아선 사람들이 상당수였다. 그야말로 물밀듯한 인파에 역에서는 개찰구를 미리 막아버려 표를 갖고도 탑승을 못하는 승객이 속출했다. 저마다 한 보따리씩 상품을 사들고 내려가는 길이라 더 혼잡했다. 4일 종로와 진고개 본정의 상점들은 시골 손님들로 뒤덮였다. 시계와 귀금속을 비롯해 시골에서 구하기 어려운 물건을 파는 상점에서는 점원들 밥 먹을 틈도 없이 손님이 들끓어 기록적인 매상을 올렸다. 결국 4일과 5일 만철경성관리국은 경부선과 경의선의 객차 편성을 늘리고 임시 열차를 편성했다.[9]

그렇게 맞은 5일. 아홉시가 넘자 운집한 군중 속에 홀연히 고동색 두루마기를 입은 한 사람과 흰색 두루마기를 입은 한 사람이 인력거를 타고 나타났다. 10년 만에 보는 태극기와 '조선독립'이라 쓰인 큰 깃발을 휘날리며 "조선독립만세"를 외쳤다. 그들을 선두로 행렬이 남대문을 향하는 동안 길목마다 엉성하게 그린 태극기를 든 학생들이 줄지어 나왔다. 나흘 전보다 더욱 조직적인 시위대 같았다. 민족대표 원로들이 인사동 요릿집 명월관 지점(태화관)에서 총독부와 경무총감부와 종로경찰서에 집회를 자진신고하고 선언문을 배달시킨 뒤 선언문을 읽고 붙잡혀가는 동안 탑골공원에 모인 학생들이 만세 부르고 시가행진을 벌인 1일과는 양상이 달랐다.

전날 밤 경성의학전문학교생 한위건이 소집한 배재고보 기숙사 회의에서 학생대표들이 세운 계획대로 수만 명의 시위대는 남대문 안으로 접어들었다. 숭례문 저지선에서 군인과 경찰은 칼을 빼어 휘두르기 시작했다. 피를 흘리고 쓰러진 학생들을 세브란스 병원 간호사들이 들것에 실어갔다. 시위 행렬은 남대문시장에서 조선은행 앞을 거쳐 명치정 입구에 도달했다. 선두에 선 30대 학생 강기덕이 이마에 일본 군인의 칼을 맞고 쓰러지기도 했다.[10] 시위대는 남대문통을 거슬러올라 광교를 건너 혹은 덕수궁 앞으로 해서 무교정을 지나 보신각으로 향했다. 이날 이후 시위는 지방으로 번져가면서 각계로 확산되었다.[11]

유광렬은 3월 1일 이전부터 손병희의 둘째 사위인 친구 방정환을 통해 만세운동의 뒷얘기를 소상히 들어 알고 있었다. 총독부 토지조사국에서 서류를 필사하고 일당 20전 받는 고학생일 때부터 둘은 절친했다.

손병희는 거사를 모의하면서 구 왕조의 중신인 박영효, 한규설, 김윤식 등을 참여시키려 했으나 저마다 사정을 들어 고사했다. 그는 이완용도 참여시키려고 했는데, 이 뜻밖의 제안에 이완용보다 천도교 제자들이 더 놀랐다. '매국적賣國賊의 이름이 선언서에 들어가면 신성한 운동을 더럽힌다. 그가 경찰에 고발할지 모른다'는 제자들에게 손병희는 이렇게 주장했다 한다.

"매국노까지 독립을 원한다면 2천만이 다 원한다는 뜻이다. 또 그는 매국적은 되었을망정 고자질할 사람은 아니다."

손병희는 어느 비 오는 날, 옥인동에 있는 이완용 집을 찾았다. 깜짝 놀란 이완용은 정자를 치우고 마주앉았다.

쉰여덟 살의 손병희가 형형한 눈빛으로 물었다.

"세상에서 당신을 매국적이라고 하는데 흥국대신興國大臣 한번 될 생각은 없소?"

예순한 살의 이완용은 낮은 목소리로 대답했다.

"고맙소. 나는 매국적이라는 이름을 들은 지 오래요. 새삼스럽게 그런 운동에 가담할 수 없소. 이번 운동이 성공하여 독립하면 동네 사람들이 먼저 쫓아와 때려죽일 것이요. 손선생의 운동이 성공하여 내가 그렇게 맞아 죽게 되면 다행한 일이겠소."[12]

이완용은 손병희의 예상대로 고발하지 않았다.

독립선언서 작성을 맡은 스물아홉 살의 최남선은 황금정 2정목 동양척식회사 건너편에 위치한 신문관과 인근 삼각정의 청계천변 조선광문회 건물을 오가며 선언서 작성을 시작했다. 추위는 아직 한참 남은 듯한 2월 초였다.

황금정이 끝나는 서쪽 덕수궁 담장 안에 유폐된 왕은 싸늘하게 식은 채 보름 가까이 누워 있다. 최남선은 선언문을 통해 조선은 독립국이고 조선인은 자주민임을 주장하며 나라의 운영권을 조선인에게 돌려달라고 만백성의 이름으로 요구할 작정이다. 그런데 그 글 어디에도 폐기된 왕권을 돌려달라는 요구는 없다. 폐위된 왕의 복벽復辟은 독립 조선의 관심사가 이미 아니라는 듯이.

독립선언서 정신에 따른다면 오늘도 덕수궁 대한문 앞 차디찬 바닥에 멍석을 깔고 왕의 죽음을 곡하는 저 백성들은 스스로 타도하지 않은 왕권을 스스로 부정하고 있다는 말이다. 조선 왕은 외적에 의해 타도되었고 백성에 의해 버림받은 것인가. 떠난 전차를 붙잡지 못하는 모양으로 애통해하지만 그것은 이전 지배자인 왕을 향한 애정보다 새로운 지배자인 외적에 대한 적개심이 짙게 밴 눈물인지도 모른다. 눈물이 마르면 왕의 존재도 기억에서 증발할 것이다. 황금정 입구 모퉁이를 돌아 시야에서 사라진 전차처럼. 어쨌거나 왕이 독살되었을 것이라는 소문은 덕수궁 빈전의 향연처럼 끊이지 않고 피어올라 만백성의 울분을 타오르게 하고 있다. 추모와 울화. 버림받은 왕이 백성을 봉기로 유도하고 있다. 죽은 나라님이 나라를 구할 것인가.

최남선은 좀더 안전한 장소를 물색하던 끝에 황금정 3정목 임규의 집으로 집필 장소를 옮겼다. 임규의 부인이 일본인이라 경찰의 감시가 덜할 것이라는 의견들이었다. 쉰두 살인 임규는 을미사변이 있던 해에 일본 게이오의숙에서 유학한 이래 서울의 사립학교에서 일본어를 가르친 일본통이었다. 체계적인 일본어 입문서의 효시라 할 만한 책을 10년 전인 1909년 2월 1일 신문관에서 펴내기도 했다.[13] 그는 기미년 3월 1일 오후에 동경에 가서 최남선이 쓴 선언서, 일본 정부와 귀족원, 중의원 앞으로 작성한 독립의견서 및 통고문을 번역해 3일에 일본 총리와 의회에 우송했다. 숨진 고종이 덕수궁을 떠나던 날이었다.

최남선은 독립선언문 초안을 우미관의 영화광고지 뒷면에 낙서처럼 날려 썼다. 보안을 위해서였다. 이렇게 초안을 잡은 원고는 임규의 부인이 재혼할 때 데리고 온 일본인 아들을 통해 재동의 최린 집으로 보내졌다. 최린은 그 원고를 자신의 집 벽에 걸린 거문고 안에 감추어두었다가 동지들과 돌려보았다. 다들 최남선이 쓴 문안에 만족했는데 한용운만 불만을 표시했다.[14] 문장에 조예가 깊은 한용운의 눈에는 문체가 불만스러웠거나 내용이 관념적으로 보였을지도 모른다.

최종 결정된 원고는 신문관에서 조판했다. 이번에도 역시 임규의 수양아들이 품속 깊이 숨겨 운반했다. 쫓기는 시간과 조여드는 긴장 때문이었을까. "오등은 자에 아 조선의 독립국임과……"로 시작되는 선언문 첫 문장의 '朝鮮'은 '鮮朝'로 활자가 뒤바뀌었다.[15]

9월 4일. 강우규는 안국동으로 접어들었다. 9월 2일 남대문역에서 거사를 벌이기 전부터 인근 남대문통 5정목 세브란스 병원 맞은편 상가 뒷골목에 임시 숙소를 마련해두고 폭탄 투척 그날과 다음날 이틀을 더 묵고서 돌아오는 길이다.

나라가 병합되자 식솔을 이끌고 연해주 인접 지역에 이주하여 건설한 한인촌에서 3월 4일에야 3·1운동 소식을 접하고 동포들과 만세를 부른 것이 꼭 6개월 전이다. 러시아인에게서 구입한 수류탄 하나를 사타구니에 숨겨 블라디보스토크에서 원산으로 출발한 것이 6월 11일이고, 다시 원산을 떠나 기차로 서울에 도착한 것이 8월 5일이었다. 서울에 오자마자 처음 찾아든 곳이 이곳 안국동이었다.[16]

원산에서부터 그를 도운 지인들에게서 소개받은 이 집에 머무르면서 노인은 매일같이 남대문을 왕복하며 현장을 답사하고 거사를 준비했다. 3·1운동 이후 상해임시정부가 수립되기도 하고 만주 러시아령에서의 무장투쟁 분위기가 무르익어갔지만 국경 바깥이 아니라 국내, 그것도 조선의 심장부에서 병합 9년 만에 처음으로 뇌관을 터트린 것은 먼길을 남하해온 예순네 살 노인이었다.

이 남대문역 사건은 10년 전 가을 하얼빈역에서 일어난 일과도 성격이 좀 달랐다. 그때 서른 살의 안중근은 나라의 주권이 공식적으로는 살아 있을 때 국경 바깥에서 거사를 벌이고 일본 관할 관동도독부의 여순지방법원에서 재판을 받고 여순감옥에서 복역중 사형되었다. 본인은 전쟁 포로로 대우받기 원했지만 재판부는 그를 살인범 취급했다. 예순네 살의 강우규는 나라의 주권이 공식 소멸한지 10년째 되던 해 국경 밖에서 국내로 잠입해 수도에서 거사를 벌이고 조선총독부 경성지방법원에서 재판을 받은 뒤 서대문감옥에서 복역중 사형되었다. 때마침 대사면령이 있어 정치범들이 감형되고 석방되었으나 그는 제외되었다. 살인범은 사면에서 제외한다는 규정 때문이었다.

1909년 총격을 받을 당시 이토 히로부미는 조선정책의 일선에서 한발 물러나 만주문제를 다루고 있던 시점이었다. 을사년 이후 4년간 그가 한국 통감으로 서울에 주재하며 병합의 토대를 완전히 구축해가는 동안 어떠한 조선인도 그에게 공격을 가하지 못했다. 그런 후에 통감 자리를 물러나 나라 밖에 나온 적장을 나라 바깥에 거주하던 사람이 처음으로 공격하자 내국인들은 일동 환호하며 자기 일처럼 갈채를 보냈다. 그 10·26사건 이후 안중근이 국외에서 재판

받고 고립무원으로 처형될 때 국내의 누구도 그를 도울 수 없었다. 체제에 복속된 사람들이 나설 일이 아니었다. 이토 히로부미나 안중근이 모두 조선 바깥에서 죽은 것은 그래서였는지도 모른다.

서울에서는 하얼빈과 같은 일은 없었다. 여기는 조선의 심장이며 생활인의 공간이었다. 사건은 생활의 균열인데, 그런 단절과 파탄은 생활인이 가장 싫어하는 것이다. 그런 서울에서 환상 같은 일이 발생했다. 이토 히로부미가 간 이후 조선통치의 수괴라 할 총독 두 명을 10년 가까이 얼씬도 못하고 바라만 보던 사람들의 눈앞에서 3대 총독으로 오는 사이토 마코토가 첫 서울 입성에서 중인환시리衆人環視裡에 테러를 당하는 광경은, 멀리서 전해들은 안중근과 이토 히로부미의 일과는 또다른 느낌이었다. 어떤 면에서는 기미년의 3월 못지않은 충격과 함께 시작된 9월이었다.

3·1운동의 여진은 더위가 오기 전에 가라앉았다. 만세운동에 나섰던 사람 중 4만 명 이상이 투옥되었다. 상당수는 재판중이다.

7월부터 주식회사로 전환해 영업을 재개한 백산무역은 두 달을 넘겼다. 9월에 접어들면서 바닷바람은 하루가 다르게 선선해진다. 회사는 장학회를 만들어 11월부터 운영할 것이라 한다. 이름은 기미육영회라 했다.

우수한 청년을 선발해 국내 및 국외에 유학시킨다는 장학회 준비작업을 어깨 너머로 본 한림은 '빛을 잃고 숨어 있는 준재俊才를 선발 연마하여 뜻을 이룰 길을 열어준다'는 그 취지문에 감격했다. 제1회 장학생으로 열 명을 선발하는데 한번 신청해보라는 권유에 한림은 망설였다. 서울과 일본은 물론 유럽, 미국도 갈 수 있다고 한다. 일찍이 재능과 번민 사이에서 방황하던 이광수가 1914년 미국에서 발간되던 신한민보의 주필로 내정되어 도미할 기회를 가졌다가 세계대전 발발로 포기했다는 이야기를 들었을 때 한림은 뭔지 모를 생의 분수령을 느낀 적이 있다.

한림은 이광수가 미국으로 갔더라면 좋았을 것이라고 생각한다. 그럼에도 자신이 배 타고 바다 건너 외국으로 가는 것은 마음에서 접기로 했다. 무엇보다 장학회 규칙 2조가 마음에 걸렸다. '사회를 위한 인재' 양성을 목적으로 한다는데 한림은 그렇게 될 자신이 없었다.

10월의 어느 날 한림은 경영진으로부터 호출을 받았다. 서울에 10년 만에 민간신문사가 생기는데 거기 사원으로 들어가보겠느냐고 물었다. 신문 발행 허가를 전제로 주식 모집이 진행중이며 주식회사 창립 발기인에 최준과 윤현태와 안희제 같은 백산의 경영진이 여럿 참여한다는 것이었다. 안희제는 신문사의 부산지국장도 맡을 것이라 했다.

10월 20일 강우규는 경성지방법원에 기소되었다. 한 발의 폭탄으로 온 경성을 뒤흔든 그가 조선인 경찰의 검문을 받고 연행된 지도 벌써 한 달이 넘었다고 한다.

신문을 접으며 한림은 생각한다. 다시 부산항에 나갈 일은 없을지 모른다. 혹시 부산역에 나갈 일이 생긴다면 이번에는 내가 북상할 차례인지도 모른다고.

9장

죽은 나라님이 백성을 구한다면

덕수궁에서

이왕은 소스라쳐 눈을 떴다.

주위는 아직 어둠이었다. 누군가 그를 불러 깨우고 있다. 혼몽중에 오락가락하는 음색이 귀에 익다. 눈은 다시 스르르 감기고 의식은 쉬 깨지 않는데 몸이 저 혼자 경련을 일으킨다.

어머니의 음성은 아니었다. 점점 다가오며 다급해지는 그 소리는 상궁의 것인 듯하다. 꿈은 아니다. 여기는 그의 처소이며 그는 지금 안전한데 어둠 속 이 소리는 무엇인가. 그리고 얼음장처럼 에워싸는 이 식은땀은 어인 일인가. 한겨울 미명의 냉기가 침전을 채운다.

잠자는 그를 깨우는 사람은 25년 동안 아무도 없었다. 그는 죽은 듯이 자고 죽은 듯이 살았다. 저 을미년 가을의 새벽에도 그는 지금처럼 어둠을 찢는 누군가의 목소리에 쫓기듯 깨어났다. 그뒤 어두운 경복궁 이곳저곳을 헤매다가 어머니가 눈앞 처소에서 참살되었음을 알게 되었다.

밤사이 안녕하셨냐는 문안인사 올리는 시각이 다가오고 있었다. 후들거리는 사지에 혼몽한 시선으로 바라본 북편 건청궁 담장 밖 밤나무 숲 언덕 너머에 소슬한 새벽 공기를 타고 때아닌 연기가 피어올랐다. 추석을 지낸 지 닷새째였다. 그 중추가절에 역대 군왕의 초상을 모신 진전眞殿에 나아가 아버지 임금과 함께 올린 다례茶禮의 향내가 아직 생생했다.

진동하는 석유 내음과 함께 동트기 전의 경복궁을 뒤덮는 그 기괴한 연기가 어머니 왕비 때문임을 알았을 때, 기절초풍하는 궁녀 신하들 사이에서 그는 생지옥의 시간을 천형인 양 감수했다. 그가 할 수 있는 일은 거의 없었다. 1895년의 그날 이후 그의 심신이 한층 악화되었다. 그의 배필인 세자빈 민씨는 그날부터 완전히 딴사람이 되어 맥없이 사위어가다 결국 1904년 요절했다.

그날 이후 그는 아버지 고종과 함께 수많은 치욕을 겪었다. 아버지가 왕위에서 물러나고 그도 형식적인 왕좌를 3년 잇고 물러남으로써 그 고뇌의 시간은 끝났다고 믿었다. 망국과 더불어 그는 이왕이라는 새로운 직함을 받았다. 아버지 역시 태황제 대신 이태왕으로 불리게 되었다. 대한제국 황실은 이왕가李王家로 명칭이 바뀌었고 황실업무를 담당하던 궁내부를 대신하여 이왕직이 신설되었다. 그들의 생활비는 일본 궁내성 직속인 이왕직에서 수리되고 집행되었다. 그렇게 10년이 흘렀다.

새삼 무슨 일인가.

등을 타고 선뜩한 전율이 흘렀다. 홀로 누운 그를 벽시계가 바라보고 있다. 여섯시 삼십오분.[1]

조선군사령관 우쓰노미야 타로가 한 달 전에 창덕궁으로 찾아와 연말 선물로 벽시계를 헌정했다.[2] 동경에서 직송된 160엔짜리 신상품이라 했다. 덕수궁에 계신 아버지에게는 108엔짜리를 전달했다고 들었다.[3] 해가 바뀌기 전인 1918년 12월 23일이었다.

저것이 우쓰노미야 사령관이 준 시계인가, 아니면 1915년 세밑에 조선 총독 데라우치 마사타케가 새해 선물이라고 주었던 그 시계인가.[4]

희미하다. 모든 것이 꿈결처럼 아득하다. 이제 만 마흔네 살. 어머니가 하루아침에 사라져버린 을미년 8월 20일, 그때의 나이다. 이제 열흘이 지나면 기미년으로 접어든다. 해가 한 번 더 바뀌어 경신년이 되면 어머니 칠순이다. 그날이 오면 육순 때와 마찬가지로 홍릉에 나아가 배알할 것이다. 이 몸은 얼마를 더 살아야 어머니와 해후할 것인가. 예순일곱 살에도 정정한 아버지가 나보다 더 오래 살 거라는 얘기가 도는 건 익히 들은 바다. 섣달 긴긴 밤 동창이 밝으려면 한 시간도 더 남았다. 왜 나를 깨우는가.

전화를 받으시라고 근시近侍 여관女官은 입에 얼음을 품은 양 떨며 아뢴다. 덕수궁에서 온 기별이라 한다. 아버님이 직접 전화를 하는 일은 낮에도 잘 없다. 동경에 간 막내아들 영친왕이 매일같이 보내오는 문안편지 읽고, 환갑에 본 막내딸 덕혜옹주 재롱 보는 것만으로도 선달 겨울해는 짧다.

부자간의 전화는 늘 창덕궁에서 덕수궁으로 걸려간다. 하루가 멀다 하고 이왕은 이태왕에게 전화로 문안인사를 올렸다. 나흘 전 금요일에는 왕비와 함께 덕수궁으로 아버지를 찾아뵈었다. 세모를 맞아 막바지 추위에 평안하신지 문후를 여쭈었다. 매일처럼 문후를 올리는 시종이 어제 아침에도 덕수궁을 다녀와 태왕의 건재함을 고했다. 그저께 일요일에는 여러 신들께 한 해를 총결산하여 아뢰는 납향제도 무사히 올렸다는 전갈을 받았다. 헌데 대체 무슨 일이란 말인가.

설이 열흘 앞으로 다가와 있다. 사반세기가 지나도록 그는 설날이 즐거웠던 적은 없었다.

"전하께옵서 환후患候 침중沈重하옵니다."

잠이 찰나에 달아났다. 창덕궁의 백열등 전체가 일시에 켜진 것처럼 머릿속이 환하게 작렬했다가 이내 엄동의 어둠이 한꺼번에 쏟아드는 듯이 칠흑에 휩싸였다.

이왕과 윤비를 태운 마차는 창덕궁 돈화문을 나서 미명을 뚫고 덕수궁을 향해 질주했다. 양력 1919년 1월 21일. 대한大寒의 아침이었다. 북한산과 삼각산에서 불어내리는 칼바람은 체감 온도를 영하 20도까지 끌고 내려갔다. 낙원동 측후소의 온도계는 새벽 최저 기온을 영하 17도 8분으로 기록했다. 평년보다 10도는 더 떨어진 날씨다.

얼음길을 달려 삐걱대는 바퀴를 재촉해 덕수궁에 이른 어용마차는 대한문을 전속력으로 통과했다. 덕수궁 뜰의 나무들은 밤사이 쇠락한 집주인의 육신마냥 아침 바람 찬바람에 이울고 있었다. 창덕궁이나 경복궁에 비하면 궁궐이라 할 수 없을 정도로 초라한 행색에 배치도 정연치 못한 전각이 잿빛 어스름 속에 희뿌옇게 웅크리고 있다. 단걸음에 처소인 함녕전에 다다른다.

15년 전 봄, 덕수궁이 경운궁이던 1904년 4월 큰불이 일어나 왕의 처소인 함녕전을 비롯한 대부분의 전각이 재로 변했다. 그래도 고종 황제는 7년 동안 지낸 경운궁을 벗어나지 않았다. 두 차례씩 오가며 오랜 세월 살았던 경복궁과 창덕궁 쪽으로는 눈길도 주지 않으려 했다. 불길을 면한 처소를 골라 임시 거처로 삼고 폐허 혹은 공사판이 된 궁궐터의 일각에서 버텼다. 그리고 함녕전을 다시 지어 지금껏 지내왔다.

처소가 복구되자마자 여기서 을사조약을 치르고 또 2년 뒤 여기서 왕위를 찬탈당하지만 그래도 그는 떠나지 않았다. 아관파천을 단행해 러시아공사관에 1년간 피신했다가 여기 경운궁으로 들어온 것이 벌써 22년 전 일이다.

그를 제외하고는 여기서 산 왕은 선조와 광해군뿐이다. 3세기 전 두 부자는 전쟁 때문에 어쩔 수 없이 여기 머물렀다. 임시 거처와 다름없던 이곳에 고종 부자가 함께 심신을 의탁한 것은 무슨 연유에서였던가. 폐위된 고종은 여기서 마침내 여생을 마감하려 하고, 여기서 즉위하고 창덕궁으로 독립한 순종 역시 폐위되어 왕조의 문을 닫았다. 그리고 오늘 선왕의 마지막 숨결을 대하려 극한의 새벽 냉기를 뚫고 말과 함께 입김을 내뿜으며 이렇게 달려왔다.

어머니를 잃은 충격이 채 가시기도 전에 아버지와 함께 상궁의 가마를 얻어 타고 경복궁을 탈출해 경운궁 뒤 러시아공사관으로 들어가던 그해 겨울의 아침은 이렇게까지 매섭지는 않았다. 을미년 섣달의 그날은 병신년 설날 이틀 앞이었다.

함녕전의 서온돌에 눕혀진 이태왕은 미동도 없었다.

1919년 1월의 이른 아침. 아들 이왕에게 전화 연락이 가던 때는 이미 숨이 끊어진 뒤였다. 새벽 한시 이후 경련을 동반한 뇌일혈 같은 증상이 찾아들어 조선인 일본인 의료진이 번갈아 드나들며 응급조치를 취하는 동안 고종 이태왕의 용태는 급속히 악화되었다.

2.5킬로미터.

아버지가 쓰러지고 의식을 잃어가는 동안 다섯 시간 이상을 아들은 혼곤히 잠들어 있었다. 십 분이면 닿는 거리였지만 어머니에 이어 아버지마저 임종을 지키지 못했다.

억장이 무너지고 만감에 휩싸여 이왕은 이미 굳어버린 아버지 앞에 나아갔다.

"소신小臣 왔습니다."

그렇게 한마디 아뢰고 천지 아득하여 기절하였다.[5]

겨울해는 금세 중천인데 한때의 황제는 깨어날 줄 모른다. 어제도 이태왕은 여느 때처럼 열한시가 되어서야 침소에서 나왔다. 그가 일찍 잠드는 일은 드물었다. 밤에는 불을 밝히고 깨어 있으려 했고 먼동이 어둠을 물리칠 때에야 겨우 잠에 드는 것 같았다.

일어나서는 우선 매일 하는 건강 진찰을 전의典醫에게 받는다. 작년 8월부터 검진은 일과가 되었다. 그즈음 치루가 생겼었는데 하가 조선총독부 의원장의 감독 아래 우메무라 의학박사가 진찰한 뒤 십 분 동안 치료를 받고 나왔다.

이태왕은 창덕궁에 있는 아들 이왕이 보내는 시종의 문안을 받고 아침 수라를 들었다. 보통 사람들의 점심때다.

세시에는 약방에서 달여 바친 가미온감탕을 복용했다. 위장이 허약한 사람의 불면증, 신경과민에 흔히 처방하는 약이다. 불면의 밤이 벗이 된 지 오래지만 요 며칠 유독 심해졌다.

저녁 수라를 들고 또 밤이 찾아왔다. 아홉시쯤 소화제로 가미양위탕을 약방에서 지어 올렸다. 그걸 먹고 서온돌 내전에서 여섯 살 옹주와 함께 여관女官들에 둘러싸여 시간을 보냈다. 열한시가 되어 덕혜옹주는 자러 가고 당직 의사가 최종 검진을 마치고 나갔다.[6]

상궁 나인들에게 시킨 윷놀이도 그의 신경을 안정시키지 못하였는지 둔중한 노구를 이끌고 서온돌 문을 나서 지팡이에 의지해 동온돌까지 걸음을 옮겼다. 원래 동온돌이 왕의 처소이고 서온돌은 왕비의 처소이나 이제 왕비도 없어 그는 서온돌을 쓴다. 열두 살에 왕위에 올라 벌써 만 예순일곱 살이다. 얼마 전 각기脚氣를 앓은 뒤 추위를 피하라는 권고를 받았다. 엄동의 한밤에 노인은 눈을 붙이지 못하고 서성인다. 덕수궁 남측 담장 너머 둔덕 위에 올라앉은 고등법원과 중추원의 완강한 양식건물이 어둠 속에서도 희뿌연 몸체를 드러내며 전직 황제의 목재 기와집을 정면으로 내려다본다. 등 뒤로 영국영사관과 오른편 담장 너머 미국영사관의 불빛도 꺼진 지 오래, 모두들 잠든 고요한 이 밤에 그는 혼자였다.

"조금 잘 터이니 곁에 누구 좀 있으라."

눕지는 않고 의자에 앉아 곁에 앉은 상궁을 의식하며 겨우 눈을 붙인다. 자정 무렵이었다.

한 시간이나 지났을까. 상궁이 화들짝 몸을 일으켜 이태왕에게 엎어지듯 다가갔다. 이태왕은 한쪽 발이 바닥에 다 내려올 정도로 몸이 의자 아래로 미끌어져 있었다. 경련을 일으키고 있었다. 의료진이 드나드는 가운데도 여러 차례 경련은 이어졌다. 매일같이 보는 일본인 의사에게 그는 물었다. "네가 누구냐." 의사가 대답하자 그는 더 묻지 않았다. 한참 동안 말이 없던 그는 다시 입을 뗐다.

"조금 자볼까."

그러면서 눈을 감았다. 그게 마지막 말이었다.[7]

그즈음 멀리 파리에서는 세계대전을 마무리하는 강화회의가 개최되었다는 소식이 들려왔다. 독립으로 가는 마지막 비상구가 머나먼 파리에 있을지도 모른다. 무언가 시도해봐야 할 것이다. 이 호기를 그냥 흘려보낼 수는 없다. 헤이그 만국평화회의 때 했던 실패를 되풀이해서는 안 된다. 밀사를 보내며 대한제국 황제의 입장에서 이곳에서 밤새워 했던 1907년의 고뇌를 12년 만에 다시 하고 있다. 밤의 어둠에 둘러싸인 처소는 여전히 함녕전이지만 궁의 이름은 그 사이 경운궁에서 덕수궁으로 바뀌었다.

헤이그 밀사 파견을 빌미로 자신은 황제 자리에서 물러나고 큰아들이 순종으로 즉위하고 작은아들 영친왕이 황태자에 봉해졌다. 그 뒤 영친왕이 이토 히로부미를 따라 일본으로 건너간 1907년은 충분히 고통스러웠다. 그런데 지금, 12년 전과는 비교가 안 될 정도의 국제회의가 세계를 흔들고 있다. 거기에 겹쳐 나흘 앞으로 다가온 작은아들의 국제결혼은 그의 마음을 이중으로 압박했다. 결혼을 하면 왕세자 부부는 동경에서 파리로 신혼여행을 간다고 한다. 파리강화회의에서 각국 대표들 사이를 오가며 병합된 일본과 조선의 화합의 상징물로 비춰질 아들의 모습을 상상하는 것은, 나라 잃고 왕조 잃은 유교 국가의 패왕에게 혈통 단절이라는 폐족의 형벌까지 안기는 것이나 다름없었다. 쓰러진 국권을 복구할 수 없을까 실낱같은 희망을 걸어보려는 바로 그 국제 외교장에 그의 아들이 정략 사절로 파견되는 셈이었다.

그는 이 문제를 그 누구와도 상의할 수가 없다. 조여드는 압박감. 그리고 분노와 불안이 한꺼번에 몰려왔다. 12년 전 막다른 길목에서 감행한 외교전의 실패로 왕위를 잃었는데 이번에는 목숨을 잃게 된 것이었다.

이태왕이 승하했는데 왕실을 보좌하는 이왕직은 텅 비어 있었다. 왕세자의 혼사가 임박해 모두 동경 출장중이었다. 총독과 주요 고관도 동경에 가 있었다. 모두들 두서가 없었다. 졸지에 대사를 당한 1월 21일 덕수궁 대한문 앞은 수레 소리가 이어졌다. 외빈 접대처인 덕홍전 현관 앞에는 자동차, 마차, 인력거가 수십 대씩 밀려와 대혼잡이었다.

동경 체류자들은 급히 귀국길에 올랐다. 영친왕도 혼례를 연기하고 귀국길에 올랐다. 영친왕은 혼인에 즈음하여 23일 동경에서 대훈장을 받기로 되어 있었다. 그 훈장을 달고 부인과 함께 파리로 향할 예정이었다. 세계의 이목은 파리에 쏠려 있었다. 이태왕의 승하 날짜를 하루 뒤로 허위 발표한 총독부의 지침에 따라 "22일 오전 여섯시 붕어"라고 보도한 매일신보는 기삿거리가 넘쳐났지만 파리의 강화회의가 현지시간 18일에 개막한 소식을 비중 있게 전했다.

신문 기자, 활동사진 기사, 기타 대군중은 아침 일찍부터 프랑스 외무성 앞에 집합했다. 윌슨 미국 대통령, 푸앵카레 프랑스 대통령 등 각국 수반이 주악 속에 환영을 받고 입장했다. 푸앵카레는 의장석에 착석해 명석한 음성으로 개회사를 읽었는데 그동안

전원 기립했다. 일흔두 명의 위원은 말발굽 모양의 테이블 주위에 착석해 푸앵카레가 수석 테이블에 앉고 미국 위원은 우측에, 영국 위원은 좌측에 자리잡았다. 회의장인 베르사이유 궁의 대회의실은 세느 강을 내려다보는 굉장한 건물인데, 금색 찬란한 장식을 하여 화려함과 아름다움의 극치를 이루었다. 방은 이분하여 그 절반은 일본 기자를 비롯해 신문 기자가 가득찼다. (파리 전송)[8]

강화회의 본부는 5개국 대표가 협의한 결과 의장 조르주 클레망소(프랑스 수상), 부의장 로버트 랜싱(미 국무장관), 위원 로이드 조지(영국 수상), 위원 비토리오 오를란도(이탈리아 수상), 위원 사이온지 긴모치(일본정계 원로)로 구성되었다. 그 아래 열다섯 명의 서기들은 프랑스, 미국, 영국, 이탈리아 그리고 일본의 5개국에서 세 명씩 균등 분배되었다.

50일 전 재미 한인회는 강화회의에 한국 대표로 이승만 등 3인을 보내기로 결의했지만 미국 정부가 비자 발급을 불허해 결국 파리행은 좌절되었다.

영친왕이 24일 귀국했다.

기차와 관부연락선을 갈아타고 몇 날 며칠 밤을 달려 부산발 열한시 삼십분 야간급행열차로 오전 남대문역에 도착했다. 꼭 1년 전 그는 서울에서 2주가량을 머물다 갔다. 그때는 어머니 엄귀비의 장례식에 참석하러 일시 귀국한 이래 8년 만이었다. 그 역시 부모를 모두 임종 못 지키는 신세였다.

> 앞서 그해 1월 남대문역에 도착한 왕세자는 그길로 덕수궁에 들어 함녕전 서온돌에서 태왕 전하와 대면하였다. 태왕 전하는 반가운 마음을 진정치 못하시와 친히 손길을 잡으시고 등을 어루만지시며 신체 건강하여지심을 못내 기뻐하시는 중에 "군대생활이 어떠하냐. 이것이 소위의 군복이냐. 좀 일어서보아라" 하시었다.[9]

그런 이후 다시 고국 방문을 하고 떠나던 작년 9월 3일은 결국 부자 생전의 이별이 되었다. 그날 세자는 하직을 여쭙고도 차마 발길을 돌리지 못하여 함녕전 앞뜰에서 머뭇머뭇하고, 태왕은 마루 끝에 서서 창연히 바라보며 "잘 가거라. 가서 잘 있거라. 공부를 아무쪼록 잘 하여라. 학교를 마치었더라도 공부할 것은 많을 터인즉 학교를 마쳤다고 게을리 말고 몸성히 공부를 잘 하여라" 거듭 당부했다.

경성 시가에 일장기를 반쯤 내린 조기가 내걸렸다. 하루 늦은 초혼제를 시작으로 긴 장의 절차가 개시되었다. 이제부터 모든 것이 장남의 몫이었다. 모든 절차의 맨앞에는 이왕이 섰다. 부자유친 다음은 언제나 장유유서였다. 나라는 망하여도 풍습은 오래간다. 바로 변하는 것이 있고 쉬이 변치 않는 것도 있다.

> 22일 오전 여섯시 고복皐復하실 때에 일체 흰옷으로 바꿔 입고 도포를 매고 위를 막지 않은 두건을 쓰고 발상發喪의 예를 행하였으며 이왕비 전하도 일체 화려한 의대를 빼시고 머리를 풀어 발상하였으며, 창덕 덕수 양궁과 별궁의 여관 궁녀 하인에 이르기까지 백여 명의 부녀가 모두 흰옷에 머리를 풀고 발상을 하였다.[10]

이왕은 일생 중 제일 바쁜 시기를 만났다. 염과 입관을 일일이 참관하고 제반 절차를 손수 지휘하였다. 임금의 아들이나 상민의 아들이나 상주이기는 마찬가지였다. 곡을 하고 종친과 귀족 이하 관리들에게 조문을 받았다. 간혹 프록코트 차림으로 문상을 온 이도 있었다. 상주로서 이왕은 어느 때보다도 단호하고 근엄하게 지적하여 말했다.

"양복이 비록 서양 예법에는 맞을지라도 동방의 상례에는 맞지 않다."[11]

어떤 귀족이 프록코트를 입었다고 조문을 거부당한 후 일본인 관리들도 조선 상복을 착용했다.

이왕은 서른 차례 이상 관에 칠을 거듭할 때 모두 살펴보았다. 밤에도 빈전에 나와 주변을 맴돌았다. 사람들은 그가 아버지 생시와 같이 차마 슬하를 못 떠나는 것 같다고 했다.

을미년에 명성황후께서 승하하시니 전하의 보령이 스물두 살이시라. 태왕 전하께오서 전하를 항상 젖먹이와 같이 아시어 비록 귀비를 총애하시되 귀비와 별처別處하시고 침식거처를 항상 곁에서 떠나지 못하게 하시고 전하께오서도 역시 좌우에 떠나지 아니하고 수면과 식사를 직접 감독하사 조금이라도 흠이 있으면 조금도 용서하심이 없으시며 (중략) 태왕께서 편찮을 때면 의약을 친히 바치고 부자간에 은정과 효성으로 서로 의지하시었다. 임금이 된 후 궁을 나누어 거처하게 되자 태왕께서는 어린아이를 품에서 내어놓으시는 것과 같이 아시고 전하께서는 젖먹이가 슬하를 떠나는 것처럼 항상 헤어지기 서운해하였다.[12]

이왕은 태왕이 세끼 수라 드는 것을 전화로 확인하여 평상시와 같이 드셨다 하면 식사를 하고, 좀 적게 드셨다 하면 몹시 걱정하며 자기 식사도 줄였다. 잠자리에 들 때도 아버지가 침소에 든 것을 전화로 확인한 뒤에야 취침했으며, 아침에 일어나서도 전화로 거동을 알아보기를 잊지 않았다. 태왕의 거동이 평소만 못하다 하면 초조한 기색이 얼굴에 나타났다. 매일 시종을 덕수궁에 보내 문안을 드렸는데 직접 덕수궁을 방문할 때면 전날부터 기뻐서 어쩔 줄 몰라했다. 그렇게 대면하면 다가가 울먹거리느라 제대로 말을 잇지 못했고 그러다가 돌아갈 시간이 되면 안절부절못하였다. 떠날 시간임을 알리면 눈물을 머금고 대궐 밖을 나섰다. 태왕은 창문을 열고 배웅을 하는데, 어떤 때는 태왕도 마음이 좋지 않아 가는 모습을 내다

보지 않을 때도 있었다.

정미년에 유폐되었던 왕은 기미년에 장례를 치렀다.

건강이 좋지 않으니 장지까지 따라오지 말라는 권유도 있었으나 이왕은 인산因山에 수행했다. 장례 후 창덕궁으로 귀환하라는 권유도 뿌리치고 석 달 뒤 졸곡 때까지 덕수궁에 머물렀다.

창덕궁으로 돌아온 이후에도 매일 세 차례 혼전과 산릉에 제수를 전화로 점검하였다. 그때마다 상복을 갖추고 덕수궁 쪽을 향하여 공경히 무릎 꿇고 앉아 전화 통화를 한 후 식사를 하였다. 매달 초하루와 보름을 비롯, 명절이나 생신에 반드시 덕수궁에 행차하여 참배하고 산릉에는 봄가을로 행차했다. 이왕직에서 홍릉 입구 버드나무를 베었다는 말을 듣고 크게 노하여 수라를 들지 않은 적도 있었다. 어떤 날은 제수 중 과일 하나가 색이 바랜 것을 보고는 노하여 수라를 들지 않았다. 관헌이 아무리 조심해도 제물을 직접 점검했다.

봄가을에 전 앞에 꽃이 만발하거나 비원에 숲이 시드는 것을 보시고 마음이 슬퍼지시면 모시고 따르는 시종이나 여관이 위로하여드리나 성심을 돌이키지 못하셨다. 번개가 심할 때에는 삿된 기운을 물리치는 향료를 태우는 것이 전례인데 하루는 뇌성이 심하여 향료를 태웠는데 말씀하시기를 "혼전에 먼저 태운 뒤 여기 태워라" 하셨다. 시종이 "혼전은 이승과 저승의 경계이므로 감히 그런 목적의 분향을 할 수 없습니다" 하고 아뢰니 전하께서는 벌벌 떨면서도 "혼전에 못 하면 전각도 향료를 태우지 마라" 하셨다.[13]

고종일 때나 이태왕이었을 때나 아버지는 언제나 군밤을 좋아했다. 순종일 때나 이왕일 때나 아들은 아버지를 찾아가는 날 창덕궁 비원에서 밤을 따 이를 직접 구워서 품속에 품고 가서 드리곤 했다. 이제 그리 할 수 없게 되자 이왕도 군밤을 먹지 않게 되었다. 아버지는 송이버섯도 좋아했는데 아들은 이제 그것도 차마 먹지 못한다. 철마다 새 과일, 새 채소가 나면 혼전에 올린 뒤에나 들었다.

아들은 매일 고인을 참배하고자 하나 혼전이 덕수궁에 있어 뜻대로 되지 않았다. 그리하여 마침내 혼전을 창덕궁으로 옮기기에 이르렀다.

덕수궁은 마침내 주인을 잃었다.

한림은 이왕 부자의 사연을 전하는 기사에서 눈을 떼고 신문을 접는다. 1년도 더 지난 일을 기사는 새삼 전했다. 한림은 접은 신문을 철해 끼워넣는다. 창간 이틀째다. 내일이면 벌써 이 신문도 어제의 후문이 될 것이다. 아마 다시 돌아볼 새 없이 흐릿한 기억만 남기고 신문지는 휴지로 도배지로 불쏘시개로 고기 포장지로 사용되다가 사라질 것이다.

이상협 사회부장 겸 편집국장이 직접 쓴 기사인 모양이었다. 궁중 어투도 그러하고 당시 덕수궁의 내막을 그처럼 소상히 아는 사람은 사내에 달리 없다. 한림은 작년 벽두, 이태왕 고종의 죽음을 둘러싼 그 추웠던 겨울을 회상한다. 그리고 이어지는 봄, 얼어붙은 임금의 몸을 떠나보내던 1919년의 봄날의 이야기를 떠올린다. 이상협이 매일신보를 떠나기 몇 달 전 소상히 취재했다던 그 이야기였다.

10장
하느님이 도우사 조선을 자주독립국으로
황금정에서

조선군사령관 우쓰노미야 타로는 홀로 술잔을 들었다. 정오 무렵이다. 이른봄의 용산 관저는 물오르는 남산의 기슭 아래 호젓하다. 대낮의 독작은 전례 없는 일이다. 점심상을 앞에 두고 몰려드는 시장기보다 빠져나가는 긴장감이 그를 더 사로잡는다. 고단한 외출에서 막 돌아온 길이다.[1]

긴 오전이 끝났다. 평소라면 자리에서 일어날 시간인 일곱시부터 그는 덕수궁의 대한문 앞에 나가 있었다. 이태왕의 국장 날이었다. 1919년 3월 3일 아침. 낙산 위로 떠오르는 동녘 해가 남산을 자줏빛으로 물들여갈 무렵 대궐 안에서는 발인을 앞둔 마지막 제사가 진행되고 있었다.

"태왕 전하가 경성에 머무르는 마지막 밤이 덧없이 새었다……"[2]

간밤에 꼬박 붙어 있던 함녕전의 마루에 비껴드는 아침 햇살을 바라보며 이상협은 그렇게 수첩에 적었다. 이곳 빈전에 몸을 누인 고종 이태왕은 이제 떠날 시간이었다.

덕수궁 출입 기자인 이상협의 직함은 매일신보 편집인 겸 발행인이다. 입사 7년. 기자 드문 조선 땅에서 베테랑으로 통한다. 궁중 사정을 궁궐 밖에서 그만치 아는 이도 드물다.[3] 고종이 승하한 다음날부터 40일 가까이 하루도 빠지지 않고 지면을 덮은 덕수궁의 장례 기사는 거의 그의 손을 거쳤다. 오늘의 국장예식은 그 절정이다. 날이 날인만큼 너댓 되는 기자가 총출동해 그를 지원하기로 했다. 일본어 신문인 경성일보의 조선어 자매지라 하지만 경성일보의 편집국장 밑에 예속된 일개 부서 수준이다.[4] 안에서 기사를 다듬고 편집하는 민태원까지 오늘은 특별히 나왔다.

우보牛步라는 호처럼 동작이 굼뜬 민태원은 경성고보를 졸업하던 1914년에 이상협의 소개로 입사했다. 그후 5년 동안 눈에 좀 띈다 싶은 기사나 제목은 주로 그가 다듬고 만들었다. 그러다 소설 연재까지 맡았다. 번안소설이라는 것인데, 지난달에 6개월 동안의 연재를 성공리에 마무리했다. 「애사哀史」라는 이 작품의 연재가 시작되던 작년 1918년 7월 매일신보는 안내 기사를 실었다.

이 소설은 지금부터 34년 전에 이 세상을 떠난 불란서의 문호 빅토르 위고 선생의 저작으로, 지나간 백 년 동안 몇백 명의 소설가가 몇천 질의 소설을 지었으나 이 소설 위에 올라가는 소설이

다시없다고 하는 『레미제라블』이라는 소설을 번역한 것이다. (중략) 독자 제군이여, 그 소설이 얼마나 재미있는가를 알고자 하는가. 잠깐 이삼 일만 참으라.[5]

직접 번역한 것은 아니고, 일본의 구로이와 루이코가 『아, 무정』이라고 번안한 소설을 재번안했다. 우보가 연재를 시작하기 한 해 전인 1917년 상반기를 후끈 달군 이광수의 연재소설 『무정』만큼은 아니어도 첫 작품치고 인기가 좋았다. 두 달 뒤에 후속작이 나갈 예정이다. 『장한몽』의 조중환, 『해왕성』의 이상협을 잇는 이 신예 작가의 출현에 장안의 이목이 쏠렸다. 매일신보에 차례로 입사한 이 세 기자를 벌써부터 삼대 번안 작가로 일컫는 이도 있다.

『아, 무정』은 16년 전인 1903년, 일본에서 신문 연재를 마친 작품이다. 작가 구로이와가 1892년에 직접 만든 만조보라는 신문의 창간 10주년에 연재한 것이다. 빅토르 위고 탄생 100주년이기도 했다. 구로이와의 번안소설 연재와 맞물려 만조보의 발행 부수는 한때 동경 제일인 30만 부에 이를 정도였다.

요미우리신문에 5년 넘게 절찬리에 연재된 오자키 고요의 「금색야차」가 작가의 죽음으로 일단락된 것도 1903년이었다. 일본 연재소설계에 확고한 지위를 구축하면서 요미우리신문의 영향력을 급상승시킨 이 장편소설은 10년이 지나 1913년 매일신보에 「장한몽」으로 번안되었다. 아타미 해변에서 사랑의 원한을 주고받던 일본인 남녀 주인공은 대동강변 이수일과 심순애로 탈바꿈됐다. 평양의 대동강으로 할까 서울의 한강변으로 할까 아니면 인천의 만국공원으로 할까 진주의 촉석루로 할까 망설이던 작가 조중환은 1910년부터 1918년까지 매일신보 기자였다. 조중환은 1910년을 전후한 시절을 훗날 이렇게 회고했다.

> 지금 같으면 조선 청년도 선배의 창작과 번역을 통하여 소설과 시 등 문예적 교양을 쉽사리 얻어 가질 수 있지마는 그때에는 한 조각의 소설, 한 편의 시가를 얻어 보기가 참으로 어려웠다. 겨우 간행물로는 매일신보가 있었고 잡지도 육당의 『청춘』 『소년』 『아이들보이』가 있었을 뿐. 선배로 맞을 사람이 오직 한 분이 있었으니 그는 『귀의 성』 『혈의 누』를 쓰던 이인직씨일 뿐.[6]

조중환과 이상협이 1, 2면의 딱딱한 정치, 외신, 경제 기사와 3, 4면의 부드러운 사회, 문화 기사를 나누어 신문을 제작하던 1915년에 동경의 후소샤가 『아, 무정』을 단행본으로 간행했다. 그 서문에 구로이와는 이렇게 썼다.

> 『레미제라블』이란 (중략) 사회로부터 핍박받는 괴로움을 당하여 마치 상갓집 개처럼 되는 상태와 잘 들어맞는다. 일본의 문학자가 대개 '애사哀史'로 일컫는 것은 어떤 의미를 선택한 것인지는 모르겠으되 (중략) 사회의 무정함으로부터 한 개인이 어떻게 고통받는가를 알리는 것이 원작자의 뜻인 줄 믿기 때문에 (중략) '아,

무정'이라고 이름 붙인 것이다. 역술의 체계는 (중략) 원작을 읽고 스스로 느낀 바 그대로 나의 뜻에 따라 서술해나간 것이다. 그러므로 번역이라 하기보다는 남에게서 들은 이야기를 내가 아는 이야기로 남에게 이야기하는 것과 같다. 만약 이를 읽고 원작과 대조하면서 독해력을 얻고자 하는 사람이 있다면 실망할 것이다. 이러한 사람들에게 나는 사우社友 야마가타 이소의 '영문 연구 시리즈'를 간절히 추천하는 바다(영미 유명 작가의 시가와 이야기를 친절하게 번역하고 주석을 단 책이다).

야마가타 이소는 경성일보, 매일신보와 더불어 조선총독부의 3대 기관지인 영자신문 서울프레스의 사장이다. 구로이와의 만조보에 기자로 있다가 1909년 서울프레스 2대 사장으로 부임했는데, 셰익스피어에 정통한 저명한 영문학자이기도 하다.

일찍이 『레미제라블』에 주목한 최남선은 일본어 번역에서 한 장을 발췌해 1910년 그의 잡지 『소년』에 전재했다. 그는 거기에 이런 해설을 달았다.

나는 불행히 원문을 읽을 행복은 가지지 못하였으나 일찍부터 그 역본을 읽어 다대한 감흥을 얻은 자로니, 그 성신聖神의 뜻을 몸받아 행하는 미리엘의 숭고한 덕행과 사회의 죄를 두루 덮어쓴 장발장의 기이한 행적은 백지장 같은 우리 머리에 굳세고 굳센 인상을 준 것이라. 그 책을 문예적 작품으로 보는 것보다 무슨 한 가지

교훈서로 읽기를 지금도 전과 같이 하노라.[7]

1914년에 창간한 『청춘』 첫 호의 부록에는 「세계문학 개관」이라 하여 『레미제라블』의 줄거리를 실었는데, 그 제목을 '너 참 불쌍타'로 번역했다.

민태원의 「애사」는 기미년 2월 8일 자에 마지막 회가 나갔다. 그 대미는 주인공 장발장이 코제트와 마리우스 앞에서 숨을 거두는 장면으로 장식되었다. 동경의 조선기독교청년회관에서 유학생들이 이광수가 쓴 독립선언서를 낭독하고 조선의 독립 노선을 밝힌 날이었다. 종로로 돌아가느냐 황금정 쪽으로 곧장 가느냐 논란이 분분하던 고종의 장례행렬 노선이 황금정으로 결정난 날이기도 했다. '이 세상의 하직.' 그것이 연재 마지막 회에 붙은 부제였다.

불이 꺼지려고 할 때에 반짝하는 모양으로, 사람이 죽으려 할 때 잠시 동안 정신이 나는 것인가. 장팔찬은 그때가 돌아온 모양이다. 별안간 벌떡 일어서며 고설도의 어깨에 의지하여 (중략) 홍만서를 쳐다보고 (중략) "빈민과 같이 장사 지내어라. 삼등 묘지 한 켠에다가 비석 같은 것도 세우지 말고 (중략) 지금 너의 팔자가 좋은 것만큼 너의 모친은 고생을 하셨느니라. 네가 지금 호강하는 것도 너의 모친이 고생을 하신 값이다. 하느님의 하시는 일은 공평한 것이라 고생 끝에는 낙이 돌아오나니." (중략) 장팔찬은 두 사람의 머리에다가 한 손씩을 얹고 어루만지면서 이 세상을 떠났다. 살아서는 웃음이 없던 사람이지만 죽어서는 얼굴에 광채가 났다.

우보 민태원은 문장이 유려하다. 번안소설의 경력이나 작품 양으로 보면 이상협이 한참 앞서지만 소설적 필체는 우보를 따르지 못한다. 관립 한성법어학교에서 프랑스어를 배운 이상협은 하몽何夢이라는 이국적인 호를 필명으로 삼고 우보 입사 전해부터 내리 5년간 다섯 편의 번안소설을 연재했다. 그 네번째 작품이자 13개월 동안이나 연재했던 「해왕성」은 알렉상드르 뒤마의 『몬테크리스토 백작』의 번안이다. 구로이와 루이코가 『암굴왕』으로 번안해 자기 신문에 연재한 것을 저본으로 재번안했다.

『해왕성』에 이어 이상협의 마지막 연재소설인 『무궁화』가 1918년 7월에 끝나자마자 그 다음날 우보의 데뷔작이 연재되기 시작했다. 우보를 신문사로 데려온 것도 하몽이었고 우보에게 소설 연재를 물려준 것도 하몽이었다. 쥘 베른의 공상과학소설 『달세계 여행』부터 H. G. 웰스의 『타임머신』까지 백 편 이상 유럽의 주요 작품을 번안한 구로이와 루이코라는 보물단지도 물려줬을지 모른다.

일본 사람들이 번역을 워낙 잘 해놓아서 일본어만 조선어로 잘 풀어내도 세계의 물정을 따라가는 데 큰 어려움이 없을 정도다. 눈과 손이 빠른 이상협은 그와 여러모로 대조적인 후배 민태원을 애지중지한다. 경쟁 없는 신문이라 하지만 매일신보의 판매 부수는 연재소설의 인기에 크게 좌우된다. 창간 때 만이천 부로 출발하여 10년째 발행중인데 공공기관의 의무 구독을 빼면 민간인의 자발적 구독은 가변적이다. 독점이라고는 하나 일본어 신문을 찾아보는 조선인 독자들도 많아져 그만큼 독자의 관심을 끌 연재소설은 중요하다. 하지만 오늘 국장은 그보다 더 중요하다. 오늘밤 늦게 도착할 금곡의 장지까지 민태원과 함께 가기 위해 특별히 신문사 자동차를 대기시켰다.[8] 연재소설이 막바지로 달려나가는 와중에 불려 나온 우보는 오늘 그만큼 할 일이 많다.

기미년의 3월 3일 대한문 앞은 날이 밝기 전부터 만원이었다.

문밖 광장 중앙에 높이 친 차일遮日 안에 큰 상여가 대기하고 운구 인원 수백 명이 그를 에워쌌다. 그 너머로 예복 찬란한 칙임관勅任官들이 늘어서 있다.[9] 갑오개혁 이전까지 조선 5백 년간 정1품에서 종2품까지로 불리던 최고위 문무백관이다. 최고급 승용거乘用車 초헌을 타던 특권 계급이기도 했다. 지금 보면 전차 바퀴 10분의 1도 못 될 왜소한 외바퀴에 의지해 여러 명이 밀고 지던 그 수레는 이제 관공서에서 상투머리 구경하기만큼이나 보기 힘들게 되었다.

칙임관석을 중심으로 장곡천정 쪽에는 해군 군악대를 위시해 해군 제1대대, 제19사단 사령부, 기병 중대가 도열했다. 이어지는 각급 부대별 대오가 조선호텔 앞을 지나 조선은행까지 늘어섰다. 15년 전 조선주차군사령관 하세가와 요시미치의 관사였던 대관정 앞길에도 보병 제78연대 2, 3대대가 줄지어 있다. 태평통 2정목 쪽은 이왕직

양악대를 선두로 전국에서 차출된 육해군 장병이 부대별로 구역을 나눠 남대문까지 긴 행렬을 이루었다. 전군지휘관으로서 국장 의례의 호위 총책을 맡은 우쓰노미야 타로 사령관이 선두에 자리했다. 그의 뒤에는 동경에서 파견된 황실 근위보병중대가 붙어 섰다.

덕수궁과 광장을 아울러 내려다보는 경성일보, 매일신보, 서울프레스 공동 신문사옥의 뒤편 공터에는 장례행렬을 따를 관리와 각계 대표가 단정한 예복 차림으로 대기중이다. 그 뒤편 무교정 길을 따라 장의행렬에 동원될 각양각색의 의식장비가 순서대로 착착 늘어섰다. 14만 원의 특별예산이 국장의식에 책정되었다. 한 달 넘게 장례를 준비해온 사람들과 전국에서 모여든 인파가 미동도 없이 빚어내는 기묘한 정적이 덕수궁 앞 광장을 뒤덮었다. 경칩을 목전에 둔 월요일 아침이었다.

국장행렬이 통과할 황금정 1정목부터 훈련원터 어귀 황금정 6정목에 이르는 황금정 길 2.5킬로미터에 이른 아침부터 학교와 단체의 인파가 늘어섰다. 그뒤로 군중이 빈틈없이 들어섰고 경관과 헌병이 20미터 간격으로 배치되었다. 이틀 전 3월 1일과 같은 소요의 조짐은커녕 들뜬 웅성거림조차 드물었다.

군중들은 캄캄한 새벽부터 움직이기 시작했다. 네시부터 특별 운행에 나선 전차의 경종 소리가 땡땡 새벽바람을 가르고 객지에서 자느라 뒤척인 상경객들은 졸린 눈을 비비며 낯선 골목마다 서툰 몸짓으로 빠져나와 사람멀미 나는 거리로 나섰다.

서너 날 전부터 매일 수만 명씩 지방에서 올라오니 경성에 있는

163개소의 조선인 경영 여관과 33개소의 일본인 경영 여관은 일찌감치 만원이었다. 여관을 잡지 못한 사람들은 하숙을 찾는데 113개소의 조선인 하숙 역시 더이상 여유가 없어 방 한 칸에 열 사람이 들어앉아 밤을 지새는 모양이다. 이 사람들이 매일 1원씩만 쓴다고 계산하면 하루 10만 원이라는 큰돈이 경성 바닥에 떨어지는 셈이다. 깊은 슬픔 속에 상인과 거지 들은 대목을 만났다. 서울 거지떼가 시골 양반들을 보고 슬픈 목소리로 애걸하면 순박한 상경객들이 한 푼씩 집어주어 거지 한 사람당 일당 평균이 4~5원에 이른다 한다. 더도 말고 덜도 말고 요즘만 같다면 은행원은 저리 가라요 의사 못지않은 팔자다. 가난 구제는 나라님도 못한다 하지만 죽은 나라님은 그것도 가능하다. 허나 슬픔이 오래가지 않듯 요행도 빨리 지나간다.

시시각각 늘어나는 군중은 여섯시가 넘어서면서 종로통, 황금정, 남북 개천 길의 네 길목을 가득 채워나갔다. 거대한 4열 흰색의 평행선이 도성의 동서에 지름을 그어갔다. 한양이 생기고 처음 있는 일인 것 같다고 수군들 댔다. 누군가는 청계천이 흐르고 처음일 거라 했다.

일곱시 반. 아침 내내 요란하던 전차 운행은 일제히 중지되었다. 부산하던 행인의 거동도 멈춰졌다.

덕수궁 안 빈전을 나선 임금의 관梓宮이 작은 상여小輿에 실렸다. 함녕전의 광명문을 넘어선 소여는 주인의 오랜 거처를 뒤로하고 왼쪽으로 머리를 틀어 떠오르는 해를 바라보며 대한문을 향했다. 고종은 왕의 자리에 44년을 있었고 이곳 덕수궁에서 22년을 살았다. 혹여 발소리라도 낼까 경내를 서서히 이동해 대한문을 나선 소여는 황색 백색 만장을 앞세우고 광장으로 나아갔다. 오랜만의 외출이었다. 한겨울에 쓰러져 빈소에 한 달 열흘간 누워 있는 사이 봄은 소리 없이 다가왔다. 겨우내 회갈색빛이던 남산이 은은한 연둣빛으로 조금씩 물들고 있다. 청명한 아침 공기를 가르며 소여는 만백성이 지켜보는 가운데 대여로 옮겨졌다.

고관대작 조객들이 품에 찬 회중시계가 일제히 오전 여덟시를 가리켰다. 해의 시계로는 아침이지만 왕조의 시계로 본다면 황혼이었다. 장구하게 지속된 구세계가 마지막 흔적을 끌며 한 시대의 저편으로 넘어가고 있었다.

장곡천정 입구의 해군군악대가 이름 모를 처량한 조곡弔曲을 연주했다. 서양 곡조인 듯했다. 사람만 일본 사람이고 어쩌다 조선 사람이지 악기도 복장도 연주도 모두 서양식이다. 군악을 신호로 군복 차림의 다섯 기마경찰이 군악대를 선도했다. 그 무리를 선두로 의장행렬의 첫머리가 황금정 들머리로 천천히 꺾이면서 접어들기 시작했다.

여덟시 십분. 군악대를 따라 해군 1대대가 총을 거꾸로 메고 가만가만 나아갔다. 전쟁을 위해 고안된 무기와 군복은 서양 의례에서 가장 격식을 차린 복장이기도 하다. 장례든 혼례든 고귀한 신분의 의식에는 군복과 무기가 필수 정장이며 장식이다. 19사단 사령부 장교들이 이어 진행한다. 홍백의 창기를 비껴든 기병 27연대 제3중대가 말굽 소리도 들리지 않을 정도로 조용조용 나아가며 행렬에 위엄을 더했다. 평양 주둔 보병 77연대 본부가 총검 멘 다섯 호위병으로 둘러싼 연대 깃발을 앞세워 구슬픈 나팔 소리에 맞춰 진행하고, 용산 주둔 78연대가 3개 대대별로 나뉘어 나아간다.

태왕의 궁궐을 수호하여온 마지막 한국군, 조선보병대가 비창한 나팔 곡조에 맞추어 그뒤를 이었다. 12년 전 정미년에 해산된 대한제국 군대의 마지막 흔적이자 그와 함께 유폐된 황실의 상징적 수호자다. 그때 문을 닫은 한국 군대의 요람, 훈련원터로 이들은 가고 있다. 그때 폐위되었던 황제는 이제 그 옛터에 들러 미증유의 신식 장례를 치르게 된다.

이런 장례식은 조선 예법에는 없다. 발인 때까지 오래도록 제사를 지냈으면 장지로 가다가 노제路祭 한 번 지낼 뿐이지 많은 이가 넓은 노지에 영구를 세워두고 모여 장시간 영결식을 갖는 것은 듣도 보도 못한 법도다. 더구나 조선의 악대는 소리 없이 따를 뿐 지금처럼 이 곡조 저 곡조 불어대지 않았다. 삼년상을 치를 동안 궁중에서는 종묘사직의 제사 외에는 음악 연주를 금했다.

일본식에 서양식도 가미된 잡종 예식을 치르기 위해 대한문을 나온 행렬이 황금정을 따라 훈련원터로 움직이는 동안, 또하나의 행렬은 조금 시차를 두고 덕수궁의 북쪽 영성문을 나서 야주개에서 우회전해 황토현을 지나 종로로 진입해 동대문을 향했다. 이 조선의 전통적 장의행렬은 훈련원터에서 장례식을 마치는 대로 영구를 넘겨받아 동대문을 넘어 청량리에서 노제를 지낸 뒤 금곡까지 먼길을 갈 것이다.

긴 의장대의 선두가 황금정 2정목을 지나고, 큰 상여에 누운 고종황제 이태왕은 향년 예순일곱 살에 광장으로 나와 곧 있을 출발을 기다리고 있다.

22년 전 10월의 그날, 고종은 가마에 앉아 지금은 대한문으로 개명한 대안문을 나서 이곳 광장을 지났다. 행선지는 광장 건너 마주 보이는 지금의 조선호텔 자리, 환구단이었다. 그날도 월요일이었다. 대한제국을 선포하고 황제의 자리에 오르기 전날의 그 광경을 독립신문은 이렇게 보도했다.

11일 오후 두시 반에 경운궁에서 시작하여 환구단까지 길가 좌우로 각 대대 군사들이 정렬하여 섰으며 순검들도 몇백 명이 틈틈이 가지런히 벌려 서서 황국의 위엄을 나타내며 좌우로 휘장을 쳐 잡인의 왕래를 금하고, 조선 옛적에 쓰던 의장들을 고쳐 누른빛으로 새로 만들어 호위하게 하였으며, 시위대 군사들이 어가를 호위하여 지나는데 위엄이 장하고, 총 끝에 꽂힌 창들이 석양에 빛나

더라.[10]

나라의 이름은 더이상 조선이 아니고 대한제국이다. 임금의 명칭도 왕이 아니라 황제다. 황제의 제국, 즉 황국은 하늘에 제사를 지낼 수 있기에 환구단을 새로 지었다. 황실에서 사용하는 의식장비들은 황국의 색, 황색을 쓴다. 개국 5백 년을 넘겨 제2의 건국을 한 셈이었다. 창간 1년 6개월로 접어든 독립신문은 의기양양한 어투의 기사를 한 면 넘치게 실었다. 서재필의 의욕이 정점이던 시절이었다.

육군 장관들은 금으로 수놓은 모자들과 복장들을 입고 은빛 같은 군도들을 금줄로 허리에 찼으며 그중에 옛적 풍속으로 조선군복을 입은 관원들도 더러 있으며 금관 조복한 관원들도 많이 있더라. 어가 앞에는 태극 국기가 먼저 가고, 태황제 폐하께서는 황룡포에 면류관을 쓰시고, 금으로 채색한 연을 타시고, 그뒤에 황태자 전하께서도 홍룡포를 입으시고 면류관을 쓰시며 붉은 연을 타시고 지나시더라. 어가가 환구단에 이르러 제향에 쓸 각색 물건을 친히 살핀 후에 도로 오후 네시쯤 환어하셨다가 12일 오전 두시에 다시 위의를 베푸시고 황단에 임하셔 하느님께 제사하시고 황제위에 나아가심을 고하시고 오전 네시 반에 환어하셨으며 동일 정오 열두시에 만조백관이 예복을 갖추고 경운궁에 나아가 대황제 폐하와 황태자 전하께 크게 하례를 올리니 백관이 기꺼워들 하더라.

한자 없이 한글로만 써내려간 독립신문 기사대로 서양식 금박 입힌 제복에 칼을 찬 장군들 사이로 재래식 조선군복, 그리고 조선 초기부터 명나라 예법에 준한 문무백관의 전통 예복 차림이 혼재했다. 황제로서 하늘에 제사지내기 열두 시간 전에 현장을 둘러보고 준비상황을 점검한 뒤 마음을 가다듬기 위한 행차였다. 중국의 천단天壇보다 규모는 다소 작지만 3층으로 구조가 비슷한 환구단에서 이렇게 번듯하게 하늘에 제사를 올리는 것은 조선 왕조에 유례없는 일이었다. 조선 개국 초 강력한 통치력을 구사했던 태종이 하늘에 제사를 올려보면 어떻겠느냐는 신하의 거듭된 건의에 한 말이 있다.

"내 일찍이 듣기로, 천자는 천지에 제사하고 제후는 경내 산천에 제사한다 했다. 난 이 예밖에 모르기 때문에 하늘 제사는 감히 바라지 못한다."[11]

하늘 제사를 올리는 도중 새벽비가 내렸다. 이에 의복이 젖고 추위를 느꼈으나 국가의 경사를 즐거워하는 마음이 커서 다들 맡은 바 직무를 착실히 수행하였다고 독립신문은 썼다. 그리고 힘주어 1897년 이날의 의미를 되새긴다.

> 광무 원년 10월 12일은 조선 역사에 몇만 년을 지나더라도 제일 빛나고 영화로운 날이 될지라. 조선이 몇천 년을 왕국으로 지내어 가끔 청국에 속하여 속국 대접을 받고 청국에 종이 되어 지낸 때가 많이 있더니, 하느님이 도우사 조선을 자주독립국으로 만드

사 12일 대군주 폐하께서 조선 역사상 처음으로 대황제위에 나아가시고 그날부터 조선이 다만 자주독립국뿐만 아니라 자주독립한 대황제국이 되었으니 (중략) 11일과 12일에 행한 예식이 조선 역사에 처음으로 빛나는 일인즉 우리 신문에 기재하여 몇만 년 후라도 후생들이 이 경축하고 영광스러운 사적을 읽게 하노라.

의장대 행렬이 모두 빠져나간 덕수궁 광장과 황금정 초입에 장의 행렬 본대가 그 선두를 이어갔다.

회색의 일본식 제복을 입은 장의 담당 판임관 두 명이 앞서고 황색 백색 비단 깃발 네 쌍이 아침 공기를 가르고 펄럭인다. 역시 일본 상복 차림의 총독부 소속 판임관 둘이 앞장서고 험상궂은 탈바가지를 쓴 방상씨方相氏 네 쌍이 검은 방패를 들고 나아갔다. 이승을 떠나는 길에 악귀를 쫓아낸다는 조선 전래의 장의풍속이다.

그뒤로 네 명씩 조를 지어 한 길 두 길 높이의 나무들을 울러 메고 지난다. 조선 총독과 일본 궁내대신, 일본 총리가 조의를 담아 보내온 신목 세 쌍이다. 일본에서 사카키라 부르는 이 상록활엽수는 신성한 나무라 하여 그 잎 달린 가지를 망자의 혼령 앞에 올리는 풍습이 있다. 신사의 경내에도 심는다 한다.

황색과 백색의 구름 무늬가 새겨진 특이한 비단 깃발 한 쌍이 뒤따르는데 일본에서도 드문 귀한 의장이라 한다. 일본식 회색 예복을 입은 제관장 이토 히로쿠니 공작이 홀을 잡고 엄숙히 걸어가고, 같은 차림의 제관부장 조동윤 남작이 검은 부채를 잡고 뒤따른다. 이토 히로쿠니가 하얼빈에서 숨진 양아버지 이토 히로부미의 유해를 요동반도의 대련 항에서 인수해간 것이 10년 전의 일이다. 국장으로 장례가 치러진 이토 히로부미는 백작에서 공작으로 추서되고 양자 이토 히로쿠니는 공작 작위를 물려받았다.

이토 히로쿠니 제관장의 뒤를 따라 일본 황실의 십여 개 궁가宮家에서 보낸 신목의 행렬이 이어졌다. 이 장례식이 만약 없었다면 지금쯤 이태왕과 사돈을 맺었을 일본 황족 나시모토노미야 모리마사왕도 신목을 보내왔다. 그와 더불어 천황과 그 황후와 황태자가 보낸 신목이 나아간다.

이왕직의 민병석 장관과 고쿠분 쇼타로 차관이 뒤따른다. 병합 이후 초대 이왕직 장관으로 9년째 이태왕을 보필해온 민병석 장관은 고쿠분 차관과 꼭 같이 정통 일본 제관의 복장을 갖추었다. 청회색 넓은 바지 모양의 하의에 검은 웃옷을 입고 그 위에 다시 흰옷을 걸치고 머리에는 검은 사모紗帽 같은 것을 썼는데, 조선에서는 처음 보는 일본의 전통 제례의복이었다. 말로만 듣던 신도神道식인가보았다. 민병석은 10년 전 대한제국의 궁내부 대신으로 이토 히로부미 장례식에 특사로 파견되어 유족에 위로금 10만 원을 전달했다. 그로부터 12년 전 대한제국 선포 후에 뒤늦게 거행된 명성황후의 장례비용이 10만 원이었다.

고인이 생전에 받은 찬란한 훈장을 육군 장교들이 화려한 대례복 차림으로 두 손으로 함에 받쳐들고 진행한다. 국가의 중요한 의식 때 대례복을 입는데 갑오경장 때 조선식을 탈피해 1900년 봄부터 완전 서양식으로 탈바꿈했다.

여덟시 반. 대여를 둘러싼 광장의 행렬이 마침내 서서히 움직이며 줄줄이 차일 밖을 나선다. 경성과 인천, 수원 등지의 상인들로 구성된 봉도단奉導團의 하얀 행렬이 상여를 메고 끌며 긴 꼬리를 이어 나아간다. 경성포목상조합장이자 상민봉도단장을 맡은 쉰다섯 살의 박승직이 흰 패랭이를 쓰고 거대한 줄다리기를 하듯 양 갈래로 펼쳐지는 운구행렬을 선두에서 독려하느라 때 이른 땀을 흘리고 있다. 사농공상. 아무리 돈이 많다 해도 상민商民은 아직 상민常民이다. 시대는 바뀌었지만 유습은 아직 상여 자락처럼 꼬리를 드리우고 있다.

2년 전까지 조선군사령관이었던 아키야마 요시후루 대장이 막 환갑을 지난 노구를 이끌고 상여 좌우에서 수행 호송하는 일본인, 조선인 고위 장성들을 선도하고 있다. 상여가 움직이는 시각에 맞춰 인천 앞바다에서 군함 두 척이 조포 스물한 발을 발사해 그 소리가 짙은 아침 안개를 뚫고 이십 분에 걸쳐 울려퍼졌다.

대한문을 나선 쌍두마차 세 대가 대여를 뒤따른다. 이왕, 영친왕, 이강공이 탄 마차다. 아버지가 같고 어머니가 서로 다른 세 사람. 이왕은 방한용 두건을 쓰고 그 위에 굴건屈巾을 덧쓰고 있다. 겨우내 함녕전 빈소 앞마당에 초가 여막을 짓고 한 달 넘도록 겨울을 나서인지 안색이 초췌하다. 오간수 다리 아래 가마니 치고 겨울나는 청계천의 걸인 못지않게 겨울의 초상은 상주에게 유독 혹독하다. 유교 사회의 장자는 영榮과 욕辱 모두에서 상속 1순위다. 고종 이재황과 순종 이척은 군신지간에 부자지간이었다.

왕세자 영친왕은 애통함을 참으려는 기색이 역력했다. 그를 왕통의 후계자로 만들기 위해 혼신의 힘을 쏟았던 어머니 엄귀비는 왕세자 지위가 국왕 자리로 이어질 가능성이 완전히 사라진 병합 다음해 숨졌다.

나라 밖에서도 추모는 이어졌다. 왕세자가 자리를 비운 동경의 왕세자저 직원들은 대여 발인시간에 맞춰 경성 방면으로 절을 올렸다. 3월 3일 일본은 전통 축제인 히나 마쓰리 날이었으나 예년과 달리 고요했다. 동경 시내의 주요 건물과 전차마다 조기를 게양했다. 일본 바깥의 일로 동경에 조기가 걸린 것은 1910년 5월 영국 왕 에드워드 7세 장례 때 이후 처음이다. 당시 런던의 웨스트민스터 사원에는 영국 황실과 혼맥으로 이어진 유럽 주요 국가의 황실 사람들이 조문 와 있었다. 그들의 혼인은 혼혈 결혼이라기보다는 근친결혼이라 불러야 할 정도로 혈연관계끼리 거듭 치러졌다. 그러면서 수시로 전쟁을 벌이고 정복하고 살상해왔다. 얼마 전 끝난 세계대전은 그 최신판이자 최고봉이었다.

서열에 따라 왕세자 뒤에서 마차를 타고 가는 이강공의 얼굴엔 비교적 감정이 덜 드러난다. 의친왕 이강은 스무 살 어린 영친왕 이은의 왕세자 책봉에 방해가 될까 염려하는 엄귀비의 사주로 1905년까지 5년간 미국에 유학 명목으로 격리되어 지냈다.

서로 떨어져 한길로 진행하는 세 상주 전하의 마차와 대여를 우러러보는 길가의 백성들은 눈물을 감추지 못했다. 장례식에서 이렇게 눈물을 아끼지 않는 모습은 서양 사람들의 눈에 매우 낯설었다. 살아서도 울고 죽어서도 우는 조선인에게 통곡과 죽음은 힘이자 무기인가. 눈물은 조선인의 정화제이자 각성제인가.

세 상주의 마차를 따라 종친 귀족들이 제복 차림으로 걸었고 그 뒤로 대례복을 입은 야마가타 정무총감과 총독부 간부들, 그리고 고인을 마지막까지 지켜보았던 일본인, 조선인 주치의 세 명이 따랐다. 뒤이어 문무백관과 각계 대표자가 예복 차림으로 따르는데, 그 수가 사오백 명에 이르렀다.

이왕직 양악대의 비창한 장례곡에 맞춰 다시 한 무리의 의장병이 다가왔다. 그 선두에 우쓰노미야 군사령관이 지휘검을 빼어 메고 있었다. 아침 햇살에 번뜩이는 칼날의 은빛을 받으며 오노 군참모장 이하 군 수뇌부가 뒤따랐다. 이어 동경에서 특별 파견된 근위보병 제2연대의 제12중대가 행진했다. 소위 계급장을 달고 귀국한 영친왕 이은의 소속 부대다. 그뒤로 용산의 보병 40여단 사령부와 제79연대, 대구 주둔 80연대 본부, 해군 제2대대, 기마경관의 행렬이 이어졌다.

행렬의 선두가 훈련원에 마련된 장례식장에 도착하고 긴 행렬이 황금정에서 비로소 꼬리를 감춘 것은 열시가 다 되어서였다. 임시 가설된 선로 레일을 타고 상여가 식장으로 들어왔다. 난생처음 보는 일본식 장례가 조선 국방의 요람이었던 훈련원터에서 진행되었다. 훈련원터는 미리 와서 기다리는 인파로 가득했다. 그 속에 심대섭도 아버지와 두 형과 함께 자리를 잡았다.

상여는 식장의 동편에 서향을 하고 앉았다. 먼길 가기 전 숨 한 번 고르듯 멈춰 서니 서편 하늘 아래로 방금 떠나온 덕수궁이, 그전에 중전과 같이 살고 헤어진 경복궁이, 만 열한 살에 즉위하여 혼인하고 사춘기를 보내고 아들 순종을 낳았던 창덕궁이 종묘사직과 더불어 한눈에 들어온다. 임금은 언제나 남으로 향하여 앉는 법. 창덕궁에서 경복궁에서 그리고 덕수궁에서 남향하여 바라본 도성의 풍경과 사뭇 다른 정경을 지금 이곳 서편 시선은 보여준다. 불교를 상갓집 개 취급했던 태조 할아버지 이래 점점 듣기 힘들어진 서방 정토라는 말도 생을 마감하고야 비로소 떠오르는 것인가. 서방에서 건너온 서학의 무리를 개 잡듯 한 아버지 대원군에 이르기까지 5백 년 조선의 종사는 이제 그와 함께 상여에 실려 서쪽을 한 번 바라보고 동으로 떠나간다.

포성이 울렸다. 왼편에 바짝 다가선 남산의 북사면, 본정 5정목 뒷산에서 용산 야포병 연대가 발사하는 조포가 둔중하게 공기를 흔들었다. 스물한 발의 조포가 모두 울리고 적막한 고요가 잠시 스치고 지나갔다.

다 끝났으니 이제 집으로 돌아가라는 신호 같았다. 한 무리의 포연이 산자락 아래 신정 유곽촌 위로 자욱이 깔리다 흩어졌다. 여기저기 품속에서 소중히 꺼내보는 회중시계는 열한시 오십분을 지나고 있었다. 긴 장례가 끝났다.

의장대가 발사하는 조포 세 발을 신호로 상여는 다시 이동을 시작했다. 이제 진짜 초상길이 시작되는 것이다. 240명이 끄는 운구는 훈련원터를 빠져나와 동대문을 향했다. 따르는 사람은 따르고 집으로 가는 사람은 발길을 돌렸다.

동쪽 성벽으로 다가가는 행렬은 오른편으로 하도감이 있던 넓은 터를 바라보며 지난다. 성벽을 등지고 자리한 그곳은 동네 이름도 하도감동이었는데 지금은 황금정 7정목이 되었다. 고종은 수도경비를 맡은 훈련도감의 직할대인 하도감을 현직 시절 몇 번 들렀다. 임오군란 발발 이후 5천 명의 청국군을 이끌고 서울에 입성해 갑신년까지 약 2년간 이곳에 진을 친 청나라 주둔군사령관 오장경을 만나러 왔었고 갑신정변 발발 때는 오장경의 후임 원세개의 인도로 여기에 몸을 피하기도 했다. 경복궁에서 아관으로 장기 파천하기 12년 전에 창덕궁에서 청관으로 일시 파천했던 셈이다. 그 오장경을 기리는 사당을 명성황후와 고종은 1885년에 하도감 뒤편 언덕에 만들었다. 오장무공사吳壯武公祠라는 현판이 붙은 그 사당이 떠나는 고종의 운구를 광희문 옆 성벽에 기대어 바라보고 있다.

장의행렬은 금곡의 장지로 향하는 긴 여정에 올랐다. 우쓰노미야 타로 조선군사령관은 그길로 용산으로 향했다. 심대섭의 가족도 각자의 일상으로 돌아갔다.

관저로 들어오자마자 우쓰노미야 사령관은 예복을 벗고 근무복으로 갈아입었다.

군사령부는 비상경계중이다. 3월 1일 한바탕 소요가 있은 뒤 새로운 주가 시작되었다. 오늘밤 국장이 완전히 끝나면 내일부터는 언제 무슨 일이 일어날지 모른다.

다시 한 잔을 더 비웠다. 긴장이 조금씩 풀어진다. 위장 건강을 조심하고 정기적으로 체크하라는 의료진의 지적이 있었다. 이곳 관사에서도 하루가 멀다 하고 저녁 회식이 벌어지지만 술은 최소한으로 자제해왔다. 언젠가는 금주할 작정이다. 정오의 햇살이 군사령부를 다사롭게 채운다. 무덤으로 뒤덮혔던 용산 자락 황무지가 지난 10년 동안 주거지와 병영으로 탈바꿈했다. 한 잔을 더 채웠다.

오늘은 아침부터 단단히 경계를 하고 있었다. 요사이 조선의 민심이 험악하게 돌아갔고 그제 3월 1일의 소요 사태로 미뤄볼 때 오늘은 뭔가 크게 터질지도 모른다고 각오했다. 권동진이 며칠 전에 들려준 말도 마음에 걸렸는데 아무 일 없이 장례식이 끝나고 이렇게 관저로 돌아오니 퍽 안심되었다. 그래서 이렇게 관례를 깨고 점심상에 술을 곁들여 요 며칠간의 마음고생을 흘려보는 것이다.[12] 가쓰라 타로, 센바 타로에 이어 '일본 육군의 3대 타로'라 불리며 30년 넘게 동서양의 산전수전을 넘나든 우쓰노미야 타로지만 이날 오전 경성 한복판에서 십만 군중에 둘러싸여 다섯 시간 동안 느낀 긴장감은 유별났다. 흰구름에 둘러싸인 거대한 회랑 같은 2.5킬로미터 구간을 앞만 보고 걷는 내내 권동진의 말이 뇌리를 떠나지 않았다.

이틀 전인 3월 1일 오후 세시. 형세가 심상치 않으니 병력 투입을 바란다는 고지마 경무총장 겸 헌병사령관의 전화를 받고 우쓰노미야 사령관은 즉각 보병 1개 중대를 출동시켰다. 경성의 각 방면으로 행진하는 군중이 수천 명이라 순사와 헌병만으로는 힘들다고 했다. 조선호텔에서 점심을 먹고 막 관사로 돌아와 옷을 갈아입은 우쓰노미야는 아차 했다. 잠시 후, 만 명도 넘는 군중이 독립선언서를 뿌리고 독립만세를 외치며 다녔고 그중 일부는 창덕궁 덕수궁 안까지 함부로 들어가 조선보병대와 헌병대가 간신히 몰아냈다는 보고가 왔다. 병력은 계속 추가돼 마침내 보병 7개 중대에 기병 1개 소대 정도로까지 증원됐다. 며칠 동안 분위기가 험상궂다 싶었지만 이 정도일 줄은 몰랐던 것이다. 알았더라면 조선호텔에는 가지 않았을 것이다. 자괴감이 밀려들었다.

우쓰노미야 사령관은 1일 오전부터 분주했다. 조선호텔로 가 아키야마 대장을 예방했다. 국장 참석차 전날 밤 서울에 도착한 그를 남대문역에서 영접하고 이날 다시 문안인사를 드린 것이다. 추산秋山 대장 아키야마 요시후루는 우쓰노미야 사령관의 전전임자다. 1916년부터 1년간 조선군사령관을 역임한 아키야마는 일본 군부 최고 원로의 하나다.

우쓰노미야는 역시 조문객으로 조선호텔에 투숙중인 체신성 대신 노다에게도 인사하고 이어 척식국장관 고가를 만나 오찬을 함께했다. 국장이 생기니 동경에 들러도 만나기 쉽지 않은 중요 인사들을 서울에서 한꺼번에 보게 된다. 고향 사람인 고가는 부인과 사별한 우쓰노미야에게 재혼을 중매한 인연이 있어, 주말이자 월말인 전날밤 2월 28일에도 그를 용산 관저로 초대해 만찬을 함께했다.

2월 27일 밤 우쓰노미야는 권동진을 만났다. 만찬을 함께한 것은 아니고, 저녁식사를 마치고 용산 관저에 있는데 권동진이 찾아왔다.

권동진은 천도교 내에서 도집都執, 도사道師의 직책을 맡은 핵심 인물로 대도주大道主인 교주 손병희를 보좌하는 최측근이다. 동갑내기 우쓰노미야와 권동진은 이십년지기다. 30대 때 일본에서 만나 쭉 서로 알고 지내왔다. 1901년 동경에서 손병희를 처음 만나기 전부터 권동진은 우쓰노미야와 아는 사이였다.

우쓰노미야를 찾아온 권동진은 조선인 인심의 괴리가 갈수록 심해진다고 말하면서, 이번 국장 때 아무 사건도 없으리라고 단정할 수는 없으니 조심하라고 조언했다.

국장 당일에는 아무 불상사가 없었으나 국장에 임박해 독립만세 시위가 터졌으니 그의 경고는 정확했다고도 할 수 있다. 뒤에 알게 됐지만 만세운동은 3월 1일이 아닌 3월 3일에 벌어질 수도 있었다. 누가 보아도 토요일보다는 월요일이 대중 시위 벌이기에 적당한 날일 것이다. 다만 국왕의 장례에 대한 배려로서 3일에 거행하지 않은 것으로 보인다.

막연한 불안을 느끼던 우쓰노미야는 빈객들을 맞느라 경황없는 와중에 3월 1일 오후 일격을 맞고 당황했고 3월 3일 오전 내내 더없이 긴장할 수밖에 없었다.

권동진이 우도궁을 찾아온 27일 밤은 독립선언서가 야밤 인쇄에 들어가기 위해 모든 조판작업을 완료한 상태에서 천도교 직영 보성사 인쇄소에 대기하고 있었고, 독립선언 대표 33인의 연대 서명 날인이 계파별로 최종 마감되고 있던 때였다. 그다음날에는 권동진을 비롯한 33인이 가회동 손병희 집에 모여 인쇄된 선언서와 연명부를 놓고 다음날의 거사를 위한 최종 정리를 할 계획들이었다.

권동진의 조언이 조언 이상이었음을 뒤늦게 깨달은 우쓰노미야는 자책감을 떨칠 수가 없었다. 누가 뭐라 하지 않아도 군사령관의 본분에 보이지 않는 오점을 찍은 것일 수 있다. 사적인 자리에서 지나가면서 들은 말 한마디였어도 그의 직업적 자존심은 용납하지 않는다.

우쓰노미야는 정보 수집과 분석에 군생활의 거의 대부분을 바친 정보 군인이다. 육사를 수석졸업하고 장교 시절을 주로 육군참모본부에서 정보업무를 맡았고 청일전쟁 중에는 대본영 육군참모로서 정보를 총괄한 이래 그 길을 걸어왔다.

권동진이 용산 관저를 방문한 것은 올해 들어 두 달 사이에 세번째다. 한 달 보름 전인 1월 12일에는 오찬에 초대받아 왔다. 일요일이었다. 여러 현안에 대해 의견을 나누다보니 오후 세시를 넘어도 이야기가 이어졌다. 주로 천도교에 대한 이야기였다. 우쓰노미야는 비망록에 그렇게 적어두었다. 우쓰노미야는 사람을 만나 얘기를 듣고 핵심 내용은 기록해둔다. 1900년부터 계속해온 습관이다.

대화 도중 어담魚潭이 방문했다. 조선보병대 대좌大佐인 그는 사령관저 출입이 잦은 조선인 중 하나다. 1895년에 국비유학생으로 일본 유학을 떠나 일본 육사를 졸업한 뒤 한국 군대 해산 이후에도 줄곧 왕실 호위 부대에서 근무중이다. 우쓰노미야는 그를 권동진과 마주치지 않게 별실로 안내해 잠시 면회하고 돌려보냈다. 이왕직으로 근무지를 옮겼으면 하는 눈치였는데 다음에 보기로 했다.

권동진이 올해 우쓰노미야의 용산 관저를 처음 찾은 것은 1월 5일이었다. 우쓰노미야는 그의 일기에 10년 만에 다시 등장하는 권동진의 존재에 대해 이렇게 적었다.

"권형진의 동생. 망명중에 자주 놀러와 어울렸던 사람 중 하나. 지금은 천도교의 간부다. 앞으로 내가 얘기를 나누고 함께 일해야 할 사람의 하나다. 동아시아를 위해 크게 뜻을 모을 것을 약속하였다."

1919년 새해의 첫 일요일이었다.

그로부터 햇수로 10년 전이 되는 1910년의 5월 24일.

동경에서 육군소장으로서 중책을 수행중인 우쓰노미야 타로를 권동진이 내방했다. 두 사람 모두 마흔아홉 살을 지날 때였다. 우쓰노미야는 일기에서 권동진의 이름 앞에 오랜 친구舊友라고 썼다. 관민官民 의사소통기관의 문제, 한국의 장래, 합방의 가부 등이 이날 화제였다. 권동진의 현재 직함은 천도교 고문, 그리고 대한협회 실업부장이라고 기재했다. 교육과 산업의 발달을 내세우며 1907년에 발족한 사회단체인 대한협회는 병합을 촉구해온 일진회와 제휴하기도 하고 우여곡절을 겪다가 나라 형편상 곧 문을 닫게 생겼다. 때는 데라우치 마사타케가 새 한국통감으로 임명되기 나흘 전, 병합 3개월 전이었다.

그러고 보면 권동진은 모두 국가의 중대사를 앞둔 때 우쓰노미야를 찾았다. 나라의 운명이 완전히 거꾸러지기 직전, 그리고 거꾸러진 판세를 처음으로 뒤집어보려 하기 직전이었다.

그로부터 다시 한번 10년 전으로 더 거슬러올라가면 우쓰노미야의 일기에 권동진의 이름이 또 나타난다. 이번에는 그의 형 권형진과 함께다.

1900년 5월 25일. 금요일 저녁에 권동진이 전보 한 장을 들고 급히 달려왔다. 서울의 형이 위험하다고 한다. 구해줄 방도가 없을까 서로 궁리했으나 뾰족한 대책이 없었다. 다음날 토요일 권동진이 사무실로 다시 찾아와 형을 구할 방법을 도모해보았다.

소령 우쓰노미야의 머릿속은 그 당시 청나라 문제로 가득차 있었다. 청나라에서는 구미 열강과 일본의 이권쟁탈전이 가열되는 한편 작년부터 외세배척운동이 뚜렷하게 격해졌다. 작년에는 현지 출장을 다녀와 '청국에 관한 해답'이라는 장문의 보고서를 집필했다. 6년째 외국에 나와 딱히 하는 일 없이 떠도는 권동진이나 나라 안팎에 할 일이 많은 우쓰노미야나 벌써 서른아홉 살이다.

권동진도 조선에서는 누구 못지않게 바빴다. 일본으로 망명하던 1895년까지 그는 15년간 군인으로 외길을 걸어왔다. 을미사변 때 훈련대 소속이던 그는 네 살 위의 형인 치안총수 경무사 권형진을 따라 경복궁 점령에 가담한 한국군인 중 하나였다. 그 때문에 그해 말 일본으로 도피했다. 여덟 명의 일행 중에는 우범선, 오세창, 이두황도 있었다. 일본에서는 동경의 근위사단에서 군사 학습과 실습을 하고 육군성에서 경리업무도 보면서 박영효, 유길준 같은 망명객과도 교유했다.

같이 일본에 갔던 형은 지난달 4월에 귀국했다. 앞서 1월에 귀국한 안경수를 따라나선 길이었다. 을미사변 당시 군부대신이었던 안경수는 일본의 후원을 믿고 자수했는데 감옥에 갇힌 뒤에도 별탈이 없는 것을 보고 권형진도 따라 들어간 것이었다.

국내의 요직을 장악하고 있는 친러 정권에 불만을 품은 조선인 망명객들이 1900년대의 동경에 그득했다. 정권을 전복하고 라이벌이 제거된 그 자리로 복귀하려는 이들의 시도는 끈질기게 반복되었다. 다양한 정치적 배경을 갖고 여러 가지 계기로 일본에 나와 있는 이른바 친일개화파를 뿌리로 하는 망명객들은 크게 세 그룹이었다. 이준용, 박영효, 유길준의 3파인데 안경수와 권형진 같은 사람들이 그 사이사이에 산재했다. 당파 갈등으로 나라 밖에 나왔는데 거기서 다시 파벌이 갈리며 대립 견제하는 것이다. 물론 다들 애국을 말했다. 그렇게 20세기가 밝았다.

권동진과 우쓰노미야가 걱정하는 동안 안경수와 권형진은 처형 당했다. 상례대로 형을 집행한 것이 아니라 밤중에 경무사가 감옥에 들어가 목 졸라 죽였다. 임금이 일본을 두려워해 이런 방식을 썼다고 사람들은 술렁거렸다. 경무사는 이러한 방을 내걸었다.

> 난신적자亂臣賊子가 어느 시대인들 없으리오마는 을미사변은 천지개벽 이래 만고 세월 동안 듣도 보도 못한 음험 흉악 참혹한 일이었다. 통발에서 도망친 물고기 같은 저들이 일본에 들어갔다가 아무런 거리낌 없이 귀국하였다. 법에 의거하여 일을 따라야 했지만 (중략) 울분의 혈기가 끓어올라 내 마음대로. (후략)[13]

두 사람이 죽자 일본 공사는 본국으로 소환되었다. 사전에 전혀 눈치채지 못한 것은 자국의 모욕이고 직무 태만이라는 이유였다. 각국 공사들의 비난이 끊이지 않자 임금은 경무사에게 그 책임을 물어 해직하고 유배를 보냈다. 그러자 그를 구해야 한다는 상소가 줄을 이었다. 특이한 정치였다. 오랜 기간 뒤틀린 정치 판도의 단면이었다. 그러면서 권형진과 안경수의 죄상은 여기저기서 일제히 강조했다. 권형진은 을미사변과 함께 거론되었고 그때마다 대원군의 손자 이준용이 언급되곤 했다. 안경수는 국왕 폐위 음모와 함께 언급되었고 그럴 때는 철종의 사위 박영효가 거론되곤 했다. 권형진, 안경수 외에도 일본으로 도망가 있는 을미년 변란의 역적들을 다 잡아들여 처벌해야 한다는 목소리가 이구동성 터져나왔다. 우범선, 이두황, 권동진 등이 유길준과 더불어 5년 만에 다시 죄인으로 거론되었다. 친일정권 때의 충신들이 친러정권에서 역적이 되었다. 지난 정권에서 묻어둔 일이 바뀐 정권에서 과거사 진상 규명 작업이 되었다. 전직 경무사 출신인 권형진과 법부대신 안경수를 옥중 처단한 현직 경무사는 한 달이 못 되어 유배에서 풀려났다. 조선의 기이한 1900년대가 그렇게 시작되고 있었다.

형의 비보를 들었지만 권동진은 아무것도 할 수 없는 처지임을 절감하며 6월이 되어도 동경을 맴돌았다. 형의 죽음은 그의 귀국이 기약 없음을 의미했다. 7월 10일에 우쓰노미야를 다시 찾았다.

우쓰노미야는 청국 출장 차비를 했다. 의화단의 이름으로 조정과 호응하여 봉기한 청국인들이 6월에 북경의 외국 공관을 포위 공격했고 이에 맞서 러시아, 일본, 독일, 프랑스, 영국, 미국 등 8개국이 파병해 천진을 함락시켰다는 것이다. 그는 육군참모총장과 차장이 배석한 가운데 세 명의 참모와 가진 수뇌회의에서 다음날 아침까지 작전계획을 수립할 것을 명받았다고 했다. 그리고 그것을 가지고 현장에 가서 각국 열강들의 파병 지휘관들과 협상할 것이라 했다. 우쓰노미야 소좌는 데라우치 마사타케 참모차장을 수행해 천진으로 떠났다. 그리고 다음달 8월 구미열강의 군대가 마침내 북경을 점령했으며 청나라의 황제와 서태후는 서안으로 도주했다는 소식이 들려왔다. 이대로 가면 청국은 반식민지상태가 될 것이라고들 했다.

청국과 일본의 1900년대가 그렇게 열리고 있었다. 권동진과 헤어져 중국 대륙으로 떠난 우쓰노미야는 그날 이후 7년간 일기를 남기지 않았다. 나라 밖 각지를 이동하며 격동의 세월을 보내느라 그럴 겨를이 없었던 것일까. 청국에서 돌아와 다음해 영국공사관에 무관으로 임명되어 4년 반을 지내면서 영일동맹에 따른 양국의 군사협력에 매진하고 러일전쟁의 와중에는 망명 혁명파 지원을 통한 러시아 약체화 공작을 기획했다. 마침내 패전한 제정러시아를 내부로부터 뒤흔드는 혁명의 불길이 일어나는 것을 확인하고 1905년 11월 귀국했을 때 조선에서는 막 을사조약이 체결되어 있었다. 청일전쟁 승리의 전리품인 요동반도를 가로챈 이래 10년간 조선 지배권을 놓고 간섭해온 러시아에 대한 보복조치는 이로써 마무리되었다. 만주 및 조선에 대한 일본의 지배력은 공고해졌다. 이제 만리장성 넘어 중원이 과제였다. 조선 병합 다음해 중국의 신해혁명 때는 손문 등 혁명 주도 세력에 자금을 대는 방식으로 청제국 타도와 중화민국 건국을 측면 지원했다.

20세기가 오기 전에 대원군은 조용히 세상을 떴다. 며느리가 그렇게 죽고 3년 만인 1898년이었다. 꼬이고 뒤틀려 서로를 옥죄던 악연의 고리도 더불어 사라졌다. 문제는 해결되지 않고 그저 사라졌다. 을미년 10월 명성황후가 죽던 그날, 일흔다섯 살의 대원군을 실은 가마는 서대문 밖에 집결한 일본인 조선인 혼성 대열에 둘러싸여 광화문을 향하고 있었다. 아침은 아직 오지 않았다.

대원군이 탄 가마를 한가운데 두고 낭인 오십여 명이 일본경찰 십여 명과 함께 선두에 서고 그뒤를 일본군 수비대가 이었다. 수비대 뒤를 우범선이 이끄는 조선군 훈련대가 따르고, 대원군 가마 좌우는 낭인 별동대가 호위했다. 대원군 가마 바로 뒤에는 다시 일본군 수비대 1개 대대가 뒤따랐다. 맨 뒤에 이두황이 인솔하는 훈련대 제1대대가 배치되었다.[14]

11장

당내에 당이 있고 파 안에 파가 있어

관철동에서

밤 아홉시의 관철동 거리는 낮의 활기가 채 가시지 않았다. 피어오르는 밤의 열기는 아직 정점에 이르려면 멀었다. 서울 북촌의 중심, 관철동의 야경은 낮의 연장이라기보다 새로 태어나는 또다른 풍경처럼 보인다.

일요일이라고 예외는 아니다. 오히려 평일에는 이곳에 나오지 않던 사람들까지 심심파적으로 이 관철동 일대를 드나드는 것이 요즘 대세다. 한 해가 다르게 새로운 구경거리가 늘고 도심을 찾는 나들이객도 그만큼 늘어간다. 낮에는 집 주변을 벗어나지 않던 사람들도 해가 저물면 무료함을 더는 견디지 못하고 길을 나선다. 무료를 모르던 사람들이 새로운 것을 자꾸 보며 어느새 무료함을 의식하게 되고 자극을 찾는 발길이 점점 잦아진다. 갈 곳은 그리 많지 않다. 행선지는 대개 정해져 있다. 인왕산의 백운동천, 북악산의 삼청동천, 목멱산의 남산동천이 청계천으로 흘러들 듯 세 물길의 합수지점 사이에 자리잡은 관철동으로 사람들은 모여들었다.

관철동에 옥이나 금으로 만든 관자를 사러 나오는 이는 이제 거의 찾을 수 없다. 수백 년 동안 성황을 이루던 관자 가게도 여기가 관자동이던 시절 이야기다. 상투를 보기 힘든 세상이 되었으니 어쩔 수 없는 일이다. 손발을 자를지언정 두발은 자를 수 없다며 들고 일어난 것이 을미년 끝자락이었으니 벌써 25년 전이다. 그때 상투머리에 쓰는 망건은 공식 폐지되었고 망건 줄 꿰는 고리 관자의 운명도 결정되었다. 일본의 압력을 받은 임금의 명에 따라 내부대신 유길준이 선포한 개혁 조치였다. 의복을 외국식으로 착용해도 된다는 조칙이 아울러 선포되었다. 사라진 국모가 왕비 칭호를 박탈당해 분개하던 사람들은 상투까지 사라지자 마침내 봉기하였다. 국왕과 왕세자가 머리를 잘랐대도 백성은 상투를 잃는 것과 같은 큰 치욕을 받아들일 수 없었다.

머리카락을 수호하기 위해서 머리를 내놓을 수도 있다는 반발에 단발령은 철회되었고 단발은 자유의사에 맡겨졌다.

두발 자유화 조치가 시작된 지 사반세기가 지났어도 여전히 망건과 갓을 고수하는 노인들이 남아 있지만 옥관자 금관자 몇 개 팔아보겠다고 땅값 비싼 관철동에서 장사할 상인은 없다.

관자도 떠난 관철동의 거리와 가게의 전깃불은 날로 환해진다. 그럴수록 사람들은 여름밤 나방마냥 맹렬히 몰려들었다. 도회지 사람들은 점점 밤낮도 계절도 덜 가린다. 남녀의 낯가림과 몸가림도 급속히 사라지고 있다.

오늘은 2월 1일. 새해의 첫 여섯 날이 혹한으로 시작돼 스무 날가량 영하 10도 이하로 삼한사온도 없이 춥다가 요 며칠 기온이 올라 오랜만에 빙점을 벗어났다. 오늘은 아침부터 포근하다 싶더니 밤이 되어도 영상 기온이다. 바람이 드세지만 기온은 올 들어 가장 높다. 관철동에서 비스듬히 종로 큰길 너머로 바라보이는 탑골공원, 그 뒷동네 낙원동에 위치한 경성측후소에서는 내일부터 다시 기온이 곤두박질할 것이라 예보했다. 이번 겨울은 무려 오십 일 넘게 눈이 내렸다. 경성측후소가 기상관측을 시작한 1907년 이래 처음 있는 일이라 한다. 내린 눈은 거의 녹지 않고 쌓이기만 해 또하나의 이변으로 기록되었다.[1]

1920년대가 시작된 지 한 달이 지났지만 음력으로는 아직 기미년이다. 섣달 하고 열이틀.

작년 이맘때 고종 임금이 붕어했다. 며칠 전, 순종 임금 이왕은 그 1주기 제사를 정성스레 모셨다고 한다. 밤을 지새던 아버지와 달리 이왕은 아침 일곱시면 일어난다고 한다. 오전에는 관보의 활자를 좇으며 지금은 조선 귀족이 된 옛 중신들의 동정을 챙겨 보고, 오후에는 신문 보기로 소일한다고 한다.[2] 지난날에는 아니었지만 이제 왕이나 백성이나 모두 같은 것을 읽는다.

보름을 향해 가는 달은 어제부터 이틀 내리 하늘을 두텁게 가린 구름에 빛을 거두고 자취마저 묘연하다. 오늘은 비까지 몇 점 뿌린 뒤라 마치 초봄의 그믐밤 같다. 봄은 머지않아 올 것이다. 사흘 뒤면 기미년의 마지막 보름달이 떠오를 것이다. 그달이 경성을 환히 비출지는 측후소도 아직 모른다. 그러거나 말거나 사람들은 어김없이 관철동을 찾을 것이다. 사람들은 먼 달보다는 가까운 전등에 의지하는 데 익숙해져간다. 도회지의 밤은 점점 낮처럼 변해간다. 동지에서 하지로 변할 때보다 훨씬 더 짧아진 밤이 저기 번화가 샛길 안쪽에 웅크리고 있다.

담 넘기 그리 나쁘지 않은 밤이다.

뿌연 가로등 불빛 아래, 길목을 오가는 행인들의 눈길을 별 어려움 없이 피해 문무술은 대문 옆 행랑채를 낀 담장에 올랐다. 관철동의 요지를 차지한 저택의 규모가 집주인의 신분을 짐작게 한다. 남쪽 청계천 건너 장교동과 수표동처럼 이곳도 세도가와 갑부 들의 자취가 아직 남아 있다. 문무술은 잠시 기척을 살핀 뒤 촉촉이 젖은 흙 마당에 살짝 내려섰다.

원산에서 얼마 전 상경한 문무술은 이 집 주인을 만나러 달빛 흐린 야밤을 골라 찾아왔다. 문무술이 그 이름처럼 학식과 무예를 겸비했는지는 알려진 바 없다. 그는 육혈포라 불리는 6발 권총을 차고 장안의 갑부집을 내방했다.

집주인 차상건은 집에 없었다. 대부호인 줄은 알았지만 일요일 밤에도 집을 비울 정도로 바쁜 줄은 미처 몰랐다. 밤의 방문객은 사랑채에서 담소중이던 두 남자에게 육혈포를 겨누었다.

"독립운동 자금을 얻으러 차상건의 이름을 듣고 찾아왔소."

그는 자신을 상해의 가정부원假政府員이라고 소개했다.

"차사장은 장춘관에 가고 안 계십니다."

장춘관은 돈의동에 있는 유명한 요리점이다. 인사동의 명월관 지점(태화관)에서 명의 사용을 허가받아 명월관 별관이라고도 불린다. 광화문 네거리의 명월관 본점은 불타 2년 전에 사라졌지만 그 이름만은 여전히 상호로 살아 있다.

"당신들은 누구요."

"차사장과 함께 무역상을 하는 동업자이올시다."

차상건은 남대문 안 남미창정에서 동광상회라는 무역상사를 운영한다. 사업은 날로 번창해 신탁업과 호텔업으로 확장중이다. 두 달 뒤인 4월 상순에 50만 원을 자본금으로 하는 중앙신탁을 남대문 밖에 개업한다고 한다. 4월 하순에는 종로 1정목 재판소 옆 대로변에 서울호텔도 개점한다. 4월이 오면 언론과 함께 사업의 자유도 숨통이 열릴 듯한 분위기다. 4월 1일부로 회사령이 폐지되면 10년 동안 있어온 회사 설립 규제가 풀린다. 회사 설립이 봇물처럼 쏟아질 것이다. 자본의 시대가 오고 있는 것이다. 자본의 시대란 무엇이냐. 돈이 돈을 버는 세상이다. 전후 공황의 그림자가 먹구름처럼 끼었다지만 소나기는 오래가지 않는 법. 머뭇거릴 시간이 없다. 시간은 금이다. 차상건의 꿈은 원대하다.

"돈을 안 내면 총살하겠다."

"우리는 이 집에 잠시 머무는 사람입니다."

두 실업가는 묵직한 육혈포를 든 문무술에게 떨리는 손으로 명함을 건넸다. 말로만 듣던 임시정부 특파원인가 하는 호기심과 의구심 그리고 낭패감이 얼굴에 교차했다. 나라가 망했다는 지난 10년 동안 이런 곤혹을 치른 적은 없다.

집에서 조금만 나서면 바로 종로 2정목 네거리다. 탑골공원 정문 옆 경찰파출소는 큰 소리 한 번만 질러도 무장 경관이 달려올 거리다. 조금 더 가 종로 3정목 네거리 단성사 못 가 맞은편의 장춘관까지도 5백 미터가 안 된다. 마냥 기다릴 수는 없는 노릇이다. 문무술은 행랑채 앞을 서성대던 하인에게 대문을 열라고 했다.

사태를 파악한 하인은 문을 열어주는 체하다가 불청객을 걷어찼다. 넘어질 뻔한 문무술은 자신을 덮치는 하인에게 육혈포를 연달아 발사했다. 탄환은 하인의 핫바지를 살짝 뚫고 나갔다. "강도야" 하는 고함소리와 총소리에 이웃 사람들이 뛰어나오고 침입자는 대문을 열고 튀어나갔다. 그리고 얼마 못 가 문무술은 순찰중인 경찰에 붙들렸다.[3]

근래 경성과 각 지방에 강도 피해가 매우 빈발하여 인심이 뒤숭숭하므로 경찰이 엄중 경계하는 중이다.

당국의 발표가 어제 신문에 있었다. 그 이틀 전에는 동대문경찰

서와 서대문경찰서가 동시에 새로 문을 열었다.[4]

"경성의 경찰력은 이로써 두 배가 되었습니다."

경기도 제3부장 지바 료는 매일신보 기자에게 그렇게 말했다.

경성은 경기도다. 조선 병합과 더불어 한성부는 경기도에 병합되었다. 그로부터 9년간 조선의 치안을 전시체제에 준하게 했던 헌병경찰제가 작년 9월에 폐지되었다. 3·1운동 전까지는 경무총감부의 지휘를 받던 각 도 단위 경무부는 도지사 휘하의 제3부로 이름을 바꿔 달았다. 그때부터 헌병을 대체할 보통경찰이 추가로 일본에서 조선으로 줄줄이 수송되었다. 만세 시위로 경찰은 작년에 그 전년도 8백만 원의 두 배가 넘는 규모의 경비를 사용했다. 올해는 소요가 진정됐지만 경찰관 증원으로 인해 다시 경비가 늘어 1918년 대비 세 배 규모에 이를 전망이라 한다.[5]

종로 한복판에서 야간 활극을 벌인 문무술은 우미관의 불빛을 바라보며 종로 2정목의 종로경찰서로 연행되었다. 우미관 간판에는 전날 토요일부터 새롭게 교체된 세 편의 활동사진이 연속 상영된다는 그림이 겨울비를 머금은 채 반짝였다.

일본인 위주의 극장인 황금정 4정목의 황금관이 7년간의 관례를 깨고 조선인 관객 끌어모으기 작전에 나선 주말이었다. 우미관 앞은 평소보다 썰렁한 듯도 했다지만 그 속사정은 알 수 없다. 오늘도

관객들은 가상 활극에 흠뻑 빠져 잠시 다른 세상으로 가 있을 것이다. 황금관은 인기 최고의 조선인 변사 서상호를 초빙해 토요일부터 삼 일간 일본영화 〈생의 불꽃生の輝〉을 절찬리에 상영중이다. 일본의 유명 여배우를 앞세운 이 영화는 사회극을 표방한 작품으로 일본 최초의 순영화극이자 외국영화의 형식으로 촬영한 작품이라고 선전되었다.[6] 요코하마에서 직수입하는 미국영화를 상영관에 걸기 바빴던 조선 극장가에 서양영화의 기법을 소화해 서구 스타일로 만든 본격 일본영화 한 편이 상륙한 모양이었다.

문무술이 연행되던 그 시각 담배 연기 자욱한 우미관 차가운 객석에 몸을 고정시킨 심대섭은 뿌연 은막 위에 뿌려지는 활동사진을 꿈결처럼 바라보고 있었다. 저녁을 먹고 갑갑한 마음에 집을 나선 참이다. 아랫집 가게에서 돈을 꾸어 며칠 사이 눈 녹아 질척대는 북촌의 어두운 수렁을 한참을 걸어 관철동의 불빛을 삼십여 분 만에 찾아든 것이었다. 문무술이 벌인 활극이 끝나고도 한참 뒤 야심한 관철동 거리로 관객들의 인파에 섞인 심대섭은 종로 길을 건너 탑골공원 앞을 홀로 걸었다. 춘풍인지 한풍인지 모를 바람이 그의 심사처럼 심란하게 부는 심야의 밤길에서 그는 기모노 사이로 허벅지를 드러낸 채 황급히 뛰는 여자를 보았다. 요리점에 불려갔다가 험악한 상황이 되어 달아나기라도 하는 듯, 예기藝妓로 보이는 여자는 밑이 완전히 트인 일본식 속곳 고시마키腰卷까지 걷어붙인 채 전속력을 내었다. 한밤의 축축한 가로등 불빛 아래 펼쳐지는 필사의 질주 앞에 심대섭은 망연히 멈춰 섰다. 그의 귓전으로 환청인지 무엇인지, "하나코" 어쩌고 하는 외마디가 멀리서 들린 것도 같았다. "육욕이 일어나는 동기가 되었노라." 이런 독백을 변사처럼 하며 집으로 돌아온 심대섭은 일기장에 이렇게 적었다.

"아! 악마의 육욕! 나는 이 성욕에 대하여 억제치 못한다. 그것을 잘 이기지 못하고는 나의 장래는 위험하다. 확실히 위험하다. 인생을 창조한 상제上帝는 왜 참기 어려울 정도까지 우리에게 성욕의 본능과 이에서 발생하는 모든 죄악을 짓게 하였는고."

무절제한 생활 끝에 급성 폐렴으로 몸져누운 큰형의 약 심부름에 병원에 의사 부르러 다니느라 일주일 넘게 심신이 지친 심대섭이었다. 취운정 아래 계동 형님 댁에서 종로까지 빰이 떨어져나가는 듯한 혹한의 빙판 언덕을 십여 차례 오르내린 날도 있었다. 그는 전날 일기에는 이렇게 썼다.

"주색은 형님에게 제1의 악마다. 형님을 보아 나는 그러한 지경에 타락하지 말아야 할 것이다."[7]

열한 살 위 맏형 심우섭은 매일신보 기자를 역임하고 신문에 소설도 발표한 문인이다. 3년 전 매일신보에 연재된 이광수의 첫 장편소설 『무정』에 등장하는 기자 신우선의 모델이 그라고 한다. 연재 시작 몇 개월 전에 이광수를 매일신문 사장에게 소개한 사람도 심우섭이었다.[8] 그 소설 속에 그는 이렇게 묘사되었다.

"백에 하나도 쉽지 않은 호남자였다. 풍채가 좋겠다, 구변이 있겠다, 글과 시를 잘 하겠다, 원래 서울의 똑똑한 집 자손으로 부귀한 집 자제들과 친분이 있겠다, 게다가 당시 서슬이 푸른 대신문의 기자였다. 이러므로 그는 계집을 후리는 데는 갖은 능력과 자격을 구비하였었다. 그는 여러 기생을 상종하였다. (중략) 이렇게 말하면 신우선이란 사람은 계집의 궁둥이나 따라다니는 것 같이 들리겠지만 그에게는 시인의 아량이 있고 신사의 풍채가 있고 의리가 있었다."

최남선, 이광수와도 교분을 나누는 명망가라지만 동생 대섭의 눈에는 "아무 아는 것도 없이 혼자 잘나서 안하무인, 말만 함부로 하며 다니다 신문 경영에도 대실패를 하고 울화병이 든 것"으로 보였다. 그래도 심대섭은 체온이 39도 7부로 오르고 맥박도 빨라진 형님을 위해 제1호 의사면허를 가진 박계양 의사를 낙원동 한양병원으로 달려가 불러온다. 그리고 생각한다.

"성할 때는 친구요, 병이나 우환에는 형제가 제일이다."

올 1월은 누구나 춥다는 말을 입에 달고 지냈지만 심대섭에게는 특히나 매서웠다. 감옥에서 보낸 지난여름의 찌는 불구덩이가 몸의 연옥이었다면 담장 밖으로 나와 곧바로 닥친 올겨울은 마음의 화택火宅이었다.

제 발로 불속에 뛰어든 문무술은 모두 잠든 고요한 이 밤을 새우며 종로경찰서에서 월요일 아침을 맞았다.

조사 결과 문무술은 작년 봄 원산에서 유사한 방식으로 부호들에게 두어 차례 돈을 뜯어냈다는 사실, 새해 들어 서울로 진출했다는 사실이 밝혀졌다. 원산에서 일을 벌일 때 그와 어울린 사람 중에는 작년 9월 총독에게 폭탄을 던지려고 준비중이던 강우규를 도운 사람도 있었다.

문무술이 종로경찰서로 붙들려 가기 나흘 전 바로 옆 종각 네거리 건너 경성지방법원에서 강우규의 예심이 종결되었다. 작년 가을에 기소되고 꼭 백 일 만이었다. 그날 매일신보에 이런 기사가 실렸다.

강우규는 일일이 자백하였다. 그 자백한 것은 어느 하나 사실과 틀림이 없었다. 가령 자백하는 대로 원산 같은 데도 가서 조사해보았는데 조금도 오차나는 점이 없었다. 예심이 백 일이나 갈 것도 없었는데 동경으로 보낸 폭탄 감정이 더디어져서 이리 되었다.[9]

종로 길을 사이로 법원과 마주하는 경성유치감옥에 강우규는 수감되어 있다. 동쪽 길 건너 보신각 너머 관철동에서 울린 일요일 밤의 총성을 그도 들었을지 모른다. 4월이 오면 그는 공개 법정에 모습을 드러낼 것이다. 그는 어찌 지내느냐는 매일신보 기자의 물음에 그곳 간수장은 말했다.

"처음 여기 들어올 때는 간혹 큰 소리도 내곤 하였는데 근래에 와서는 아주 조용히 있으며 몸은 매우 건강합니다."

경성지방법원 검사국에서 심리중이더니 이삼 일 전에 심리를 마치고 수일 내에 공판에 부칠 터이라더라.

2월에 관영 매일신보에서 처음 접한 관철동 육혈포 강도미수사건의 경과를 한림은 민간신문 창간호에서 다시 보게 되었다. 창간 준비로 바빴던 것이 엊그제 같은데 벌써 두 달이 지나 4월이다. 창간 즈음해 각계 인사들의 담화가 신문 여기저기에 실렸는데 그중 경찰 총수인 아카이케 경무국장의 말이 눈에 띈다.

요사이 강도가 빈번함은 매우 우려할 만한 일인데, 체포해 취조하면 누구나 이구동성으로 "상해 가정부의 명령으로" 운운하니, 강도의 지사志士화인지 지사의 강도화인지 추측기 어렵다.[10]

그의 말이 과장만은 아닌 것이, 3·1운동 이래 1년 사이 강도사건이 크게 늘었다. 상해임시정부와 관련된 사람과 시류에 편승한 날강도가 뒤섞인 듯했다. 후자의 대표적인 경우가 창간 둘째날 신문에 실렸다.

경성부 관훈동 59번지 사는 무직 정태춘은 6년 전에 징역 12년을 선고받고 복역중에 탈옥 도주한 자인데 그후 권농동 14번지에서 숯장사하는 박승억, 돈의동 4번지에서 무직업으로 돌아다니는 이종대 등과 서로 상의하고 작년 9월 충청북도 충주군 시금리 권병섭의 집에 들어가서 나무로 육혈포 모양같이 만든 것을 꺼내들고 자기는 상해임시정부 특파원이라는 문서를 보이면서 돈 3만 원을 내라고 협박하여 50원을 강탈하고 또다시 같은 달 7일 충청남도 천안군 직사면 석곡리 이기련의 집에 들어가서 이전과 같은 수단으로 돈 1032원을 강탈하고 금년 1월 29일에는 박승억과 같이 사직골 자작 임낙호씨의 집에 들어가 칼을 빼들고 "우리들은 지금 나라를 위하여 독립운동을 하는 중이니 돈 5만 원을 내라"고 무수히 협박하여 1150원과 검은 비단 마고자 한 벌, 금전 차용증서 두 장을 빼앗은 외에 이와 같은 도적질을 사방으로 다니며 하다가 경기도 제3부의 손에 잡히어 취조한 후 지난달 30일에 검사국으로 보내졌다.[11]

한림은 편집국 구석에서 창간호 위로 둘쨋날 신문을 철하다가 임시정부에 대한 생각에 빠져들었다.

3·1운동이 전국으로 확산되던 작년 3~4월 서울과 상해, 연해주 각지에서 임시정부가 세워졌다. 이는 9월이 되어서야 상해에서 하나의 임시정부로 통합되었다. 한림이 작년까지 일했던 백산무역의 이사 안희제는 상해임시정부에 자금을 보낸다고 했던 터라 한림은 임시정부로 가는 돈은 모두 자발적으로 보내는 줄로만 알았다. 신문에서 보는 것처럼 강제로 걷는 돈은 얼마나 될까. 또 그중 얼마가 임시정부로 들어가는 것일까.

상해임시정부가 존립하는 근거는 무엇보다 국내 민심에 있었다. 이역만리에 삼권분립의 형태로 민주공화제의 국가기구를 발족시키고 대한민국이라는 국호도 만들었지만 정작 국민이 없었다. 당시 상해에 조선인이 5백 명가량 있었는데 약간의 상인과 유학생, 전차

회사 검표원을 제하면 대부분 조선과 나라 밖에서 온 망명 지사들이었다.[12] 국민이 없으니 납세자가 없고 군대가 없다. 있는 것은 지도층 인사들뿐이었다. 그래서 국민을 지도하려는 망명객들은 보이지 않는 행정조직을 국내에 만들어 특파원을 왕래시키며 선전 선동하고 다른 한편으로 자금을 몰래 조달했다. 국내와 임시정부의 연결망인 연통제聯通制, 정보와 물자와 인력을 교환하고 소통시키는 교통국이 초기 임시정부 발족 다음달인 5월부터 만들어져 9월의 통합 임시정부로 계승되었다. 7월부터 특파원이 파견되었고 올해부터는 선전대宣傳隊도 구성해 조직 기반 넓히기에 나섰다 한다. 나라 안의 조선총독부는 작년 9월부터 집권통치 2기를 열며 문화정치, 선전정치를 표방했다. 같은 달 대통령중심제로 새롭게 통합 출범한 나라 밖의 대한민국 임시정부는 국내외를 겨냥한 선전투쟁에 들어갔다.

연락하고 내통하여 체제를 교란·동요시키며 조직운영비 혹은 군자금을 갹출하는 일이 임시정부 특파원의 임무다. 그들은 압록강변 신의주와 마주보는 중국 땅 안동을 통해 침투했다. 임시정부 교통국은 안동에 지부를 두고 정보와 문서와 자금과 인력을 교환하는 통로로 삼았다. 그 사무실은 영국인 무역회사 겸 선박회사 대리점인 이륭양행 안에 있다. 상해임시정부가 '강남공사'라는 위장 명칭으로 부치는 선전물이 중국우편으로 이륭양행에 도착하면 그곳 2층에 있는 교통국 상주요원이 마대자루에 담아 중국인을 시켜 압록강 건너 의주의 지국으로 보내 전국으로 배포한다.[13] 임시정부의 정보통신조직이나 다름없는 이륭양행을 상해에서는 국내 전진기지 혹은 요새라 일컫기도 한다.

김구가 이륭양행의 배를 타고 안동을 떠나 상해에 도착한 것은 한 해 전인 1919년 4월 13일이었다.

아직 얼음덩이가 여기저기 쌓인 안동에서 압록강을 따라 20킬로미터를 내려가 황해로 나섰을 때 갈매기보다 먼저 일본 경비선이 따라붙었다. 배 세우라고 나발 불며 경고하는 소리를 들은 척도 않고 외국인 선장은 익숙한 듯 전속력을 내 경비구역을 벗어났다.[14]

이 배의 선장은 이륭양행의 사장 조지 쇼다. 8백 년간인가 조국이 영국의 통치를 받고 있다는 이 아일랜드인은, 극동의 아일랜드라는 조선인을 동정해 조선과 중국을 오가는 물자와 사람의 운송을 이처럼 종종 맡는다. 중국의 일간신문 신보申報 4월 18일 자는 "조선에 대한 일본의 정책이 아일랜드에 대한 영국의 정책과 유사하다면 그야말로 행운이라 할 것이다"라고 보도했다.[15] 이번 배로 상해의 황포탄 부두로 실어나를 조선인은 마흔세 살의 김구를 포함해 열다섯 명이다. 잡히면 감옥살이 오래할 만한 면면들이다. 물론 뱃삯을 받고 하는 일이지만 벌이라고 하기에는 위험부담이 크다. 안동의 유일한 영국회사로서 안동, 천진, 상해 간 해상운수를 석권하고 있는 쇼는 봉천 주재 영국 영사가 주의를 주는데도 이 일을 계속한다. 이

일 때문에 언젠가 감옥에 갈 수도 있다. 하지만 압록강을 넘는 조선인 탈주자가 끊이지 않는 한 그의 이 특이한 사업도 조선인에 대한 동정심과 마찬가지로 멈추지 않을 것이다.[16]

쇼가 여기 중조中朝 국경 안동 땅 압록강 하구에서 사업을 벌일 수 있는 것은 1902년부터 안동이 영국에 통상지로 강제 개방되었기 때문이다. 영국 정부는 동북 3성의 농산물을 산동반도의 연태煙台와 상해 지역으로 실어나르고, 상해와 산동반도 지역의 경공업품을 동북 내륙지대로 교역하는 물류 중심지로 안동을 택했다. 해를 넘기자 미국과 일본이 영국을 뒤따라 밀물처럼 하구로 쇄도했다.

고향을 떠난 김구가 황해도 재령에서 기차를 타고 신의주에 도착한 것은 3월 29일이었다. 어제에 이어 또다시 만세를 부른다며 시내가 술렁거렸다. 오는 기차 안에서도 온통 만세 이야기였다.

"전국의 인민이 다 들고일어나 만세를 부르면 자연 왜놈이 쫓겨나고야 말지. 우리 독립은 벌써 되었어. 아직 왜가 물러나지만 않은 것뿐이야."

열차에서 어떤 이가 그렇게 말했다. 많은 사람들이 그렇게 생각했다. 대부분의 동포는 나라를 빼앗겨도 우리가 전적으로 자치를 하는 것이며 명의상 왜의 속국이 되는 줄 알았다. 중국과의 속국관계를 경험적으로 떠올리는 듯도 했다. 하기야 을사조약 당시 황제와 대신들이 조인에 임해 끝까지 당부하고 확약하려 했던 조항 중 하나가 "나라가 부강해진 다음에는 독립한다"였으니 사람들이 그렇게 인식한 것도 무리는 아니었다. 병합의 참된 의미는 만세운동이 있고서야 비로소 알게 되었다. 그것이 제집살이냐 셋집살이냐를 규정하는 계약서 같은 것이 아님을 명확히 깨닫는 데 10년 이상 걸렸다. 그 체득의 문턱에서 왕은 먼저 죽고 백성은 영문도 잘 모르는 채 따라 죽고 있다.

3월 초 황해도의 근거지에서 만세 부르러 나가자는 청년들의 제안을 받은 김구는 만세운동에는 참여할 마음이 없다고 했다.

"선생님이 참여하지 않으면 누가 앞에 나서서 외칩니까."

김구는 대답했다.

"독립은 만세만 불러서 되는 것이 아니고 장래 일을 계획 진행하여야 할 터인즉, 내가 참여하고 안 하고에 연연하지 말고 자네들은 어서 만세 부르게."

그렇게 3·1운동을 뒤로하고 떠난 김구가 압록강 너머 안동에서 변성명하고 좁쌀장수 행세하며 여관에서 은신하던 4월 초순, 만세의 진원지인 서울에서는 한 달째 소요가 계속돼 수그러들 기미가 없었다. 주요 도로에는 무장 군인들이 삼엄한 경계하에 순찰을 돌았고, 굳게 닫힌 상점 문을 열라고 경찰은 가게 주인들을 닥달했다. 시위와 연행이 일상이었고, 진압을 빌미로 군인 헌병 경찰의 공적 폭력 그리고 그의 사주를 받은 일본인 날품팔이 행상들의 사적 폭력이 난무했다. 이 모든 광경을 보고 들은 조선중앙기독교청년회 총무 윤치호는 종로경찰서 옆 YMCA건물 2층 사무실에서 분개했다. 윤치호는 그 분노 못지않게 시위 주도자들에게도 실망했다. 그가 보기에 시위를 고무 선동하는 사람들은 미국의 윌슨 대통령이 호의로 파리강화회의에서 조선 독립을 선언해줄 때까지 만세를 부르자고 사람들을 길바닥에 내모는 것과 다름없었다. 또 지식인들은 자존심 때문에 또는 여론의 압박에 떠밀려 동참하는 듯했다. 그가 보기에 독립 시위는 3월을 넘기면서 지방에서는 대중 폭동으로 변질되는 느낌이었다. 민주주의는커녕 독립이 뭔지도 잘 모르는 무지한 백성들에게 시위에 참가하라 종용하여 그들을 총부리 앞으로 내몰고 결국 죽음과 고문과 고역에 이르게 하는 것 아닌가 착잡했다.[17]

3월 25일까지 만세 시위와 관련해 체포 수감된 2천여 명 중에 농민이 절반가량인 천여 명으로 중간 집계되었다. 그다음으로 학생이 4백 명 가까이 되고 목사와 기독교 관계자가 백 명가량으로 뒤를 이었다. 종교별로는 천도교와 예수교가 각각 5백 명 이상으로 전체의 절반을 차지했다.[18]

김구가 상해를 향하여 황해를 건너가던 4월 11일 서울의 원로 정객 김윤식의 집으로 AP통신 특파원이 방문했다. 그는 "조선이 독립을 획득할 수 있다고 믿습니까?"라고 물었다. 일본에 처음 문호를 개방하던 강화도조약 이전부터 관직생활을 해 40년 넘게 격동의 현장에서 이를 고스란히 겪은 이 80대 중반의 노신사는 입회한 일본인들 사이에서 길고 흰 수염을 쓸어내리며 잠시 뜸을 두고 답했다. "조선인들은 독립을 원하고 있습니다. 허나 독립을 획득할 수 있을지 없을지는 잘 모르겠습니다."

신의주역을 나선 김구는 언제 다시 들를지 모를 조선식당에서 요기를 했다. 327년 전 선조 임금이 강 건너 대안으로 넘어가지 않기를 기원하며 숙식하던 의주 부근이다. 그때 이 지역은 홍수 때마다 흙탕물이 범람하여 농사도 못 짓던 강기슭 모래톱에 불과했다.

오늘밤 또 만세 부르자는 기별로 술렁대는 신의주와 고국을 뒤로 하고 김구는 중국인이 끄는 인력거를 불러 압록강을 건넜다. 압록강철교는 가운데 단선 철로로 열차가 다니고 양편에 인도가 나 있다. 1킬로미터 정도인 다리는 규모나 모양이 한강철교와 닮았다. 경부선 철도, 한강인도교, 수풍댐을 건설한 하자마 구미間組회사가 1911년에 만들었다. 일본 정부는 3년 전 풍전등화 같은 청나라 조정을 압박해 양안을 잇는 압록강철교 가설 협정을 체결하고 안동과 봉천 간 철도를 경의선에 연결시켰다. 일본에서 만주를 거쳐 세계로 가는 철도망이었다.

수심이 깊지 않은 압록강에 큰 배가 지나가게끔 아침저녁으로 철교 중간 마디가 90도 회전해 물길을 터준다. 유독 아름답다는 이곳의 봄물결이 다리 아래 넘실대지만 총 메고 일거수일투족을 주시하는 일본 경찰과 헌병과 세관원의 눈길에 통행자들은 얼어붙기 일쑤다. 누군가 표현한 대로, 국내로 들어오는 형제는 반드시 한숨지으며 머리 숙이고, 국외로 나가는 동포는 으레 눈물 뿌리며 얼굴 가리고 나간다. 중국과 일본을 대면하는 반도의 양극단 신의주와 부산은 그런 점에서 닮은꼴 도시다.

달리는 인력거에 아직은 차가운 봄바람이 스친다. 오른편으로 저만치 위화도의 모래섬이 눈에 잡힌다. 고려 말 이성계가 말고삐를 돌렸다던 그 위화도. 한강철교 넘어갈 때 보이는 여의도 백사장을 떠올리는 이도 있다.

강 건너 국경도시 안동은 먼지와 냄새가 많은 곳이지만 의주, 신의주보다 시가지가 크고 구획이 반듯하다. 유럽과 미국과 일본의 입김이 배어든 지도 어언 20년을 바라본다.

김구는 안동에서 일주일을 묵은 뒤 외국 배에 의지해 상해로 향했다. 나흘간의 항해 끝에 양쯔 강의 거대한 어귀로 빨려든 배는 상해의 진흙탕 물 넘실대는 포동 항구에 조선인 망명자들을 내려주었다.

4월이라고 다 같은 4월이 아니었다. 근 3천 리 뱃길을 따라 남하한 이곳에는 벌써 녹음이 우거져 있었다. 제주도보다 한참 아래쪽에 위치한 일본 최남단 지역인 가고시마와 비슷한 위도였다. 치마가 아닌 바지 차림의 활달한 여자들이 거룻배의 노를 저으며 선객들을 실어나르는 모습이 신기했다. 유교의 본산인 중국에는 남녀유별도 없나보았다. 조계지租界地로 들어가 조선 동포의 집을 찾아 온돌 아닌 차가운 바닥에 담요를 깔고 객지에서의 첫 잠을 청했다. 그날 프랑스 조계 내에서 대한민국 임시정부 수립이 공포되었다. 이틀 전 이미 임시정부 수립을 위한 임시의정원회의가 열렸고 국무총리를 수반으로 하는 국무원 안에 여섯 개 부가 조직되어 있었다. 국무총리 이승만을 위시해 각 부의 총장과 차장이 투표로 선출되었다.[19]

김구는 상해 도착 열흘 만인 4월 22일 의회 격인 임시의정원 2차 회의에 참석해 임시정부 일에 첫발을 내디뎠다. 그날 그는 임시정부 각 부의 위원을 뽑는 15인의 선거위원단에 선정되고, 10인의 내무부 위원 중 하나로 선출되었다.

그 다음날인 4월 23일 또하나의 임시정부가 서울에서 선포되었다.

> 열두시 십분 종로 보신각 부근에서 너댓 명의 학생 같은 자가 작은 깃발 세 개를 흔들고 만세를 부르면서 질주하여 종로경찰서 방면으로 향하는 것을 보고 곧 추적하였는데 깃발을 종로통에 버리고 관철동 사잇길로 도망하여 사라졌다. 다음날 이중 두 명은 체포했다. 깃발 두 개는 '국민대회'라 쓰고 한 개는 '공화만세'라 붓글로 쓴 것이다.[20]

경찰은 이날 경성 일대에서 '임시정부선포문' '국민대회취지서'라는 제목의 인쇄물을 발견했다. 그날 정오 관철동 옆 서린동의 유명 중국요리점에 13도 대표자가 모여 임시정부 선포문을 낭독했다는 소문도 있었다.

경찰은 관련자를 잇달아 검거했지만 임시정부 수립을 알리는 전단 살포는 계속되었다. 세칭 한성정부라는 이 임시정부의 발족 소식을 누가 영어로 제보했는지 서울발 연합통신으로 세계에 타전되었다.

23일의 사건과 소문이 있기 일주일 전 상해의 한 신문에 한성정부가 조직된다는 소식이 각료 명단과 함께 미리 보도되었다. 그 수반인 집정관에 이승만, 국무총리에 이동휘라고 이름까지 올라 있었다. 그보다 닷새 전인 11일에 천진의 한 신문도 똑같은 소식을 알렸다. 상해에서 임시정부 조직이 완료되어 선포를 이틀 앞둔 날이었다. 그보다 앞선 9일에 로이터통신은 서울에서 임시정부가 성립 예정이라고 전했다.[21]

한성에 한성정부가 생긴다는 소식은 한성 사람들이 마지막에 알게 된 셈이었다. 기미년 만세운동의 끝자락을 보내는 사람들에게 임시정부는 실체가 없었다. 사람들은 이내 알게 되었다. 뿌려진 전단과 미확인 소문에서 말하는 한성임시정부는 눈에 보이는 정부가 아니라는 것을. 그것은 전단으로 선포된 정부 혹은 신문지상에만 존재하는 정부라는 것을. 보일 듯 보이지 않는 한성정부의 존재에 가장 관심을 가진 사람은 태평양 건너 미국에서 이 소식을 받아든 이승만이었다.[22] 1919년 4월부터 몇 개월 사이에 명멸한 여러 임시정부 가운데 한성임시정부가 유독 주목을 끌었다. 무엇보다 해외가 아닌 서울에서 그것도 13도의 대표자가 의견을 모았다는 그 한마디 때문이었다. 그 증거를 대라고 요구하는 사람도 그 증거를 대는 사람도 없었다. 사람들은 무엇이라도 붙들고 싶고 무엇이라도 믿고 싶었다. 만세운동에 건 기대의 참담한 후유증이 긴 그림자를 드리우기 시작하는 시점이었다.

한성정부의 성립이 임박해갈 즈음 상해에 있던 사람들도 그들의 임시정부 수립에 속도를 더했다. 김구가 황해도를 떠날 채비를 차리던 3월 27일 상해에서 회의가 열렸는데 다수가 임시정부 수립을 서두르자는 의견이었다. 3·1운동 주최측에서 상해로 보낸 파견원은 "국내로부터 연락이 올 때까지 기다려야 한다"고 만류했지만 먹히지 않았다. 상해에 1월 말부터 있던 이광수도 3·1운동 지도자들의 의사를 확인해보려고 서울에 사람을 보냈다. 다른 곳도 아닌 서울에서 국민대회라는 대중적 절차를 거론하는 한성정부는 무시할 수 없는 후광을 갖고 있었다. 이광수 역시 같은 의견이었다.

"독립선언을 하였으니 정부를 조직하는 것은 당연하나 독립선언서에 서명한 33인의 의사도 묻지 않고 우리가 여기에서 정부를 조직한다면 미국 동포들도 하와이 동포들도, 노령에서도 서북간도에서도 저마다 정부를 조직할지도 모른다. 이리되면 우리 독립운동이 분열될 염려가 있다. 그러므로 서울에 보낸 사람이 돌아오기를 기다리는 것이 옳다."[23]

서울에서는 신통한 소식이 오지 않았다. 한성정부와의 통합논의는 실패했다. 3월 중순부터 상해로 대거 건너와 있는 삼십여 명의 원로급 인사들 앞에서 국내 연락을 기다리자는 말은 종적을 감추었다. "왜 33인만 거드는가. 나라의 법통이 어째서 꼭 33인에 있는가. 만일 33인이 아무 의사도 남겨놓은 게 없으면 영영 정부조직 못 하는 건가." 이동녕, 이시영, 조소앙을 위시해 러시아령과 만주 간도 지역에서 남하한 지사들은 그렇게 분개하며 의심의 눈초리도 보냈다.

무작정 기다릴 바에야 상해를 떠나겠다는 대선배들 앞에서 이광수는 마음이 더 바빠졌다. 이들보다 먼저 상해에 온 이광수는 신문 창간준비에 여념이 없었다. 2·8 동경 유학생 독립선언 때는 미리 그 기사를 써서 상해 주재 외국 언론사를 방문하여 제보했고, 3·1운동 때는 파리강화회의의 각국 수뇌들에게 거금을 들여 국제 전보를 치고 세계의 언론사들에 보도자료를 보냈다. 안동 땅으로 넘어와 상해로 전해진 국내 소식들은 이광수 그리고 그와 함께 신문을 준비하는 이들이 영문과 한문으로 기사화해 각 언론사로 보냈다. 미국 신문과 교섭하여 미국 기자를 서울로 들여보내 제암리 학살사건 등의 보도를 이끌어내기도 했다. 그 미국 기자는 조선 취재를 마치고 상해로 돌아와 이광수와 그의 동지들에게 이렇게 말했다.

"그만 했으면 너희 민족이 일본통치에 불복하고 독립을 원한다는 뜻과, 또 독립을 원하여서는 죽기도 두려워하지 않는다는 용기도 표시되었으니 더 동포를 선동하여 희생을 내지 마라. 지난 수십 년간 길러낸 지식계급을 다 희생하면 다시 수십 년을 지나기 전에는 그만한 사람을 기를 수 없으니 앞으로 교육과 산업으로 독립의 실력을 길러라. 내가 보기에는 현재의 너희 힘으로는 일본을 내쫓고 독립할 수 없다고 본다."

오자마자 떠난다는 원로들을 이광수가 설득하는 동안 문지기 모양 지키고 서 있던 스물세 살의 한위건은 못 간다고 가로막고서 울먹였다. 한위건은 3월 1일과 5일의 서울 학생 시위를 주도하고 상해에 며칠 전 도착한 경성의학전문학교생이었다. 부산에서 안희제와 비밀결사 활동을 함께하다 얼마 전 이리로 온 윤현진과 더불어 활동이 두드러진 20대 청년이었다. 손병희를 비롯하여 독립선언서에 이름을 올린 어른들이 하룻밤 사이에 계획을 바꾸어 탑골공원 넓은 터가 아닌 음식점 안방에 모였다는 말을 들었을 때 느낀 상실감이 채 가시지도 않았는데 황해를 건너 찾아든 이 망명지에서 내로라하는 원로 선배들에게 또다시 이산을 경험한다는 것은 한위건에게 악몽이었다. 이들 원로들이 임시정부 발족을 서두른 것은 무엇보다 그들이 떠나온 러시아령에서 3월 17일에 이미 결성된 또하나의 임시정부를 의식하고 견제했기 때문이었다.

노령이냐 상해냐. 새로 발족할 임시정부의 소재지를 놓고 대립하던 러시아령의 애국자들은 의견차를 해소하지 못하고 갈라섰다. 임시정부는 무력단체가 아니고 외교 활동 위주이므로 국제도시 상해에 두어야 한다는 의견과, 수십만 동포가 사는 노령이 적당하다는 주장이 맞섰다. 그리하여 문창범과 김립을 중심으로 한 그룹은 연해주 블라디보스토크에 대한국민의회라는 이름의 임시정부를 세웠다. 의회와 행정 사법 기능을 아우르는 혁명 러시아풍의 이 조직은 의장에 문창범이 앉고 행정부의 대통령에 손병희, 부통령에 박영효를 임명했다. 서울 사람 손병희나 박영효가 이들의 연락을 받았는지에 관해서 들어본 사람은 없다.

이들을 뒤로하고 이동녕, 조완구 등은 정든 노령을 버리고 북간도를 거쳐 만주의 이시영, 조소앙 등과 합류해 상해로 왔다. 여기서 그들은 자신들이 주도하는 임시정부를 세웠다. 노령보다는 늦었으나 서울보다 늦을 수는 없다는 생각이 그들의 마음을 바쁘게 만들었는지도 모른다.

그렇게 각처에서 생겨난 세 임시정부는 우여곡절 끝에 하나로 합병돼 상해에서 거듭났다. 그렇다고 인맥과 지역과 이념의 파벌에서 비롯되는 알력이 끝난 것은 아니었다.

비록 손발 없는 임시정부지만 일생일대의 고위직을 맡은 이승만과 이동휘는 한동안 상해임시정부 참가를 꺼렸다. 이미 한성정부의 집정관을 받아들였고 그전까지는 미국 워싱턴에 대한공화국 임시사무소를 운영해본 이승만으로서는 각각의 조직 형태가 제공할 권한과 위상을 가늠해본 결과였다. 이동휘도 사정은 마찬가지였다. 그는 한동안 신한민국정부라는 기구의 집정관 직을 수행하고 있었다. 한성정부가 발족하기 이전에 서울에 조직됐던 또하나의 임시정부였다. 그러니까 임시정부는 세 개가 아니라 네 개였던 셈이다. 요약하자면 상해임시정부와 한성정부에서는 이승만이 서열 1위, 이동휘가 2위였다. 한성정부는 제도적으로 1인자의 권한을 보다 강력하게 보장했고, 신한민국정부의 1인자는 이동휘이며 이승만이 국무총리로 배치되었다는 것이 차이라면 차이였다. 즉 이승만은 한성정부 스타일이 마음에 들었고 이동휘는 신한민국정부가 좋았다. 독점적 지위와 권한을 수반에게 보장하는 형태로 보였기 때문이다.

망국 이전의 동경이 친일적 반정부 망명객들의 거점이었다면 망국 이후의 상해는 반일적 임시정부 망명객의 거점이 되었다.

자금도 인력도 부족한 채 출범한 상해의 대한민국 임시정부는 오직 국내의 민심과 국제 열강의 추이에 희망을 걸었다. 그런 임시정부에 1920년 들어 새 희망이 생겨났다. 국제 정세에 돌파구가 생겼다고 본 것이다. 임시정부는 1920년을 독립전쟁 원년으로 선포했다.

"가장 중요한 것은 군사다. 우리의 당면 대문제는 전쟁밖에 없다."

1920년을 여는 임시정부 신년회에서 내무총장 안창호는 그렇게 연설했다.

3·1만세 시위의 여파가 잦아든 1919년 6월 세계대전을 마무리하는 파리강화회의가 종결되었다. 이 회의에서 일본은 세계대전의 주역인 영국과 프랑스 못지않은 실리를 극동과 태평양 지역에서 챙겼다. 임시정부는 환멸에 가까운 실망을 했지만 그 와중에 한줄기 희망을 발견했다. 이 지역을 독점하려는 일본을 역시 여기에 관심이 많은 미국이 견제하기 시작한 것이다. 연해주와 시베리아 지역에서 소련과 일본 사이의 적대관계가 깊어지는 것도 임시정부 사람들의 희망을 부추겼다.

"소련과 일본의 전쟁, 미국과 일본의 전쟁은 기정사실이며 시간문제다."

안창호의 지휘를 받아 이광수가 만드는 상해의 독립신문은 3월 16일 그렇게 단언했다.

"독립운동의 최후 수단인 전쟁을 대대적으로 개시하여 최후의 승리를 얻을 때까지 버티자."

보름 전, 국무총리 이동휘는 임시의정원에서 이러한 시정방침을 밝혔다. 이를 위해 군사 경험이 풍부한 인재를 소집하고, 십만 명 이상의 의용병을 모집하고 사관학교를 설립하며, 미국과 소련 등과 군수물자 수입을 교섭하고 일본과 개전할 때에 후원해줄 것을 요구한다는 계획을 제시했다.

제2의 러일전쟁이 벌어질 것이라 예상해 소련으로 가서 교섭을 벌이기로 했다. 그 사절로 여운형이 국무회의에서 결정되었다. 국무총리 이동휘는 이를 무시하고 이전부터 자신이 당수로 있던 한인사회당의 한형권을 비밀리에 모스크바로 파견했다. 여운형은 여러 차례 안창호를 만나 "나를 모스크바로 보내달라"고 요청했지만 요지부동인 이동휘 때문에 결국 무산되었다. 대외교섭을 어떻게 하느냐보다 중요한 것은 누가 하느냐였다. 많은 독립운동가에게는 어떤 독립운동이냐보다 누가 주도하는 독립운동이냐가 더 중요했다.

통합 임시정부를 지지하는 북간도의 독립군 단체 사이에서도 분열이 생기곤 했다. 거기도 주도권 다툼이 문제였다. 누가 더 우월한 지위를 갖느냐, 어느 파가 독립 사업을 주도하느냐가 종종 내분을 몰고 왔다. 독립운동 세력 사이의 주도권 싸움은 그들이 나라의 독립과 자주를 추구하는지 자기 당파의 독립과 자주를 도모하는지를 종종 혼돈스럽게 했다. 1910년 대한제국 멸망 이후 나라를 찾겠다는 애국자들이 만주와 간도 일대에 망명해 제각각 항일단체를 만든 것이 한때는 마흔여덟 개에 이르렀다.[24]

1920년 두만강을 건넌 열일곱 살의 이강훈은 북간도에서 만난 김좌진 장군의 소개로 상해임시정부를 찾아갔다. 거기서 등사판 심부름을 하며 11개월을 지내면서 몸고생보다 더한 마음고생을 했다. 강원도 김화읍에서 3·1만세운동을 겪고 유치장 생활도 한 뒤에 고향과 나라를 떠난 터라 임시정부의 문지기를 자원했다는 마흔네 살의 김구 못지않은 각오와 기대였으나 그곳에서 목격한 많은 것들이 그를 힘빠지게 했다. 북간도에서 독립운동한다는 단체들이 반목하는 모습을 익히 보고 들은 그는 임시정부에서도 파벌싸움으로 날을 보내는 믿지 못할 광경을 목도하게 되었다.

> 늙은이들이 모여서 지방싸움이나 하고, 제가끔 자기 당파가 얼마니 자기 세력이 어떠하니 떠들면서 허장성세나 하며 자기 세력이나 더 심으려고 하고 있었습니다. 독립운동하는 것 같지 않았습니다. 이런 꼴을 보니 동경하던 만큼이나 낙망을 많이 했습니다. 그래서 만주로 도로 갔습니다.[25]

그는 김구, 이동녕, 이시영 같은 이들은 애국지사들이었음을 잊지 못했다. 특히 신규식 같은 이는 상해의 반목을 보고 심화가 깊어져 일찍 작고하지 않았나 싶다고 했다. 그리고 이 시기를 훗날 다음과 같이 회고했다.

악착스런 지방열, 사상적 대립과 편견 때문에 일제에 대한 투쟁보다 동족끼리 싸우는 데 정력을 소모하는 비중이 훨씬 크다고 할 수 있다. 위로는 대통령을 비롯하여 아래로 경무원에 이르기까지 '다스림을 받는 자' 없이 '다스리는 자'들만 모여들어 논쟁을 거듭하는 것인데, 아직 한 뼘의 땅도 회복하지 못하고서 서로 시기 질투, 모략 중상, 십인십지十人十志, 사분오열, 임시정부라는 위대한 간판 밑에서 애국지사의 탈을 쓴 무리들이 부지불식간에 독립운동의 임정 내부에까지 기생하여 빗나간 정치극을 반복게 하는 것이었다.[26]

임시정부가 있는 프랑스 조계 안에서 조선인들은 출신 지역별로 모여 살았다. 고향이 같지 않으면 불친절하거나 퉁명스럽게 대하는 일도 드물지 않았다 한다. 민족감정과 지역감정이 나라 밖에서도 동시에 살아 있었다. 평안도에서 태어나 만 열 살에 조실부모하고 열세 살에 고향을 떠나 각지를 떠돈 이광수는 "우리 고장 사람들이 나보고 서북파의 거두로 앞장서서 기호파(중부 출신)나 영남파를 깔고 뭉개라고 압력을 넣는다"고 말한 바 있다. 상해에 있는 사람들이 특별히 동포애가 부족한 것은 아니었다. 블라디보스토크를 비롯한 러시아의 한인들이 기호 사람, 특히 서울 출신을 증오하고 적대시하는 사례는 비일비재했다.

이즈음 러시아령 연해주에 거주하던 김경천의 눈에 비친 한인사회 역시 비슷했다. 항일무장투쟁을 위해 처음 노령 땅을 찾던

1919년의 가을, 김경천이 블라디보스토크 북방 니콜리스크에 수십 일 머물면서 꿈에도 그리던 북녘 동포들을 만났다.

각 방면 인사들을 상봉한다. 지방 관념이 모두 있다. 북도北道 서도西道, 서울…… 자기들끼리도 당파가 있다. 아아, 이것이 대한이 망한 이유가 아닌가? 해외동포들은 이런 연극을 한다. 내가 세 방면 인사들을 보니 모두 자기는 옳고 타 2도의 하는 것은 옳지 않단다. 일에 대하여 경쟁하면 좋은데 이것은 서로 방해하고 타인이 못 되기를 바라고 코웃음치며 자기의 우매함과 약함을 모른다. 서울당은 간악하고 영리하다. 서당(평안도)은 차갑고 비교적 일에 밝다. 북당(함경도)은 우직하다.[27]

김경천은 "나는 어디까지나 중립"이라 애써 스스로를 달랬다. 함경도 북청에서 태어나 일곱 살에 서울로 이주한 김경천은 열여섯 살에 일본에 유학해 일본 육사를 졸업하고 일본군 기마장교로 15년을 복무했다.

어느 날, 김경천은 가까운 목단강 너머 중국령 쪽에서 무장군인 단체를 발기한다 해서 갔다. 하지만 그 자리에 이동휘를 비롯한 주요 인사들은 불참했다. 누구는 상해임시정부 일로 바빠서, 누구는 노령임시정부 일로 못 온다 했다. 다들 무슨 불만이 있으니 안 온다고 김경천은 생각했다.

"벼슬을 먼저 하면 일은 누가 할는지! 이것도 우리 민족성의 큰

결점이다. 편하고 지위 높은 일은 경쟁하고, 모험하고 고생하는 것은 싫어한다."

김경천은 3·1운동을 서울에서 본 뒤 망명하여 만주를 거쳐 연해주로 왔다. 삼천리강산 2천만 동포를 위하여 죽음도 무릅쓰겠다는 각오로 서울을 떠난 지 반년이 지난 1920년 새해를 맞으면서 그는 이렇게 술회했다.

"아아, 왜 밖으로 나와서 허송세월하는가. 이렇게 쉽게 해를 보내다가는 큰일이다. 가슴이 막힌다. 겁이 난다. 조국에 죄를 짓는다."

그가 서른한 살 생일을 지낸 다음날 서울을 탈출하듯이 빠져나와 압록강철교를 건너 삼엄한 안동 경계망을 통과한 것은 1919년 6월이었다. 그는 동갑내기 일본 육사 동문 지청천과 만주 산천을 매일 오륙십 리씩 걸어 약 보름 만에 서간도의 신흥무관학교에 도착했다. 학생 수는 2백 명이 될락 말락. 저마다의 사정으로 국경을 넘어오거나 간도 각지에서 찾아온 청년들이었다. 독립군 양성소의 교관으로 부임한 김경천은 "이것으로 세계 강국 중 하나인 일본을 대적고자 함은 너무도 수가 적다"고 생각했다. 내부 사정은 한심했다.

새로 들어온 사람이 우리 세 명이 되자 예전 교육을 하던 사람들이 자연히 우리를 싫어하여 그사이에 자연히 학생까지도 신구의 분란이 생겼다. 우리 민족성이 실로 가련하다. 이러하므로 충분한 교육도 못 하고 사고에 사고가 잇따르고 어지러운 파도가 많다.

동포를 위하여 사사로움 없이 스스로의 평안을 구하지도 않고, 게다가 처자의 애달픈 하소연도 외면하고 위험을 무릅쓰며 여기로 찾아왔는데 사람들은 너무도 차갑게 보였다. 군사지식도 주인의식도 없어 보이는 사람들이 저마다의 명예와 주권을 수호하려 애쓰는 듯했다. 체면과 기득권이라 할 그것을 지키기 위해 기존의 사람들이 새 교관들에게 반항하도록 학생들을 부추기기도 했다. 그는 생각했다.

"이 모양으로는 도저히 원대한 마지막 목적을 실행하지 못하리라."

무관학교 간부와 유지 들은 군사행동이 불리한 계절이 오기 전에 무기를 준비하여 압록강 넘어보는 것이 소원이라 했다. 그도 동감이었다. 그러나 지금의 형편으로는 압록강은 고사하고 개천도 못 건너겠다 싶었다. 무기를 구하러 그는 서간도를 떠나 노령으로 들어갔다. 목적지는 니콜리스크였다. 9월 중순에 출발하여 열흘을 걸어 중간 기착지인 길림에 당도했다. 소식을 들으니 서울에 부임한 새 총독이 남대문 정거장에서 강우규씨의 폭탄을 맞았으나 명중은 안 됐다고 한다. 그 며칠 전 노인의 활동 무대였던 블라디보스토크에서는 임시정부 대한국민의회가 해산식을 가졌다 한다. 조선보다 더 멀리 떨어진 상해의 임시정부로 통합한 것이라 했다.

북방의 저녁은 벌써 춥다. 가을하늘 기러기는 꺽꺽 울며 고향을 향해 남으로 날아간다. 탁 트인 만주벌판 창공의 기러기떼를 바라보며 김경천은 점점 고향에서 멀어진다는 상념 속에 혼자 중얼중얼, 콩과 옥수수를 따서 구워먹고 머루랑 오미자도 따 먹으며 발끝에 채이는 돌부리에 엎어질 듯 휘청휘청 추위의 한가운데로 향했다.

한편, 그뒤에 상해에 갔다가 북간도로 되돌아온 이강훈은 임시정부의 기억을 이렇게 회고한다.

임시정부 내부의 문제는 사실 임정 수립 후에 생겨난 것이 아니라 지난날 이미 재미在美사회에서 시작된 것이었다. 외교를 주로 하고 직접행동을 가볍게 여기는 이승만과 독립전쟁을 강조하는 박용만, 실력 양성을 강조하던 안창호로 나뉘던 시기가 있었는데 이와 같은 의견의 차이는 재미 동포사회에서 시일이 경과하는 동안 분파의 원인이 되었다. 이러한 파당싸움은 임시정부 수립 후에도 영향을 미쳐 그 위에 평안파-기호파의 대립이 겹쳐 파쟁이 격화하기에 이르렀던 것이다. 상해에서 지방별 파쟁은 원래 평안-함경-기호 지방의 대립으로 나타나 있었는데, 이동휘를 중심한 함경도 인사는 이동휘가 물러난 후 뒤이어 물러났고 경상도, 전라도, 강원도 출신은 임시정부에 관여한 중진급 인사가 적었다. 아무튼 지방별로 무위하게 벌인 파쟁은 임시정부 활동을 더욱 쇠퇴시킨 중요한 원인이기도 했으니 한심한 일이었다.

벌써 기미년 독립만세운동이 있은 지 1년이 지났고 상해에 임시정부가 선 지도 1년이 되었다. 다시 봄이 와 4월 1일. 끊길 듯 끊기지 않는 가는 비가 사흘 연속 내리고 있다. 한림은 창간호 신문에 실렸던 경성지방법원장의 말을 다시 뒤적여본다.

이른바 독립운동을 보더라도, 성심성의로 나라를 걱정하여 진리와 생사를 같이하며 역경에 목숨을 바치는 고매한 각오와 헌신적인 희생정신이 있는 자는 극히 적고, 보통 이기적 동기에서 출발하여 하릴없이 소요 결사를 하는 경향이 없지 않을 뿐 아니라, 같은 색깔끼리도 공통된 정견과 통일된 이익을 가진 단결력이 결핍하여 무수한 소당파小黨派가 각기 할거함이 보임은 물론이거니와 당내에 당이 있고 파 안에 파가 있어 서로 시기 질투하는 폐단이 있는데, 비단 요즘의 일일 뿐만 아니라 조선 역사를 일관한 바이며, 이조 5백 년간의 정치사가 즉 당파 성쇄黨派盛衰의 기록이라 불러도 과언이 아닐지니, 이는 일단 공적인 일에 관하여는 사심을 내지 않고 일치단합하는 일본 민족에 비하면 천양지차가 있으니 이는 실로 사회생활상 조선인의 공통적 결함인 동시에 사업의 여하를 불문하고 발전을 저해하는 일대 원인이라 생각하노라.[28]

누가 누구에게 무슨 소리를 듣고 있는 것인가. 법정의 판결문 또는 기관장의 훈시처럼 장황해 듣기 불편하고, 속옷 바람으로 시선을 받으며 돌아다니는 것처럼 화끈거리기도 하고, 곰곰 생각하면 섬뜩했다. 염치를 모르는 자가 무례를 행하듯 수치를 모르는 자는 결국 치욕을 당하는 것인가. 한림은 그런 생각에 문득 봄의 한기를 느꼈다.

한림은 철하던 이틀째 신문을 마저 읽는다. 논설반의 김명식이 쓴 글이 신문 세번째 면 절반을 차지하고 있다.「대세와 개조」. 무슨 독립단 선언문 같기도 하고 만국회의의 연설문 같기도 하다. 격정적이고 우국적인 성향의 김명식의 요즘 관심은 온통 새로운 사조로 떠오르는 사회주의와 노동문제다.

미국 대통령 윌슨 씨가 14개조를 내걸고 파리에 도착하여 시민의 열광적 환영을 받고 자기의 사명은 "미국 정부의 대표가 아니라 인류의 대표"라 호언을 토했다. (중략) 1919년은 이미 과거라, 열광적 만세 소리도 적개심을 담은 노래도 모두 없어지고 적막히 텅 빈 방에 외로이 홀로 앉아 몸뚱이와 그림자가 서로를 쳐다보며 유유히 묵상하는 1920년이 왔다. (중략) 담화에 상대가 없고 질병에 위문이 없고 산보에 동반이 없고 심방에 주인이 없고 논의에 동지가 없다.

사회주의와 노동자의 조국으로 떠오르는 러시아의 극동 지역에 전운이 드리웠다.

세계대전이 끝난 후에도 시베리아에 주둔중인 일본군들이 일제히 블라디보스토크를 향한다는 소식이다. 사할린에는 함대가 파견되었다 한다. 대한민국 임시정부의 희망대로 제2의 러일전쟁이 발발하는 것인가.

'동방을 지배하라.' 러시아어로 그런 뜻이라는 블라디보스토크에는 러시아인 못지않게 조선인이 많이 산다. 그쪽에서 건너온 사람들이 상해 망명객의 주류였다. 상해의 조계지로 내려간 독립지사들은 가난하나 안전하지만, 블라디보스토크에 눌러사는 동포들은 재산과 목숨을 모두 잃을 수도 있는 전란에 노출되어 있다. 조선인 집단 거류지 신한촌은 임박한 재앙에 뒤숭숭하다는 소식이다.

며칠 동안 비가 계속되니 마치 장마 같다고 경성 사람들은 야단이다. 전국이 안개구름에 푹 잠긴 듯하다. 기와에 덧댄 양철지붕으로 빗물이 고이더니 방울이 되어 실내로 떨어지기 시작한다. 종이에는 습기가 취약인데 날림으로 개조한 한옥집의 이 칸 저 칸에 습기가 가득하다. 그래도 종이 중에는 신문지가 습기에 제일이라고들 한다.

"날도 궂은데 떡볶이들 안 먹으려냐."

어느 간부의 갈라진 목소리가 편집국의 축축한 공기를 갈랐다.

서울 사람들은 떡가래에다 고추장 바른 걸 즐겨 먹는다. 부산에서 어묵을 먹고 자란 한림은 상경해서야 처음 구경한 떡볶이가 무슨 맛인지 아직 잘 모른다. 똑같은 떡가래라도 부산에서는 꼬치에 끼워 어묵과 함께 국물에 익혀서 양념간장에 찍어 먹곤 했다.

뒷골목 주점 겸 식당에 떡볶이 주문하러 가는 길에 가마니를 두어 장 구해다 지붕에 덮어야겠다고 한림은 생각했다. 그리고 이 비 그치면 지붕부터 손보자고 마음먹었다. 이렇게는 다가올 장마를 견딜 수 없다. 새는 지붕을 막은 뒤 일본식 집처럼 처마에 빗물받이를 만들고 홈통도 달아야겠다고 생각했다.

12장

러시아의 향불

정동에서

어둠 속에서 최재형은 창문을 열었다.

아직 날이 밝기 전이었다. 크고 높은 러시아풍 창틀의 머리는 딸들의 눈썹처럼 아치형 곡선을 그리고 있다. 그 너머로 사위어가는 별빛을 빨아들이며 암청색 하늘이 점차 어둠을 벗어나고 있다. 방에는 어린 딸들이 곤히 잠들어 있다.

눈 덮인 슬레이트 지붕 아래 소박하고 다부진 러시아식 벽돌집이 주인을 닮았다. 창밖 희뿌연 마당 너머로 하나둘 나무가 윤곽을 드러낸다. 어릴 적 떠나온 고향 마을 어귀의, 기억도 희미한 장승 한 쌍이 어슴푸레 떠오른다.

흉년 기근을 견디다 못해 두만강을 넘은 것이 반세기 전이다. 강을 건너면 비옥한 땅이 있다고 이야기하는 할아버지의 손을 잡고 함경도 경원 땅을 떠나올 때 최재형은 아홉 살이었다. 그날 동구 밖 언덕 위에 올라 마지막으로 향촌을 뒤돌아보며 긴 한숨을 내쉬던 할아버지, 머슴살이하던 양반집 곡식창고를 턴 뒤 도주한 아버지는 월북한 후로도 한참 동안 북으로 동으로 이주를 거듭했다. 그리고 이곳 러시아의 극동, 연해주 땅에 뼈를 묻었다.[1]

최재형은 여기서 사업가로 성장했고 러시아 국적을 취득했다. 4남 7녀의 다복한 가정도 이루었다. 그는 러시아 한인사회에서 최고의 유지로 통한다.

상해임시정부에서는 작년 봄, 그를 초대 재무총장으로 임명했으나 그는 거기에 가지 않았다. 그보다 한 달 앞서 임시정부 격으로 이곳에 설립된 대한국민의회에도 그의 이름은 올라 있었다. 외교부장이라는데 그가 거기서 무슨 활동을 했는지는 알려진 바가 없다. 그의 활동뿐 아니라 노령임시정부의 활동 자체가 구체적으로 알려진 바가 별로 없다. 노령임시정부를 조직하고 최고위직에 오른 문창범이 상해임시정부에 교통총장으로 추대되었다는 소식에도 별 반응이 없던 시절이었다. 최재형은 자신들의 조직에 참여해달라는 모든 제안을 거절했다. 미국, 중국 등지에 반일 조직이 여럿 생겼지만, 러시아 종교를 가지고 러시아 이름을 지닌 러시아 국민인 그가 고국에 기여할 수 있는 방법은 어디까지나 러시아의 지원을 받는 것밖에 없다고 생각했다.

최재형은 그런 단체 가입 외에도 바쁜 일이 많았다. 평생 일군 사업과 지역 한인 대표로서의 활동은 물론이고 일본의 러시아령 침공에 대항하는 빨치산 활동 지원 등 다양한 일을 했다. 1918년 후반부터 러시아령으로 밀고 들어온 일본군에 대응하는 문제는 그의 생명과도 직접 관계됐다. 항일 빨치산 활동은 러시아혁명으로 생겨난 소비에트 정부의 정책에 호응하는 것이자 한인 의병으로서 민족적 역할의 수행이기도 했다. 최재형과 그의 가족은 러시아 국민이면서 한민족이었다. 러시아와 일본의 교전 사이에서 빨치산 활동을 돕는 일은 치외법권 지역인 상해의 프랑스 조계에 사는 사람들이 실감할 수 없는 일상이었다.

상해임시정부에 있는 사람들의 소원대로 연해주는 시베리아와 더불어 전시상태로 돌입했다. 그 전란의 한가운데에 조선인 이민자들의 일상과 생명이 놓여 있다. 상해임시정부는 이와 관련해 할 수 있는 것이 별로 없다.

중앙의 현관문과 같은 높이에 좌우대칭으로 배치된 여섯 개의 큰 창이 바람에 운다. 저멀리 북쪽 항카 호수의 얼음 냉기를 담고 넓고 완만한 구릉과 자작나무 숲을 넘어 불어오는 북풍이다. 4월이 된 지도 닷새가 지났지만 연해주에 봄기운은 아직 미약하다. 얼음이 떠다니는 북쪽 오오츠크 바다로부터 뿜어내리는 한랭다습한 기운은 아무르 강과 우수리 강을 통로로 남하를 거듭해 극동에서 가장 크다는 항카 호수를 거대한 얼음 항아리로 만들어버린다.

그러나 곧 항카 호의 얼음도 녹을 것이다. 남쪽 해안 블라디보스토크는 이미 영하권을 벗어나기 시작했다고 한다. 여러 달 동안 쌓였던 눈도 거기서부터 녹을 것이다.

이곳 극동 지역은 1860년 러시아의 영토가 되었다. 그때까지 국경 개념이 모호해 한인들은 이곳을 수시로 출입하며 농사를 지었다. 두만강변 주민들은 아침에 강을 건너 농사일 하다 저녁에 다시 강 건너 돌아가곤 했다. 아예 봄에 건너와서 모 심고 가을걷이까지 머물다 돌아가는 계절 이민자도 있었다. 러시아 관할로 병합된 뒤에도 기후가 혹독하고 토지가 척박해 버려지다시피 한 이 땅을 조선인들이 러시아인을 대신해 개간했고 그 인력은 차츰 늘어났다. 한 가정 단위로 집단 이주도 시작했고 러시아 정부는 이들을 농업 이민자로 환영했다.[2]

그러다가 1869년 가을, 조선 북부 지역에 큰 홍수가 지고 뒤이어 강한 서리가 내리는 기상재해로 수확이 불가능지자 수천 명이 국경을 넘는 초유의 이변이 생겼다. 한인들은 고향으로 돌아가면 월경죄로 사형을 받으므로 목숨을 걸고 귀국을 거부했고, 러시아 당국은 그런 처지의 탈북자들을 강제 송환하지 않았다. 러시아 정부와 조선 정부 모두 이 갑작스러운 대규모 탈북 사태를 통제할 마땅한 방안이 없었다. 두만강 접경에서부터 항카 호 이남까지 해안과 내륙을 따라 이주민이 급증하고 한인 정착 마을이 본격적으로 생겨났다. 최재형 가족도 그 틈에 섞여 있었다.

다섯째 딸 올가는 창문 여는 기척에 눈을 떴다.

아버지의 어두운 등이 창가에 서 있다. 아버지는 밤새 뜬눈이었던가 보았다. 최재형은 일찍 사별한 첫 부인에게 얻은 소생을 포함해 열한 명의 자녀를 두었다. 아이들에게 평생 잊을 수 없는 하루가 막 시작되었다. 1920년 4월 5일 새벽이었다.

어제 가족들은 이미 가장과 작별을 고했다. 그것도 두 번이나. 아침에 최재형은 아들 파벨을 데리고 집을 떠났다. 일본 군대가 니콜리스크-우수리스크로 접근해온다는 급보가 들어왔다. 니콜리스크만이 아니었다. 남쪽 해안 포시에트와 블라디보스토크에서부터 북쪽 우수리 강과 아무르 강의 합수점인 하바로프스크까지 연해주 곳곳에서 일본군의 대규모 군사작전이 일제히 전개되었다고 했다. 세계대전은 끝났는데 시베리아에서는 1년 반 넘게 전쟁이 계속되고 있다. 유럽전쟁에서 튄 불똥 하나가 유라시아 극동에서 새로운 전쟁으로 번지고 있었다.

유럽전쟁의 와중에 제정러시아를 몰락시킨 볼셰비키 중심의 적위파赤衛派와 이에 대항해 왕정복고를 꾀하는 구체제 지도 그룹 중심의 백위파白衛派는 내전중이다. 여기에 미국과 일본을 중심으로 연합군이 시베리아에 공동 출병하여 반혁명파 백군白軍을 지원했다. 올해 초 백위파 정권이 붕괴하자 미국을 위시한 국제간섭군은 철수했다. 그러나 일본군은 홀로 남아서 적위파 소탕에 더욱 열을 올리고 있다. 그야말로 제2의 러일전쟁 같은 양상이었다. 러시아의 불안정한 정세를 이용해 시베리아 영토를 점령하려는 저의가 있지 않느냐고 국제사회의 시선이 따가웠다. 최후의 총공세라도 펼치듯 4월 4일을 기해 대규모 습격이 벌어졌다. 내전과 외전이 뒤엉켜 전장과 시장이 구분이 안 되는 이 기괴한 난장판에서 민간인은 위험에 무방비로 노출됐다. 붉은 군대 빨치산과 붉은 깃발의 일본군 그 사이에 카레이스키, 즉 조선인 이주민들이 있었다.

떠났던 최재형은 저녁에 다시 집으로 돌아왔다.

스무 살 아들 파벨은 아버지와 헤어져 빨치산 부대로 갔다고 했다. 집안은 시가전 전야의 민가처럼 암운에 휩싸였다. 을사년생 딸 올가는 먼 훗날 이렇게 회상했다.

> 거리는 벌써 어두워졌다. 저녁식사 후 아버지는 어머니와 출가 안 한 우리 네 딸을 불러 모으고 말했다. "내가 떠나면 일본인들은 어머니와 너희들 모두를 체포하고 때리고 고문하고, 나를 배반할 것을 요구할 것이다. 나는 이미 늙었고 많이 살았다. 나는 죽을 수 있다. 그러나 너희들은 살아야 한다. 나 혼자 죽는 편이 낫다." 우리는 모두 울었다. 그리고 다시 한번 그와 작별을 하고 잠자리에 들었다.

올가가 잠에서 깨고 오 분쯤 지나 현관에 무기를 든 일본군이 보였다. 찬바람이 한꺼번에 몰려들었다. 식구들은 옷을 걸치고 서둘러 현관 계단을 뛰어나갔다. 저멀리 손이 뒤로 묶인 채 걸어가는 아버지의 등이 보였다.

밤 사이 극동 연해주 전역에서 러시아혁명 세력에 대한 공격과 무장해제가 진행되었다. 소총, 기관총, 대포를 동원한 시가전과 동시에 방화, 파괴, 학살이 벌어졌다. 그와 함께 한인들의 대량 검거가 이루어졌다. 블라디보스토크 시내에서는 볼셰비키의 기관들이 섬멸되었고 신한촌의 학교와 신문사, 가옥이 불탔다. 신한촌에 있는 대한국민의회, 한인사회당, 노인동맹단, 애국부인회 활동가들은 대거 도피했다. 대한국민의회는 임시정부 경쟁에서 상해에 밀려 해산을 선언한 지 6개월 만에 다시 러시아 한인사회의 정치적 구심점으로 복귀했다. 볼셰비키 혁명 정부가 들어선 이후 러시아 전역이 적백의 싸움으로 혼란한 가운데 한인은 정치적 중립을 선언하기도 했으나 난세에 중립이란 지난한 것. 볼셰비키파와 손잡고 한인사회당이 결성되었다. 조선 독립을 지원할 것이란 믿음 때문이었다. 3·1운동의 열기 속에 결성되어 노인 대표 일곱 명을 일제통치하 서울로 파견한 바 있는 노인동맹단은 1주년 만에 본거지에서 일제의 침략을 받았다. 보신각 앞에서 연설하고 만세 부르다 체포된 노인동맹단의 마흔여섯 살 이상의 단원 중 몇몇은 지금도 서울의 감옥에 갇혀 있다. 이들과는 별개로 지금 서울에 갇혀 있는 강우규는 재판정에서 자신이 노인동맹단원이라고 말했다.

노령 한인사회에서 중심 역할을 해온 신한촌은 일본군에 장악되어 처음으로 큰 타격을 입었다. 니콜리스크-우수리스크에서 일본헌병대에 붙들린 인물은 최재형 이외에도 칠십여 명이었다.

4월 참변으로 불리는 이 사건은 앞서 3월에 북방 아무르 강 하구의 니콜라예프스크에서 이틀간 벌어진 또다른 참변에 대한 보복을 겸했다. 러시아인, 한인, 중국인 연합 빨치산이 북양어업의 중심 겸 전통의 군항인 니콜라예프스크를 접수하는 과정에서 그곳 주둔 러시아 백군과 일본 육군수비대 및 일본 거류민을 대거 학살하고 마을을 불살랐다. 일본영사관이 소실되고 영사는 살해되었다. 일본 상품 배척운동이 벌어지고 일본인과의 관계를 단절하자는 배일운동이 번져가던 때였다. 그러잖아도 러시아혁명 세력과 한인들의 연대 강화에 위기의식을 느끼고 있던 일본군은 이에 격앙했다. 그리고 무자비한 반격의 구실을 얻게 되었다. 섬멸과 살육에 적과 백의 차이는 없었다.

신한촌을 비롯한 연해주 동포들의 참변 소식은 7일 신문을 통해 국내에 전해졌다. 일본에서 건너온 간단한 전보 통신문이었다. 자세한 소식은 없었다. 중국령 간도 지방에 백오십만 명, 러시아령 시베리아 지역에 오십만 명 가까운 조선인이 건너가 있는 형편이어서 조선 땅에 거주중인 천칠백만 명의 조선인들은 연해주 사변에 연일 촉각을 곤두세우고 있었다.

참변이 벌어진 지 일주일째다.

지난 5일에 러시아 블라디보스토크에서 일본군과 러시아군이 충돌하여 5일 오전에 일본군이 블라디보스토크의 주요한 관청을 전부 점령하였다. 이 바람에 일본 헌병은 군대의 후원을 얻어서 블라디보스토크 시가 산 너머에 있는 조선인의 거주지인 신한촌을 습격하여 평소 일본을 배척하는 주의를 가진 조선 사람 서른아홉 명을 체포하였는데 그 통에 조선인의 자제를 가르치는 학교는 병화에 타버리고 잡히지 않은 반일 조선인은 모두 도망을 가고 집집이 문을 굳게 닫았다 한다. 이는 일본 편에서 기별해온 전보로 본보에 이미 알린 바이거니와 그뒤 자세한 소식은 전혀 알 수 없었다. (중략) 요사이 세상이 하도 분분하니까 조선 안에서도 어디서 무슨 일이 일어났는지 모를만치 인심이 안정치 못하고 더욱이 해외에 나가 있는 조선 사람의 안부는 교통이 불편하여 잘 들을 수 없으므로 친척 중 해외로 건너간 사람이 있는 사람은 항상 근심에 싸여 있다.[3]

기사에 따르면 서울에서 손꼽는 대형약국인 제생당 주임 김제현의 가족도 얽힌 듯하다. 김주임의 아우는 돈을 모아볼 작정으로 블라디보스토크에 들어가 철도기관수가 되었다고 한다. 러시아의 신개척지라 할 블라디보스토크는 니콜라예프스크로부터 극동 군항의 지위를 넘겨받았고 시베리아 횡단철도의 동방 종착역이다. 러시아로 보면 극동 아시아로 나서는 육해 전진기지이고, 조선인에게는 고국에서 얻지 못한 삶의 조건을 찾아 나서는 이국의 관문이다. 이곳이 발해의 옛 터전이라 하지만 천년 전 이야기다. 불과 60년 전까지 이곳은 청나라 영토였다.

"매년 한 번씩은 집에 다니러 나왔습니다. 다니러 나오면 항상 말하기를 작년 12월까지만 벌이를 하면 돈 몇만 원은 벌어가지고 나오겠다 하더니 그후 러시아 돈의 시가가 엄청나게 떨어져서 거기서 아무리 많은 돈을 번대야 여기 돈으로 몇 푼 되지 못하니 어찌하면 좋단 말이냐고 항상 편지에 그런 말을 쓰더니 그만 이번에 그 지경으로 죽어버렸습니다. 식구라고는 처와 어린 딸들이 있을 뿐인데……"

기사는 김씨의 말을 그렇게 전했다. 그가 있는 남대문 안 태평통 2정목의 제생당약방 본점 전화 1728번은 고객 문의에 일가친척 연락까지 하루 종일 쉴 틈이 없었다. 김주임의 말이 실린 기사 아래에는 제생당약방 광고가 큼지막하게 게재됐다. 운동 부족이 만병의 근원이라는 설명과 더불어, 위장병에 걸린 자는 소화 신약 청심보명단을 장복하고 공기 좋은 곳에서 운동을 자주하라는 문안이 뚜렷하다.

아우를 따라 러시아로 들어간 매부 되는 사람은 러시아 헌병이 되었다고 들었는데 아마 그 관계였는지 함께 변을 당했다고 한다. 내전이 이민자의 살림살이를 어렵게 하더니 마침내 목숨마저 앗아간 것인가.

"원래 그 블라디보스토크라는 땅은 살기가 매우 위험한 곳이올시다. 이야기를 들으니까 밤에는 불량한 도적놈들이 칼과 올가미를 가지고 다니다가 함부로 사람을 죽이고 재물을 약탈한다 합니다. 그래서 자연 위험하기 짝이 없는데다 저렇게 질서가 문란하게 과격파가 횡행한 후로는 더욱 위험해졌습니다."

러시아 백성들에게는 어떨지 모르나, 조선에서 건너간 이민자들에게 좋은 시절은 제정러시아와 더불어 사라졌나 보았다. 내전과정에서 빚어진 혼란이야 말할 것도 없고 볼셰비키 급진 정부에 저항하는 백러시아 정권이 무너지면서 한인들의 생활 여건은 또 한번 급변했다. 그러한 현상은 1920년 들어 더욱 뚜렷해졌다.

석간신문이 나올 무렵 한림은 야주현 고개 앞에서 전차를 내렸다. 4월 11일의 늦은 오후였다. 때 이른 꽃향기 같은 나른한 기운이 광화문 네거리 지나 서대문 가는 길에 아지랑이처럼 자욱한 느낌이었다.

큰길 안쪽에 서 있는 우람한 궁궐 대문을 서대문이라 짐작하고 다가가보니 영성문이라 쓰여 있다. 물어보니 덕수궁의 북문이라 한다. 경복궁 방면을 오갈 때 주로 출입하는 문으로, 고종 임금이 러시아공사관으로 대피하던 그날도 이 문을 거쳤을 것이라는 이야기다. 동쪽 대한문보다 더 화려해 보인다.

대문 너머 우아한 전각들은 선원전과 그 부속건물이라고 한다. 역대 왕들의 영정을 모셨다는데 조만간 헐리고 그 자리에 여자중고등학교와 소학교가 나란히 생길 것이라 한다. 헐릴 선원전은 순종 이왕이 계신 창덕궁으로 옮겨갈 것이라 한다.

선원전 철거에 앞서 영성문이 먼저 헐릴 것이라 한다. 덕수궁의 남문인 인화문은 일찌감치 사라졌는데 여름이 되어 북문인 영성문이 없어지면 여기서부터 거기 인화문 위쪽까지 남북으로 정동을 종단하는 신작로가 뚫린다 한다. 인왕산에서부터 성벽과 나란히 흘러내리는 야트막한 둔덕을 가로질러 덕수궁을 관통해 영국영사관과 미국영사관 사이로 길이 나면 대한문에서 서대문에 이르는 저기 정동길과 여기 새문안길이 남북으로 바로 이어진다고 한다. 그러면 영성문은 어디로 옮겨가느냐고 물으니 아무도 모른다고 한다. 인화문이 어디로 갔는지 서대문이 어디로 갔는지도 모르는데 영성문인들 알겠느냐 한다. 그러면 서대문은 어디냐고 물으니, 전찻길이 서대문길이니 쭉 따라가면 서대문 자리가 나올 것이라고 알려준다. 한림은 영성문과 선원전을 마치 영영 못 볼 것처럼 자꾸만 뒤돌아보며 다시 큰길로 돌아 나온다.

한림이 내렸던 전차 정거장에는 서대문정 1정목이라는 팻말이 붙어 있다. 길 건너 당주동 입구에 한일은행 지점이 보인다. 한일은행은 일요일을 맞아 경복궁의 북문인 신무문 밖 후원 춘당대에서 봄맞이 직원 운동회를 한다고 한다. 춘당대는 문무관의 과거시험 때만 백성의 출입이 허용되던 조선 제1정궁의 후원이다.

이곳에 있던 고려의 이궁離宮 앞을 가로막아 경복궁을 세움으로써, 고려의 신하에서 조선의 통치자가 된 이성계는 왕씨 왕조를 내쫓고 왕과 왕족을 몰살시키며 개시한 이씨 왕조에 경사와 복락이 이어지기를 기원했었다. 고려의 수도인 개경 남방 임진강 너머 북악 아래 왕씨 왕조의 이궁은 조선 정궁의 후원이 되었다. 그렇게 5백 년을 이어온 조선의 이씨 왕조를 몰아내고 왕과 왕족을 자국의 왕가에 편입시켜 생계를 지원하는 일본은 이제 이씨 왕조의 정궁이었던 경복궁 앞을 가로막고 새 통치 권력인 조선총독부의 신청사를 세우고 있다. 머지않아 까마득한 높이에서 경복궁을 후원처럼 내려다볼 것이다. 환구단을 허물고 들어선 조선호텔의 객실과 레스토랑에서 황궁우를 후원처럼 내려다보는 일은 아무것도 아닐 것이다.

불과 50년 전 경복궁을 중건할 때 고려 이궁터에 새로 지은 경무대 등 몇몇 건물은 이제 춘당대와 더불어 일반에 간간이 개방되며 놀이공원처럼 되어간다. 그 춘당대에서 오늘 해산된 한국군악대의 후예인 경성악대의 악사들이 흥을 돋우는 가운데 한일은행 임직원 백삼십여 명과 그 가족 및 친지 천여 명이 오전 열시부터 신나게 놀고 있다는 소식이다.[4]

"춘당대 연못에 노는 금잉어 태평성대를 자랑한다."

그런 가사의 〈경복궁 타령〉은 오늘 행사장에서 아마 울려퍼지지 않을 것이다. 궁정악사가 아니라 돈 받고 연주하는 민간 악사들은 임금의 명이 아닌 고객의 취향에 따라 선곡을 하기 때문이다. 경복궁 중건 때 강제노역에 동원된 인부들을 위한 노동요로 만들어졌다는 〈경복궁 타령〉은 그 후예인 경성부민에게 〈각설이 타령〉만큼도 인기가 없는 듯하다. 바야흐로 봄나들이 철이다. 직장 단위 야유회가 아니어도 봄은 만백성에게 열려 있었다.

버들잎 퍼지고 꾀꼬리 노래하며 쓸쓸하던 산비탈에 진달래 웃음 짓고 시골 마을 아가씨는 다홍 저고리 연두 치마가 새로워졌다. (중략) 쉬는 날이 되면 들 밖에 나아가 새로운 봄의 품에 근심없는 하루를 보내고자 하는 충동은 격렬하게 된다. 혹은 친구와 함께 청량리 근방으로 소풍을 가고 혹은 형제를 데리고 한강철교를 건너 노량진 근처에 맑고 아름다운 산수를 찾는 이도 있다.[5]

블라디보스토크의 참변 소식을 전하며 전란통의 동포들 안위를 걱정하는 한편 신문에서는 봄을 맞은 창경원 소식도 전한다.

뭐니뭐니해도 번잡한 도회생활에 한 주간 피곤한 몸을 한가히 쉬기는 창경원보다 더 나은 곳은 없을 듯하다. (중략) 엿새 동안을 학교나 사무실 책상에서 피곤했던 정신을 위로하고 새롭게 하는 저 무르녹은 버들가지와 개나리꽃! 옥중에 갇혔으면서도 천진난만하게 봄을 찬미하는 작은 새떼의 높고 낮은 곡조! 고독을 느끼는 자는 마땅히 여기서 외로움을 잊을지요. 자유를 원하여 마음을 태우는 자는 여기서 적이 동무를 얻을 것이다. (중략) 버들과 진달래, 개나리는 이미 만개하였고 명정문 돌벽에 옛 자취를 가만히 말하는 이끼까지 새로운 단장을 하고 봄의 거룩한 삶의 복음을 전한다. 식물원 본관에는 이미 목련이 졌으며 별관에는 형형색색 기기묘묘한 작고 큰 꽃들이 청황적백으로 비단같이 찬란하게 수놓은 듯 피어 있고 연못에는 처녀같이 보드라운 연꽃의 어린잎이 맑은 물위에 살짝 가볍게 뜨고 그 사이로 물고기조차 뛰질하여 봄을 맞이하면서 방문객을 위로한다. 세상이 모두 고대하는 듯한 벚꽃은 나날이 꽃봉오리가 불어가 마치 열일고여덟 살 된 처녀가 시집가기를 급해하는 듯이 오늘 필까 내일 필까 사람의 간장을 녹이려든다. (중략) 요사이 구경꾼은 날마다 늘어나는데 11일은 일요일이므로 6천 명가량이나 되었다.[6]

날은 완연한 봄이었다. 서울의 바람은 부드럽고 기온이 20도까지 올라갔다.

한림은 한일은행 지점을 건너다보며 야주개 언덕을 따라 완만한 경사로 이어지는 새문안길을 걸어간다. 처음 와보는 이 길이 그는 마음에 든다. 휑하니 뚫리고 번다한 종로와는 구별되는 이 호젓함이 어디서 오는 것인지 모르나 지척의 광화문 네거리를 사이로 이어지는 두 길이 이처럼 달리 보이는 것이 신기하다. 그것은 아마도 언덕과 둔덕이 좌우로 자연스레 흘러내리는 풍경 때문인지도 몰랐다. 고개를 들면 서편 하늘을 이고 인왕산 자락이 성큼 코앞에 있다. 만약 조선 개국 때 북악 아닌 인왕에 제1정궁이 세워졌다면 지금 그는 이름이 뭐였을지 모를 그 장대한 대궐의 남측 담벼락 밖을 걸어갔을지도 모른다. 어쩌면 그가 여기서 이러고 있을 일이 없었을지도 모른다.

길은 왼편으로 크게 꺾여 돌아간다. 저만치 오르막을 휘돌아가는 전차가 그 사실을 뚜렷하게 보여준다. 2백 미터 간격으로 나타나는 정거장에는 흥화문이라 쓰여 있다. 5년 전까지 새문안 대궐, 즉 경희궁의 정문 흥화문이 있던 자리라 한다. 그 현판 글씨가 야밤에도 진주처럼 빛난다 해서 흥화문 앞 언덕은 야주현이란 이름을 얻었다고 흥화문 정거장을 오가는 주민들은 증언한다.

그 언덕 위에 아악대 관사가 보인다. 궁중의 아악과 춤을 담당해 온 장악원은 1907년에 장악과로 격하되더니 병합 후 이왕직 아악대로 다시 내려앉았다. 악사도 점차 감원해 수백 명이던 인원이 수십 명 수준으로 줄었다. 그 마지막 남은 악사들이 저 언덕 위 국가 제례를 주무하는 관청인 봉상시奉常寺의 술 창고를 수리한 외딴 집에 임시로 살고 있다. 경희궁 동쪽의 정문 흥화문은 지금 저기 서대문 방향으로 한참을 옮겨가 담장가에 외따로 붙어 있다. 일본인 학생들이 다니는 경성중학교에 경희궁터를 거의 내주고 도로까지 확장하다 보니 갈 곳이 없어 그리되었다고 한다.

옮겨진 흥화문과 경성중학교를 오른편에 건너다보며 사라진 서대문을 찾아가는 한림은 왼쪽 언덕 저편에 성채처럼 솟은 러시아 영사관의 망루를 올려다본다. 개중 크다는 미국영사관에 비해도 대지 면적이 두 배가 넘어 보이는, 그 어느 영사관과도 비교를 불허하는 위용이다. 마치 주재국 황제를 모실 기회가 있을 것을 미리 알고 축성한 듯할 정도로 장관이다. 정면에 나타나는 고갯마루에 전차가 멈춰 있다.

북서 방향에서 인왕산 꼬리를 타고 내려오던 성곽이 언덕길 급경사에서 잠시 끊겼다가 보행자처럼 길을 건너 다시 정동으로 흘러간다. 그 언덕 길목에 서대문이 있었다 한다. 돈의문이라고 현판이 붙어 있던 서대문은 어디론가 사라지고 이렇게 길목에 이름만 남겼다. 여기까지가 새문안이다. 여러 번 위치를 변경하면서 다시 지어서 새문新門이라고 불렀다는 서대문 그 자리에는 정거장이 놓여 있다.

정거장을 출발한 전차가 고개 넘어 성벽을 벗어나 내리막을 천천히 내려간다. 그 죽첨정 1정목 비탈길 초입에는 수입품 전문점 맨포스Manfords 상사가 장대한 서양식 건물의 초대형 아치 출입문을 활짝 열고 성업중이다. 간판에는 양복 모직, 화장품, 철물, 잡화 등 서양 물품 일체라고 취급 품목을 알리고 있다. 그 아래로 두어 달 전 문을 연 서대문경찰서가 보인다. 그와 나란히 고양군청과 서대문우편국이 서대문 네거리까지 줄지어 섰다.

전차가 내려가는 서대문 네거리로부터 시선을 거둔 한림은 서대문 정거장에서 왼쪽으로 틀어 성곽 안쪽 내리막길로 접어든다. 정동길의 서북쪽 입구다. 러시아영사관의 웅장한 건물의 좌측면과 정면이 저 위편 언덕 정상에서 펼쳐진다. 거기서 뻗어내린 경사로 아래 영사관 정문은 파리의 개선문이나 새문 밖의 독립문을 축소한 것처럼 멀리서도 권위를 한껏 실은 모양새다. 러시아 게이트라 부른다. 이들 건축물을 설계했다는 러시아인 사바틴은 왕과 왕비의 곁에 머물다 어느 날 조선 땅에서 사라졌다.

희랍교당은 코앞에 있었다.

정동길을 들어서자마자 왼편 야트막한 경사지 끝자락에, 마치 영사관 슬하에 웅크린 듯 자리한다. 정문은 한옥 솟을대문이고 교당은 비잔틴풍이 가미된 양옥과 기와집이 섞여 있다. 성 니콜라스 성당이다.

천주교회와 기독교회에 다니는 사람은 많아도 러시아정교회 신자는 그리 많지 않다. 1900년이 되어서야 조선 땅에 신부가 처음 들어왔고 이 교회당이 생긴 것이 1903년이었다. 러일전쟁이 일어나고 을사조약과 병합을 거치면서 교전국 치하에서 근근이 명맥을 유지하던 정교회는 1917년 본국에 수립된 볼셰비키 정권으로부터 지원을 끊는다는 통보를 받았다.

지금 선교회는 폐지된 상태다. 그 고립무원의 상태가 마치 조선의 처지 같다. 좋은 길목에 자리를 잡았는데도 사람들은 장로교 새문안교회나 감리교 정동교회 오가는 길에 흘깃 볼 뿐 니콜라스 성당을 그저 지나친다.

니콜라스 성당 문 앞은 적막한데 옆집 모리스 상회는 문전성시다. 간판에는 자동차 및 부속품, 인테리어, 굿이어 등등 판매라고 쓰여 있다. 서양인 촌이지만 조선인 손님도 많다.

성당의 솟을대문과 왼쪽으로 이어진 담장, 그리고 행랑채 옆 굴뚝으로 한때 벼슬깨나 했을 양반네 집 자취가 남아 있다. 오른쪽은 담장도 건물도 모두 서양식이다. 고종에게 집터를 하사받았다고 하는데 일부는 살리고 일부는 헐어내 러시아식으로 신축한 것으로 보인다. 우뚝 솟은 둥근 돔의 종탑이 멀리서도 이 집의 정체를 알린다. 솟을대문 기와지붕 밑 현판에는 'ORTHODOX CHURCH'라 쓰여 있고 좌측 조선식 돌담에는 'ORTHODOX WORSHIP HOURS'라 해서 예배시간을 한문과 한글로 안내하고 있다.

한림은 축대 위 정문으로 오르는 돌계단 위에 서서 작은 공책 첫 장에 적은 질문사항 몇 가지를 다시 펼쳐 보았다. 부장의 말을 받아 적은 것이다. 나라 안팎에 사건이 즐비해 편집국에 일손이 부족하다. 창간 특집만 끝나면 정상 근무로 돌아갈 것이라던 예상은 빗나갔다. 제10호 신문이 나온 오늘은 창간 이후 두번째 일요일이지만 쉬는 인력은 거의 없다. 지루한 봄비가 그친 틈을 타 지붕을 손보던 한림도 불려나왔다. 어디 있는 누구를 찾아가서 이렇게 저렇게 몇 가지를 묻고 요지를 받아 적어오라는 지시였다. 그러면서 예상 기사라며 다음과 같은 문장을 적어주었다.

"러시아의 혁명이 일어나기 전까지는 러시아 군인 대위의 자격으로 수천 명의 러시아 군사를 거느리고 오스트리아 전선에 나갔던 서계홍씨가 최근 사업차 경성에 왔다는 말을 듣고 새문안 러시아인이 경영하는 희랍교당으로 그를 방문했다."[7]

서계홍씨는 마침 교당 안에 있었다.

"나는 조선말이 서툽니다."

그는 더듬더듬 말을 시작했다. 검푸른 양복을 입었는데 조선풍이 아니다. 체구와 외모는 비슷하지만 같은 조선 사람으로 보이지 않는다. 동그란 눈이 조선인 같다가도 눈망울을 굴리는 모습이나 표정을 보면 영락없는 러시아인이다. 그는 러시아 태생이다. 그의 선조는 함경도 길주에서 살다 40년 전에 블라디보스토크로 이주했다고 한다. 조선은 처음이다.

"최근 일본군과 러시아 과격파가 서로 충돌해서 조선인이 많이 사는 신한촌이 함몰이 되다시피 참화를 당하였다 하는데, 나는 삼 개월 전에 그곳을 떠나 두만강 너머 경흥 땅에서 두 달 있다가 경성에 온 지가 열흘 남짓밖에 안 되어 그 소식은 여기 와서 들었습니다."

러시아 과격파란 볼셰비키를 뜻한다. 일본군과 충돌했다는 과격파는 볼셰비키 적군이다. 볼셰비키는 민주적 자유주의 단계는 거치지 않고 무산자들을 동원한 폭력적 정권 탈취로 곧장 간다는 점에서 과격파라 불리었다.

동족간의 내전과 외국 침략군과의 외전이 동시에 진행되는 난리를 피해 고국을 찾았지만 일가붙이가 없으니 러시아 교회당이 편안하고 든든한 의지처인가 보았다. 그의 고향에서 서울보다 블라디보스토크가 더 가깝다. 러시아 한인은 원활한 정착을 위해 보통 그곳 국적을 취득한다. 러시아는 정교일치의 나라여서 국적을 취득하기 위해서는 반드시 러시아정교의 세례를 받아야 한다. 러시아어를 익히는 것 못지않은 필수사항이다.

하지만 앞으로는 사정이 어떻게 될지 모른다. 이미 교회재산은 몰수되었고 종교교육도 금지되었다. 국유화와 함께 사기업이 사라지고 강제노동이 도입되었다. 언론도 국가통제에 들어갔고 자유와 민주와 헌법을 운운하는 자는 인민의 적으로 규정된다. 상층 및 중간 계층 사람들은 순식간에 재산을 잃고 차별대우를 받았다. 어제까지 누려온 생활방식이 이제는 비판과 처벌의 죄목으로 열거되었다. 왕정 뺨치는 독재체제가 점점 구축되었다. 적으로 지목받은 자들에 대한 적색 테러가 고결한 폭력으로 미화됐다. 나로드니키(인민주의)의 전통을 잇는 농민정당으로서 한때 제헌의회 선거에서 볼셰비키 과격파를 누르고 제1당이 되기도 한 사회혁명당원과 다수 지식인층, 그리고 관료 및 극우파까지 망라하는 지지 기반을 갖춘 반혁명 백군으로서는 과격파 적군과의 잔혹한 내전이 불가피했다.[8]

"러시아령에 가서 사는 조선 사람이 대략 오륙만 명인데 그중 러시아 국적을 얻은 사람 중에 훌륭하게 된 사람이 많습니다. 군인으로는 사단장까지 있고 그 아래로 대위, 중위, 소위가 제가 아는 범위 내에서 칠십여 명이나 됩니다. 문관으로는 대학 졸업하고 판검사 된 사람도 수십 명입니다."

서계홍씨는 대위 출신이다. 7년 전 군에 입대한 그는 세계대전이 발발하자 러시아령 폴란드 남부와 우크라이나 중서부에 걸친 갈리티아 전투에서 오스트리아군에 맞서 싸웠다. 죽을 고비도 몇 번 넘겼다. 독가스도 한 번 마시고 탄환을 다리에 두 번 맞고 2년 만에 귀향했다. 그러자 러시아에 혁명의 불길이 일어났다.[9]

"과격파가 일어나기 전까지는 조선 사람과 러시아인 사이에 별로 구별이 없었습니다만 과격파가 세력을 얻은 후로는 좀 그렇지 못한 일이 있었습니다. 제가 살던 곳에는 소학교가 둘 있고 고등학교가 하나 있는데, 전에는 조선인과 러시아인이 다같이 교육비를 부담하였는데 과격파 정부가 된 뒤로부터 조선인 생도 한 명의 1년 부과금이 1500원이고 러시아인에게는 400원이니 1100여 원의 차별이 있습니다. 나도 여기에 대하여 너무 분해서 그곳 면사무소에 가서 여러 번 말하고 또 거기 거류하는 조선인들이 연명하여 지방청에 청원까지 하였으나 결국 내가 올 때까지는 좋은 해결을 얻지 못하였습니다."

사회주의는 이념으로만 국제적이고 현실에서는 민족적인가. 집권한 볼셰비키는 혁명에 헌신하느라 인민을 돌볼 겨를이 없는가. 한림은 느리게 말해서 오히려 받아쓰기 좋다고 생각하며 이 러시아 혁명 체험자의 말을 새겨들었다. 문자로 알고 머리로 행하는 혁명이나 사회주의는 실생활에서 체득하는 혁명이나 사회주의와는 다른가 싶었다. 레닌이 사회민주노동당에서 이끌고 키워온 과격 당권파는 애당초 정권을 어떻게 힘으로 탈취하느냐, 그리고 획득한 정권을 독재정치로 어떻게 유지하느냐 하는 전략에 집중하는 직업적 소수정예 조직이었다. 이 점에 관해서는 누구보다도 레닌 스스로 기회가 있을 때마다 사람들에게 누누이 상기시켰다. 그의 말대로 혁명은 상상 가능한 가장 권위주의적인 일이었고 이를 위해 무엇보다 필요한 것은 엄격한 통제, 무자비한 억압, 강철 같은 규율, 그리고 독재였다.

"조선 사람의 생활 정도로 말하면 별로 풍족하다고 할 것은 없으나 제일 부유한 사람으로 한 30만 원 현금 가진 사람을 여럿 보았습니다. 그러나 과격파가 횡행한 후에는 러시아에 입적한 사람은 관계치 아니 하나 국적을 취득하지 않은 조선 사람은 생명이나 재산 피해를 많이 당했습니다. 조선인 중 어떤 부잣집 노인 한 사람을 러시아 과격파 사람들이 잡아가지고 수이픈秋風 지방의 고개로 넘어가다가 한 삼십 걸음 앞에 세우고 총살하는 것을 보았습니다. 물론 과격파도 처음에 시작한 사람들은 좋은 주의를 가지고 시작한 것이지만 그 아래 있는 사람들이 악한 자가 많아서 자연 위험하게 됩니다."

30만 원은 어지간한 규모의 기업을 설립할 수 있는 돈이다.

"러시아가 지금은 저렇게 질서가 문란하지만 얼마 지나지 않아 회복될 줄 압니다. 세계 어느 나라든지 혁명이 일어나서 그만큼 되지 않는 나라가 있겠습니까."

그는 그가 사는 곳의 형편을 그렇게 말했다. 한림은 부장이 잊지 말고 물어보라고 당부한 내용을 끝으로 질문했다.

"조선의 독립운동이요? 이것은…… 저는 말할 수 없습니다. 다만 내가 바라는 것은, 조선 사람들도 어떻게 하여서든지 어서어서 교육을 보급시켜야 하겠습니다. 무슨 일이든지 교육이 보급된 후에야 되니까요."

이 질문을 끝으로 황색 얼굴에 아담한 체구의 그와 작별했다. 나오는 길에 키 크고 흰 얼굴에 훤칠한 러시아 노신사와 마주쳤다. 서시베리아의 옴스크에 근거를 두었던 반혁명정부에서 사법대신을 지낸 사람이라고 한다. 과격파에 밀려 반혁명정부가 와해되자 조선으로 쫓겨온 것이라 한다. 지난겨울 반혁명정부의 지도자와 추종자들은 시베리아를 횡단하는 머나먼 피난길에서 대거 사살되거나 동사했다. 동포의 시체를 넘고 넘어 여기 따뜻한 남쪽 나라에 도달한 그는 그저 꽃 심고 산보하면서 우울한 심사를 달래고 있다고 한다. 나라 밖으로 망명한 조선인만 있는 줄 알았더니 조선에 망명 온 외국인도 있다는 사실을 처음 알았다.

조선인은 러시아로 쫓겨 올라가고 러시아인은 조선으로 쫓겨 내려온다. 기근과 폭정을 벗어나고자 국경 부근 연해주로 넘어가 살던 조선인은 점점 더 멀리 북서쪽으로 이주해 들어가고 내전으로 극동의 땅끝 연해주까지 내몰린 러시아인들은 국경을 넘어 조선으로 남하한다. 철새는 돌아갈 때가 정해져 있지만 망명의 객에게는 기약이 없다. 제정러시아의 망명객들은 인민의 나라로 변해버린 조국을 떠나 바다 건너 일본에 대거 몰려가 있다. 적군을 피해 적국을 선택한 것이다. 동방 출구 블라디보스토크에는 요 몇 달 동안 살길을 찾는 망명객들이 몰려 대탈주가 벌어졌다. 현대판 엑소더스였다.

블라디보스토크 정변으로 일본 모지門司에 피난해 왔던 러시아 의용함대 모기로프 호는 14일에 유럽을 향해 떠날 터인데 일본에 망명해 있던 러시아 사람들은 이 좋은 기회를 놓치면 안 되겠다 하여 그 배를 타려는 사람이 많다. 전 러시아 황제의 시종 장관도

그 딸과 함께 이탈리아로 향할 모양인데 그 배는 망명객만 잔뜩 태우게 되었다.[10]

봄날의 정동, 러시아정교회에 주일의 저녁이 찾아들었다.

빛은 동방에서. 그러한 뜻을 따르기라도 하듯 동방정교회는 멀리 유라시아 대륙의 동방 끝 점, 서울의 서대문가에 신이 물방울 하나를 튕기듯 니콜라스 성당을 떨구어놓았다. 척박한 땅에 뿌려진 씨앗처럼 성당은 뿌리를 채 내리기도 전에 시들 운명에 처했다. 사라진 서대문처럼 언제 어떻게 종적을 감출지 모른다. 교회는 본국에서 버림받은 존재며 교인은 본국에서 추방당한 자들이다. 서울의 통치자가 볼 때 여기는 피난민의 소굴이며 멀리 러시아 노농 정부가 보기에는 이곳은 반역자의 소굴이다. 일본과 러시아가 전쟁을 끝낸 지 어언 15년. 영원한 적은 없다니 언젠가 두 나라는 다시 수교를 맺을 것이다. 그렇게 되면 이 교회당은 그날로 제삿날이다. 그렇게 생각하며 조선의 사람들은 교회당 밖 서대문을 지나간다.

볼일을 마치고 교당 앞 작은 마당을 가로지르던 한림은 낯선 향내에 걸음을 멈추었다. 봄바람을 타고 오는 꽃향기는 아닌 듯했다.

그 내음을 따라 다가선 교당은 수수한 단층의 벽돌집이었다. 높다란 아치형 창틀 아래 유리창으로 들여다본 흐린 교당 안에는 황혼 틈으로 가느다란 향연이 보들보들 떠올랐다. 토요일 저녁과 주일날 아침에는 그런대로 사람이 모이나 일요일 저녁이면 제대로 예배가 이루어지기 힘들 정도로 3년 내리 교세가 줄어들고 있다.

신부는 십자가 아래 홀로 초에 불을 밝히고 있다. 검은 원통 모자로 다 가려지지 않는 긴 머리와 가슴까지 내려온 수염이 검은 사제복 위에서 노을빛에 물들고, 옆얼굴은 홍염에 타오르는 듯했다. 원래 붉은 얼굴이 날로 더욱 붉어진다 한다.

한국 황실의 지주목처럼 굳건하던 러시아공사관이 폐쇄되고 공사관원들이 본국으로 추방되어 영사관으로 격하되면서 유명무실해진 이후, 장엄하던 정교회의 자취는 세월 따라 향연 속에 스러져간다. 이제 적군에 패주한 백군 잔당의 은거지처럼 되었다. 지금 서울의 러시아인은 일본과 싸운 패전 국민이면서 동족과 갈라져 싸운 패전 정부 소속이었다. 그들에게 주어진 선택은 죽음 아니면 탈주였다. 일본과 싸운 적도 러시아와 싸운 적도 없이 러시아와 일본 간의 전쟁을 여기 삶터에서 보고 겪고, 그 전쟁의 승자에게 복속되어 바뀐 제도 속에서 살고 있는 조선인들은 이역만리 서울에서 타향살이하는 백파 러시아인의 비참한 운명을 측은해한다.

망명자의 저녁이 다시 찾아왔다.

백설 공주가 저렇게 생겼을까 싶은 소녀가 교회당 옆 부속건물로 들어간다. 빵 파는 집 딸이라는데 피난민 몇 가구가 거기 마루 위에 침대도 없이 새우잠을 잔다고 한다. 춥고 건조한 시베리아의 밤을 지켜주었던 중후 견고한 열탕기 사모바르에 불을 피워 차를 끓이며 체온을 유지해 지금껏 지내왔다 한다. 피난길에 만돌린도 들고 왔는지 어린애들 노는 소리 사이로 처음 듣는 선율이 흘러나온다.

러시아정교회의 솟을대문을 나선 한림은 외인촌 초입을 벗어나 서대문 언덕마루를 등지고 새문안으로 돌아내려간다. 등뒤 성벽 너머 안산과 금화산에 걸린 봄햇살이 한림의 발길에 긴 그림자를 드리우며 앞장서간다. 고개를 넘으며 오가는 전차는 그의 곁에 바람 먼지를 일으킨다.

그 바람에 향내가 섞여왔다. 러시아 교당의 타오르는 향불과는 또다른 그 내음은 꽃향기 같았다. 떼어다 옮겨진 흥화문을 다시 왼편에 건너다보며 폐허처럼 방치된 러시아영사관의 뒷자락 가파른 언덕바지를 오른편에 바라보며 걷던 한림은 정체불명의 내음에 발길을 멈추었다. 길은 목전에서 전차선로를 품고 크게 꺾이려 하고 서대문 2정목에서 서대문 1정목으로 넘어가는 길목이었다. 한림은 그 향기를 좇아 큰길을 벗어나 골목을 접어들었다. 짧은 골목은 뜻밖에도 다시 이면에 위치한 큰길로 이어졌다. 새문안 신작로가 생기기 전부터 있던 옛길인 모양이었다. 소복하게 모인 인가 뒤로 뒷동산마냥 꽃나무가 제법 소담히 들어서 있었다. 다가가니 막 봉오리를 틔우려는 산벚나무도 보였다.

그의 발길을 돌린 향기는 저기 러시아영사관 뒤축 깎아지른 듯한 벼랑가 매화나무의 것이라고 주민이 알려주었다. 그 말대로 조금 더 들어가니 이내 막다른 길이 나오고 러시아영사관 뒷담을 올려받치는 거대한 축대가 성벽처럼 가로막았다. 주인 없는 러시아영사관의 북편 담장과 곧 헐릴 선원전의 서편 담장이 직각으로 만나는 모퉁이 부근이었다. 바람 드세고 볕 보기 힘든 북서향 응달진 비탈에 나무들은 서 있었다.

청매青梅라고 했다. 만개한 꽃들은 연둣빛 아련한 흰 꽃잎을 마치 이화李花 문양처럼 펼치고 있다. 때늦은 그 꽃잎과 연둣빛 꽃술이 뿜는 은은한 듯 알싸한 향기가 무슨 바람을 탔길래 은근하고 강하게 동구 앞까지 퍼진 것일까. 벚꽃이나 오얏꽃이나 매화나 구별이 힘든 한림으로서는 홍매, 백매는 들어보았어도 청매는 듣도 보도 못한 것이다. 산자락이 아닌데도 음산한 지형이어서 홀로 이리 늦게들 피었나보았다. 언 땅 위에 고운 꽃 피워 맑은 향기 뿜어내는 매화라더니 이 땅 구석에서는 유독 냉기가 채 흩어지지 않은 느낌이다. 차게 말라 거친 가지가 찬 땅 위 어스름에 월광 같은 꽃의 빛을 떠받친 광경을 담장 너머 선원전의 오래된 회화나무가 구부정히 바라보고 섰다. 왕가의 궁궐을 허리 굽혀 드나들던 신료들의 복색을 아로새긴 이화의 문장紋章은 10년 사이 종적을 감췄고 사람들 뇌리에서 완전히 사라졌다. 잎보다 먼저 피는 매화처럼 인민人民은 인군人君의 죽음에 앞서 임금을 잊었다. 군신유의라고 했던가. 임금과 신하 사이는 의리 빼면 시체라는 말이었던가.

한기 도는 담벼락에서 벗어나 동리를 나서며 한림은 지나는 이에게 여기가 어디냐고 물었다. 함춘동含春洞이라 했다. 봄의 기운을 담뿍 머금은 이름이라 그 연원을 묻자 예전에 함춘원含春苑이 이곳에 있었다 한다. 왕궁의 정원인 함춘원은 경희궁 바깥 이곳에서 낮은 담을 둘러치고 나무를 길렀다 한다. 그 함춘원은 어디 가고 이렇게 민

가만 소복하냐 물으니 경복궁 담장 밖 철거민들이 이리로 이주했다 한다. 경복궁이 중건될 때니 대략 55년 전 일이라 한다.

옛 숲의 자취를 지나며 한림은 잠시 아득한 심정이 되었다. 그렇게 처음 보는 옛길을 헤어나왔다. 몇 발짝 뒤안길이 까마득한 옛날이라니…… 다시 마주한 휑한 대로에는 1920년의 새 봄이 봉오리를 터뜨리고 있다.

여기보다 따뜻하다는 상해는 더욱 봄기운이 완연할 것이다.

모레면 상해임시정부가 처음 발족한 지도 1년이 된다. 지난달에는 상해에 체류하는 조선인 5백여 명이 프랑스 조계 내 영화관에서 3·1독립운동 1주년 기념식을 갖고 가두행진도 벌였다니 임시정부 1주년 기념식도 아마 거행될 것이다.

상해 가서 사는 조선인이 있고 서울 와서 사는 러시아인이 있다.

러시아에서 국왕은 인민에게 살해됐고 그 일가족은 몰살당했다. 그 체제 전복 세력에 저항하는 기성세력이 연합해 반혁명정부를 세우고 목숨을 건 무력투쟁 끝에 패하자 해외로 탈출해 여기 극동의 서울에까지 접어들었다. 러시아에서는 내전의 결과 새로운 체제의 통치 권력이 수립되었고 패자는 정적의 세력권에서 벗어나 국외로 망명했다. 주변 나라들의 세력 쟁탈 끝에 외래인의 통치가 조선에서 확립되었고 망국의 나라에 살 수 없게 된 사람들은 주변 나라로 떠났다. 이주민의 이름으로 혹은 망명자의 이름으로. 뭐라 부르건 그들의 새 거주지는 조선을 둘러싸고 각축을 벌였던 나라다. 그들은 언제, 어떤 모양으로 돌아올 것인가.

조선에서 국왕은 전쟁이 아닌 방식으로 통치권을 외국에 넘겼고 왕실은 안녕을 최소한도나마 보장받았다. 고종은 고종명했고, 그때까지 병합 9년간 전국 규모의 봉기는 일어나지 않았다. 그러한 집단 봉기는 고종이 죽고서야 일어났는데, 그마저도 무력 봉기가 아닌 평화 시위였다. 평화 시위여도 사상자 수는 전쟁과 맞먹었다. 그로부터 여기저기 임시정부가 거론되고 상해임시정부가 구성되었다. 그 임시정부의 요인들은 이전 정부의 권력에 참여한 인사들이 아니었다. 주인 잃은 나라 바깥에 국민 없는 공화정이 정권과 무관한 사람들의 손에 수립되었다. 나라 안에서 총독부 통치가 출범함에 따라 무력한 왕가만 남긴 채 소멸한 왕정은 나라 밖에서 망명객들이 세운 임시정부의 공화정으로 인해 다시 한번 소멸했다. 전자가 강압으로 왕정을 폐지했다면 후자는 백성의 이름으로 왕정을 폐기한 것이나 다름없었다. 살아서는 외적에게 통치권을 빼앗기고 생계를 보장받았던 국왕은 죽어서는 신민들에게 통치권 상실을 재차 확인받은 셈이다. 아무도 왕을 처단하지 않았지만 아무도 왕을 찾지도 않았다. 그렇게 조선의 왕은 신민에게서 떠났다. 작년 1919년, 임금의 장례식과 독립만세 시위와 임시정부 수립이라는 큰 사건이 잇달았던 기미년의 봄은 어떤 면에서 왕정과의 고별식인 셈이었다. 송구영신. 어쩌면 그것은 조선식 고별과 영접의 방식이었는지도 모른다.

이런저런 상념에 젖었던 한림은 흥화문 정거장 앞에 다시 다달았다. 서울에서 처음 느껴보는 4월의 꽃향기에 어질해진 한림은 전차의 경종 소리에 자신이 선 곳을 가늠해본다. 경사로도 모퉁이도 지나자 이제 가릴 것도 전혀 없이 훤한 길이 나왔다. 일직선으로 넓게 뻗어나가는 길은 저편 광화문 네거리를 지나 종각 네거리까지 거침없다. 그 길을 따라 한림은 올 때와는 달리 걸어서 종각 너머까지 가보기로 한다. 올 때보다 한결 착잡해졌지만 뜻밖에 마음이 여유로워진 한림은 전차를 지나보내며 승객들을 떠나보내며 천천히 발길을 옮겼다.

드문드문 꽃잎이 바람에 날린다. 낙화유수처럼 4월이 흐르고 있었다. 이름 모를 꽃잎이 날아오르는 길 건너 야주개 언덕 위 새문안 예배당에서 일요일의 저녁 찬송이 울려퍼졌다. 1920년 4월 11일의 황혼이었다. 밤은 아직 오지 않았다.

13장

꽃향기는 봄바람에 날리고

창경원에서

봄의 개울이 남으로 흘렀다.

창경궁 담장가로 접어든 한림은 걸음을 멈추었다.

북쪽 박석고개 마루를 넘어 곧게 뻗던 궁궐의 동쪽 담장이 그 종점을 앞두고 안으로 살짝 꺾인다. 담장 안에서 나란히 흘러내려오던 물길이 거기서 담장 밖을 나선다. 담장은 이제 개울과 안팎을 바꾸어 흐르다가 또 한번 크게 서쪽으로 꺾여들며 궁궐의 남단을 휘돌아 종묘의 담벼락으로 붙는다. 물은 담과 갈라져 동으로 머리를 돌린다.

첫 모퉁이 돌담 아래로 담장 높이만한 너비의 개천이 흘러나온다. 지난 한 주 동안 가랑비가 이어졌고 어제도 5밀리미터 정도의 단비가 내린 뒤라 수구水口의 창살을 빠져나오는 물결이 분주히 일

렁인다. 담장 너머에는 담장 키 두어 배나 되는 회화나무 대여섯 그루가 연초록 잎새를 살랑대며 물길과 담장 사이에 옅은 그늘을 드리웠다.

창덕궁과 창경궁을 품은 뒷산 응봉 기슭에서 발원해 후원 깊숙한 곳 왕의 우물에서 흘러나오는 물과 합류해 시계방향으로 흘러 동편 담장 안쪽을 띠처럼 두르며 내려온 왕가의 물은 담장을 벗어나 원남동을 거쳐 인의동과 연지동 사이를 비스듬히 질러 동대문경찰서 뒤쪽을 돌아 종로 4정목과 5정목을 경계지으며 광장시장을 끼고 청계천에 닿는다.

물은 많이 흐려졌다.

담장 안 지척에 동물원 우리가 있다. 왕족과 궁인이 떠난 궁궐에 어디선가 잡혀 온 동물들이 서식한다. 그 위편에 박물관과 식물원도 생겼다. 전각들이 헐리면서 이름도 창경궁에서 창경원으로 바뀌었다. 궁궐 밖 남쪽 몇 동네를 합쳐 원남동이라고 새 이름을 붙였다. 창경원과 한 울타리나 다름없는 바로 옆 창덕궁에 순종 이왕이 살고 있지만 이곳은 더이상 왕가의 공간이 아니다. 만백성, 아니 경성부민의 놀이터다. 교통이 좋아져서 전국이 일일생활권이 되자 요즘엔 국민적 유람지가 되었다. 잡인의 범접을 불허하는 지엄한 공간을 흘러 금천禁川, 명당수라 해서 옥류천玉流川이라 불리던 개울의 이름도 물 좋던 시절의 얘기다. 자식 보았다고 장 담근다고 금줄 치던 풍습보다 먼저 궁궐에 두른 금천의 위엄이 사라졌다.

금천이 궁을 나서기 전에 크게 한번 형성하는 연못이 여기 담장

안 지척에 있다. 동물원에서 대추같이 붉은 얼굴의 원숭이에게 희롱하듯 건네주고 남은 과자를 연못가에서 물오리떼에 던져주는 낙은 이제 낯설지 않은 경험이 되었다.

원남동에서 전차를 내린 한림이 창경궁 동남쪽 귀퉁이의 개울과 담장을 지나 길을 거슬러오르는 동안 창경원 앞 종점을 회차한 전차가 총독부의원 앞에 멈추었다. 올라갈 때 가득했던 전차는 승객 두엇만 태웠다.

낯익은 동대문경찰서 직원이 길 건너 함춘원동 언덕길에서 뛰어 내려오면서 전차운전수에게 손을 흔든다. 왕궁의 바깥 정원이던 함춘원은 그 다양했던 수목과 함께 사라지고 동네 이름으로만 남았다. 서쪽 궁궐 경희궁 앞 함춘동처럼. 봄볕 속에 백화가 난만하던 함춘원 뒷동산에는 총독부의원이 넓게 들어서 있다. 적벽돌과 화강암의 네오바로크 양식을 자랑하는 본관 2층 건물이 웅장하게 서 있다. 동판 덮힌 그 지붕에 아침 햇살을 반사하며 창경궁과 창덕궁의 목조 전각과 그 기와지붕을 내려다본다.

함춘원은 정조 임금의 특명에 따라 오랫동안 그 한자리를 경모궁에 내어주었는데, 그 큰 사당에 모신 사도세자의 신주가 20여 년 전 종묘로 옮겨간 후로 경모궁터를 포함한 대부분의 함춘원 부지가 병원 부지로 편입되었다 한다.[1]

총독부의원 입구의 완만하게 굽은 비탈길을 포드 자동차 한 대가 급하게 오른다. 현관 입구 포치의 석조 아치 아래 자동차가 멈춰서면 누군가 높은 분이 부축을 받으며 내릴지도 모른다. 작년에 돌아가신 고종과 지금 창덕궁에 계신 순종의 건강은 총독부 의원이 일상적으로 관리해왔다. 그렇게 했어도 하룻밤 사이 급서를 막을 수 없었고, 평생의 심신허약을 치료하지 못했다.

한림은 조금씩 높아지는 담장길을 걸어 선인문 앞을 지난다. 내시와 신료 들이 분주히 드나들던 궁궐 동쪽의 주출입문이다. 일찍이 숙종의 총애를 받다가 마침내 사약을 받은 장희빈이 나간 문이 이곳이었다. 61년 뒤 숙종의 아들 영조 임금의 명에 따라 사도세자를 가둘 대형 뒤주도 이 문으로 운반됐다. 숙종의 맏아들 경종이 어머니 장희빈 사후 정신적 충격으로 병약한 상태에서 즉위 4년을 갓 넘기고 죽자 숙종의 서자로서 왕위를 넘겨받았던 영조가 집권 40년을 바라보던 때였다. 직계혈통은 아니지만 호적상으로 사도세자의 고손자 뻘인 고종은 갑신년의 정변이 일어나던 초겨울밤을 이 선인문 밖에서 지샌 일이 있다. 청나라 군대가 개화당과 일본이 연합한 친위 쿠데타를 진압하기 위해 지휘 본부를 선인문 밖 궁궐수비대에 세우고 국왕 탈환작전을 벌인 날이었다.

전차가 또 도착하고 다시 한차 가득 승객들을 쏟아냈다. 종로 4정목에서 연결되는 창경원 노선의 종점이다. 내리면 바로 창경원 정문 홍화문이다. 사람들은 종종 홍화문을 흥화문과 혼동한다. 경희궁의 정문 흥화문이 치워진 지금도 전차 타고 서대문 쪽 흥화문 정거장 찾는 상경객이 동대문 쪽 홍화문 앞에 잘못 내리곤 한다. 광화문, 돈화문, 인화문처럼 모두 화 자 돌림의 궁궐 정문이지만 홍화문은 사도세자가 출입하던 문이요, 흥화문은 영조 임금이 출입하던 문이다. 1920년 4월의 마지막 주 월요일. 어른들은 잰걸음으로 아이들은 달음박질치며 앞서거니 뒤서거니 홍화문으로 몰려든다. 불과 10년 전까지만 해도 범인들은 범접하지 못했거니와 대궐을 드나드는 양반들도 어지간해서는 이 문으로 들락거릴 수 없었다.

2층 지붕에 누각을 인 웅대한 홍화문은 세 칸 대문을 모두 활짝 열어젖히고 옛 백성과 그 후예 들을 맞아들인다. 왕궁의 정문이 이처럼 완전 개방되는 것은 과거에는 왕조의 큰 길흉사가 아니고서는 없었다. 홍화문의 서늘한 그늘을 통과하자 아이들은 금천을 가로지르는 왕의 다리 옥천교 돌다리를 내달리고 곧바로 펼쳐지는 궁의 정전을 향해 활짝 열린 명정문으로 뛰어든다. 그런 아이들을 보는 어른들의 얼굴엔 웃음꽃이 핀다. 온통 꽃대궐이다. 명정전의 드넓은 정방형 뜰에 깔린 박석바닥 위에 서면 봄눈이 내린 듯 사방에 벚꽃이다. 그 꽃무리의 기운은 동쪽 담장을 건너 경모궁터와 총독부의원의 동산 일대로 뻗어 장관을 이룬다.

휴일이 아닌데도 이렇다. 엊그제 주말에 벚꽃은 사실상 끝물이었는데 미처 구경 못 온 사람들이 이번주에도 끊이지 않을 것이라 한다. 벚꽃은 이미 지고 있다. 절정을 이루었던 한 주 전의 주말은 대단하였다. 신문은 이렇게 전했다.

> 춘색은 자못 무르녹아 대도회인 서울은 꽃동산을 이루었다. 28만의 온 도시 인민은 남녀노소를 불문하고 모두 자연의 봄빛과 따뜻한 은혜에 싸여 한강으로 남산으로 우이동으로 일요일을 이용하여 봄빛을 맘껏 탐하러 나가는 사람의 수효가 헤아릴 수 없다. 18일은 아침부터 창경원을 향하여 물밀어오는 노소남녀의 사람 물결 가운데로 달려드는 자동차와 인력거가 함께 섞여 헤쳐나가지도 못할만치 복잡한 광경을 이루었다. 그 원 내의 광경을 보자면 꽃 우산을 길 좌우 옆에 세워놓은 듯이 쬐이는 빛도 가려주며 먼지바람도 막아주는 듯한 가운데로 가벼운 봄옷을 입고 사뿐사뿐 걸어가고 걸어오는 청춘남녀는 에덴의 낙원을 잠시 이 세상에 나타내는 듯하였다.[2]

그날 입장객은 2만 8천 명으로 집계되었다. 창경원이 생긴 이래 가장 많은 인파라 했다. 경성 인구의 10분의 1에 해당하는 인원이 전국에서 몰려든 것이다. 한림도 한 자리 보탰다. 창경원의 정문 앞에서 하나코와 만나 꽃구경을 하기로 했다. 잠시도 한자리에 서 있을 수 없어 이리저리 떠밀리며 두 시간여를 서성였지만 하나코는 결국 만나지 못했다.

홍화문 좌우의 높은 담장을 따라 수문장청과 훈국군번소訓局軍番所라는, 이름부터 서늘한 긴 회랑이 독수리 양날개마냥 펼쳐져 있다. 그 앞을 혹여 움츠리고 지나간다면 그것은 조선의 백성이었지, 일본 사람이나 청나라 사람은 아니었다. 무엇으로부터 궁궐과 왕실을 보호하고자 했는가. 이제 대궐의 담장 밑에서 오금을 저리는 백성은 아무도 없다. 저기 담장가에서 아이 오줌을 누이는 사람이 있을 뿐이다.

태곳적부터 신성불가침이라 믿었던 왕권이 벚꽃 지듯 소멸했다. 서양과 동양에서 거의 동시에 진행된 이 사태는 후천개벽이라는 말이 어색하지 않을 정도다. 국권을 돌려달라고는 해도 왕권을 돌려달라고 하는 사람은 1920년 조선 땅에서 보기 힘들다. 국가의 가부장으로 군림하던 왕권은 사라졌다. 그러면 가정의 제왕으로 군림하는 부권은 어찌되는가. 군신의 관계가 깨진 이 마당에도 오륜의 유교이념을 지탱하는 또다른 기둥인 부자의 관계, 부부의 관계는 변함없이 지속될 것인가.

미합중국에서는 올해 안에 여성 참정권을 허용하는 헌법수정안이 통과될 예정이라고 한다. 가장 역사가 짧은 나라가 현대 국가의 만형이 되려 하고 있다. 신대륙에서 남편의 권위는 약화되어간다고 한다. 아녀자라는 용어가 조선에서 얼마나 더 지속될지 모른다. 미국처럼 어린이도 오랜 가사노동에서 풀려나고 청년들은 직업의

문이 열림과 동시에 부모로부터 경제적 독립을 획득해가고 있다.[3] 성리학의 오랜 지도이념이 망국 이후로 급속도로 와해되고 있다.

길은 점점 경사가 높아져 오른쪽으로 크게 휘면서 박석고개로 이어진다. 궁궐의 담장도 고갯마루를 따라오르는데 그 초입에 문 하나가 나 있다. 월근문이라 쓰여 있다. 달마다 찾아뵙는 문. 길 건너로 이어지는 사도세자의 사당 경모궁으로 가는 최단 통로다. 경모궁과 함춘원의 옛터를 바라보며 한림은 고개를 넘었다.

오른편 언덕 위로 뻗어오른 총독부의원의 중앙시계탑과 함께 꼭대기 돔의 동판이 번쩍인다. 사방으로 달린 원형 시계가 굳이 없어도 4층 높이에 이르는 탑신의 그림자 형상으로도 전통식으로 시간 짐작하기가 어렵지 않을 듯하다.

이곳에 깃든 왕실의 흔적은, 고종이 왕좌에서 밀린 1907년 이 자리에 의과대학과 대학병원을 겸한 대한의원이 들어서면서 사라졌다. 대한의원은 병합 이후 조선총독부의원으로 이름을 바꾸었다. 병합 전해 칼을 맞고 중태에 빠진 이완용이 실려왔던 곳이 여기였고 10년 후 급서한 고종 임금을 최후까지 치료한 의료진도 이곳 소속이었다.

궁궐의 담장은 왼편 산줄기를 따라 북으로 휘돌아 오르고 길은 담과 갈라져 혜화동을 향해 내리 뻗는다. 창경궁으로부터 경모궁으로 흐르는 낮은 지맥을 보강하기 위해 네모진 돌 박석薄石을 깔아서 박석고개라 불렀다는데 이제 그 박석은 보이지 않는다.

고개 아래 왼쪽 길로 접어들어 경학원을 바라보며 걷는다. 창경궁 뒷담 너머 성균관이 5백 년 넘게 지켜온 이름을 잃고 경학원으로 격하된 지도 10년째다. 유생들 글 읽는 소리가 개구리 우는 소리처럼 울려 퍼졌다는 길목은 교교하다. 조선이라는 왕조국가의 지도 이념을 전하던 성리학은 왕조가 운명을 다하기 이전부터 그 경전을 공부하는 인원이 격감했다.

유생들로 북적였던 명륜당 앞길에서 왼쪽으로 접어드니 고갯마루에서 헤어졌던 창경원 담벼락과 다시 만난다. 높다랗게 치솟은 옛 궁궐의 담장은 이낏빛이 선명하고 그 아래 배꽃과 복사꽃이 난만하다. 불현듯 궁의 후원에라도 들어온 듯한 서늘한 기운이 퍼졌다. 그중에서도 유독 많은 꽃잎이 동풍에 하염없이 우수수 내려앉는 집앞에 한림은 멈춰섰다.

왕세자 전하의 가례는 여러 가지 사정으로 인하여 3년 동안의 긴 세월을 끌어오더니 오늘 28일에 동경 왕세자저에서 성대히 거행하게 되었다. 그런데 이때를 당하여 한 가지 생각나는 일이 있으니 그것은 곧 13년 전 세자 전하께서 앞서 아홉 살 되시던 해에 경성에서 약혼을 하시려는 의론이 있던 일이다. (중략) 당시에 민영돈씨의 장녀인 규수가 간택에 뽑혀 내용으로는 거의 결정이 되어 엄비께서는 친히 규수에게 금반지를 하사까지 하셨다. 그러나 세상이 달라지고 인사가 변함에 따라 세자 전하께옵서는 일본궁방자 여왕 전하와 결혼을 하시게 되어서 성대한 혼례의식을 거행

하게 되었거니와 민영돈씨의 따님은 요사이 어떤 형편인가.[4]

이 기자가 계속 원고지를 뜯어 구겨 던져가며 거기까지 써나가는 것을 보고 한림은 원고지 한 권을 집어다 주고 신문사를 나와 이곳까지 왔다. 세상을 등지고 사는 민 규수를 찾느라 무진 애를 썼다는 이 기자는, 오늘은 날이 날이니 그 집에 가서 외삼촌 되는 분에게 얘기 좀 듣고 와달라고 부탁했다. 왕세자 이은의 혼인식을 이틀 앞두고 있었다. 총독 이하 일본인 조선인 고위층들은 대거 동경으로 떠났다. 마치 작년에 고종이 쓰러지던 때와 꼭 같았다. 그때 연기된 결혼이 이제 성사되는 것이다.

민 규수의 집은 삼년상중이다. 아버지 민영돈은 작년 1월 별세했다. 고종이 숨지기 19일 전이었다. 민 규수는 그를 세상에 데려다준 아버지와 장래의 시아버지로 여겼던 어른을 일시에 잃은 셈이다. 한때 부부가 되려 했던 이은과 민 규수는 나란히 아버지 삼년상중이다. 국상이니 명목상 온 백성이 삼년상중인 셈이지만 그건 말이 그럴 뿐이다. 나라님이야 가고 나면 그뿐이지만 아버지는 다르다. 부친상 이후 졸지에 가장이 된 민 규수는 시름에 빠진 어머니를 위로하고 어린 동생을 거두며 맥없는 나날을 이어간다고 한다.

민영돈은 울화로 1년 동안 폭음하다가 결국 피를 토하고 세상을 떠났다. 쉰다섯 살이었다. 한 해 전 1918년 2월에 있었던 일 때문이었다.

"뭐라 말할 수가 없습니다."

외삼촌 이씨는 말도 시작하기 전에 온 미간을 일그러트렸다.

"재작년 정월에 덕수궁에서 사람이 나와서 금반지를 도로 거두어 갔습니다. 왕가에서 하는 일이니까 뭐라 감히 말할 수는 없었으나 규수의 집에는 그보다 더 큰 부끄러움은 없습니다. 민영돈씨는 감히 옳다 그르다 말은 못 하나 그 일로 말미암았던지 자연이 병을 얻어 오랫동안 신음하다가 마침내 작년 1월 초삼일 태왕 전하가 승하하시기 19일 전에 작고하고 말았습니다. 영돈씨는 본래 청백한 사람인고로 생전에 남겨둔 재산이라고는 아무것도 없으므로 그가 작고한 후에는 살던 집까지 팔고 그 식구들이 작년 3월에 내 집으로 와서 지금까지 같이 있게 되었습니다."

그해 벽두에 영친왕 이은이 고국을 다녀간 뒤 덕수궁 상궁들은 민 규수의 집에 몰려들어 약혼반지를 회수하겠다고 했다. 2주 동안 농성하다시피 실랑이하는 상궁들 때문에 결국 반지는 돌려줬고 약혼의 언약은 파기되었다. 그후 몸져누운 할머니는 5개월 뒤에 세상을 떴다.

11년간 간직해온 반지였다. "시국이 혼란스러워서 예법을 지킬 수가 없으니 그냥 택일을 하여 신물을 전달코자 하니 그리 알고 받아라"라는 전갈 뒤에 받은 반지였다. 다홍 공단 거죽에 초록 공단 안감으로 된 겹보 위에 큰 가락지 두 짝을 세워 다홍실로 동심결同心結을 맺어 네모지게 싼 신물信物과 함께 뚜렷한 먹글씨로 쓰인 "약혼지환約婚指環"이라는 네 글자는 민씨 집안 사람들을 전율하게 했다. 1907년 고종 폐위 후 순종의 후계자로서 황태자 신분이 된 이은이 일본을 향해 덕수궁을 떠난 지 19일 지난 시점이었다. 수표동 민가네에서 바라보이는 구리개 너머 종현 천주교회 뾰족집으로 향하는 발길이 분주하던 크리스마스 이브였다.[5]

떨림과 함께 찾아왔던 금반지는 통곡과 함께 사라졌다.

떠나가는 인질을 위해 국내에 붙들어 앉힌 또하나의 인질 꼴이 되고 만 것이었다. 풍비박산 난 집안은 상갓집 못지않았다. 왕가의 안정을 위해 무리하게 시도한 정략혼약이 부른 참화라고밖에 달리 할말이 없었다. 민 규수는 하체가 얼음같이 마비되고 상체는 불같아지는 병에 걸려 1년여를 누워만 지냈다. 왕조가 해체되어가듯 집안이 해체되어갔다.

민 규수의 집안은 명성황후의 친정 가문인데다 새로 황제가 된 순종의 외척인 윤씨 집안과 사돈관계로 다시 맺어진, 말하자면 무너지는 왕조의 떠오르는 권문세가였다. 아버지 민영돈은 스물네 살에 임금의 말과 명령을 받아 적고, 글을 지어 올리는 한림翰林으로 관직을 시작하여 3년간 왕세자 이척의 글동무 겸 선생 역할을 수행했다. 이후 성균관 대사성을 거쳐 동래부윤을 6년간 역임했는데 그 종반에 민 규수가 태어났다.

1897년 10월 20일이었다. 닭띠 해 늦가을 한밤중 자시子時생이었다. 한밤중에 된서리가 팔방에 두루 내린다는 상강이 코앞이었다. 나라가 대한제국이라는 새 이름을 얻은 지 일주일이 지났다.

맑은 날이었다. 이날 경운궁의 경효전에서는 명성황후의 생신을 맞아 참배식이 열렸다. 경복궁에서 유명을 달리한 그날 이후 세번째 생일이었다. 일주일 전 남편과 아들이 황제와 황태자의 칭호를 얻을 때 그도 명성황후로 추존되었다. 지난달에는 남편과 아들이 여기서 두번째 기일을 맞아 제사를 올렸다. 삼년상을 마친 셈인데, 아직도 치르지 못한 장례는 한 달 뒤 거행된다.

그 장례를 앞두고 황제는 20일 늦은 오후 상복을 입고 상장을 짚고 빈전에 몸소 나아가 무릎 꿇고 엎드려 곡하였다. 그리고 재배하고 향을 올리고 술을 올렸다. 둘째 잔은 황태자가 올렸다.

그날 밤 명성황후의 신위가 모셔진 경효전 인근 처소에서 황제의 새 아들 이은이 태어났다. 마지막 해시亥時였다. 왕비가 사라진 경복궁을 궁인 엄씨가 마련한 가마에 숨어 타고 빠져나온 고종이 러시아공사관 제일 큰 방에서 살 때 수태된 왕자였다.

이렇게 생년월일을 같이해 태어난 왕자의 어머니로부터 10년 후 민 규수는 금지환金指環을 받은 것이었다. 또 한번 그만한 세월이 흘렀을 때 반지는 민 규수를 떠났다. 그로부터 1년 사이 할머니, 아버지 그리고 집이 차례로 그를 떠났다. 다시 1년이 지나 봄. 얼굴 본 적 없는 한때의 약혼자도 이제 그를 영영 떠난다 한다.

창경궁과 성균관 사이 꽃그늘 아래에서 우수에 찬 지난날을 회고하는 외삼촌의 말이 잠시 끊어지는 동안 한림은 수백 년 된 고궁의 뒷담장을 올려다보았다. 그리고 매일같이 이끼 낀 그 담벼락을 바라보며 지낼 민 규수의 마음을 헤아려보았다.

이은 왕세자의 혼인식을 하루 앞둔 내일, 저 담장 너머 창덕궁과 그 아래 종묘에서는 조상들께 아뢰는 고유제告由祭가 거행된다. 모레 혼인식 당일에는 창덕궁 안 인정전에 명부를 갖추어놓고 왕가의 친척과 고위관리 및 귀족 이하 유력 인사 들의 축하 서명을 받는다고 한다. 당일에는 프록코트나 모닝코트 기타 이에 준하는 예복을 착용하라고 고지되어 있다.

"세상일은 아주 끊어버리고 공부나 하겠다 하여 요사이 난만히 핀 뒤뜰의 배꽃은 피었다가 지든지 말든지 아는 척도 안 하고 산보 한번 하는 일도 없이 방 안에 앉아서 책만 들여다보고 열심히 공부만 합니다."

독학으로 영어를 공부해 지금 보통 책은 넉넉히 볼 정도라고 외삼촌은 민 규수의 근황을 전한다. 민 규수의 섬섬옥수는 아버지 삼년상을 치르느라 차츰 물빛이 들어간다. 초하루와 보름이면 스스로 부엌에 들어가 제물을 만들어 올린다고 한다.

"여간해서는 감당하기 힘든 일입니다. 혼사에 대하여는 규수의 나이가 스물네 살이기는 하나 사물의 시비를 판단할 만한 지식이 있고 더욱이 아직 부친상중이니까 도무지 말없이 지냅니다. 허나 규수의 행동이 너무도 엄격해 그 심중을 헤아릴 수도 없고 아직은 어떠하리라고 말할 수가 없습니다."

조카의 앞일에 대해 뭐라 말할 수 없다고 외삼촌은 둘러말한다. 매형을 따라 해외 근무도 해보고 관직에도 제법 있었지만 자신의 앞날도 예측하기 힘든 세상이 열리고 있다.

"무슨 보물을 내렸는지요?"

얼마 전 민 규수를 어렵사리 만나보았을 때 이 기자는 그렇게 넌지시 물어보았다고 한다. 약혼반지를 보낸 이후 궁중에서 시절마다 절기마다 귀한 예물을 챙겨줬다는 소문이 있었다. 민 규수는 한마디로 대답했다 한다.

"그런 것 묻지 마세요. 말 한마디 잘못하면 우리 식구는 모두 귀신도 모르게 죽습니다."

파혼당한 슬픔보다 생명의 위협을 더 크게 느끼는 성싶었다고 이 기자는 말해주었다.

한림은 편집국으로 돌아와 그날 메모한 내용을 정서해서 넘겼다.

그 내용은 다음날 27일 저녁 발간된 신문에 주요 기사로 실렸다. 하지만 많은 사람이 읽지는 못했다. 검열에 걸려 반포 금지 조치를 받았기 때문이었다. 저촉된 기사를 삭제하고 다시 찍어 배포하는 일은 어제 그제 연달아 당했던 터라 어느 정도 익숙해졌지만, 3일 연속으로 당한 이날은 재발행조차 허용되지 않는 완전 압수였다. 경찰이 출동하여 신문을 모조리 거둬가기 전까지 얼마 안 되는 사이 몇몇 수레에 실려나간 일부 신문만이 독자의 손에 쥐여졌을 것이다. 창간 한 달도 안 된 신문이 가장 모진 취급을 받은 날이었다.

그렇게 28일 자 신문은 내었지만 아니 낸 듯 28일은 밝았다.

동경에서 오전 일찍 혼례식이 시작될 즈음 창덕궁의 이왕은 인정전에서 우쓰노미야 군사령관 이하 군관민의 요인들로부터 축하 인사를 받았다. 삼년상중인 이왕은 언제나처럼 무표정이다. 사이토 조선 총독 이하 조선에서 건너간 축하사절단이 참석한 동경의 혼례식은 오전 열시에 끝이 났다. 그때부터 인정전 앞에 줄을 이은 하객들이 홍백 휘장 아래 놓여진 방명록에 서명하고 동편 행각 넓은 방에 마련된 식탁 주위에 둘러서 이화 문양 아로새긴 홍색 백색 과자 두 개와 차를 하사받아 음미했다. 작년 이태왕이 서거했을 때 동경 사람들이 서울의 하늘을 향하여 추모의 염을 표했듯이 지금 서울에서는 동경의 혼사를 축하하는 마음을 실어 보내고 있다. 육군 중위의 정복과 순백의 양장 드레스를 입은 신랑 신부의 결혼식은 일본식과 서양식이 혼합된 형식이었고 창덕궁에서 열린 축하식은 조선식과 서양식이 혼합된 형식이었다.

이날 동경에서는 계속되는 전차 파업으로 시내 대중교통이 거의 마비상태였다. 전차기관사 등 파업 주동자 마흔일곱 명에 대해 경시청의 대대적인 검거가 이뤄졌다. 서울에서는 혼례식을 기념하여 정치사범에 대한 특별 사면령을 공포해 5백 명이 넘는 수감자가 형무소를 나섰다.

강우규는 감형받지 못했다. 살인, 강도, 방화는 사면에서 제외된다는 규정 때문이었다. 아직 예심도 종결되지 않은 독립선언서 관련 지도자 47인 역시 애당초 감형 대상이 아니라 했다. 이틀 전 사형 선고를 받은 강우규는 이날 고등법원에 상고했다. 감옥에서 한 살을 더 보탠 노인은 요즘 아무 근심하는 빛 없이 유유히 지내는데, 날마다 『신약 전서』를 읽고 아침저녁으로 묵묵히 기도를 올린다 한다.[6]

아침잠을 깨고 나면 베갯머리에 아침 햇빛이 눈이 부시게 들고 일기는 연일 청명하여 방 안에 들어앉기는 싫게 되고 선명한 봄옷으로 꽃구경 다니는 사람이 날로 늘어간다. 오는 18일부터 인천 월미도의 벚꽃이 만발하겠으므로 남대문과 인천 사이에 왕복하는 임시 열차를 운전하고 또 꽃필 기간은 보통 열차에도 객차를 더 달아서 승객에 편의를 도모할 터이라더라.[7]

사형이 선고되기 열이틀 전, 강우규가 법정에서 팔자로 난 흰 수염을 쓰다듬으며 남대문역 폭탄사건의 최후 심문에 응하는 광경과 경인선의 꽃 열차 운행 개시 소식이 동시에 신문에 실렸다. 눈만 뜨면 새로운 정보가 점점 많아져 사람들은 점점 쉴 틈이 없어진다. 멀리 국경 너머 길림에서 내려온 강우규 가족들이 눈물짓고 한숨짓고, 개정 몇 시간 전부터 몰려든 방청객이 북새통을 이뤘다. 정무총감이 직접 법정을 둘러보는 희귀한 장면 끝에 마침내 재판이 열렸다. 그 시각 평양에서는 작년 기미년 봄의 열기를 되살리는 듯한 시위가 벌어졌다. 총성도 울린 모양이었다.

14일 오후 평양에서는 돌연히 만세 소요가 폭발되었는데 서문동에서 약 4백 명의 청년이 모여 만세를 높이 부르며 종로로 향하고 진행하는 중에 일반 시민은 많이 응원을 하였고 마침 장날이었으므로 무수한 군중이 모였다가 이에 응원하여 대대적으로 호응하고 상점은 모두 철시를 하고 그 형세가 자못 불온하므로 경관은 크게 놀라서 어찌할지를 모르다가 마침내 ○○까지 하여 약 이십 분 동안은 전 시가가 뒤집힐 듯이 소동이 있었는데. (하략)[8]

혼례는 끝났다. 신랑 신부는 이곳저곳에 인사를 마친 후 신방이 있는 보금자리로 찾아들었고 동경 사람들도 일상으로 돌아갔다. 서울 사람들도 제자리로 돌아갔다. 오후 늦게 감옥을 나선 사람들도 제집에서 첫날 밤을 보내기 위해 발길을 재촉했다. 사형 선고를 받았던 이들은 출소는 못 하였으나 징역 20년으로 감형되었다. 죽다가 살아난 사람들은 국제결혼 혹은 혼혈혼이라는 이 거사 앞에 그저 얼떨떨했다. 금방이라도 무슨 일 생길 듯 경찰의 경계가 삼엄했던 경성 시내는 조용하였다. 작년 3월 3일 고종의 장례날이 그러했듯이. 그 아무 일 없이 삼엄한 경계망을 지나 출옥자들은 마치 죄인이라도 된 양 조심스런 발걸음을 부지런히 놀려 저마다 보금자리로 향했다.

난파 홍영후는 그 난만한 봄날에 무슨 생각에서인지 오선지를 꺼내들고 떠오르는 악상을 적어나갔다. 그리고 완성된 악보 머리에 〈애수哀愁〉라 제목을 붙였다. 연주방식은 '칸타빌레'라고 적고는 'Made by YoungH. Hong.'이라 서명했다. 말미에는 '1920년 4월 28일 작'이라 부기했다.[9]

피아노나 바이올린을 위해 쓴 듯한 기악곡 한 편이 종이 위에 너울댔다. 아래서부터 위로 오르고 또 오르다 정점에서 다시 내려오는 세 줄 오선지의 악보는 애잔하면서 장중한 선율이었다. 도입부 주제음은 마치 베토벤의 교향곡 〈운명〉 도입부를 뒤집어놓은 듯한 모양새였다.

홍난파는 최근에 소설 한 편을 썼다. 무슨 생각이었는지 그 제목이 〈처녀혼處女魂〉이었다. 앞으로 창작집을 묶어 펴내면 이 소설을 맨 앞에 배치하고, 첫번째 창작집이 될 그 책의 이름도 〈처녀혼〉으로 해볼 생각이다. 그리고 그 소설 앞에다 이 곡 〈애수〉의 악보를 실어볼까 한다. 말하자면 책머리에 서문이나 서시를 쓰듯이 그는 서곡을 붙이는 것이다. 홍난파는 문학과 음악에 달통한 보기 드문 조선 청년이다. 문학과 음악 나아가 미술까지 아우르는 잡지를 지난 1년 사이 세 차례나 펴내기도 했다. 김동인 등이 주도한 문예동인지 『창조』에 뒤따라 기미년 2월 동경에서 예술동인지를 표방하고 창간된 『삼광三光』은 이달 초 마지막 호가 나왔다.

〈애수〉라 이름지은 이 기악곡이 가사를 붙인 가곡으로 사람들에게 불리리라고는 아직 생각하지 못할 때였다. 훗날 〈봉선화〉로 다시 태어나는 그 곡의 노랫말이 이렇게 시작하게 될지도.

울밑에 선 봉선화야
네 모양이 처량하다

그날 한림은 이 기자가 이끄는 대로 명월관에 갔다. 이 기자가 농

담조로 개인 사무실이라 부르는 구석방에 자리해 두 남자는 각자 펼친 신문지를 모로 들거나 방바닥에 깔고 들여다보았다.

"어머나, 선비님들이 어인 일로 이리 일찍……"

일찍 나왔는지 낮잠에서 일찍 깼는지 이 기자의 단골 기생이 달려와 반긴다. 선비 다 죽은 조선에 몇 안 되는 기자를 선비에 빗대는 건 경찰, 그것도 조선인 경찰뿐인데, 요리점 오가며 주워들은 풍월이 이젠 아주 입에 밴 모양이다. 진짜 선비가 본다면 기자는 아마 건달처럼 보일 것이다. 기자는 적기만 하는 자가 아니고 요리점은 말 그대로 요리만 파는 곳이 아니다. 유럽대전의 여파에 화류계까지 불똥이 튀었다. 전후 공황이라 일컫는 대불황이 세계대전 종전 이후 유럽과 미국, 일본을 거쳐 마침내 조선까지 휩쓸었다. 그동안 풀려도 너무 풀렸다던 돈의 고삐를 잡고자 통화 긴축 조치가 최근 시행되면서 돈 구경하기 힘들어졌다는 소리가 4월 내내 높아지고 있었다.

"이것 보아 이거……"

이 기자의 무르팍을 짚고 앉은 여자가 교성 같은 탄성을 지른다. 금반지 낀 손가락은 조선은행권 발행고가 나날이 격감한다는 기사를 가리키고 있다. 4월 1일 1억 5천 4백만 원이던 것이 24일 1억 3천 6백만 원으로 무려 1천 8백만 원이 줄어, 단 24일 만에 12퍼센트나 통화가 감소했다는 수치였다. 두 남자가 못 보고 지나친 그 기사 주위에는 왕세자의 혼사와 관련된 이런저런 기사들이 잔뜩 에워싸 있다.

총독은 이번 혼사의 의미를 "내선일가內鮮一家의 친목을 나타내어 그 융화가 다시 더욱 긴밀해지는" 것이라 밝혔다. 옆에는 일선日鮮 결혼법의 장래를 묻는 기사도 있다.

> 이왕세자와 방자 여왕의 가례로써 일본 민족과 조선 민족의 정식혼인이 성립되었으므로 이로부터 조선인과 일본인의 혼인은 어떠한 법규에 의하여 결행될런지 알기 위해 총독부 법무국장을 방문한 즉, 국장은 말하되 종래에는 일본인이 조선 부인을 데리고 살던지 조선인이 일본 부인을 데리고 살던지 일선 양족日鮮兩族이 혼인하는 경우에는 모두 다 정식의 아내로 호적이나 민적 어디에도 들지 못하였으므로 당국에서도 이를 매우 유감으로 생각한 결과, 그동안 오랫동안 혼인제도에 대하여 조사중이었는데 거의 조사가 다 되었으므로 머지않아 법령을 발표할 터이오, 하더라.

조선인과 일본인의 혼인은 이제 법적으로 그 지위를 보장받게 될 모양이었다. 나라가 병합된 지 10주년이니 이제 인민의 병합 차례인가. 사라진 임금의 유손이 일본의 왕녀를 부인으로 맞아들임으로써 조선의 왕족이 일본의 왕족과 결연을 맺은 이상, 왕가의 혼혈은 이제 인민의 혼혈로 전이될 모양이었다.

이 기자와 상을 사이에 두고 마주앉은 한림은 아예 방석을 모로 틀어 창문을 향한 채 방바닥에 펼친 신문을 편하게 읽는다. 술상 건너 한 쌍이 킬킬대는 소리를 들으며 어제 이 시각 압수 소란 통에 스치고 지난 기사 하나를 떠올린다. 큼직한 이화 문양 아로새긴 신랑 신부 사진 아래 왕세자의 지나온 날을 소개하는 머릿기사와, 민 규수의 사정을 전하는 두번째 큰 기사가 있었다. 그리고 그 사이에 마치 담장처럼 가로질러 박힌 외국 소식이었다. "전쟁이 낳은 아동문제"라는, 소식이라기보다는 지난 이야기 같은 기사였다. 머나먼 유럽, 하고도 벨기에라는 낯선 나라의 이야기였다. 벨기에는, 왕세자가 강제 출국하던 해 을사조약 무효를 세계에 알리러 세 명의 밀사가 당도했다던 네덜란드, 그 옆에 붙은 작은 나라였다.

"유럽 대전란이 5년 동안 계속되는 동안에 세상 사람이 다 아는 바와 같이 정의를 위하여 분연히 일어난 벨기에는 포악한 독일 병사에게 밟힌 바, 미인 많은 벨기에의 젊은 부인들은 독일 군사에게 강간을 당하여 독일 군인과 벨기에 여자 사이에 생긴 어린아이가 헤아릴 수 없이 많다 한다. 그러나 검은 구름에 흰 백로 지나가듯이, 전지에 나온 군사들은 죽지 아니하면 고국에 돌아간지라. 그렇게 낳은 아이들은 아비도 모르고, 벨기에 여인들은 모진 목숨 죽지는 못하고 독일군의 씨를 받은 어린아이를 볼 적마다 흐느껴 운다."

눈을 의심케 하는 이 기사는 그런 요지와 함께 전쟁의 폭력이 낳은 강제 혼혈의 후유증을 들려주었다. 그렇게 출생한 아이들의 국적은 과연 어디냐를 따져보면 비극의 참상에 더해 비극의 복잡성까지 떠올랐다.

경상도만한 영토의 벨기에는 지정학적 위치로 유럽 각국의 각축장이 된 지 오래고 이 나라 저 나라에 병합된 게 한두 번이 아니지만, 19세기 들어 독립한 후로는 영세중립국 지위를 고수해왔다 한다. 허나 세계대전이 발발하면서 프랑스로 진격하는 독일군의 통로가 되어 완전 점령당했다. 이른바 서부전선의 주요 전장은 벨기에와 프랑스의 국경이었고 벨기에에서 파괴와 학살과 유린은 일상이 되었다. 벨기에 왕실과 정부는 프랑스로 옮겨 임시정부를 차렸지만 독일군 치하의 국내에서 견디며 사는 것은 국민의 몫이었다.

겪지 않은 자가 감히 운운하기 힘든 그 참화는 재작년에야 끝이 났다. 침략군은 패잔병이 되어 전쟁터를 떠나 본국으로 돌아갔다. 세계대전의 중심이었다가 패전국으로 전락한 독일의 황제는 낡은 체제에 불만과 염증을 터뜨리는 국민의 시위와 폭동에 왕위에서 쫓겨나 망명객이 되었다.

벨기에의 슬픈 과거와 남은 슬픔을 말하는 기사는 이렇게 덧붙인다.

"물론 이러한 슬픈 사실은 벨기에에만 있는 것이 아니라 프랑스에도 러시아에도, 적군에게 점령되었던 곳마다 생긴 사실이다."

조선인이라고 예외겠는가. 이번 세계대전과는 무관하지만 그 이전까지 조선은 전쟁에 둘러싸여 살아왔다. 유럽의 벨기에 못지않게 동아시아의 전장이 되곤 했었다. 조선은 전쟁을 원치 않지만 전쟁은 조선을 원했다. 그래서 벨기에처럼 강제로 전쟁의 무대가 되어, 삶의 현장에서 전쟁을 온몸으로 체험하기를 되풀이해왔다. 어디로 싸우러 나가는 전쟁이 아니라 집 안에 들어온 전쟁과 동거하는 생활. 사람들은 흔히 생활 속의 피난민이었다.

벨기에의 지난날 사정을 전하는 신문을 덮고 한림은 기생 홍도와 모던보이 이 기자가 듀엣으로 피우는 일제 담배 '부도'의 연기 자락이 파르스름하게 꼬리를 말며 불그레한 전등 아래 피어오르는 모양을 혼례청의 청실홍실인 양 물끄러미 올려다보았다. 세 돈짜리 금지환은 누구에게 받은 것이냐 이 기자가 묻자, 왕세자가 혼사 직전에 주었다는 이화 문양 아로새긴 다이아몬드 약혼반지는 금가락지 옥가락지로 치면 몇 돈쭝이나 될까 하고 홍도가 되물었다.

한림은 속으로 되묻는다. 먼 나라의 지난 이야기가 왜 지금 조선의 혼례 기사 사이에 끼었는가. 그 둘 사이는 무슨 관계가 있는가. 강제 혼혈의 비극을 말하고자 함인가. 유럽전쟁에서 뭇 백성이 피를 흘리고 또 침략자와 피를 섞는 아픔이 있었다면, 청일전쟁과 러일전쟁을 통해 그러한 체험을 겪고 20세기를 시작한 조선은 병합 이후 세계대전이 종료된 지금 백성의 대표로 왕통의 적자가 통치권자인 일본 황실의 사위가 되는 아픔을 겪는다는 것인가. 장차 동경에서 조선의 왕손이 출생하면 그의 국적은 어디냐는 의문이 벌써부터 든다는 것인가.

지금껏 숱하게 있어온 이 땅의 혼혈을 그냥 지나친 사람들도 혼혈에 관심 갖는 것은 무엇보다 그 대상이 왕세자이기 때문이리라. 그 혈통을 유지했으면 하는 바람……

일찍이 고려의 세자는 원나라에 가서 교육을 받고 원나라 공주와 결혼하곤 했다. 원의 압제 속에서 생존을 유지하려던 고려의 왕과 신하들은 내부 반란으로 거세되었고 대부분 죽임을 당했다. 이성계와 그의 추종자들은 정권을 교체했고 국호는 조선으로 변경했다. 다섯

세기가 지난 지금, 조선의 왕세자는 일본에 가서 교육을 받고 일본의 공주와 결혼하게 되었다.

"오라버니, 아주 도서관을 차리셨네."

문이 열리고 또 한 기생이 들어와 신문지를 주섬주섬 걷어내고 한림 곁에 앉았다. 따라 들어온 보이가 쟁반 가득 술과 음식을 부려 놓았다.

암갈색 맥주병 하나를 기생 다루듯 다정하게 골라잡은 이 기자가 분위기를 바꾼다.

"비루한 세상에선 비루가 제격이야."

한림은 선잠에서 깨나듯 상념에서 빠져나와 눈의 초점을 주위에 맞추었다.

"탁주는 없을까."

어질한 심정에 한림이 무심코 뱉은 한마디가 좌중을 서늘하게 했다. 그저께 박석고개 너머 창경원 뒷담장에서 뿜어나는 듯했던 냉기가 흐르는 듯했다.

"기린 비루가 싫으신가? 그럼 삿포로?"

옆자리의 기생이 분위기를 털 듯 콧소리를 드높이며 물었다.

"……삿포로."

그 냉하고 쌉쌀한 황갈색 액체를 받아든 한림은 찬 보리차 같다고 생각하면서 단내 나는 목젖을 축였다. 그리고 잠이 들었나보았다. 한림은 꿈을 꾸었다.

꿈에, 민 규수는 서해를 건너고 있었다.

인천에서 소금배를 얻어 타고 상해로 향하는 길이었다. 아홉 살 아래 남동생이 없었다면 혈혈단신 바다로 나온 이 처녀를 뱃사람은 심청이 보듯 했을지도 모른다. 망망대해의 심청이 민 규수보다 더 처량했을지 모르나 아마 더 초라하지는 않았을 것이다. 행색으로 보아 민 규수는 아버지 삼년상은 벗어난 듯하였다. 표정만 보아서는 왕세자의 결혼도 어느덧 뇌리에서 지워진 듯하였다. 파도 너머 펼쳐질 새 운명만 생각하는 것일지도 몰랐다. 외국 경험 있는 외삼촌이 미리 건너가 거처를 마련한 뒤 행하는 밀항이었다. 왕세자 혼인날 신문에 왁자하게 그의 소식이 올랐으나 아무도 그가 가는지 몰랐다. 그는 신문에 나서도 안 되고 사람 눈에 띄어서도 안 되는 존재가 되어 있었다.

말하자면 민 규수는 망명자였다. 상해임시정부 사람들과는 다른 유형의 망명객이었다. 이런 망명은 일찍이 없었다. 얼굴 한번 못 본 남편 예정자에게 파혼당하고 그로 인해 보이지 않는 상대에게 협박당하다 결국 유배된 망명자.

홀로 익힌 영어로 미국인이 경영하는 학교에 입학했으나 1년쯤 다니다 그만두었다. 일본 경찰이 따라다닌다는 말에 동포들이 모여 사는 프랑스 조계로 들어갔다가 영국 조계로 옮기는 등 이곳저곳 전전했다.

임시정부 사람들은 민 규수 남매까지 신경쓸 겨를이 없어 보였다. 의지하던 외삼촌은 상해로 간 지 얼마 안 되어 숨졌다. 자력갱생. 날개 잃은 금지옥엽 양반집 규수는 섬섬옥수로 편물짜기를 직업 삼아 동생을 양육했다. 그리고 평생 독신으로 살아가자 다짐했다.

세월은 흘러, 조국이 해방되었다는 소식이 바다를 건너왔다.

10년이 하루 같고 하루가 10년 같던 그간의 피신생활을 접으며 가만 헤아려보니 근 사반세기였다. 1920년대가 1940년대로 되어 있었고 20대이던 민 규수는 오십을 바라보았다.

남들처럼 민 규수는 상해에서 귀국선에 올랐다.

반겨줄 이 남아 있으리라고는 기대도 하지 않았다. 과연 그랬다. 임시정부 초대 요인들과 비슷한 기간을 체류하다가 귀국한 서울은 낯설었다. 사반세기라는 세월은 인연의 흔적을 깨끗이 지워두고 귀환자를 냉랭하게 맞았다. 귀양 갔다 귀향하는 기분과 새로 제3국에 이민한 기분이 교차했다. 청계천 건너 수표동 집도 박석고개 너머 성균관 앞 집도 갈 수 없었다. 그는 고국에서 다시 이방인처럼 서울 하늘 아래 셋방살이를 전전했다.

해방이 되었다는데 그것이 독립인지는 분명치 않았다. 자주가 아님은 분명해 보였다. 남반부에는 미국군이 북반부에는 소련군이 진을 치고 있었다. 일찍이 병합되기 이전에 청군이 일본군이 진주하는 광경에 익숙했던 사람들의 눈에 해방 이후 미·소 양군과 함께하는 조국의 모습은 그렇게 새롭지는 않았다. 주둔군이 동양인이 아닌 서양인 일색으로 바뀌었다는 정도밖에는. 러시아인도 낯설지 않아, 그 군대가 드나드는 모습 또한 익히 보던 광경이었다. 북조선 사람들에게는 특히 그랬다. 눈으로 보아 아는 것만 아니라 몸이 그들을 기억하고 있었다.

> 러시아 병정이 정주에 들어왔다. 그들은 들어오는 길로 약탈과 겁간을 자행하여서 성 중에 살던 백성들은 늙은이를 몇 남기고는 다 피난을 갔다. 젊은 여자들은 모두 남복을 입었다. 길에서 러시아 기마병 십여 명에게 윤간을 당하여서 죽어 넘어진 여인이 생기고, 어린 신랑과 같이 가던 새색시가 러시아 병정의 겁탈을 받아 튀기를 낳고 시집에서 쫓겨나서 자살을 하였다. 소와 도야지가 씨가 없어지고 말았다.[10]

오래전 고향 집을 떠났던 이광수가 상경하기 얼마 전 눈과 귀에 각인시켰던 기억을 40년도 훌쩍 지나 오십 줄 후반에 다시 새긴 글이다. 평안도로 러시아군이 들어오던 을사 이전의 그 시절을 손꼽아보면 벨기에로 독일군이 진입하기 약 10년 전이다. 다시 세월을 250년 이상 훌쩍 거슬러오르면 병자호란으로 청군에게 만신창이가 된 서울의 여인들이 서울을 떠나 만주 땅으로 납북되어 위안부로 살다가 귀향하여 시집에서 이혼당하고 쫓겨나던 그때의 광경이 겹쳐진다.

꿈엔들 잊힐 리야 싶은 그 기억이 동리마다 사람마다 생생한데

40년 만에 러시아 병정들이 다시 돌아왔다. 이번에는 소련으로 이름을 바꿔 달고 환영 꽃다발을 받으며 북조선에 입성했다. 복장만 달라졌을 뿐 그 몸뚱이와 목소리는 여전했다. 40년 전 일본의 마수에서 조선을 건지겠다는 기세로 남하하던 러시아 군대는 이제 붉은 군대로 명칭이 바뀌어 해방자의 이름으로 북조선을 점령했다. 해방자는 해방된 자에게 군주와도 같았다.

일본과 청국이 격전을 벌이고 10년 후 다시 일본과 러시아가 격전을 벌이던 조선의 땅과 바다는 일본이 단독으로 점령한 지 40년 만에 미국에 패전해 쫓겨나가면서 소련과 미국의 깃발 아래 해방되었다. 마치 50년 전 청일전쟁 이전의 조선으로 되돌아간 듯했다. 전쟁은 아니지만 평화도 아니었던 시절. 임오와 갑신 사이 2~3년의 군란과 정변의 내란을 거쳐 갑오와 을미 사이 1~2년간 반란과 내전과 동아시아 대전과 국모 시해의 생난리가 한꺼번에 터지기까지 10여 년에 걸친 기간. 청국과 일본이 서울에서 오월동주처럼 등을 맞대고 암투하던 그 1882년에서 1895년 사이의 기간은 가고 어느덧 1945년이다. 태평양전쟁이 끝나고 미국과 소련이 서울과 평양을 근거지로 남북에 할거한다. 이제 독립과 자주와 평화는 어떻게 되는 것인가. 1895년 청국의 속박에서 벗어난 조선의 앞길에 놓인 것들이 1945년 일본의 통치에서 해방된 조선의 앞길에 설마 반복될 것인가.

조선총독부에 걸린 일장기가 내려오고 그 자리에 성조기가 올라갔다. 경성부민에서 서울시민으로 옮겨갈 사람들은 벌린 입을 다물지 못하였다. 만세 부르면 독립인 줄 알았던 기미년의 악몽이 26년 만에 생생히 떠오르는 듯했다. 평양에는 소련 권력자의 얼굴이 초대형 초상화로 내걸렸다. 사람들은 거리에서 그 러시아인 얼굴을 향해 기미년처럼 만세를 불렀다. 일본 신사에 참배할 때만큼이나 진지하고 동방을 향해 천황에게 요배할 때 못지않게 엄숙한 표정이었다. 자진해서 하는 이보다는 강요로 마지못해 하는 이들이 더 많아 보였다. 해방 이전 사람들이 친일 아닌 친일을 했듯이 해방 이후 사람들은 친러 아닌 친러, 친미 아닌 친미를 하며 변화된 환경에서 생을 도모했다. 소련군이 북조선에서 미국군이 남조선에서 군정軍政을 시행했다. 일정日政은 마침내 사라졌다. 점령 지역을 점령군이 통치하는 것이 군정이라 했는데 군인 출신 총독이 통치하던 이전의 총독정치와 어떻게 다른지 알 듯 말 듯했다. 자주독립이라 했는데 무엇이 독립인지 어떻게 자주인지 쉬 납득이 되지 않았다.

그 군정의 깃발 아래 자본주의와 공산주의라는 양대 이념이 남과 북에 양갈래로 몰아쳤다. 두 주의主義야 총독통치하 일정시대에 일찍이 수입되었지만, 이렇게 그 주의의 본산이라 할 미국과 소련이 직접 시행하는 자본주의와 공산주의 체제를 일상에서 체득하는 경험은 각별했다. 체제는 주어졌고 선택의 여지는 없었다. 총독정치냐 아니냐를 선택할 수 없었던 지난날처럼. 왕조 말고 달리 무슨 체제가 있으리오 했던 그 옛날처럼. 남에서는 남의 주의가, 북에서는 북의 주의만이 정통으로 인정되었다. 유일사상이 싫은 사람은 체제 바깥으로 나가야 했다. 아니면 반체제였다. 그것은 과거의 역적만큼이나 위험한 신분이었다.

주의에 저마다 일로매진했다. 그것은 추상적인 이념이면서 구체적인 생활 방편이었다. 초라한 국토에 이념이 물결쳤다. 노론이니 소론이니 남인이니 북인이니 하던 당파의 이전투구가 이제 좌니 우니 하는 이름으로 재생되었다. 정통이 아닌 다른 주의를 따르는 사람은 이단자처럼 고초를 겪거나 추방됐다. 남에서 북으로, 북에서 남으로. 망명 아닌 망명의 행렬이 해방 조국의 품에서 재개되어 좁다란 땅 남북을 오르내렸다. 남과 북을 오가는 사람들의 모습은 망명객을 방불케 했다. 지역에 따라 할거하는 이념주의이면서 이념을 표방한 지역주의처럼 되어버렸다. 그렇게 남과 북은 다른 지방에서 다른 지역으로, 마침내 다른 나라로 차츰 이동하는 듯했다. 유식한 이들은 1국가 2체제라고도 했다. 그러면 저 옛날 삼국시대는, 1국가 3체제인가. 말과 이념의 홍수였다.

그 시절의 숱한 소리 속에 나이 오십이 다된 민 규수의 귀를 울리는 말이 있었다. '이은'이라는 이름이었다. 어느 날부터인가 민족반역자라는 수식어가 이은에게 붙었다. 옛날식으로, 그러니까 이은이 태어나던 시절로 치자면 친러파쯤 될 것 같은 좌익이라는 신종 당파에서 주로 그리 호명했다. 왕세자라는 호칭은 사라진 지 이미 오래였다. 그런 용어를 입에 담는 사람은 봉건적이라고 지탄받았고, 불온하게 취급받기도 하는 것이 해방 조선의 사조였다. 진보를 독점하려는 이른바 좌파들의 말대로 이은이 민족의 반역자라면 일제 통치하에 세금 내며 생활을 영위한 그들과 그 부모형제는 다 무엇이었다는 건지 모를 일이었다. 그리고 이은의 아버지 고종과 형님 순종은 또 무엇인지. 해방 이전에도 이런 인식은 공공연히 입에 담지는 않았지만 사람들의 마음 한편에 암암리에 있었다. 오래전 민규수가 집을 떠나기 전 상해에서 발행되던 독립신문은 이은을 매도하는 글을 실었다.

오늘부터 영친왕이라 존칭하기를 폐하리라. 영친왕이던 이은은 아비 없고 나라 없는 금수인 고로. 죄악 많은 이조의 역사는 금일로써 (중략) 적자賊子 이은으로 인하여 영원한 정죄定罪와 저주를 받은 것이다. (중략) 이은이 도적 이토 히로부미에게 적의 서울로 끌려갈 때는 유년이라 동포는 그가 인질로 잡혀감을 슬퍼하였거니와 지금은 이미 성년이니 그를 지각이 부족한 아이라 하여 용서할 수 없다. 구국일보는 분개하여 이르되 "아비가 죽으매 애통해할 줄을 모르고 형(의친왕)이 잡히매 슬퍼할 줄 모르고 이제 원수에게 장가드니 이은은 금수로다" 하였다. 아아, 그는 과연 금수다. 금수가 아니고야 어찌 차마 그 부황과 모후를 시해하고 그 황위를 찬탈하고 그의 동족을 모질게 해치는 원수의 여자를, 그의 2천만 형제와 자매가 조국을 위하여 혈전하는 오늘날에 아내로 맞을 심장이 있을 것인가.[11]

이은의 결혼 열흘 뒤 발행된 이 논설은 이광수가 쓴 것이었다. 상해에서 중국인이 발행하는 구국일보에서 사용했다는 표현을 빌려

저주와 욕설을 구사했는데, 역적이나 패륜아에게 적용될 만한 수위였다. 창간 9개월을 맞은 독립신문이 자금난을 못 견뎌 주 3회인 발행 횟수를 줄이기로 한 시점이었다. 일주일 뒤 주 2회 발행으로 독립신문은 축소됐다. 사장 겸 편집국장 이광수는 다음 논설로 러시아령의 한인 최재형의 죽음을 애도하는 글을 작성했다.[12] 이은을 얘기할 때와는 정반대의 어조였다. 최재형은 돈 귀한 상해임시정부에 초대 재무총장으로 한때 거론된 적이 있다. 러시아군에 군납하여 큰 돈을 모으고 한인무장단체에 러시아 무기를 공급했던 최재형은 임시정부 입장에서는 붙잡고 싶은 인물이었고 일본으로서는 그냥 둘 수 없는 인사였다. 그가 체포되기 나흘 전 이광수는 독립신문에 "독립전쟁의 시기, 이에 필요한 준비"라는 논설도 실었다. 너도나도 독립전쟁이 오늘내일이라도 일어날 것처럼 의논이 분분한데, 금년 안에라도 선전포고를 하자면 준비할 일이 한두 가지가 아니라는 설명이었다. 민심의 통일이 있어야 하고 국민군이 편성되어야 하고 인재가 있어야 하고 재력이 있어야 하며 미국이나 중국이나 러시아의 협력이 있어야 할 것이라 강조했다.[13] 논설에서는 최재형이 일본군에 끌려가서 십여 일간 구류 후 피살됐다고 얘기했으니 아마도 4월의 중순, 서울에 벚꽃이 절정을 이루던 그때였나 보았다. 이은의 혼삿날을 십여 일 앞둔 즈음이었던 셈이다.

망명객 이광수의 발언이 25년도 더 지난 해방 조국에서 친러파 좌익 인사들에게 면면히 계승되고 있었다. 꽃 피는 5월 그 논설을 쓴 후 한 해를 더 상해에서 살다가 서울로 찾아들어간 이광수를 민족의 배신자로 매도했던 선봉이 당시 1세대 사회주의자들이었다.

이광수의 독립신문 논설은 일본에 장가든 이은의 죄를 묻는 데에서 그치지 않고 조선 왕조 자체를 단죄했었다. 그 논조 역시 이후 사회주의 계열에서는 상식이자 기본 전제가 되었다.

> 대한민족의 최대 원수가 누구인가. 하늘도 아니요 땅도 아니요, 실로 5백 년의 조선 왕조다. (중략) 자가自家의 만년을 도모하려다가 (중략) 임진왜란의 참화를 초래하고, 병자호란에도 (중략) 자가의 안전을 도모하여 두번째 민족에게 노예의 수치를 가했다. (중략) 백성을 더할 수 없이 약하고 어리석고 가난하고 악하게 한 뒤에 마침내 을사의 치욕과 경술의 욕을 당하여 이제 섬 오랑캐 노예의 고통을 맛보게 한 것이다. (중략) 이를 생각할 때 현재 독립의 광복을 위하여 피를 흘리는 우리들은 분하여 이를 갈지 않을 수 없다.

복속하던 왕조통치에서 해방되고 한참이 지나 왕조를 공개 비판했다. 복속하던 일제통치에서 해방되고 나서 다들 친일을 말했다. 동족의 압제와 이민족의 압제가 사라진 공백기에 만백성이 너도나도 정치를 말했다. 그렇게 말의 열기가 전국을 뒤덮는 사이 남과 북에 어느덧 따로 두 개의 정부가 세워졌다. 남쪽은 대한의 이름을 건 민국이었고 북쪽은 조선의 이름을 건 민주주의인민공화국이었다. 다들 인민이 주인 되는 나라, 민주공화국이었다.

남에서는 지난 과거를 청산하자고 반민족행위 특별조사위원회를 만들어 과거사 진상규명이 주요 국사로 다루어졌다. 북에서는 민주개혁이라는 기치하에 미래로 가는 사회주의 전략을 시행해나갔다.

한 달 사이 두 개의 정권이 속속 들어서고 다음해는 3·1독립운동 30주년이었다. 고종 임금 장례를 치른 뒤 여기저기 임시정부가 앞다투어 일어나던 그 기미년이 벌써 강산도 세 번 변한다는 세월을 넘었다. 많은 것이 변했고, 변하지 않는 것도 많았다.

두 국가인지 두 체제인지 모를 남과 북이 전쟁에 돌입한 것은 그 다음해였다.

북에서 군대가 내려오고 남에서 군대가 올라갔다. 조선이 오랜만에 벌이는 전쟁이었다. 남들 전쟁에 삶터를 내주고 이리저리 치이며 혹독한 인적 물적 수난을 당하던 청일전쟁이나 러일전쟁과는 달랐고, 머나먼 이역만리 낯선 전장에 총 한 번 못 잡아본 학생을 지원병으로 배 태워 보낸 태평양전쟁과도 달랐다. 조선인들 스스로 조선 전역에서 수행한 전쟁이었다. 이전 점령군이었던 소련과 미국의 지휘를 받았어도 전투의 주력은 조선인이었다. 일률적으로 조선인이라고 부르기는 뭣했다. 북은 조선민주주의인민공화국이라서 조선이지만 남은 대한민국이어서 한국이었다. 이름부터 갈라선 이들은 이제 남과 북으로 편을 갈라 적이 되었다. 남침한 군대는 그 이름이 인민군이라 했고 북진하는 군대는 국방군이라 불리며 서로 치열하게 싸웠다. 이름은 갈렸어도 서로 호칭은 같았다. 괴뢰였다. 소련의 괴뢰, 미국의 괴뢰라 부르며 서로를 꼭두각시라고 비하했다. 살육이 거듭될수록 서로는 원수가 되어갔다. 전장에서 죽이고 앞뒷집에서 서로를 해치다보니 외적보다 무서운 동족이 되어갔다. 일본 물러나기를 소원하고 민족과 독립을 입에 달던 사람들이 그랬다.

동족상잔을 호칭하는 용어도 서로 달랐다. 밀고 내려온 북측에서는 남조선 해방전쟁이라 했고 되밀고 올라간 남측에서는 6·25전쟁이라 했다. 태평양을 건너와 낙동강과 압록강을 오르내린 미군 병사의 눈에는 그 할아버지의 아버지뻘이 미국 대륙에서 90여 년 전에 벌인 남북전쟁이 연상되었을지도 모른다.

현상은 분명한데 실체가 불분명한 전쟁이었다. 호명하는 이름부터 보는 시각까지 모두 제각각이었다. 전투를 거듭할수록 국가 간의 전쟁인지 민족 간의 내전인지도 애매했다. 목숨을 걸고 싸우다보면 자발적 전투인지 대리전인지도 오락가락했다. 그렇게 대한민국 국민과 조선민주주의인민공화국 인민이 된 사람들은 정체불명의 복잡한 전쟁에 하루하루 심신이 말라들었다. 상갓집 개만도 못한 신세라더니 이제 개죽음과도 같은 처지로 내몰렸다. 해방이 영문 모르게 왔고 그전에 합방도 영문을 몰랐지만 이 전란은 도통 모를 일이었다. 그렇게 첫 더위에 시작한 전쟁이 해를 넘기고 압록강변 전선에서 전쟁이 끝을 바라보는 듯한 엄동설한에 언 강을 넘어 중국군이 내려왔다. 55년 만에 보는 중국 군대였다. 청나라 때와 복장이 달라졌을 뿐 꿈에도 잊힐 리 없는 바로 그 병사의 후예들이었다. 1895년으로 갑자기 회귀하는 느낌이었다. 일본과 각축하던 청군이 10년여의 주둔 끝에 철수하던 그해 이후 조선을 장악한 러시아가 10년여 조정을 주도하고는 을사년에 서울을 떠나갔다. 청국과 러시아를 모두 조선에서 쫓아낸 일본이 그로부터 40년 뒤 미국에 의해 조선에서 축출되자 러시아는 소련이라는 이름으로 미국을 따라 조선에 다시 들어왔다. 그리하여 5년 만에 기이하고 참혹한 살육 파괴전을 벌이는 이때, 죽은 청국이 중국이 되어 다시 강을 넘어왔다. 항미원조抗美援朝라 했다. 임진왜란 때 항왜원조라며 넘어온 명나라 군사가 일본 군사 못지않게 지긋지긋했던 기억이 아직 생생한 조선 땅이었다. 이제 본토 내에서 조용히 회복중인 일본만 제하고 인연 많은 나라들이 다시 이 강산에 모였다. 나라는 바뀌어도 산하는 그대로였다. 조선은 전쟁을 원하지 않아도 모두가 조선의 전쟁을 원했다. 조선인은 원치 않게 서로를 증오하고 살육하고 원수처럼 되어갔다. 조선과 고려와 통일신라를 훌쩍 건너뛰어, 고구려와 백제와 신라가 전쟁하던 시절로 회귀라도 한 듯 남북조의 시대가 호된 개막식을 치르고 있었다.

남들처럼 민 규수는 서울을 떠나 남행길에 올랐다.

나라를 떠나 피난하여 근 25년 만에 돌아온 서울에서 5년 만에 또 피난이었다. 끝까지 흘러가니 부산이었다. 중화인민공화국 군대의 인해전술에 밀려온 인파의 인산인해 속에서 민 규수는 다시 깃들 곳을 찾았다. 한때 아버지가 통치하던 동래부는 부산부에 합병된 이후 어느덧 부산시로 확장되어 있었다.

다시 세월이 흘러, 전쟁이 끝났다고 했다. 많은 사람이 고향을 찾아 부산을 떠나갔다. 40계단 층층대와 국제시장에서 부산역과 부산항에서 저마다 이별식이 치러졌다. 더 돌아갈 고향은 없다고 생각한 민 규수는 동생과 그대로 눌러앉았다. 38선 이북에서 내려온 사람들이 흔히 그런 것처럼.

후에 들으니, 남으로 내려온 사람들처럼 북으로 올라간 사람도 많다고 했다. 남행자들은 자진해서 혹은 쫓겨서 내려왔는데, 북행자들은 자진해서 올라간 사람도 끌려간 사람도 많다고 했다. 자진 월북자나 강제 납북자나 많은 이가 벌써 생을 마감했다고 한다. 올라간 이들은 서울 살던 유식자들이 많았고 그 상당수는 문필가였다.

이광수는 서울 효자동 집에서 병중에 전쟁을 만나 인민군에 집을 차압당하고 조사도 받다가 북으로 끌려가 건강이 악화되어 해를 못 넘기고 사망했다. 조실부모하고 떠난 고향 땅 평안북도 중에서도 내륙 오지인 추운 지방에서 환갑이 아직 안 되어 홀로 맞은 죽음이었다.[14]

한때 사회주의 문예의 기치 아래 이광수를 공격하던 박영희는 서울이 함락된 이튿날 흰 양복에 밀집 벙거지를 쓰고 우산을 짚고 마포 쪽으로 걸어가다가 체포되어 북으로 끌려갔다고 했다.[15] 박영희의 친구이자 라이벌이었던 김기진은 며칠 뒤 서울시청 옆 길거리 인민재판에서 사형 선고를 받고 몽둥이로 타살하는 형을 받았으나 며칠 후 깨어나 살아났다.[16]

박영희와 김기진의 후배이며 이들을 딛고 올라 한때 사회주의 문예 진영의 패권을 잡았던 임화는 자진 월북해 딸과 함께 남조선해방전쟁에 종군한 후 평화가 찾아온 평양의 법정에서 인민의 이름으로 사형당했다.

박헌영을 종점으로 하여 완결된 남쪽 출신 사회주의자에 대한 선별 숙청을 통해 전쟁 후 김일성은 체제를 반석 위에 올려놓았다. 월북하여 전쟁에 참여하고 사형된 자들은 아무도 자신을 변호하지 않았다. 수개월간 투옥중에 무슨 일이 있었는지 일제의 탄압을 버텨온 투사들조차 하나같이 스스로 죄목을 적극 시인하고 죄과를 달게 받겠노라 인민 앞에 맹세하고 자청하여 죽음의 길로 걸어갔다.

전쟁이 끝나고 15년이 지나 숨진 민 규수는 부산의 천주교 묘지에 묻혔다. 서울 수표동 집에서 금지환을 빼앗기던 그날이 만 50년을 지난 날이었다. 5년 전 전신마비상태로 귀국한 이은도 명동성당 옆 성모병원에 입원해 있다가 민 규수가 작고하고 2년 뒤에 숨졌다. 결혼 50주년을 막 지나서였다. 서양 풍습대로라면 금가락지 같은 금붙이 예물을 주고받는다는 금혼식을 부부는 병실에서 케이크 하나 놓고 치렀다 한다. 일본이 패전하고 조선이 해방된 그날 이후 이은 부부는 일개 시민 이상의 대접은 받지 못했다. 어느 나라에서도.

참 기이한 꿈이다……

물론 깨기 싫을 정도로 좋은 꿈은 아니었다. 그렇다고 필사적으로 빠져나오려 버둥대는 악몽 같지도 않았다. 그냥 영화 같았다. 두

번 볼 마음은 전혀 없지만 그렇다고 중간에 일어나서 나올 필요까지는 없는 그냥 보통 영화.

그 꿈속 영상은 꿈 바깥에 전개되는 현실보다 좋지는 않지만, 피하여 달아나고 싶다기에는 이 현실도 그리 좋지는 않다. 방금 꿈에 비친 환영이 만약 미래의 영상이라면 다시 돌아가서 보고 싶지 않다. 하지만 지금 여기 현실에서 즐거이 있을 형편이 아니라면 어디론가 계속 가야 한다. 거기가 어디가 될지는 모른다. 그냥 갈 뿐이다. 다만 미래를 미리 상상하여 놀라지는 말자고 생각한다. 영화 보고 놀라는 것 이상으로 살면서 놀라지는 말자고 생각해본다. 절망도 희망도 활동사진관에서 하는 것 이상은 극장 바깥에서도 하지 말자고 한림은 생각한다. 꿈속에서 무엇을 보았더라도 꿈 깨어 티내지는 말자고 생각해본다.

꿈은 뭔가를 말하고 있다. 한림은 그것을 느낌으로 알지만 미래로 아니 갈 도리는 없다. 한림은 서서히 몽환경에서 풀려나 망막 바깥 맥주잔과 그 가장자리의 식어 내려앉은 거품을 어릴 적 이른봄 유리창 밖 녹아내리는 진눈깨비로 기억하며 물끄러미 바라본다.

그렇게 시선을 둔 채 망연히 앉아 있는 한림에게 이 기자는 더 자도 좋다는 표정으로 무르팍에 올려둔 기생의 왼손 금지환 가장자리를 살살 매만진다.

"지난번에도 졸더니…… 맥주는 모든 모던보이의 필수이거늘."

두 잔째 받아놓고 잠들었다는 맥주가 아직 반쯤 차 있었다. 잠든 동안 얼마나 마셨냐고 물으니 이제 두어 잔 더 마신 참이라고 했다.

그러고 보니 창호로 비치는 해거름이 좀전과 별 차이가 없다. 꿈은 빛처럼 빠르다. 앞뒤도 없이 모든 것을 한 번에 다 보여주고 없는 듯이 사라졌다. 마치 다 돌아간 활동사진처럼. 꿈은 영화의 잔영처럼 한림의 뇌리에 맴돌았지만 맥주 거품처럼 하나둘 사라져간다.

4월 초 여기서 회사 첫 피로연을 갖던 그날 밤에도 익숙지 않은 맥주 한 잔에 잠이 쏟아져 마당에 나갔다가 넓은 쟁반 받쳐들고 지나가는 하나코와 마주쳤다. 작년 9월 초 부산항 선착장 부두 식당에서 보고 처음이었다. 창경원 가서 벚꽃 구경 하자고 간단히 말을 건넨 것은 삿포로맥주 한 컵 덕이었다. 그리고 못 만났다. 하나코는 지금 여기 있을까.

"나혜석이 결혼식을 올렸다면서요. 보았나요? 가서 보고 싶었는데."

한림 옆의 기생이 비로소 한림을 돌아보며 묻는다.

봄빛이 무르녹는 4월의 둘째 토요일 오후에 장안의 주목을 받으며 나혜석은 덕수궁 뒤 예배당에서 목사의 주례로 혼사를 올렸다. 두 사람의 사진과 더불어 신문에 예고 기사가 났고 그 아래 청첩장이 광고로 실렸다. 하나코와 만나기로 한 그 주말보다 한 주 앞이었으니까 벌써 스무 날 가까이 되어간다.

옆방에 손님이 들어차나 싶더니 어느새 시비가 붙은 모양이었다. 술판은 조선인의 놀이터요 전장이다. 총칼로 못 할 전쟁을 술자리서 할 수 있고 주먹질 감정싸움 모두 술상 뒤엎는 정도로 평화롭게 대체할 수 있다. 동이족은 밤 새워 음주가무 한다고 『삼국지 위지 동이전』에도 쓰여 있다지 않는가. 기생을 자동차에 태워가지고 독립문 밖 고개 밑에서 2차로 놀자는 파와 여기서 끝까지 가자는 파로 파벌싸움이 벌어진 모양이었다.

"비루하여도 비루를 마시는 세상이 언제 또 있었나."

화장실 다녀오기도 아까워하는 이 기자가 잠시 기생과 석별하여 복도를 둘러보고 오더니 맥주잔을 비우며 말한다. 그리고 대청마루 건너 큰 방에는 일본 기자단이 와 있더라 전한다. 남만주철도경성관리국에서 동경과 오사카의 신문사에서 온 기자들에게 만찬을 열어주고 있다는 것이다. 이들 기자들은 어젯밤 서울에 들어와 조선호텔에 투숙했는데 오늘 오찬은 조선은행 주최로 환영회를 겸했다고 한다. 이 기자는 정말 모르는 게 없다고 했더니 오늘 아침 신문에 났다고 했다. 만주조선 시찰이 목적인 기자단은 내일 인천항을 시찰하고 미즈노 정무총감 초청 만찬 후 밤 열한시 만주를 향해 북행하리라 한다.[17]

북행北行.

북에는 무엇이 있을까. 한림은 북행이란 단어에 묘한 감흥을 느끼며 북행 열차가 데려다줄 먼 세상에 잠시 호기심이 동했다. 여기에는 없는, 여기에 결핍한 무엇이 거기 있을까. 저들은 내일 밤을 달려 조선을 북상해 아침이면 신의주철교를 넘어 경의선을 뒤로하고 압록강 건너 안동 땅으로 진입하여 남만주선 연도에 펼쳐진 만주벌판을 가로질러 아마 봉천으로 달려갈 것이다. 거기서 그들은 선인들의 행적을 따라 여순과 대련, 그리고 하얼빈도 돌며 만주와 조선의 오늘을 목도하고 어제를 새삼 새겨볼 것이다.

한림은 어제 신문에서 본 또다른 북행 열차를 떠올린다. 개성 가는 꽃구경 기차, 그러니까 벚꽃 열차였다. 왕세자 혼인과 민 규수의 기사 아래 광고란에 크게 게재된 만철경성관리국의 광고는 꽃놀이 임시 열차 운행이 오는 일요일, 5월의 첫 주말에 특별 개시된다는 소식을 전했다.

남대문 출발 오전 아홉시 십분. 개성 도착 열시 오십오분. 빠른 속도다. 아침 먹고 용산이나 남대문에서 출발한 승객들은 신촌을 지나 수색을 벗어나며 질주하는 쾌속 열차에서 삶은 달걀과 히야시된 사이다를 들며 백마, 일산, 파주를 거쳐 금세 문산으로 내닫는다. 대동강 맑은 물로 만들었다는 금강사이다의 트림과 더불어 구비치는 임진강을 건너면 온 것만큼 더 가서 목적지다. 고려의 서울이던 개경. 나라의 왕권을 찬탈하는 무리들에게 저항하다 순절한 고려 충신의 피가 서려 있다는 선죽교도 둘러보고 꽃 대궐의 그늘 아래 찬란한 봄을 만끽하며 시원한 육수에 차게 식힌 만두 띄워내는 개성 별미로 점심도 먹고, 그렇게 놀아도 시간은 넉넉하다. 돌아오는 개성발 네시 십분 차에 맞춰 미리 개성 역전에 당도하면 철도공원에 마련된 무료 휴게소에서는 특별히 이날 하루 철도 승객을 위해 인삼탕이 제공되리라 한다. 그리하여 노곤한 석양빛을 벗삼아 내려오면 서울에 여섯시 정각 도착한다. 오늘도 제때 저녁을 먹을 수 있다.

나흘 후 그 기차라도 타볼까.

찾아드는 갈증에 한림은 바람을 쐬고 싶어 일없이 마당에 나섰다. 담배 한 대 피우는 시간만큼을 서성이는데 하나코는 보이지 않았다. 담배 피우러 나온 보이에게 물어보니 지난주부터 나오지 않는다고 한다. 어디로 갔는지 아무도 모른다고 한다.

술잔치는 끝났다. 술잔을 비운다. 주머니를 비워야 할 시간이 돌아왔다. 처음으로 사 입은 양복 재킷 불룩한 주머니에서 화장품 갑을 꺼낸다.

"박가분이네."

창경원에서 내려오던 그날 연지동을 지나며 박가분 제조판매소에 들러 도매금으로 사두었던 것이다. 맘에 들면 가지라고 하니 기생은 작별인사 대신 말한다.

"우리 요즘 수입품 써요. 일본 것."

반쯤 찬 삿포로맥주 마지막 잔이 탁한 목구멍을 타고 흘렀다.

하나코는 삿포로에서 왔다고 했다. 그것 밖에 아는 것이 없다.

북해도. 북해北海……

조선에는 동해 서해 남해가 있는데 북해만 없다. 그래서인지 북해라는 이름에 한림은 묘한 기분이 들었다. 유럽에도 북해는 있다지만 북해도는 일본에서 얼마나 북쪽에 있는 것일까. 북해도에도 벚꽃이 피는가.

한림은 큰길로 나서 종로 대로를 걷는다.

단성사 앞 명월관 별관에서 탑골공원까지 종로 3정목과 2정목 사이. 택시회사가 유독 많이 모여 있는 연도를 지나 탑골공원 앞 파출소까지 이른다. 봄밤은 경성부민에게 활짝 피어난다. 탑골공원은 이미 야간 개방에 들어간 지 일주일째다. 자정까지 문을 열어 도심 제일의 저녁 놀이터 역할을 다하고 있다.

탑골공원의 십층석탑이 어둠 속에 어스름 화강암 빛을 발한다. 그 빛을 느끼며 한림은 종로 2정목 쪽을 바라본다. 가로등이 들어온 거리에 야시夜市 준비가 한창이다.

> 경성의 야시는 작년에는 만세 소요로 인하여 개점을 허가하지 아니하였으나 금년에는 다시 개점을 허가하여 5월 1일부터 가게假家를 벌인다 한다.[18]

접어두고 나온 신문에 공고된 대로 여기저기 가게 곧 가가假家를 짓고들 있다. 임시 천막처럼 가건물처럼 임시로 지은 가짜 집이다. 집은 집이로되 진짜 집이라 할 수는 없고, 실물이긴 하나 가상假像에 가까운.

한림은 문득 생각한다. 내가 지금 세 들어 사는 집도 가가인가. 본가는 아니니 옳은 내 집이라 할 수는 없겠다. 하지만 내 집은 그뿐이므로 그곳이 내 집은 맞다.

나라의 새로운 이름으로 국가國家라는 말을 많이 쓰는데 내가 사는 이 나라는 진짜 국가인가 아니면 가가假家인가. 그래서 상해에 만들어진 임시정부를 가정부라 부르기도 하는가.

극장 우미관에서는 애정극 〈장한몽〉이 일곱시부터 절찬 상영중이다. 이수일과 심순애의 운명적 애정 쌍곡선. 신파극이라는 그 이름 신파新派를 영어로 푼다면 뉴웨이브쯤 될까…… 보름을 향하여 도톰해져가는 초저녁달 아래 종로 거리를 한림은 익숙잖은 비루의 거품에 취하기라도 한 듯 몽롱한 기분으로 걸어간다.

신문 발행 첫 달이 다 갔다. 4월이 어느덧 가고 있었다. 1920년의 4월 28일이었다.

밤길의 사람들 사이에서 한림은 탑골공원 십층석탑을 넘어 저녁 동풍을 타고 오는 꽃향기를 느낀다. 그리고 두보의 시 「춘망」의 둘째 연을 제딴으로 번역해본다.

> 시절의 느낌에 꽃은 눈물 흐르고
> 이별의 슬픔에 새는 마음 놀란다

희미한 가로등에 의지하여 이어지는 어두운 가게들의 거리를 지나며 한림은 생각한다. 하나코는 어디로 갔을까. 만약 다시 만나게 된다면 북해도에는 벚꽃이 언제 피는지 물어보리라.

미주

1장. 낙화유수

1) 청계천 빨래터의 풍경은 당시를 촬영한 사진들에 다양하게 나타난다. 천변의 모습과 이에 대한 묘사는 박태원의 『천변풍경』(깊은샘, 1989)에 삽입된 사진과 소설 속 묘사를 참고했다.
2) 청어와 동지에 관해서는 『한국세시풍속사전』(국립민속박물관, 2006) 참조.
3) 김창욱, 『홍난파 음악연구』, 민속원, 2010, 43~44쪽. 이하 홍난파의 전기적 사실에 관하여는 이 책을 주로 참조했다.
4) 매일신보, 1920년 5월 24일.
5) 서울시사편찬위원회, 『서울공연예술사』, 2011, 450~451쪽.
6) 박찬호, 『한국가요사 1』, 안동림 옮김, 미지북스, 2009, 205쪽.
7) 동아일보, 1927년 11월 4일.
8) 서울시사편찬위원회, 앞의 책, 552쪽.
9) 1920년대 한국영화와 관련한 서술은 유현목의 『한국영화발달사』(책누리, 1997)를 두루 참조하여 재서술하였다.

10) 김갑의 편저, 『춘사 나운규 전집』, 집문당, 2001, 456~458쪽. 이하 나운규에 관한 이야기는 이 책을 참고했다.
11) 『문예 영화』 창간호(1928년 3월)에 수록된 이 편지는 동아일보 1992년 1월 4일 자에 자료수집가 김종욱이 발견한 것으로 보도되었다.
12) 박찬호, 앞의 책, 66~68쪽.
13) 정병호, 『춤추는 최승희』, 현대미학사, 2004, 34~39쪽.
14) 동아일보, 1927년 10월 28일.
15) 동아일보, 위의 기사.
16) 매일신보, 1927년 10월 28일.
17) 심훈 저, 정종진 편집, 『그날이 오면(외)』, 범우사, 2005, 267~270쪽.
18) 서울시사편찬위원회, 앞의 책, 461~462쪽.
이영미, 이준희 편집, 『사의 찬미(외)』, 범우사, 2006, 325쪽.
19) 동아일보, 1929년 4월 1일.
20) 동아일보, 1926년 7월 15일.
21) 동아일보, 1926년 8월 5일.

2장. 재즈가 소용돌이치는 카페

1) 박영희, 「초창기 문단측면사」, 『현대조선문학사(외)』, 범우사, 2008, 288쪽.
2) 박영희, 위의 책, 286쪽.
3) 이시카와 다쿠보쿠, 『이시카와 다쿠보쿠 시선』, 손순옥 옮김, 민음사, 1998.
4) 김팔봉, 「카프문학시대」, 강진호, 『한국문단 이면사』, 깊은샘, 1999, 106쪽.
5) 박영희, 앞의 책, 106쪽.
6) 박영희와 임화에 관한 내용은 김윤식, 『한국근대문예비평사연구』(일지사, 2011)를 참고해 재구성하였다.
7) 서울시사편찬위원회, 『서울공연예술사』, 561쪽.
8) 조선일보, 1933년 1월 21일.
9) 서울시사편찬위원회, 『서울건축사』, 1999, 579쪽.
10) 동아일보, 1927년 10월 27일.
11) 동아일보, 1929년 12월 4일.

12) 야노 다테키, 「신판 대경성안내」, 1936, 『경성 1930』, 청계천문화관, 2011, 255쪽 재인용.

13) 김태수, 『꽃가치 피어 매혹케 하라』, 황소자리, 2005, 271쪽.

14) 동아일보, 1929년 1월 31일.

15) 최승일, 「졸업하고 나서 직업을 구하기까지」, 『별건곤』, 1927년 3월.

16) 동아일보, 1928년 3월 5일.

17) 동아일보, 1929년 3월 1일.

18) 『별건곤』, 1929년 6월.

19) 동아일보, 1921년 12월 24일.

20) 최학주, 『나의 할아버지 육당 최남선』, 나남, 2011, 65~66쪽.

21) 『별건곤』, 1926년 12월.

3장. 망국 대신을 왜 찾아왔소

1) 서울시사편찬위원회, 『서울교통사』, 2000, 175쪽, 252쪽.

2) 독립신문, 1899년 9월 19일.

3) 동아일보, 1928년 4월 25일.

4) 서울시사편찬위원회, 『서울건축사』, 1999, 435쪽.

5) 「전 참정대신 한규설씨 담」, 동아일보, 1930년 1월 1일~1월 3일. 이하 한규설의 대화 및 그와 관련된 사연의 일부는 이 기사를 토대로 재구성하였다.

6) 한규설의 생년은 1858년 설도 있으나 여기서는 문중의 족보를 바탕으로 한 『참정대신 강석 한규설 선생 소전』(황호근 저, 한국자료문화연구소, 1971)에 따른다.

7) 하라다 게이이치, 『청일 러일전쟁』, 최석환 옮김, 어문학사, 2012, 288쪽.

8) 야마베 겐타로, 『일제의 조선 침략사』, 유달영·유영식 옮김, 보문서원, 2005, 216~217쪽.

9) 김경숙, 『조선의 묘지소송』, 문학동네, 2012, 75~76쪽.

10) 야마베 겐타로, 앞의 책, 230쪽.

4장. 모모족이 즐겨 찾는 사랑의 아이스커피

1) 동아일보, 1929년 9월 28일.
2) 동아일보, 1929년 4월 23일.
3) 동아일보, 1923년 1월 15일.
4) 서울시사편찬위원회, 『서울교통사』, 2000, 302~305쪽.
5) 서울시사편찬위원회, 『경성발달사』, 2010, 27쪽.
6) 서울시사편찬위원회, 「문화사적편」, 『서울육백년사』, 1995, 656쪽.
7) 동아일보, 1928년 12월 20일.
8) 동아일보, 위의 기사.

5장. 그래도 윤전기는 돌아간다

1) 주요한, 「기자생활의 추억」, 『신동아』, 1934년 6월.
2) 정진석, 『한국언론사』, 나남, 1990, 449쪽.
3) 정진석, 『(일제시대 민족지) 압수 기사 모음 1』, LG상남언론재단, 1998, 30쪽.
4) 현길언, 『문학과 사랑의 이데올로기』, 태학사, 2000, 350쪽.
5) 이광수, 「나의 하루」, 『동광』, 1932년 11월.
6) 주요한, 앞의 글.
7) 동아일보, 1929년 12월 22일.
8) 이광수, 「나의 고백」, 『이광수 전집 제7권』, 우신사, 1979, 264쪽.
9) 국사편찬위원회, 『한국사 48』, 2001, 141~143쪽.
   서울시사편찬위원회, 『서울항일독립운동사』, 45쪽.
10) 이광수, 앞의 글, 264~265쪽.
11) 김윤식, 『이광수와 그의 시대 2』, 솔, 1999, 25쪽.
12) 「월탄 회고록」, 한국일보, 1972년 10월 4일.
13) 염상섭, 「만세전」, 『만세전』, 문학과지성사, 2012, 108쪽.
14) 이광수, 앞의 글, 264쪽.
15) 임경석, 『잊을 수 없는 혁명가들에 대한 기록』, 역사비평사, 2008, 186쪽.
16) 『신동아』, 1933년 1월.
17) 『동광』, 1931년 12월.

6장. 신여성은 넓적다리부터 전진한다

1) 톨스토이, 『부활 1』, 문학동네, 2013, 11~12쪽.

2) 동아일보, 1925년 11월 2일.

3) 『개벽』, 1935년 3월,
「여기자 군상」, 『별건곤』, 1929년 12월.

4) 「장안 신사 숙녀 스타일 만평」, 『삼천리』, 1937년 1월.

5) 동아일보, 1929년 12월 30일.

6) 동아일보, 1929년 6월 9일.

7) 동아일보, 1929년 9월 20일.

8) 동아일보, 1929년 12월 6일.

9) 유광렬, 「종로 네거리」, 『별건곤』, 1929년 9월.

10) 「종로야화」, 『개벽』, 1934년 11월.

11) 동아일보, 1929년 11월 12일.

12) 동아일보, 1928년 4월 22일.

13) 동아일보, 1929년 10월 3일.

14) 송응순은 1933년 김능인이라는 예명으로 가요 〈종로〉를 작사해 문호월 작곡, 서상석 노래로 발표한다.

15) 동아일보, 1929년 9월 29일.

16) 가네코 후미코, 『나는 나』, 조정민 옮김, 산지니, 2012.

17) 『별건곤』, 1930년 11월.

18) 박로아, 「카페의 정조」, 『별건곤』, 1929년 9월.

19) 동아일보, 1929년 6월 16일.

20) 『별건곤』, 앞의 글.

21) 「스크린의 위안」, 『별건곤』, 1929년 9월.

22) 이서구, 「경성의 재즈」, 『별건곤』, 1929년 9월.

23) 이서구, 위의 글.

24) 동아일보, 1929년 8월 23일.

25) 동아일보, 1930년 1월 2일.

26) 서울시사편찬위원회, 『서울항일독립운동사』, 2009, 488쪽.

27) 박헌영에 관한 내용은 임경석, 『이정 박헌영 일대기』(역사비평사, 2004)를 참고했다.
28) 유광렬, 「나의 이력서 28」, 한국일보, 1974년 4월 13일.
29) 동아일보, 1929년 12월 1일.
30) 비어트리스 판스워드, 『알렉산드라 콜론타이』, 신민우 옮김, 풀빛, 1986, 29쪽.
31) 동아일보, 1929년 12월 2일.
32) 동아일보, 1930년 1월 2일.

7장. 밀려오는 개조의 물결, 피어나는 자각의 불길

1) 『고종실록』, 1875년 1월 1일.
2) 동아일보, 1920년 4월 8일.
3) 동아일보, 1920년 5월 14일.
4) 이광수, 「규모의 인 – 윤치호씨」, 『동광』, 1927년 2월.
5) 『별건곤』, 1926년 12월.
6) 이광린, 『한국사강좌 5』, 일조각, 1981, 177쪽.
7) 매일신보, 1920년 3월 24일.
8) 심훈의 행적에 관해서는 『그날이 오면(외)』(범우사, 2005)에 수록된 「심훈의 일기」를 참고로 했다.
9) 동아일보, 1920년 4월 1일.

8장. 열차는 경성으로 떠나네

1) 매일신보, 1919년 9월 4일.
2) 동아일보, 1920년 4월 16일.
3) 유광렬, 「나의 이력서 9」, 한국일보 1974년 3월 13일.
강우규의 폭탄 투척 현장에 관한 전반적인 정황은 박환, 『강우규의사 평전』(선인, 2010)을 참조했다.
4) 매일신보, 앞의 기사.
5) 서울시사편찬위원회, 『서울육백년사 4』, 1995, 406쪽.

6) 매일신보, 1919년 9월 2일.
7) 매일신보, 위의 기사.
8) 안희제와 백산상회에 얽힌 이야기는 이동언, 『안희제』(독립기념관, 2010)를 참고했다.
9) 매일신보, 1919년 3월 5일.
10) 유광렬, 「나의 이력서 4」, 한국일보, 1974년 3월 6일.
11) 국사편찬위원회, 『한국사 47』, 2001, 338쪽.
12) 유광렬, 「나의 이력서 2」, 한국일보, 1974년 3월 2일.
13) 한중선, 「임규의 일문역법 고찰」, 『일본어학연구 제8집』, 2003년 9월, 182~183쪽.
14) 국사편찬위원회, 앞의 책, 327쪽.
유광렬, 「나의 이력서3」, 한국일보, 1974년 3월 5일.
15) 유광렬, 위의 기사.
16) 박환, 『강우규의사 평전』, 선인, 2010, 28~29쪽.

9장. 죽은 나라님이 백성을 구한다면

1) 이번 장에서 서술하는 고종 승하 당일의 정황은 매일신보(1919년 1월 22일), 동아일보(1920년 4월 2일)와 송우혜, 『왕세자 혼혈결혼의 비밀—마지막 황태자 3』(푸른역사, 2010)을 토대로 재구성하였다.
2) 우쓰노미야 타로, 『우쓰노미야타로 일기 3』, 이와나미쇼텐, 2007, 189쪽.
3) 『순종실록』, 1918년 12월 23일.
4) 『순종실록』, 1915년 12월 28일.
5) 동아일보, 1920년 4월 2일.
6) 매일신보, 1919년 1월 22일.
7) 매일신보, 1919년 1월 23일.
8) 매일신보, 1919년 1월 23일.
9) 매일신보, 1919년 1월 24일.
10) 매일신보, 위의 기사.
11) 상주로서 순종 이왕의 거동은 「지효이신 이왕 전하」(동아일보, 1920년 4월

2일)의 재구성이다.
12) 동아일보, 1920년 4월 2일.
13) 동아일보, 위의 기사.

10장. 하느님이 도우사 조선을 자주독립국으로

1) 우쓰노미야 타로, 『우쓰노미야 타로 일기 3』, 이와나미 쇼텐, 2007, 222쪽.
2) 매일신보, 1919년 3월 4일.
3) 민태원, 「이태왕 국장 당시」, 『삼천리』, 1934년 5월.
민태원, 『민태원 선집』, 권문경 엮음, 현대문학, 2010, 33쪽.
4) 정진석, 『언론조선총독부』, 커뮤니케이션북스, 2005, 100쪽.
5) 매일신보, 1918년 7월 24일.
6) 조중환, 『장한몽』, 박진영 엮음, 현실문화연구, 2007, 537쪽.
7) 『소년』 3권 7호, 1910년 7월. 민태원, 『애사』, 박진영 엮음, 현실문화연구, 2008, 567쪽에서 재인용.
8) 민태원, 앞의 책, 37쪽.
9) 국장행렬과 그 주변 상황에 대해서는 매일신보(1919년 3월 4~5일) 및 최순권, 『고종과 순종의 국장 사진첩』(민속원, 2008) 참조.
10) 독립신문, 1897년 10월 14일.
11) 『태종실록』, 1417년 12월 4일.
12) 3·1운동 전후 전개와 관련된 내용은 『우쓰노미야 타로 일기』(이와나미 쇼텐, 2007)를 토대로 한다.
13) 황현, 『매천야록 – 중』, 이장희 옮김, 명문당, 2008, 387쪽.
14) 이종각, 『자객 고영근의 명성황후 복수기』, 동아일보사, 2009, 66~67쪽.

11장. 당내에 당이 있고 파 안에 파가 있어

1) 매일신보, 1920년 1월 31일.
2) 매일신보, 1920년 2월 1일.
3) 동아일보, 1920년 4월 1일.
4) 매일신보, 1920년 2월 1일.

5) 서울시사편찬위원회, 『서울육백년사 4』, 1995, 272쪽
6) 매일신보, 1920년 1월 31일.
7) 이후 등장하는 심훈의 이야기는 「심훈의 일기」를 토대로 재구성했다.
8) 김윤식, 『이광수와 그의 시대 2』, 솔, 1999, 483쪽.
9) 매일신보, 1920년 1월 30일.
10) 동아일보, 1920년 4월 1일.
11) 동아일보, 1920년 4월 2일.
12) 김구, 『올바르게 풀어쓴 백범일지』, 배경식 엮음, 너머북스, 2008, 456쪽.
13) 국사편찬위원회, 『한국사 48』, 2001, 132쪽.
14) 이후 김구의 행적은 『올바르게 풀어쓴 백범일지』를 토대로 재구성했다.
15) 석원화·심민화·패민강, 『대한민국 임시정부 관계기사 선집』, 범우사, 2001, 102쪽.
16) 조지 쇼와 이륭양행에 관해서는 다음 논문을 참조했다. 유병호, 「대한민국 임시정부의 안동교통국과 이륭양행 연구」, 『한국민족운동사연구 62』, 한국민족운동사학회, 2010, 77~102쪽.
17) 윤치호, 『윤치호일기』, 김상태 편역, 역사비평사, 2001, 93~99쪽.
18) 매일신보, 1919년 4월 25일.
19) 이강훈, 『대한민국 임시정부사』, 서문당, 1975, 21~22쪽.
20) 국사편찬위원회, 앞의 책, 109쪽.
21) 석원화, 앞의 책, 100쪽.
22) 한성정부에 관해서는 정병준의 논문 「1919년 이승만의 임정 대통령 자임과 한성정부 법통론」(『한국독립운동사연구 제16집』, 2001. 8)을 참고했다.
23) 이광수, 「나의 고백」, 『이광수전집 7』, 우신사, 1979, 255~257쪽.
국사편찬위원회, 앞의 책, 111쪽
24) 김용호·이정식·김학준, 『혁명가들의 항일 회상』, 민음사, 2005, 481쪽.
25) 김용호·이정식·김학준, 위의 책, 475쪽. 이강훈의 상해 체류시기에 관해서는 467~476쪽 참조.
26) 이강훈, 앞의 책, 105쪽.
27) 김경천, 『경천아일록』, 김병학 옮김, 학고방, 2012. 이하 신흥무관학교 등

에 관한 김경천의 증언은 이 책에 근거한다.

28) 동아일보, 1920년 4월 1일.

12장. 러시아의 향불

1) 최재형의 생애와 그 활동에 대한 전기적 사실에 관해서는 이정은, 「최재형의 생애와 독립운동」(『한국독립운동사연구 제10집』, 1996, 291~319쪽)을 주로 참고하였다. 이는 독립기념관 한국독립운동사연구소가 1995년 행한 러시아 지역 자료 수집에서 이정은 등이 최재형의 딸 최 올가 페트로브나 등 유족을 모스크바에서 면담하고 그들의 회상과 기록들을 수집해 이를 바탕으로 최재형의 생애와 활동을 복원한 성과물이다. 최재형의 출생년도에 관해서도 일부 기록에는 1858년으로 되어 있으나 이 논문은 유족의 면담을 근거로 1860년 8월 15일생으로 밝히고 있다.

2) 러시아에서 조선인들의 삶에 대한 내용은 국사편찬위원회, 『러시아 중앙아시아 한인의 역사(상)』(2008)를 참고했다.

3) 동아일보, 1920년 4월 12일.

4) 매일신보, 1920년 4월 13일.

5) 동아일보, 1920년 4월 12일.

6) 동아일보, 위의 기사.

7) 동아일보, 1920년 4월 13일.

8) 니콜라스 랴자놉스키·마크 스타인버그, 『러시아의 역사』, 까치, 2011, 724쪽.

9) 니콜라스 랴자놉스키·마크 스타인버그, 위의 책, 720쪽.

10) 동아일보, 1920년 4월 13일.

13장. 꽃향기는 봄바람에 날리고

1) 정병설, 『권력과 인간』, 문학동네, 2012, 399쪽.

2) 동아일보, 1920년 4월 19일.

3) 프레드릭 루이스 알렌, 『원더풀 아메리카』, 박진빈 옮김, 앨피, 2006, 142~143쪽.

4) 동아일보, 1920년 4월 28일.

5) 민 규수의 약혼과 파혼에 걸친 제반 사정과 민 규수의 일생에 관한 이야기는 송우혜, 『마지막 황태자 1~4』(푸른역사)의 내용을 두루 참고하여 재구성했다.

6) 동아일보, 1920년 4월 29일.

7) 동아일보, 1920년 4월 16일.

8) 동아일보, 1920년 4월 15일.

9) 김창욱, 『홍난파 음악연구』, 민속원, 2010, 49~52쪽.

10) 이광수, 「나의고백」, 『이광수 전집 7』, 219~220쪽.

11) 독립신문, 1920년 5월 8일. 원문을 현대식으로 윤문한 다음 두 책을 참조하였다. 김원모, 『춘원의 광복론』, 단국대학교출판부, 2009, 279~282쪽. 송우혜, 『평민이 된 왕 이은의 천하—마지막 황태자 4』, 2012, 푸른역사, 59~60쪽.

12) 독립신문, 1920년 5월 15일. 김원모, 위의 책, 282~285쪽.

13) 독립신문, 1920년 4월 1일. 김원모, 위의 책, 248~252쪽.

14) 김윤식, 『이광수와 그의 시대 2』, 464~466쪽.

15) 강진호, 『한국문단 이면사』, 깊은샘, 1999, 110쪽.

16) 정진석, 『전쟁기의 언론과 문학』, 소명출판, 2012, 119쪽.

17) 동아일보, 1920년 4월 29일.

18) 동아일보, 1920년 4월 28일.

경성 모던타임스

1판 1쇄 2014년 3월 14일
1판 2쇄 2014년 4월 4일

지은이 박윤석 | 펴낸이 강병선
책임편집 임혜지 | 편집 고선향 | 독자모니터 김경범 황치영
디자인 김마리 최미영 | 마케팅 정민호 이연실 정현민
온라인마케팅 김희숙 김상만 한수진 이천희
제작 강신은 김동욱 임현식 | 제작처 한영문화사

펴낸곳 (주)문학동네
출판등록 1993년 10월 22일 제406-2003-000045호
주소 413-120 경기도 파주시 회동길 210
전자우편 editor@munhak.com | 대표전화 031)955-8888 | 팩스 031)955-8855
문의전화 031)955-1933(마케팅) 031)955-2672(편집)
문학동네카페 http://cafe.naver.com/mhdn | 트위터 @munhakdongne

ISBN 978-89-546-2413-8 03910

* 이 도서의 국립중앙도서관 출판시도서목록(CIP)은 서지정보유통지원시스템 홈페이지 (http://seoji.nl.go.kr)와 국가자료공동목록시스템(http://www.nl.go.kr/kolisnet)에서 이용하실 수 있습니다.(CIP제어번호: CIP2014004877)

www.munhak.com